根据山东省春季高考最新考试说明编写

山东省春季高考复习指导丛书

数　　学

春季高考丛书编写委员会　编

電子工業出版社
Publishing House of Electronics Industry
北京・BEIJING

内 容 简 介

本书是山东春季高考复习指导丛书之一，适合参加山东省春季高考的考生进行一轮复习时使用。本书紧扣最新山东省春季高考考试说明，依据教育部课程大纲，对教材内容进行合理的筛选和提炼，知识点完备、清晰，解题方法实用、新颖。本书的编写集教材、教法、训练、模拟于一身，帮助考生在复习阶段迅速抓住要点，高效把握复习方向。

图书在版编目（CIP）数据

数学 / 春季高考丛书编写委员会编. —北京：电子工业出版社，2018.9
（山东省春季高考复习指导丛书）

ISBN 978-7-121-34431-2

Ⅰ. ①数… Ⅱ. ①春… Ⅲ. ①数学课－中等专业学校－升学参考资料 Ⅳ. ①G634.603

中国版本图书馆 CIP 数据核字（2018）第 120708 号

策划编辑：游　陆
责任编辑：裴　杰
印　　刷：三河市华成印务有限公司
装　　订：三河市华成印务有限公司
出版发行：电子工业出版社
　　　　　北京市海淀区万寿路 173 信箱　邮编　100036
开　　本：787×1 092　1/16　印张：19　字数：486.4 千字
版　　次：2018 年 9 月第 1 版
印　　次：2019 年 8 月第 2 次印刷
定　　价：48.00 元

凡所购买电子工业出版社图书有缺损问题，请向购买书店调换。若书店售缺，请与本社发行部联系，联系及邮购电话：（010）88254888，88258888。

质量投诉请发邮件至 zlts@phei.com.cn，盗版侵权举报请发邮件至 dbqq@phei.com.cn。

本书咨询联系方式：（010）88254489，youl@phei.com.cn。

编　委　会

前　言

山东省自 2012 年实施春季高考以来，全省已有 50 多所本科院校招收中职毕业生，春季高考为广大中职院校学生走入理想的大学搭建了桥梁。

《山东省春季高考复习指导丛书》是电子工业出版社针对山东省春季高考的复习进程，邀请常年工作在教学一线、辅导高考毕业班的专家、骨干教师编写而成的。丛书紧扣最新山东省春季高考考试说明，依据教育部课程大纲，对教材中内容进行合理的筛选与提炼，帮助考生在复习阶段迅速抓住要点，高效把握复习方向。

丛书基本按照考纲要求、命题分析、知识梳理、题型归纳、基础训练、提升训练、高考链接的编写体例，知识点翔实，题型丰富，分层次训练。【考纲要求】是对最新考纲的解读。【命题分析】是作者根据近几年的高考动向对命题方向的分析。【知识梳理】是基础知识的再现和归纳。【题型归纳】是列举考试涉及的题型，理清思路，建模拓展。【基础训练】是针对大部分同学设计的训练，难度较低，范围较广，便于同学们掌握基础知识、提升基本能力。【提升训练】部分题目难度较大，是更加贴合高考的训练，分层次的两部分内容有助于教师和学生进行有针对性的训练。【高考链接】是近年来考试真题的再现，帮助学生把握学习方向。

由于时间仓促、任务量大，书中错漏之处在所难免。欢迎广大师生在使用过程中提出宝贵意见。我们将及时修正和完善。

春季高考丛书编写委员会

目　录

第一章

集合与常用逻辑用语

考纲要求

1．理解集合的概念，掌握集合的表示法，掌握集合之间的关系（子集、真子集、相等），掌握集合的交、并、补运算．

2．理解符号$\in$，$\notin$，$\subseteq$，$\supseteq$，$\not\subseteq$，$\not\supseteq$，$\subsetneqq$，$\supsetneqq$，$\cap$，$\cup$，$\complement_U A$，$\Rightarrow$，$\Leftrightarrow$的含义，并能用这些符号表示元素与集合，集合与集合，命题与命题之间的关系．

3．理解子集与推出的关系，能准确地区分充分、必要和充要条件．

4．了解命题的有关概念．

5．了解量词的有关概念，理解全称量词和存在量词的意义，并会用相应的符号表示．

6．理解逻辑联结词“且”“或”“非”的意义．

7．理解符号$\forall$，$\exists$，$\wedge$，$\vee$，$\neg$的含义．

命题分析

本章的考题主要以选择题的形式出现，主要考点有元素与集合的关系，集合与集合的关系，集合之间的运算，充分、必要、充要条件的判断，命题与逻辑联结词．一般高考题本章都是考 3 道选择题，分值共 9 分，2015 年填空题的最后一题是根据集合运算改编的搭桥题，难度较大，充分体现了高考对集合运算的考查较深；2016 年填空题的最后一题是一元二次函数、一元二次不等式与数理逻辑用语相结合的题目，难度较大；2017 年只考了两道题，命题与充分必要条件相结合出了一道综合题，难度不大；2018 年三道考题，集合运算、充分必要条件判断、复合命题真值判断，考查点明确、规范、难度适中．

§1.1　集合及其表示方法

知识梳理

一、集合的概念

1．集合：一般地，我们把一些能够确定的对象构成的一个整体称为集合，也简称集．构成集合的对象称为这个集合的元素．通常用大写的英文字母 A，B，C，…表示集合，用小写的英文字母 a, b, c…表示元素．

2．构成集合的元素必须具有两个特性：确定性、互异性．另外集合的元素没有先后顺序，还具有无序性．

3．元素与集合之间的关系是从属关系，只能用符号“$\in$”或“$\notin$”之一连接，例如：$a\in A$，读作“a 属于 A”；$b\notin A$，读作“b 不属于 A”．

4．常用数集的符号：$\mathbf{N}$={自然数}，$\mathbf{N}_+$={正整数}，$\mathbf{Z}$={整数}，$\mathbf{Q}$={有理数}，$\mathbf{R}$={实数}．注：$0\in\mathbf{N}$．

5．集合的分类：按照集合中元素的多少，可以将集合分为有限集和无限集，含有有限个元素的集合称为有限集；含有无限个元素的集合称为无限集．

例 1．下列说法正确的是（　　）．

A．集合$\{a, b, c\}$与集合$\{c, b, a\}$表示不同的集合

B．公园里好看的花的全体构成一个集合

C．集合$\{1, 3, 3, 5\}$中有 4 个元素

D．正偶数的全体构成一个集合

解析：该题考查集合的定义及元素的性质，根据集合元素的确定性和唯一性，答案选 D.

例 2．已知集合 $M=\{a, b, c\}$中的元素对应着某三角形的三条边长，那么这个三角形一定不是（　　）．

A．直角三角形　　B．锐角三角形　　C．等腰三角形　　D．钝角三角形

解析：由集合中元素的互异性可知 a，b，c 必是三个互不相等的数，答案选 C.

例 3．下列六个关系式：① $\frac{1}{2}\in\mathbf{Q}$；② $0\in\mathbf{N}$；③ $\sqrt{2}\notin\mathbf{Z}$；④ $0\in\mathbf{N}_+$；⑤ $\pi\in\mathbf{Q}$；⑥ $-2\notin\mathbf{N}_+$，其中正确的是（　　）．

A．①②③⑥　　B．③⑤⑥　　C．①③④　　D．①③⑤

解析：本题考查元素与集合的关系以及数集的表示符号，答案选 A.

二、集合的表示方法

1．**列举法**：将集合中的元素一一列举出来，写在大括号内，这种表示集合的方法称为列举法．集合的元素不多时可一一列举，做到不重不漏．集合的元素较多或为无限集时，在不发生误解的情况下，只列出几个代表元素，其他的元素用省略号表示．

2．**性质描述法**：用集合的特征性质表示集合的方法称为性质描述法．其形式是：在大括号内先写出这个集合的元素的一般形式，再画一条竖线，在竖线右边写上集合中元素具有的特征性质，例如：$\{x \mid x\in U\}$．此方法一般用于表示元素较多的有限集或无限集．

其形式有①完全形式：$\{x\in\mathbf{R} \mid x>5\}$；②省略形式：$\{x \mid x>5\}$；③语言描述形式：{有理数}、{实数}．

注：实数集记为 $\mathbf{R}$，不能写成$\{\mathbf{R}\}$，也不能写成{全体实数}．

例 4．用列举法表示方程 $x^2+2x-3=0$ 的根，其中正确的是（　　）．

A．$\{-3\}$　　B．$\{1\}$　　C．$\{1, -3\}$　　D．$\{(1, -3)\}$

解析：该题考查解一元二次方程和列举法的定义，答案选 C.

例 5．用性质描述法表示正偶数，其中正确的是（　　）.

A．$\{x \mid x=2n\}$　　B．$\{x \mid x=2n, n \in \mathbf{N}\}$

C．$\{x \mid x=2n, n \in \mathbf{N}_+\}$　　D．$\{x \mid x=2n, n \in \mathbf{Z}\}$

解析：该题考查正偶数的特征性质，根据正偶数的定义可知选项 C 正确.

题型归纳

1．下列各题中构成集合的是（　　）.

A．所有的技术人才　　B．全国著名的工程师

C．公园内好看的花　　D．奇数的全体

解析：该题考查集合的定义，根据集合元素的确定性，答案选 D.

2．下列关系式错误的是（　　）.

A．$5\in\{x \mid x<8\}$　　B．$\{6\}\in\{x \mid x<9\}$　　C．$2\in\{x \mid x<7\}$　　D．$4\in\{x \mid x>3\}$

解析：根据元素与集合的关系，答案选 B.

3．用符号“$\in$”或“$\notin$”填空.

（1）2____$\{x \mid -1<x<5\}$；（2）$\frac{1}{3}$____$\mathbf{Z}$；（3）4____$\mathbf{N}_+$；（4）π____$\mathbf{Q}$.

答案：（1）$\in$　（2）$\notin$　（3）$\in$　（4）$\notin$

4．用适当的方法表示下列集合.

（1）方程 $x(x+4)=0$ 的根构成的集合为__________.

（2）大于 3 小于 9 的有理数构成的集合为__________.

（3）正奇数构成的集合为__________.

（4）方程组$\begin{cases}x+4y=3\\2x+3y=1\end{cases}$的解集构成的集合为__________.

答案：（1）$\{0, -4\}$　（2）$\{x\in\mathbf{Q} \mid 3<x<9\}$

（3）$\{x \mid x=2n+1, n \in \mathbf{N}\}$　（4）$\{(-1, 1)\}$

基础训练

1．英语单词 propose 的所有字母构成的集合的元素个数是（　　）.

A．7 个　　B．6 个　　C．5 个　　D．4 个

2．下列表示集合的方法中，正确的是（　　）.

A．不等式 $x^2+2\geqslant0$ 的解集是$\{\mathbf{R}\}$

B．方程 $x^2+1=0$ 的解集是$\{\varnothing\}$

C．集合 $A=\{x \mid x^2=2x\}$用列举法可表示为$\{2, 0\}$

D．方程组$\begin{cases}x+y=4\\x-y=2\end{cases}$的解集为$\{3,1\}$

3．大于 3 且小于 8 的整数构成的集合是（　　）.

A．$\{3, 4, 5, 6, 7, 8\}$　　B．$\{3, 4, 5, 6, 7\}$

C．$\{4, 5, 6, 7\}$　　D．$\{4, 5, 7\}$

4．偶数全体构成的集合为（　　）.

A．$\{x \mid x=2n\}$　　B．$\{x \mid x=2n, n \in \mathbf{Z}\}$

C．$\{x \mid x=2n, n \in \mathbf{N}\}$　　D．$\{x \mid x=2n, n \in \mathbf{N}_+\}$

5．奇数全体构成的集合（　　）.

A．$\{x \mid x=2n+1\}$　　B．$\{x \mid x=2n+1, n\in\mathbf{Z}\}$

C．$\{x \mid x=2n+1, n\in\mathbf{N}\}$　　D．$\{x \mid x=2n+1, n\in\mathbf{N}_+\}$

提升训练

1．满足不等式 $x-1>7$ 的整数解构成的集合为（　　）.

A．$\{x\in\mathbf{Q} \mid x>8\}$　　B．$\{x\in\mathbf{Z} \mid x-1>8\}$

C．$\{x \in \mathbf{N} \mid x-1>7\}$　　D．$\{x\in\mathbf{R} \mid x-1>7\}$

2．下列各关系表达正确的是（　　）.

A．$3\in\{0, 1, 2\}$　　B．$2 \subsetneqq \{0, 1, 2\}$　　C．$\varnothing \in\{0, 1, 2\}$　　D．$\varnothing \subsetneqq \{0, 1, 2\}$

3．若集合 $M=\{0\}$，则下列关系中正确的是（　　）.

A．$M=\varnothing$　　B．$0 \in M$　　C．$0 \notin M$　　D．$0 \in \varnothing$

4．设 $M=\{x \mid x\geqslant 2\}$，$a=\sqrt{2}$，则下列关系中正确的是（　　）.

A．$\{a\} \subseteq M$　　B．$a \notin M$

C．$a \subseteq M$　　D．$a \in M$

5．已知集合 $A=\{x, y\}$，$B=\{2x, 2\}$，且 $A=B$，则 x, y 的值分别为（　　）.

A．$x=1$，$y=2$　　B．$x=2$，$y=4$

C．$x=4$，$y=2$　　D．$x=2$，$y=1$

§1.2　集合之间的关系及运算

知识梳理

一、集合与集合间的关系

1．**子集**：对于两个集合 A 和 B，如果集合 A 中的任意一个元素都是集合 B 的元素，那么集合 A 称为集合 B 的子集，记作 $A\subseteq B$，读作“A 包含于 B”．$A\subseteq B$ 有两种可能：①A 是 B 的一部分；②A 与 B 是同一集合，任何一个集合是它本身的子集，即 $A\subseteq A$．当集合 A 不包含于集合 B，或集合 B 不包含集合 A 时，则记作：$A\nsubseteq B$ 或 $B\nsupseteq A$．

2．**真子集**：如果集合 A 是集合 B 的子集，并且集合 B 中至少有一个元素不属于集合 A，那么集合 A 称为集合 B 的真子集，记作 $A\subsetneqq B$ 或 $B\supsetneqq A$．读作“A 真包含于 B，或 B 真包含 A”．空集是任何集合的子集，是任何非空集合的真子集．

3．**集合相等**：如果两个集合的元素完全相同，那么我们就说这两个集合相等．集合 A 等于集合 B，记作 $A=B$．

例 1．集合 $A=\{0, 1, 2\}$的所有的子集及真子集为________________．

解析：集合 $A=\{0, 1, 2\}$的所有子集为$\varnothing$, $\{0\}$, $\{1\}$, $\{2\}$, $\{0, 1\}$, $\{0, 2\}$, $\{1, 2\}$, $\{0, 1, 2\}$．真子集为$\varnothing$, $\{0\}$, $\{1\}$, $\{2\}$, $\{0, 1\}$, $\{0, 2\}$, $\{1, 2\}$．当一个集合有 n 个元素时，它有 2^n 个子集，有 2^n-1 个真子集．

例 2．已知集合 $M=\{2, 6, 4\}$，则 M 的非空真子集的个数为（　　）．

A．4 个　　B．6 个　　C．7 个　　D．8 个

解析：真子集个数为 $2^3-2=6$，答案选 B．

例 3．满足关系式$\{1, 2\}\subseteq A\subseteq\{1, 2, 3, 4\}$集合 A 的个数为（　　）．

A．2 个　　B．3 个　　C．4 个　　D．6 个

解析：根据子集的定义有 $A=\{1, 2\}$ $\{1, 2, 3\}$ $\{1, 2, 4\}$ $\{1, 2, 3, 4\}$，答案选 C．

二、集合的运算

1．**交集**：一般地，给定两个集合 A、B，由属于 A 且属于 B 的所有元素构成的集合，称为 A 与 B 的交集，记作 $A\cap B$，读作"A 交 B"，如右图所示．

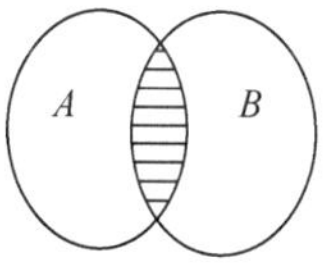

交集的性质：

①$A\cap B=B\cap A$ ；②$A\cap A=A$；③$A\cap\varnothing=\varnothing$；（4）如果 $A\subseteq B$，那么 $A\cap B=A$．

2．**并集**：一般地，给定两个集合 A、B，由属于 A 或属于 B 的所有元素构成的集合，称为 A 与 B 的并集，记作 $A\cup B$，读作"A 并 B"．如右图所示．

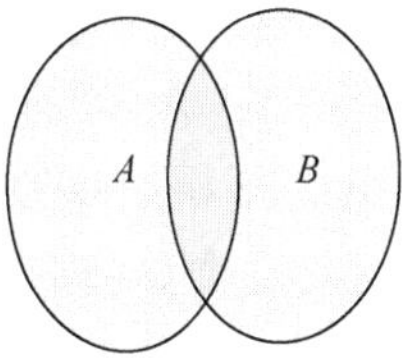

并集的性质：

①$A\cup B=B\cup A$；②$A\cup A=A$；③$A\cup\varnothing=A$；④如果 $A\subseteq B$，那么 $A\cup B=B$．

3．**补集**：一般地，如果在讨论的问题中，每一个集合都是某一个给定集合 U 的子集，那么就称 U 为这些集合的全集．如果 A 是全集 U 的一个子集，由全集 U 中所有不属于 A 的元素构成的集合，称为 A 在 U 中的补集，记作$\complement_U A$，即

$\complement_U A=\{x\mid x\in U$ 且 $x\notin A\}$．如右图所示．

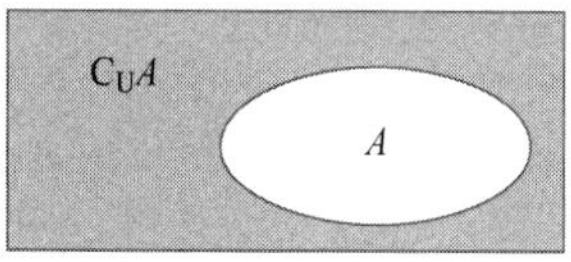

补集的性质：

①$A\cup\complement_U A=U$；②$A\cap\complement_U A=\varnothing$；③$\complement_U(\complement_U A)=A$．

例 4．设全集 $U=\{a, b, c, d, e, f\}$，$A=\{a, c, d\}$，$B=\{b, d, e\}$，

则$\complement_U A$ =______________，$\complement_U B$ =______________，$A\cap B$=______________，

$A\cup B$=______________，$\complement_U(A\cap B)$=______________，$\complement_U(A\cup B)$=______________．

解析：此题根据交、并、补的定义得出答案为$\{b, e, f\}$, $\{a, c, f\}$, $\{d\}$, $\{a, b, c, d, e\}$，$\{a, b, c, e, f\}$, $\{f\}$．

题型归纳

1．设集合 $A=\{a, b\}$，$B=\{b, c, d\}$，$C=\{a, c, d\}$，则 $(A\cup B)\cap C$ 等于（　　）.

A．$\{a, b\}$　　B．$\{b, c, d\}$　　C．$\{c, d\}$　　D．$\{a, c, d\}$

解析：此题考查离散型集合的交、并运算，答案选 D.

2．已知集合 $A=\{x\mid x-1>0\}$，$B=\{x\mid x-3<0\}$，则下列正确的是（　　）.

A．$A\cup B=\{x\mid x<3\}$　　B．$A\cup B=\{x\mid 1<x<3\}$

C．$A\cap B=\{x\mid x>1\}$　　D．$A\cap B=\{x\mid 1<x<3\}$

解析：此题考查连续型集合的交运算，答案选 D.

3．若集合 $A=\{x\mid 0\leqslant x\leqslant 4\}$，$B=\{x\mid x^2-2x-3<0\}$，则 $A\cup B=$（　　）.

A．$\{x\mid 0\leqslant x\leqslant 4\}$　　B．$\{x\mid -1<x\leqslant 4\}$

C．$\{x\mid 0\leqslant x<3\}$　　D．$\{x\mid -1<x<3\}$

解析：此题是通过解一元二次不等式求出集合的元素，再进行连续型集合并运算，答案选 B.

4．已知集合 $A=\{x\mid x=2n, n\in\mathbf{Z}\}$，$B=\{x\mid x=4n, n\in\mathbf{Z}\}$，则 A 与 B 的关系是（　　）.

A．$A\subseteq B$　　B．$B\subsetneqq A$　　C．$A\subsetneqq B$　　D．$A=B$

解析：此题是判断集合相互之间的关系，答案选 B.

5．已知集合 $M=\{3, 4, x^2-3x-1\}$，$N=\{2x, -3\}$，且 $M\cap N=\{-3\}$，则 x 的值为（　　）.

A．1 或 2　　B．1　　C．2　　D．-1 或 -2

解析：此题考查集合元素的性质，由 $x^2-3x-1=-3$ 得 $x=1$，$x=2$，当 $x=2$ 时 $2x=4$，M 中有 4 故不合适，只能取 $x=1$，答案选 B.

6．满足关系式 $\{2, 3\}\subsetneqq M\subsetneqq\{1, 2, 3, 4, 5\}$ 的集合 M 的个数为（　　）.

A．2 个　　B．3 个　　C．4 个　　D．6 个

解析：此题考查集合之间的关系，根据集合子集的个数计算方法可得答案选 D.

基础训练

1．若全集 $U=\{1, 2, 3, 4, 5\}$，集合 $M=\{2, 3\}$，$N=\{3, 4\}$，则集合 $\complement_U(M\cup N)$ 等于（　　）.

A．$\{1, 3\}$　　B．$\{1, 5\}$　　C．$\{3, 5\}$　　D．$\{4, 5\}$

2．设全集 $U=\{1, 2, 3, 4, 5, 6\}$，$A=\{1, 2, 4\}$，$B=\{2, 3, 4, 5\}$，则 $\complement_U A\cap\complement_U B$ 等于（　　）.

A．$\{1, 2, 3, 4, 5\}$　　B．$\{6\}$　　C．$\{3, 5\}$　　D．$\{2, 4, 6\}$

3．设集合 $U=\mathbf{R}$，$M=\{x\mid 1<x\leqslant 2\}$，则 $\complement_U M=$（　　）.

A．$\{x\mid x<-1$ 或 $x\geqslant 2\}$　　B．$\{x\mid x\leqslant -1\}$

C．$\{x\mid x\leqslant -1$ 或 $x>2\}$　　D．$\{x\mid x\geqslant 2\}$

4．满足关系式 $M\subseteq\{1, 2, 3\}$ 的集合 M 的个数为（　　）.

A．5 个　　B．6 个　　C．7 个　　D．8 个

5．设 $A=[-4,1)$，$B=(-\infty,2)$，则 $A\cup B$ 等于（　　）.

A. $[-4,1)$　　B. $[-4,2)$　　C. $(-\infty,1]$　　D. $(-\infty,2)$

6．已知 $A=\{x\,|\,x<-1或x>1\}$，$B=\{x\,|\,x<3\}$，则下列关系式正确的是（　　）.

A. $A\cap B=\{x\,|\,x<-1\}$　　B. $A\cap B=\{x\,|\,1<x<3\}$

C. $A\cup B=\{x\,|\,x<-1或x>3\}$　　D. $A\cup B=\mathbf{R}$

7．设集合 $A=\{(x,y)\,|\,xy<0\}$，则集合 A 表示的点在（　　）.

A. 第一象限　　B. 第二或第四象限

C. 第三象限　　D. 第一或第三象限

8．已知集合 $A=\{x\in\mathbf{Z}\,|\,-1\leqslant x\leqslant 1\}$，则 A 的非空真子集的个数是（　　）.

A. 4 个　　B. 6 个　　C. 7 个　　D. 8 个

9．已知全集 $U=\{a,b,c,d,e\}$，集合 $M=\{b,c\}$，$\complement_U N=\{d,c\}$，则 $\complement_U M\cap N=$（　）.

A. $\{e\}$　　B. $\{b,c,d\}$　　C. $\{a,c,e\}$　　D. $\{a,e\}$

10．设集合 $A=\{0,1,a\}$，$B=\{1,2\}$，且 $A\cup B=\{0,1,2,3\}$，则 $a=$（　　）.

A. 1　　B. 2　　C. 3　　D. 0

提升训练

1．若集合 $M=\{x\,|\,x^2=0\}$，则下列关系中正确的是（　　）.

A. $0\in M$　　B. $0\notin M$　　C. $0\in\varnothing$　　D. $M=\varnothing$

2．已知集合 $M=\{x\,|\,x^2-x=0\}$，集合 $N=\{x\,|\,x-1=0\}$，那么 $M\cup N$ 等于（　　）.

A. $\{0\}$　　B. $\{1\}$　　C. $\{0,1\}$　　D. $\{-1,0\}$

3．已知集合 $A=\{(x,y)\,|\,4x+y=6\}$，$B=\{(x,y)\,|\,3x+2y=7\}$，则 $A\cap B=$（　　）.

A. $\{(-1,2)\}$　　B. $\{1,2\}$　　C. $\{(1,2)\}$　　D. $\{-1,2\}$

4．设集合 $A=\{x\in\mathbf{N}\,|\,-3\leqslant x\leqslant 3\}$，$B=\{x\in\mathbf{Z}\,|\,-2<x\leqslant 2\}$，则 $A\cap B=$（　　）.

A. $\{\quad 1,0,1,2,3\}$　　B. $\{0,1,2\}$

C. $\{\quad 1,0,1,2\}$　　D. $\{1,2\}$

5．设集合 $M=\{1,2,m^2-3m-1\}$，$P=\{-1,3\}$，$M\cap P=\{3\}$，则 m 的值是（　　）.

A. 4　　B. -1　　C. 1 或 -4　　D. 4 或 -1

6．设集合 $M=\{a,-1\}$，$N=\{0,1\}$，且 $M\cap N=\{1\}$，则 $M\cup N=$（　　）.

A. $\{a,-1,0,1\}$　　B. $\{1,-1,0,1\}$

C. $\{-1,0,1\}$　　D. 不确定

7．设全集 $U=\{1,2,a\}$，集合 $A=\{3,b\}$，且 $\complement_U A=\{1\}$，则 a，b 的值等于（　　）.

A. 2，3　　B. 3，2　　C. 1，2　　D. 3，1

8．已知数集 $M=\{x\,|\,x+5=0\}$，$N=\{x\,|\,|x|=5\}$，则 M 与 N 的关系是（　　）.

A. $M\in N$　　B. $M=N$　　C. $M\subseteq N$　　D. $N\in M$

9．已知集合 $A=\{x\,|\,1\leqslant x\leqslant 4\}$，$B=\{x\,|\,x-a>0\}$，若 $A\subseteq B$，则实数 a 的取值范围为（　　）.

A. $(1,+\infty)$　　B. $(-\infty,1)$　　C. $[1,+\infty)$　　D. $(-\infty,1]$

10．已知集合 $A=\{(x,y)\,|\,2x+y=4\}$，集合 $B=\{(x,y)\,|\,x-y+1=0\}$，则集合 $A\cap B=$（　　）.

A．$\{(1,-2)\}$　　B．$\{(1,2)\}$　　C．$\{1,-2\}$　　D．$\{1,2\}$

§1.3　充分必要条件的判断

知识梳理

1．**推出**：“如果 p，那么 q”是真命题，则称 p 推出 q，记作“$p\Rightarrow q$”.

2．**充分条件、必要条件**：如果 $p\Rightarrow q$，则称 p 是 q 的充分条件，q 是 p 的必要条件.

3．**充要条件**：如果 $p\Rightarrow q$ 且 $q\Rightarrow p$，则称 p 是 q 的充要条件，或 q 是 p 的充要条件，或 p、q 等价，记作 $p\Leftrightarrow q$.

4．**子集与推出的关系**：对于集合 $A=\{x\mid p\}$，$B=\{x\mid q\}$．如果 $A\subseteq B$，则 x 具有性质 p 推出 x 具有性质 q，记作 $p\Rightarrow q$．反之，如果 $p\Rightarrow q$，那么集合 A 一定是集合 B 的子集.

即①“如果 p，那么 q”是正确的命题；②$p\Rightarrow q$；③p 是 q 的充分条件；④q 是 p 的必要条件，这四句话的含义是相同的.

如果 $A=B$，那么 $p\Leftrightarrow q$；如果 $p\Leftrightarrow q$，那么 $A=B$．即 $A=B$ 与 $p\Leftrightarrow q$ 等价.

例 1．$x>5$ 是 $x>3$ 的（　　）.

A．充分不必要条件　　B．必要不充分条件

C．充要条件　　D．既不充分也不必要条件

解析：因为 $x>5\Rightarrow x>3$，答案选 A.

例 2．已知 p 是 q 的必要条件，s 是 r 的充分条件，p 是 s 的充要条件，则 q 是 r 的（　　）.

A．充分不必要条件　　B．必要不充分条件

C．充要条件　　D．既不充分也不必要条件

解析：因为 $q\Rightarrow p$，$s\Rightarrow r$，$p\Leftrightarrow s$，所以 $q\Rightarrow p\Leftrightarrow s\Rightarrow r$，即 $q\Rightarrow r$ 答案选 A.

例 3．已知集合 $M=\{x\mid p\}$，$N=\{x\mid q\}$，且 $M\subseteq N$，则（　　）.

A．p 是 q 的充分条件

B．p 是 q 的必要条件

C．p 是 q 的充要条件

D．p 既不是 q 的充分条件也不是 q 的必要条件

解析：由子集与推出的关系可知 $p\Rightarrow q$，答案选 A.

题型归纳

1．$|x|=|y|$ 是 $x=y$ 的（　　）.

A．充分且不必要条件　　B．必要且不充分条件

C．充要条件　　D．既不充分也不必要条件

解析：根据绝对值的意义可知 $x=y\Rightarrow|x|=|y|$，答案选 B.

2．条件甲：“$a=1$”，条件乙：“$a^2-a=0$”，则甲是乙的（　　）

A．充分不必要条件　　B．必要不充分条件

C．充要条件　　D．既不充分也不必要条件

解析：如果 $a=1$，那么 $a^2-a=1-1=0$，因此 $a=1\Rightarrow a^2-a=0$，但如果 $a^2-a=0$，则 $a=1$ 或者 $a=0$，未必推出 $a=1$，所以甲是乙的充分不必要条件，答案选 A.

3．设条件甲：$ac^2>bc^2$，条件乙：$a>b$，则甲是乙的（　　）

A．充分不必要条件　　B．必要不充分条件

C．充要条件　　D．既不充分也不必要条件

解析：如果 $ac^2>bc^2$，因为 $c^2>0$ 所以根据不等式的性质，可以推出 $a>b$；如果 $a>b$，当 $c^2=0$ 时 $ac^2=bc^2$，所以甲是乙的充分不必要条件，答案选 A.

基础训练

1．$x>0$ 是 $xy^2>0$ 的（　　）.

A．充分且不必要条件　　B．必要且不充分条件

C．充要条件　　D．既不充分也不必要条件

2．命题 $x=1$ 是命题 $x^3=1$ 的（　　）.

A．充分不必要条件　　B．必要不充分条件

C．充要条件　　D．既不充分也不必要条件

3．已知 $\vec{a}$，$\vec{b}$，$\vec{c}$ 为非零的平面向量，则 $\vec{a}\cdot\vec{b}=\vec{a}\cdot\vec{c}$ 是 $\vec{b}=\vec{c}$ 的（　　）.

A．充分不必要条件　　B．必要不充分条件

C．充要条件　　D．既不充分也不必要条件

4．设 a，$b\in\mathbf{R}$，则 $ab>0$ 是 $a>0$ 的（　　）.

A．充分不必要条件　　B．必要不充分条件

C．充要条件　　D．既不充分也不必要条件

5．设 a，$b\in\mathbf{R}$，则 $a^2+b^2=0$ 的充要条件是（　　）.

A．$a=0$　　B．$b=0$　　C．$a=0$ 或 $b=0$　　D．$a=0$ 且 $b=0$

6．$a+b=0$ 是 $|a|=|b|$ 的（　　）条件.

A．充分不必要条件　　B．必要不充分条件

C．充要条件　　D．既不充分也不必要条件

7．已知命题 p：$x^2=y^2$，命题 q：$|x|=|y|$，则 p 是 q 的（　　）.

A．充分不必要条件　　B．必要不充分条件

C．充要条件　　D．既不充分也不必要条件

8．$x>y$ 是 $x^2>y^2$ 的（　　）条件

A．充分不必要条件　　B．必要不充分条件

C．充要条件　　D．既不充分也不必要条件

9．设 A，B 是集合，“$A\subseteq B$”是“$A\cup B=B$”的（　　）.

A．充分不必要条件　　B．必要不充分条件

C．充要条件　　D．既不充分也不必要条件

10．$xy=0$ 是 $x^2+y^2=0$ 的（　　）．

A．充分条件　　B．必要条件

C．充要条件　　D．既不充分也不必要条件

提升训练

1．设 a，$b\in\mathbf{R}$，则“$a>0$，$b>0$”是“$ab>0$”的（　　）．

A．充分条件　　B．必要条件

C．充要条件　　D．既不充分也不必要条件

2．设 a，b 是实数，则 $a^2+b^2\neq0$ 的充要条件是（　　）．

A．$a\neq0$　　B．$b\neq0$

C．$a\neq0$ 且 $b\neq0$　　D．$a\neq0$ 或 $b\neq0$

3．$x=-3$ 且 $y=2$ 是 $(x+3)^2+(y-2)^2=0$ 的（　　）．

A．充分不必要条件　　B．必要不充分条件

C．充要条件　　D．既不充分也不必要条件

4．$x^2-2x-3=0$ 是 $x+1=0$ 的（　　）．

A．充分不必要条件　　B．必要不充分条件

C．充要条件　　D．既不充分也不必要条件

5．“x 是有理数”是“x 是分数”的（　　）．

A．充分不必要条件　　B．必要不充分条件

C．充要条件　　D．既不充分也不必要条件

6．$\sin x=\dfrac{\sqrt{3}}{2}$ 是 $x=60°$ 的（　　）．

A．充分不必要条件　　B．必要不充分条件

C．充要条件　　D．既不充分也不必要条件

7．$a\neq0$是$ab\neq0$的（　　）．

A．充分且不必要　　B．必要且不充分条件

C．充要条件　　D．既不充分也不必要条件

8．$b=\dfrac{a+c}{2}$ 是 a，b，c 成等差数列的（　　）．

A．充分不必要条件　　B．必要不充分条件

C．充要条件　　D．既不充分也不必要条件

9．$b=\pm\sqrt{ac}$ 是 a，b，c 成等比数列的（　　）条件．

A．充分不必要条件　　B．必要不充分条件

C．充要条件　　D．既不充分也不必要条件

10．设 x，$y\in\mathbf{R}$，则 $x=3$ 且 $y=0$ 是 $|3-x|+y^2=0$ 的（　　）．

A．充分条件　　B．必要条件

C．充要条件　　D．既不充分也不必要条件

§1.4　常用逻辑用语

知识梳理

1．**命题**：能够判断真假的语句称为命题．

2．**命题的真值**：

（1）当命题给出的判断正确或符合客观实际时称该命题为真，否则称该命题为假．“真、假”常被称为命题的真值．

（2）没有真假意义的语句都不是命题如感叹句、疑问句、祈使句等．

（3）有的语句，尽管现在或将来也未必能判断真假，但它们所作判断是否符合客观实际这一点是确定的，也把它们算作命题．

例 1．判断下列语句是否为命题？若是命题判断其真假．

（1）$x+y=5$；

（2）有的三角形的内角和大于 180°；

（3）∃一个实数 $x\in\mathbf{R}$，使 $x^2-2=0$；

（4）若 $x=2$，则 $2x+1<0$；

（5）请你到教室里去！

解析：（1）不是命题；（2）是命题，假命题；（3）是命题，真命题；（4）是命题，假命题；（5）不是命题．

3．**量词**：

（1）常用的量词有全称量词和存在量词，用符号表示为∀和∃．

（2）含有全称量词的命题，称为全称性命题；含有存在量词的命题，称为存在性命题．

例 2．命题：“$\exists x\in\mathbf{R}$，$x^2+2\leqslant0$”的非命题是（　　）．

A．$\forall x\in\mathbf{R}$，$x^2+2\geqslant0$　　　　B．$\exists x\in\mathbf{R}$，$x^2+2\geqslant0$

C．$\forall x\in\mathbf{R}$，$x^2+2>0$　　　　D．$\exists x\in\mathbf{R}$，$x^2+2>0$

解析：根据两个量词的关系可知答案为 C．

4．**命题联结词**：常用的命题联结词有且、或、非，符号分别为∧、∨、¬．

5．**复合命题**：由简单命题和逻辑联结词构成的命题称为复合命题，常见的四种复合命题真值表如下所示．

p	q	$\neg p$	$\neg q$	$p\wedge q$	$p\vee q$
真	真	假	假	真	真
真	假	假	真	假	真
假	真	真	假	假	真
假	假	真	真	假	假

例 3．若“$p\wedge q$”是假命题，则下列结论正确的是（　　）．

A．$p\vee q$ 是真命题　　　　B．p 和 q 都是真命题

C. $\neg p$ 和 $\neg q$ 都是真命题　　D. $\neg p\vee\neg q$ 是真命题

解析：由复合命题真值表可知 p，q 中必有一个为假命题，答案选 D.

题型归纳

1. 写出下列命题的非，并判断（1）（2）（3）的真假.

（1）p：$\exists$实数 x，使 $x\leqslant 2$；　（2）q：对$\forall$实数 x，都有$|x+1|>1$；

（3）r：对$\forall$ 实数 x，$3x+2\neq 0$；　（4）s：某班至少有一个学生姓李；

（5）t：明天刮风且下雨.

解析：要判断一个全称命题是真命题，必须对限定集合 M 中的每一个元素 x，验证 $p(x)$ 都成立；但要判定一个全称命题是假命题，只要指出限定集合 M 中的一个元素 x_0，使得 $p(x_0)$ 不成立即可. 要判定存在性命题是真命题，只要能在限定集合 M 中找到一个元素 x_0，使得 $q(x_0)$ 成立即可.

（1）$\neg p$：对$\forall$实数 x，都有 $x>2$；假命题；

（2）$\neg q$：$\exists$实数 x，使 $|x+1|\leqslant 1$；真命题；

（3）$\neg r$：$\exists$实数 x，使得 $3x+2=0$；真命题；

（4）$\neg s$：某班学生都不姓李；

（5）$\neg t$：明天不刮风或不下雨.

2. 已知 p：2 是偶数，q：2 是质数，写出命题“$p\wedge q$”“$p\vee q$”“$\neg p$”，并判断真假.

解析：首先正确地把复合命题表述完整，然后再根据真值表进行判断.

$p\wedge q$：2 是偶数且是质数；$p\vee q$：2 是偶数或是质数；$\neg p$：2 不是偶数.

因为“2 是偶数”为真命题，“2 是质数”是真命题，所以，“$p\wedge q$”“$p\vee q$”是真命题，“$\neg p$”是假命题.

3. 若“p 或 q”为真，“p 且 q”为假，则下列结论正确的是（　　）.

A. p，q 都为假　　B. p，q 都为真

C. p，$\neg q$ 真值不同　　D. p，$\neg q$ 真值相同

解析：根据复合命题的真值表知，p 或 q 为真，p 且 q 为假，则 p 和 q 中必有一个为真，一个为假，答案选 D.

基础训练

1. 下列句子中不是命题的是（　　）.

A. 地球是太阳系的行星　　B. $10-4\times 3=10$

C. $3x-2=0$　　D. 等腰三角形的两底角相等

2. 下列句子是真命题的是（　　）

A. 5 不能被 2 整除且 5 能被 3 整除　　B. 5 能被 2 整除或 5 能被 3 整除

C. 5 能被 2 整除且 5 能被 5 整除　　D. 5 能被 2 整除或 5 能被 5 整除

3. 如果命题“p 或 q”为真，命题“p 且 q”为真，则（　　）.

A. 命题 p 和命题 q 都是假命题　　B. 命题 p 和命题 q 都是真命题

C．命题 p 和命题“非 q”真值不同　　D．命题 p 和命题“非 q”真值相同

4．如果命题 p：π是无理数，命题 q：$(\sqrt{2})^0$ 是无理数，则下列命题为真命题的是（　　）．

A．$p\wedge q$　　B．$\neg p\wedge q$　　C．$\neg p\vee\neg q$　　D．$\neg p\vee q$

5．设 p，q 是两个命题，并且 $\neg p\wedge q$ 是真命题，则下列命题为真命题的是（　　）．

A．$p\wedge q$　　B．$\neg p\wedge\neg q$　　C．$\neg(p\vee q)$　　D．$\neg p\vee\neg q$

6．设命题 p：$\varnothing=0$；q：$2\geqslant3$，则（　　）．

A．$p\vee q$ 为真　　B．$p\wedge q$ 为真　　C．p 为假　　D．$\neg p$ 为假

7．设命题 p：π 是有理数，q：$3>2$，则下列命题是真命题的是（　　）．

A．$p\vee q$　　B．$p\wedge q$　　C．$\neg q$　　D．$\neg p\wedge\neg q$

8．已知 p：$\exists x\in\mathbf{R}$，$x^2<0$，q：$\forall x\in\mathbf{R}$，$x+1>0$，则下列命题是真命题的是（　　）．

A．$p\vee q$　　B．$p\wedge q$　　C．$\neg p\wedge q$　　D．$\neg p\wedge\neg q$

9．若 p 为真命题，q 为假命题，则下列命题中是假命题的是（　　）．

A．$p\vee q$　　B．$p\wedge q$　　C．$\neg(p\wedge q)$　　D．$\neg q$

10．设 M，N 表示集合，x 表示元素，下列命题错误的是（　　）．

A．若 $x\in M\cap N$，则 $x\in M$ 且 $x\in N$

B．若 $x\in M\cup N$，则 $x\in M$ 或 $x\in N$

C．若 $M\subseteq N$，则 $M\cap N=M$ 且 $M\cup N=N$

D．$M\cap N=\varnothing$，则 $M=\varnothing$或 $N=\varnothing$

提升训练

1．下列命题为真命题的是（　　）．

A．3 是 9 的约数或 5 是 8 的约数　　B．$5>3$ 且 $2<1$

C．$\exists$一个实数 x，使 $x^2<0$　　D．对$\forall$实数 x，都有 $x+1>0$

2．设命题 p：$a^2+b^2<0$，q：$a^2+b^2\geqslant0$，下列命题正确的是（　　）．

A．$p\vee q$ 为真　　B．$p\wedge q$ 为真　　C．$\neg p$ 为假　　D．$\neg q$ 为真

3．设命题“$p\vee q$”与命题“$\neg p$”都是真命题，则必有（　　）．

A．p 真 q 假　　B．p 假 q 真　　C．p 真 q 真　　D．p 假 q 假

4．设命题 p:$\varnothing=\{0\}$，q:$7>3$，则下列命题：

① $p\vee q$；② $p\wedge q$；③ $\neg p$；④ $\neg q$．

其中，是真命题的是（　　）．

A．①④　　B．②③　　C．①③　　D．②④

5．设命题“$p\vee q$”为假，“$p\wedge q$”为假，则（　　）．

A．p 和 q 都假　　B．p 和 q 都真

C．p 和$\neg q$ 真假相同　　D．$\neg p$ 和$\neg q$ 真假不同

6．“$x\cdot y=0$”的含义是（　　）．

A．$x=0$ 或 $y=0$　　B．$x=0$ 且 $y=0$

C．$x\neq0$ 且 $y\neq0$　　D．$x\neq0$ 或 $y\neq0$

7. 设命题“$\neg p\vee\neg q$”是假命题，则①$p\wedge q$ 为真命题；②$p\wedge q$ 为假命题；③$p\vee q$ 为真命题；④$p\vee q$ 为假命题，其中说法正确的是（ ）.

A. ①③ B. ②④ C. ①④ D. ②③

8. 已知 p 为真命题，q 为假命题，则真命题的是（ ）.

① $\neg p\vee q$；② $p\wedge q$；③ $p\wedge\neg q$；④$\neg q$

A. ①② B. ①③ C. ③④ D. ②④

9. 设 p，q 为两个命题，若“$\neg p\wedge q$”是真命题，则必有（ ）.

A. p，q 都为假命题 B. p，q 都为真命题

C. p 为假命题，q 为真命题 D. p 为真命题，q 为假命题

10. 命题：对∀实数 x，都有 $x^2-4=0$ 的非命题是（ ）.

A. ∀一个实数 x，使 $x^2-4<0$ B. ∃一个实数 x，使 $x^2-4>0$

C. ∀一个实数 x，使 $x^2-4\neq0$ D. ∃一个实数 x，使 $x^2-4\neq0$

§1.5 高考链接

1.（2010 年）若集合 $M=\{0\}$，则下列关系中正确的是（ ）.

A. $M=\varnothing$ B. $0\in M$ C. $0\notin M$ D. $0\in\varnothing$

2.（2010 年）集合$\{x\mid -2\leqslant x<3\}$用区间表示为（ ）.

A. $(-2, 3)$ B. $[-2, 3]$ C. $[-2, 3)$ D. $(-2, 3]$

3.（2010 年）已知集合 $M=\{x\mid p\}$，$N=\{x\mid q\}$，且 $M\subseteq N$，则（ ）.

A. p 是 q 的充分条件

B. p 是 q 的必要条件

C. p 是 q 的充要条件

D. p 既不是 q 的充分条件也不是 q 的必要条件

4.（2011 年）已知集合 $U=\{a, b, c\}$，集合 $M=\{a, b\}$，集合 $N=\{b, c\}$，则集合$(M\cap N)\cup \complement_U M$ 等于（ ）.

A. $\{a, b\}$ B. $\{a, c\}$ C. $\{b, c\}$ D. $\{a, b, c\}$

5.（2011 年）下列四个命题中真命题是（ ）.

A. $x>3$ 是 $x>5$ 的充分条件 B. $x^2=1$ 是 $x=1$ 的充分条件

C. $a>b$ 是 $ac^2>bc^2$ 的必要条件 D. $\alpha=\dfrac{\pi}{2}$ 是 $\sin\alpha=1$ 的充要条件

6.（2011 年）已知命题 p: $\exists\, x\in\mathbf{R}$，使 $x-1=0$；q：$\forall\, x\in\mathbf{R}$，都有 $x^2>0$. 下列命题中真命题是（ ）.

A. $p\wedge q$ B. $p\vee q$ C. $\neg p\wedge\neg q$ D. $\neg p\vee q$

7.（2012 年）已知全集 $U=\{1, 2, 3\}$，集合 $M=\{1, 2\}$，则 $\complement_U M$ 等于（ ）.

A. $\{1\}$ B. $\{3\}$ C. $\{1, 2\}$ D. $\{1, 2, 3\}$

8.（2012 年）如果$\neg p$ 是真命题，$p\vee q$ 也是真命题，那么下列说法正确的是（ ）.

A. p，q 都是真命题 B. p 是真命题，q 是假命题

C．p，q 都是假命题　　D．p 是假命题，q 是真命题

9．（2012 年）若 M、N 表示两个集合，则 $M\cap N=M$ 是 $M\subseteq N$ 的（　　）．

A．充分而不必要条件　　B．必要而不充分条件

C．充要条件　　D．既不充分又不必要条件

10．（2013 年）若集合 $M=\{1, 2, 3, 4\}$，$N=\{1, 2, 3\}$，则下列关系中正确的是（　　）．

A．$M\cap N=M$　　B．$M\cup N=N$　　C．$N\subsetneqq M$　　D．$N\supsetneqq M$

11．（2013 年）若 p 是假命题，q 是真命题，则下列命题为真命题的是（　　）．

A．$p\vee\neg q$　　B．$\neg p\wedge q$　　C．$\neg(p\vee q)$　　D．$p\wedge q$

12．（2013 年）“$a+c=2b$”是“a，b，c 成等差数列”的（　　）．

A．充分不必要条件　　B．必要不充分条件

C．充要条件　　D．既不充分也不必要条件

13．（2014 年）若集合 $M=\{x\mid x-1=0\}$，$N=\{1, 2\}$，则 $M\cup N$ 等于（　　）．

A．$\{1\}$　　B．$\{2\}$　　C．$\{1, 2\}$　　D．$\{-1, 1, 2\}$

14．（2014 年）设命题 p：对 $\forall x\in\mathbf{R}$，$x^2>0$，则 $\neg p$ 是（　　）．

A．$\exists x\in\mathbf{R}$，$x^2<0$　　B．$\exists x\in\mathbf{R}$，$x^2\leqslant 0$

C．$\forall x\in\mathbf{R}$，$x^2<0$　　D．$\forall x\in\mathbf{R}$，$x^2\leqslant 0$

15．（2014 年）“$a>0$”是“$a^2>0$”的（　　）．

A．充分不必要条件　　B．必要不充分条件

C．充要条件　　D．既不充分也不必要条件

16．（2015 年）集合 $A=\{1, 2, 3\}$，$B=\{1, 3\}$，则 $A\cap B$ 等于（　　）．

A．$\{1, 2, 3\}$　　B．$\{1, 3\}$　　C．$\{1, 2\}$　　D．$\{2\}$

17．（2015 年）“圆心到直线的距离等于圆的半径”是“直线与圆相切”的（　　）．

A．充分不必要条件　　B．必要不充分条件

C．充要条件　　D．既不充分也不必要条件

18．（2015 年）对于命题 p，q，若 $p\wedge q$ 是假命题，$p\vee q$ 是真命题，则（　　）．

A．p，q 都是真命题　　B．p，q 都是假命题

C．p，q 一个是真命题一个是假命题　　D．无法判断

19．（2016 年）已知集合 $A=\{1, 3\}$，$B=\{2, 3\}$，则 $A\cup B$ 等于（　　）．

A．$\varnothing$　　B．$\{1,2, 3\}$　　C．$\{1, 2\}$　　D．$\{3\}$

20．（2016 年）已知集合 A、B，则“$A\subseteq B$”是“$A=B$”的（　　）．

A．充分而不必要条件　　B．必要而不充分条件

C．充要条件　　D．既不充分又不必要条件

21．（2016 年）设命题 p：函数 $f(x)=x^2+(a-1)x+5$ 在 $(-\infty,1]$ 上是减函数；

命题 q：$\forall x\in\mathbf{R}$，$\lg(x^2+2ax+3)>0$．

若 $p\vee\neg q$ 是真命题，$p\wedge\neg q$ 是假命题，则实数 a 的取值范围是________．

22．（2017 年）已知全集 $U=\{1, 2\}$，集合 $M=\{1\}$，则 $\complement_U M$ 等于（　　）

A．$\varnothing$　　B．$\{1\}$　　C．$\{2\}$　　D．$\{1,2\}$

23.（2017 年）对于命题 p，q，“$p\vee q$ 是真命题”，是“p 是真命题”的（　　）.

A．充分不必要条件　　　B．必要不充分条件

C．充要条件　　　D．既不充分也不必要条件

24.（2018 年）已知集合 $M=\{a, b\}$，$n=\{b, c\}$，则 $M\cap N$ 等于（　　）.

A．$\varnothing$　　　B．$\{b\}$　　　C．$\{a, c\}$　　　D．$\{a,b,c\}$

25.（2018 年）已知 $a, b\in\mathbf{R}$，则“$a>b$”是“$2^a>2^b$”的（　　）.

A．充分而不必要条件　　　B．必要而不充分条件

C．充要条件　　　D．既不充分又不必要条件

26.（2018 年）设命题 p: $5\geqslant3$，命题 q：$\{1\}\subseteq\{0,1,2\}$,则下列命题中为真命题的是（　　）.

A．$p\wedge q$　　　B．$\neg p\wedge q$　　　C．$p\wedge\neg q$　　　D．$\neg p\vee\neg q$

第二章

方程与不等式

考纲要求

1．掌握配方法，会用配方法解决有关问题．

2．会解一元二次方程．

3．理解不等式的性质，会用比较法证明简单不等式．

4．会解一元一次不等式（组）．

5．会解形如 $|ax+b|\geqslant c$ 或 $|ax+b|<c$ 的含有绝对值的不等式．

6．会解一元二次不等式，会用区间表示不等式的解集．

7．能利用不等式的知识解决有关的实际问题．

命题分析

本章命题的知识点有四个：①不等式的性质；②一元二次不等式；③绝对值不等式；④不等式的应用题．近几年本章一直考两道题，难度中等，复习时应以基础题为主，注意数形结合在解一元二次不等式中的应用，以及一元二次方程和一元二次不等式、一元二次函数的结合．该部分知识还有时和函数的定义域问题、指数、对数函数的单调性问题结合在一起命题．

§2.1　配方法与一元二次方程

知识梳理

一、配方法

1．配方法的理论依据：完全平方公式 $(a+b)^2=a^2+2ab+b^2$．

2．配方法的主要思想：以完全平方公式为依据，对所给的二次三项式进行恒等变形、化简，得到形如 $a(x+m)^2+n$ 的代数式．

3．对二次三项式进行配方的一般步骤：

① 把 ax^2+bx+c 提取公因式变形为 $a(x^2+\frac{b}{a}x)+c$；

② 配方为 $a[x^2+\frac{b}{a}x+(\frac{b}{2a})^2-\frac{b^2}{4a^2}]+c$；

③ 整理成 $a(x+\frac{b}{2a})^2+\frac{4ac-b^2}{4a}$ 的形式.

例 1．把二次三项式 $2x^2+8x-3$ 化为 $a(x+m)^2+n$ 的形式为（　　）.

A．$2(x+4)^2-11$　　B．$2(x+2)^2-11$　　C．$(2x+2)^2-11$　　D．$2(x+2)^2+5$

解析：根据配方法进行配方后可得答案选 B.

例 2．已知实数 x，y 满足 $x^2+y^2-2x+4y+5=0$，求 x，y 的值.

解析：要求 x，y 的值，必须将方程 $x^2+y^2-2x+4y+5=0$ 转化为关于 x，y 的两个方程. 利用配方法可化为 $(x-1)^2+(y+2)^2=0$. 所以 $x-1=0$ 且 $y+2=0$，所以 $x=1$，$y=-2$.

二、一元二次方程

1．**一元二次方程**：只含有一个未知数，并且未知数的最高次数是 2 的整式方程称为一元二次方程.

2．一元二次方程的一般形式为 $ax^2+bx+c=0$（a，b，c 为常数且 $a\neq0$），a，b，c 依次称为方程的二次项系数、一次项系数和常数项.

3．**方程的解**：能够使方程左右两边的值相等的未知数的值，称为方程的解.

4．**解方程**：求出方程的解或者确定方程无解的过程，称为解方程.

5．用配方法解一元二次方程 $ax^2+bx+c=0$（$a\neq0$）的一般步骤：

① 把二次项系数化为 1，$x^2+\frac{b}{a}x+\frac{c}{a}=0$；

② 配方为 $(x+\frac{b}{2a})^2=\frac{b^2-4ac}{4a^2}$；

③ 当 $\Delta=b^2-4ac>0$ 时，方程有两个不相等的实数根 $x_{1,2}=\frac{-b\pm\sqrt{b^2-4ac}}{2a}$；

当 $\Delta=b^2-4ac=0$ 时，方程有两个相等的实数根 $x_1=x_2=-\frac{b}{2a}$；

当 $\Delta=b^2-4ac<0$ 时，原方程无实数根.

6．一元二次方程 $ax^2+bx+c=0$（$a\neq0$）的求根公式：$x=\frac{-b\pm\sqrt{b^2-4ac}}{2a}$（$b^2-4ac\geqslant0$）.

7．解一元二次方程除配方法外还可以用①提公因式法；②分解因式法；③公式法.

8．一元二次方程根与系数的关系：若方程 $ax^2+bx+c=0$（$a\neq0$）的两个根为 x_1，x_2，则 $x_1+x_2=-\frac{b}{a}$，$x_1x_2=\frac{c}{a}$.

例 3．用适当的方法解一元二次方程：

① $x^2-6x+5=0$；② $x^2+13=7x$；③ $2x^2-5x=-3$.

解析：①配方法：将方程左边变形为（x^2-6x+9）$-9+5=0$，即（$x-3$）$^2-4=0$.

所以方程可化为（$x-3$）$^2=4$，开平方得 $x-3=\pm2$，因此方程的根为 $x_1=5$，$x_2=1$.

分解因式法：方程 $x^2-6x+5=$（$x-1$）（$x-5$）$=0$，所以方程的根为 $x_1=5$，$x_2=1$.

② 将方程 $x^2+13=7x$ 移项得 $x^2-7x+13=0$．再配方得$(x^2-7x+\frac{49}{4})-\frac{49}{4}+13=0$，即$(x-\frac{7}{2})^2=-\frac{3}{4}$，所以原方程无实数解.

③ 将方程变形为 $2x^2-5x+3=0$，因为$\Delta=(-5)^2-4\times2\times3=1>0$，

代入求根公式 $x=\frac{-b\pm\sqrt{b^2-4ac}}{2a}$ 得方程的解为 $x_1=\frac{3}{2}$，$x_2=1$.

此外，还可以用分解因式法：方程 $2x^2-5x+3=0$，分解为$(2x-3)(x-1)=0$

所以方程的根为 $x_1=\frac{3}{2}$，$x_2=1$.

例 4．若方程 $3x^2+2ax+1=0$ 有两个实数根，则实数 a 的取值范围是______.

解析：方程有两个实数根$\Leftrightarrow\Delta=(2a)^2-4\times3\times1\geqslant0$，解关于 a 的不等式即可得到 $a\geqslant\sqrt{3}$ 或 $a\leqslant-\sqrt{3}$.

题型归纳

1．把二次三项式 x^2+4x+4 写成完全平方式是（　　）.

A．$(x-2)^2$　　B．$(x+2)^2$　　C．$(x-4)^2$　　D．$(x+4)^2$

解析：此题考查配方法，答案选 B.

2．方程 $x^2-2x-4=0$ 的解是（　　）.

A．$1+\sqrt{5}$　　B．$1-\sqrt{5}$　　C．$1\pm\sqrt{5}$　　D．$\pm\sqrt{5}$

解析：此题考查一元二次方程的解法，答案选 C.

3．已知实数 m，n 满足 $m^2+n^2-4m+6n+13=0$，则实数 m，n 的值分别为（　　）.

A．$m=2$，$n=-3$　　B．$m=-2$，$n=3$

C．$m=-2$，$n=-3$　　D．$m=2$，$n=3$

解析：要求 m，n 的值，必须将方程 $m^2+n^2-4m+6n+13=0$ 转化为关于 m，n 的两个方程．利用配方法可化为$(m-2)^2+(n+3)^2=0$．所以 $m-2=0$ 且 $n+3=0$，所以 $m=2$，$n=-3$．答案选 A.

4．已知二次方程 $x^2+3x+m=0$ 的两根之差为 5，则 m 的值是（　　）.

A．-8　　B．8　　C．-4　　D．4

解析：此题考查一元二次方程的根与系数的关系，答案选 C.

基础训练

1．已知 $2x^2-4x+n$ 可化为 $2(x-1)^2$，则实数 n 的值为（　　）.

A．1　　B．2　　C．-1　　D．-2

2．已知实数 a，b 满足 $a^2+b^2+4a-6b+13=0$，则 $a+b$ 等于（　　）.

A．1　　B．-1　　C．2　　D．-2

3．方程 $x^2+3=4x$ 的根为（　　）.

A．$x=3$ 或 $x=1$　　B．$x=-3$ 或 $x=1$

C．$x=3$ 或 $x=-1$　　D．$x=-3$ 或 $x=-1$

4．方程 $x^2-6x+10=0$ 的根的个数是（　　）.

A．3　　B．2　　C．1　　D．0

5．已知实数 x，y 满足 $x^2+y^2-6x+4y+13=0$，则 x，y 的值分别为（　　）.

A．$x=3$，$y=-2$　　B．$x=-3$，$y=2$

C．$x=-2$，$y=3$　　D．$x=3$，$y=2$

6．已知 $2y^2+2y+a=2(y+\frac{1}{2})^2$，则实数 a 的值为（　　）.

A．2　　B．$\frac{1}{2}$　　C．4　　D．3

提升训练

1．把二次三项式 $2x^2-4xy+y^2$ 化为 $a\,(x+m)^2+n$ 的形式为（　　）.

A．$2(x^2-y)^2-y^2$　　B．$2(x-y)^2+y^2$

C．$2(x-y)^2-y^2$　　D．$2(x-y)^2$

2．已知 $4x^2+4x+3=4(x+a)^2+b$，则实数 a，b 的值分别为（　　）.

A．$a=1$，$b=4$　　B．$a=\frac{1}{2}$，$b=4$

C．$a=\frac{1}{2}$，$b=2$　　D．$a=-\frac{1}{2}$，$b=2$

3．方程 $3x^2+6x+4=0$ 根的个数为（　　）.

A．0　　B．1　　C．2　　D．3

4．方程 $3x^2-4x+m=0$ 的一个根为 0，另一个根为（　　）.

A．$\frac{4}{3}$　　B．$-\frac{4}{3}$　　C．0　　D．3

5．方程 $2x^2+5x+1=0$ 的两个根的平方和为（　　）.

A．$\frac{25}{4}$　　B．$\frac{21}{4}$　　C．$\frac{29}{4}$　　D．$\frac{33}{4}$

6．如果方程 $4x^2-3ax+b=0$ 有两个根分别是 3，6，则 a，b 的值是（　　）.

A．$a=6$，$b=12$　　B．$a=\frac{1}{12}$，$b=72$

C．$a=12$，$b=72$　　D．$a=9$，$b=18$

§2.2　不等式的性质、解集与区间

知识梳理

一、不等式的性质

1．实数大小的定义：把两个实数表示在数轴上，在数轴上右边的点表示的实数大于左边的点表示的实数.

2．实数大小的基本性质：

（1）$a-b>0\Leftrightarrow a>b$；（2）$a-b<0\Leftrightarrow a<b$；（3）$a-b=0\Leftrightarrow a=b$.

3．证明数与式大小的方法——作差比较法，其一般步骤是：

作差 $\Rightarrow$ 变形（化为能判断正负的数或式）$\Rightarrow$ 判断（正、负或零）$\Rightarrow$ 结论.

4．不等式的基本性质：

（1）对称性：$a>b\Leftrightarrow b<a$；

（2）传递性：$a>b$，$b>c$，则 $a>c$；

（3）加法法则：不等式的两边都加上（或减去）同一个整式，不等号的方向不变，

即　$a>b\Leftrightarrow a+c>b+c$ (或 $a-c>b-c$)；

（4）乘法法则：

① 不等式的两边都乘以（或除以）同一个正数，不等号的方向不变，

即　$a>b$，$c>0\Rightarrow ac>bc$（或 $\frac{a}{c}>\frac{b}{c}$）；

② 不等式的两边都乘以（或除以）同一个负数，不等号的方向改变，

即　$a>b$，$c<0\Rightarrow ac<bc$(或 $\frac{a}{c}<\frac{b}{c}$).

推论：$a>b>0\Leftrightarrow a^2>b^2$；$a>b>0$，$c>d>0\Leftrightarrow ac>bd$，$a>b>0\Leftrightarrow \frac{1}{a}<\frac{1}{b}$

例 1．已知 a，b，c 为实数，则下列命题正确的是（　　）.

A．若 $a>b$，则 $ac^2>bc^2$　　　　B．若 $\frac{a}{c}>\frac{b}{c}$，则 $a>b$

C．若 $a^2-c>b^2-c$，则 $a>b$　　　　D．若 $a>b$，且 $ab>0$，则 $\frac{1}{a}<\frac{1}{b}$

解析：此题考查不等式的性质，答案选 D.

例 2．求证：$a^3+b^3>a^2b+ab^2$（$a>0$，$b>0$ 且 $a\neq b$）.

解析：根据作差比较法的步骤可得以下证明过程

$(a^3+b^3)-(a^2b+ab^2)=(a^3-a^2b)+(b^3-ab^2)=a^2(a-b)+b^2(b-a)$

$=(a-b)(a^2-b^2)=(a-b)^2(a+b)$

因为 $a>0$，$b>0$ 且 $a\neq b$，所以$(a-b)^2>0$，$(a+b)>0$，所以$(a-b)^2(a+b)>0$.

所以 $a^3+b^3>a^2b+ab^2$.

二、解集与区间

1．一般地，在含有未知数的不等式中，能使不等式成立的未知数值的全体所构成的集合，称为不等式的解集．一般可用性质描述法或区间来表示，求不等式解集的过程，叫解不等式.

2．区间是表示数集的一种方法，设 a，$b\in\mathbf{R}$，且 $a<b$，则

（1）满足 $a\leqslant x\leqslant b$ 的全体实数的集合，称为闭区间，记作$[a, b]$；

（2）满足 $a<x<b$ 的全体实数的集合，称为开区间，记作(a, b)；

（3）满足 $a\leqslant x<b$ 的全体实数的集合，称为半开半闭区间，记作$[a, b)$；

（4）满足 $a<x\leqslant b$ 的全体实数的集合，称为半开半闭区间，记作$(a, b]$；

（5）满足 $x<a$ 的全体实数的集合，可记作$(-\infty, a)$；
（6）满足 $x\geqslant a$ 的全体实数的集合可记作$[a, +\infty)$；
（7）全体实数集 **R** 可记作$(-\infty, +\infty)$.
其中“$-\infty$”和“$+\infty$”分别读作“负无穷大”和“正无穷大”.

例 3．将满足下列条件的实数组成的集合用区间表示出来：
（1）$-1<x<4$； （2）$x\leqslant -1$；
（3）$x>0$； （4）$-6\leqslant x<0$.
答案：（1）$(-1, 4)$；（2）$(-\infty, -1]$；（3）$(0, +\infty)$；（4）$[-6, 0)$.

例 4．不等式 $x-3\geqslant 1+5x$ 的解集用区间表示是（ ）.
A．$(-\infty, -1)$ B．$(-1, +\infty)$ C．$(-\infty, -1]$ D．$[-1, +\infty)$
解析：先解不等式，再写成区间的形式，答案选 C.

题型归纳

1．用不等号“<”或“>”填空.
（1）$2a-1$______$2a-6$； （2）$4a^2+1$______0；
（3）如果 $a<b$，则 $a-c$____$b-c$； （4）如果 $a>b$，则$-\frac{1}{2}a$____$-\frac{1}{2}b$；
（5）如果 $a>b>0$，则$\frac{1}{a}$____$\frac{1}{b}$； （6）$2a^2-a+2$____a^2-3a.
解析：此题考查不等式的性质，答案为（1）>（2）>（3）<（4）<（5）<（6）>.

2．集合$\{x\mid -2\leqslant x<3\}$ 用区间表示为（ ）.
A．$(-2, 3)$ B．$[-2, 3]$ C．$[-2, 3)$ D．$(-2, 3]$
解析：根据区间的表达方式可得答案选 C.

3．设 $m=(x+2)^2$，$n=(x+1)(x+3)$，判断 m 与 n 的大小关系.
解析：根据作差比较法，$m-n=(x+2)^2-(x+1)(x+3)=1>0$，所以 $m>n$.

基础训练

1．设 $a>b$，则下列不等式错误的是（ ）.
A．$b<a$ B．$a-1<b-1$ C．$a+1>b+1$ D．$-2a<-2b$

2．下列命题正确的是（ ）.
A．若 $ac>bc$，则 $a>b$ B．若 $a^2>b^2$，则 $a>b$
C．若 $\frac{a}{c^2}>\frac{b}{c^2}$，则 $a<b$ D．若 $\sqrt{a}<\sqrt{b}$，则 $a<b$

3．如果 $a>b$，则下列不等式成立的是（ ）.
A．$-5a<-5b$ B．$|a|>|b|$ C．$ac>bc$ D．$ac^2>bc^2$

4．若 $a<b<0$，则下列各式中不能成立的是（ ）.
A．$\frac{1}{a}>\frac{1}{b}$ B．$|a|>|b|$ C．$\frac{1}{a-b}>\frac{1}{b}$ D．$a^2>b^2$

5．已知 $a<b<0$，那么一定有（　　）．

A．$\frac{b}{a}>\frac{a}{b}$　　B．$0<\frac{b}{a}<1$　　C．$\frac{1}{a}<\frac{1}{b}$　　D．$ab<b^2$

6．若 $a>b$，则（　　）．

A．$a^2>b^2$　　B．$a^2\geqslant b^2$　　C．$a^2\leqslant b^2$　　D．以上都不对

7．已知 $a=x^2+x$，$b=3x-2$，则（　　）．

A．$a>b$　　B．$a\geqslant b$　　C．$a\leqslant b$　　D．$a<b$

8．若 $-1<a<b<1$，则下列各式中恒成立的是（　　）．

A．$-1<a-b<1$　　B．$-2<a-b<-1$

C．$-2<a-b<0$　　D．$-1<a-b<0$

9．若 $a+b>0$，$c<0$，$bc>0$，则 $a-b$ 的值（　　）．

A．大于 0　　B．小于 0　　C．等于 0　　D．不能确定

10．若 $a>b>0$，$c<d<0$，则下式成立的是（　　）．

A．$ac>bd$　　B．$ac\geqslant bd$　　C．$ac\leqslant bd$　　D．$ac<bd$

提升训练

1．已知 $x<1$，下列不等式成立的是（　　）．

A．$x^2<1$　　B．$\frac{1}{x}>1$　　C．$x^3<1$　　D．$|x|<1$

2．如果 $a-b>a$，$a+b>b$，那么下列式子中正确的是（　　）．

A．$a+b>0$　　B．$a-b<0$　　C．$a\bullet b<0$　　D．$\frac{a}{b}>0$

3．已知 $a>b$，且 a，b 均不为零，则下列正确的是（　　）．

A．$\frac{1}{a}>\frac{1}{b}$　　B．$\frac{1}{a}<\frac{1}{b}$

C．$\frac{1}{a}=\frac{1}{b}$　　D．$\frac{1}{a}$ 和 $\frac{1}{b}$的大小不确定

4．已知 $a>b$，$c\in\mathbf{R}$，则下列不等式成立的是（　　）．

A．$a+c>b-c$　　B．$ac>bc$

C．$ac^2>bc^2$　　D．$a\times2^c>b\times2^c$

5．“$x>1$”是“$x^2>x$”的（　　）．

A．充分不必要条件　　B．必要不充分条件

C．充要条件　　D．既不充分也不必要条件

6．已知：a，b，$c\in\mathbf{R}$ 且 $a>b$，则下列命题是真命题的是（　　）．

A．$ac>bc$　　B．若 $c>d$ 时，$a-c>b-d$

C．若 $ab>0$ 时，$\frac{1}{a}<\frac{1}{b}$　　D．若 $c>d$ 时，$ac>bd$

7．已知 $m=a^2+a-2$，$n=2a^2-a-1$，其中 $a\in\mathbf{R}$，则下列不等式成立的是（　　）．

A．$m>n$　　B．$n>m$　　C．$m\geqslant n$　　D．$n\geqslant m$

8．若$0<x<1$，则下列关系式中正确的是（　　）．

A．$2x>x^2>x$　　B．$x^2>2x>x$　　C．$2x>x>x^2$　　D．$x^2>x>2x$

9．下列命题为真命题的是（　　）．

A．$x^2>x \Rightarrow x>0$　　B．$x^2>0 \Rightarrow x>0$

C．$x<0 \Rightarrow x^2>x$　　D．$x<1 \Rightarrow x^2<x$

10．已知a，$b\in \mathbf{R}$，如果$M=a^2+b^2+5$, $N=2(2a-b)$，则下列判断正确的是（　　）．

A．$M>N$　　B．$N>M$　　C．$M\geqslant N$　　D．$N\geqslant M$

§2.3　一元一次不等式和绝对值不等式

知识梳理

一、一元一次不等式

1．一元一次不等式的定义．

含有一个未知数，并且未知数的次数为一次的整式不等式称为一元一次不等式，其一般形式为$ax+b>0$或$ax+b\leqslant 0$（$a\neq 0$）．

2．一元一次不等式的解法．

首先将一元一次不等式同解变形为标准形式$ax>b$．

（1）当$a>0$时，$ax>b$的解集为$\{x\mid x>\frac{b}{a}\}$，用区间表示为$(\frac{b}{a},+\infty)$；

（2）当$a<0$时，$ax>b$的解集为$\{x\mid x<\frac{b}{a}\}$，用区间表示为$(-\infty,\frac{b}{a})$；

（3）当$a=0$时，则$ax=0$，①若$b<0$，则对$\forall\ x\in \mathbf{R}$，$ax>b$，所以$ax>b$的解集为全体实数，即$(-\infty,+\infty)$；②若$b\geqslant 0$，则$ax>b$的解集为空集．

3．含有相同未知数的几个一元一次不等式组成的不等式组，称为一元一次不等式组，几个一元一次不等式的解集的交集，称为由它们所组成的一元一次不等式组的解集．如果各个不等式的解集的交集是空集，那么由它们组成的不等式组的解集就是空集．

4．一元一次不等式组的解法：首先解出不等式中的每一个不等式，然后将各个不等式的解集取交集，即为不等式组的解集．若$a<b$，则不等式组：

（1）$\begin{cases}x>a\\x>b\end{cases}$的解集为$\{x\mid x>b\}$；　　（2）$\begin{cases}x>a\\x<b\end{cases}$的解集为$\{x\mid a<x<b\}$；

（3）$\begin{cases}x<a\\x<b\end{cases}$的解集为$\{x\mid x<a\}$；　　（4）$\begin{cases}x<a\\x>b\end{cases}$的解集为空集$\varnothing$．

二、含有绝对值的不等式

1．绝对值的意义：$|a|=\begin{cases}a & (a>0)\\0 & (a=0)\\-a & (a<0)\end{cases}$．

2．实数a的绝对值$|a|$的几何意义：在数轴上表示对应实数a的点到原点的距离．

3．如果 $m>0$，则（1）$|x|\leqslant m\Leftrightarrow -m\leqslant x\leqslant m$；（2）$|x|\geqslant m\Leftrightarrow x\leqslant -m$ 或 $x\geqslant m$.

4．含有绝对值的不等式的解法：

（1）当 $c>0$ 时，$|ax+b|<c\Leftrightarrow -c<ax+b<c$；$|ax+b|>c\Leftrightarrow ax+b>c$ 或 $ax+b<-c$.

（2）当 $c<0$ 时，$|ax+b|<c$ 的解集为 $\varnothing$；$|ax+b|>c$ 的解集为 $\mathbf{R}$.

例 1．解下列不等式（组）.

（1）$-2x+\frac{1}{2}(x-3)>1$；　　（2）$\begin{cases}4x+5>0\\3x-7<0\end{cases}$；

（3）$|2x-1|\leqslant 3$；　　（4）$|3-2x|>5$.

解析：（1）原不等式可变形为 $-\frac{3}{2}x>\frac{5}{2}$，两边同时除以 $-\frac{3}{2}$，得 $x<-\frac{5}{3}$，故不等式的解集为 $\{x\,|\,x<-\frac{5}{3}\}$；

（2）由 $4x+5>0$，得 $\{x\,|\,x>-\frac{5}{4}\}$，由 $3x-7<0$，得 $\{x\,|\,x<\frac{7}{3}\}$，故不等式组的解集为 $\{x\,|\,-\frac{5}{4}<x<\frac{7}{3}\}$.

（3）由 $|2x-1|\leqslant 3$，得 $-3\leqslant 2x-1\leqslant 3$，即 $-2\leqslant 2x\leqslant 4$，故不等式的解集为 $[-1, 2]$.

（4）$|3-2x|>5$ 去绝对值符号得 $3-2x>5$ 或 $3-2x<-5$，解得 $x<-1$ 或 $x>4$，故不等式的解集为 $\{x\,|\,x<-1$ 或 $x>4\}$.

题型归纳

1．解下列不等式（组）.

（1）$4-\frac{2}{3}x<-(x+3)$；　　（2）$\begin{cases}\frac{1}{2}x-10<2(x+1)\\x-2>5x+6\end{cases}$.

解析：（1）原不等式等价于 $\frac{1}{3}x<-7$，即 $x<-21$，所以不等式的解集是 $\{x\,|\,x<-21\}$.

（2）原不等式组等价于 $\begin{cases}x>-8\\x<-2\end{cases}$，所以不等式组的解集是 $\{x\,|\,-8<x<-2\}$.

2．已知不等式 $|a-2x|>b$ 的解集为 $\{x\,|\,x>4$ 或 $x<-5\}$，求实数 a，b 的值.

解析：根据绝对值不等式的解法，$|a-2x|>b$ 等价于 $a-2x>b$ 或 $a-2x<-b$，即 $x<\frac{a-b}{2}$ 或 $x>\frac{a+b}{2}$，于是 $\frac{a+b}{2}=4$ 且 $\frac{a-b}{2}=-5$，所以 $a=-1$，$b=9$.

基础训练

1．不等式组 $\begin{cases}x-2>0\\|x-3|>0\end{cases}$ 的解集是（　　）.

A．$\{x|x>2且x\neq 3\}$　　B．$\{x|x>3\}$

C．$\{x|x>2\}$　　D．$\{x|x<3\}$

2．若集合 $M=\{x\,|\,x<1\}$，集合 $N=\{x\,|\,x<2\}$，则集合 $M\cap N$ 等于（　　）.

A．$\{x\,|\,x\geqslant 1\}$　　B．$\{x\,|\,x<1\}$　　C．$\{x\,|\,x\geqslant 2\}$　　D．$\{x\,|\,x<2\}$

3．不等式组$\begin{cases}x+3\geqslant 1\\x-3<2\end{cases}$的解集是（　　）．

A．$[-2,5)$　　B．$[-2,5]$　　C．$(-5,2]$　　D．$(-2,5)$

4．若$|m-5|=5-m$，则m的取值是（　　）．

A．$m>5$　　B．$m\geqslant 5$　　C．$m<5$　　D．$m\leqslant 5$

5．不等式$|x+2|>1$的解集是（　　）．

A．$(-3,1)$　　B．$(-3,-1)$

C．$(-\infty,-3)\cup(-1,+\infty)$　　D．$\varnothing$

6．不等式$|x-1|\leqslant 2$的解集为（　　）．

A．$(-\infty,3]$　　B．$[-1,+\infty)$

C．$[-1,3]$　　D．$(-\infty,-1)\cup[3,+\infty)$

7．不等式$|2x-a|>b(b>0)$的解集是$\{x\,|\,x>1$或$x<-2\}$，则$a+b$等于（　　）．

A．4　　B．2

C．-4　　D．-2

8．解集为$\{x\,|\,x<-2$或$x>3\}$的不等式为（　　）．

A．$(x+1)(x-2)<0$　　B．$(x+2)(x-3)>0$

C．$x^2-2x-3>0$　　D．$x^2-2x-3<0$

9．不等式$|2x-1|<3$的解集是（　　）．

A．$(-1,2)$　　B．$(-2,1)$

C．$(2,+\infty)$　　D．$(-\infty,-1)\cup(2,+\infty)$

10．函数$y=\dfrac{1}{\sqrt{2-|x|}}$的定义域是（　　）．

A．$(-2,2)$　　B．$(-\infty,-2)\cup(2,+\infty)$

C．$[-2,2]$　　D．$(-\infty,-2]\cup[2,+\infty)$

提升训练

1．不等式$\frac{x}{2}-(x-3)>\frac{1}{2}$的解集是（　　）．

A．$[1,6]$　　B．$(-\infty,-4)$　　C．$(-\infty,5)$　　D．$(-\infty,-1)$

2．不等式组$\begin{cases}10+2x\leqslant 11+3x\\7+2x>6+3x\end{cases}$的解集是（　　）．

A．$[-1,1]$　　B．$(-1,1)$

C．$[-1,1)$　　D．$[-2,-1]\cup[1,+\infty)$

3．不等式$3x-10\geqslant -6+ax$的解集是$\{x\,|\,x\leqslant -2\}$，则a的值是（　　）．

A．5　　B．7　　C．6　　D．4

4．不等式$|2x+1|>0$的解集是（　　）．

A．实数集 $\mathbf{R}$　　B．$\{x\,|\,x<-\frac{1}{2}\}$

C．$\{x\,|\,x>-\frac{1}{2}\}$　　D．$\{x\,|\,x\neq-\frac{1}{2},x\in\mathbf{R}\}$

5．不等式$|3-2x|<5$ 的解集是（　　）．

A．$(-\infty,-1)\cup(4,+\infty)$　　B．$(-1,4)$

C．$(-4,1)$　　D．$(-\infty,-4)\cup(1,+\infty)$

6．不等式$|3-2x|\geqslant5$ 的解集是（　　）．

A．$[-1,4]$　　B．$(-\infty,-1]\cup[4,+\infty)$

C．$(-\infty,-4)\cup[1,+\infty)$　　D．$[-4,1]$

7．不等式 $7-|1-2x|\geqslant4$ 的解集是（　　）．

A．$\{x\,|\,-2\leqslant x\leqslant1\}$　　B．$\{x\,|\,x\geqslant2$ 或 $x\leqslant-1\}$

C．$\{x\,|\,x\geqslant-2$ 或 $x\leqslant1\}$　　D．$\{x\,|\,-1\leqslant x\leqslant2\}$

8．满足不等式$|5x-4|<11$ 的整数 x 的值是（　　）．

A．2，−1，0，1　　B．1，−1

C．0，1　　D．−3，−2，−1，0

9．已知$|x-a|<b$ 的解集是$\{x\,|\,-3<x<9\}$，则 a,b 值是（　　）．

A．6，3　　B．−6，−3

C．3，6　　D．−3，−6

10．不等式 $1\leqslant|3x+4|<6$ 的解集为（　　）．

A．$\{x\,|\,-1\leqslant x<\frac{2}{3}\}$　　B．$\{x\,|\,-\frac{10}{3}<x\leqslant-\frac{5}{3}$或$-1\leqslant x<\frac{2}{3}\}$

C．$\{x\,|\,-\frac{10}{3}<x\leqslant-\frac{5}{3}\}$　　D．$\{x\,|\,-\frac{10}{3}\leqslant x\leqslant-\frac{5}{3}$或$-1\leqslant x\leqslant\frac{2}{3}\}$

§2.4　一元二次不等式

知识梳理

1．一元二次不等式的概念：含有一个未知数，并且未知数的最高次数是 2 的整式不等式称为一元二次不等式，它的一般形式是 $ax^2+bx+c>0$ 或 $ax^2+bx+c<0(a\neq0)$．

2．一元二次不等式的解法．

（1）配方法：①首先将一元二次不等式 $ax^2+bx+c>0\ (a>0)$利用配方法化为$(x+\frac{b}{2a})^2>\frac{b^2-4ac}{4a^2}$的形式．

当 $\Delta=b^2-4ac>0$ 时，$(x+\frac{b}{2a})^2>\frac{b^2-4ac}{4a^2}$等价于 $|x+\frac{b}{2a}|>\frac{\sqrt{b^2-4ac}}{2a}$，

即 $x+\frac{b}{2a}>\frac{\sqrt{b^2-4ac}}{2a}$ 或 $x+\frac{b}{2a}<-\frac{\sqrt{b^2-4ac}}{2a}$，

则不等式 $ax^2+bx+c>0$ 解集为$\{x\mid x<\dfrac{-b-\sqrt{b^2-4ac}}{2a}$ 或 $x>\dfrac{-b+\sqrt{b^2-4ac}}{2a}\}$；

将一元二次不等式 $ax^2+bx+c<0(a>0)$利用配方法化为$(x+\dfrac{b}{2a})^2<\dfrac{b^2-4ac}{4a^2}$的形式.

当 $\Delta=b^2-4ac>0$ 时，$(x+\dfrac{b}{2a})^2<\dfrac{b^2-4ac}{4a^2}$等价于 $\left|x+\dfrac{b}{2a}\right|<\dfrac{\sqrt{b^2-4ac}}{2a}$，

即$-\dfrac{\sqrt{b^2-4ac}}{2a}<x+\dfrac{b}{2a}<\dfrac{\sqrt{b^2-4ac}}{2a}$.

则不等式 $ax^2+bx+c<0$ 解集为$\{x\mid \dfrac{-b-\sqrt{b^2-4ac}}{2a}<x<\dfrac{-b+\sqrt{b^2-4ac}}{2a}\}$；

② 当 $\Delta=b^2-4ac=0$ 时，$(x+\dfrac{b}{2a})^2>0$，则不等式 $ax^2+bx+c>0$ 解集为$\{x\mid x\neq-\dfrac{b}{2a}\}$；

不等式 $ax^2+bx+c<0$ 解集为$\varnothing$.

③ 当 $\Delta=b^2-4ac<0$ 时，不等式 $ax^2+bx+c>0$ 解集为 $\mathbf{R}$；不等式 $ax^2+bx+c<0$ 解集为$\varnothing$.

（2）图像法：由一元二次函数的图像与相应一元二次方程的根的关系，先求出一元二次方程的根，再根据函数图像与 x 轴的位置关系确定不等式的解集.

具体过程如下：将一元二次不等式整理成 $ax^2+bx+c>0$ 或 $ax^2+bx+c<0(a>0)$的形式，设其相应方程的两个根为 x_1，x_2，且 $x_1<x_2$.

① 若 $\Delta=b^2-4ac>0$，则不等式 $ax^2+bx+c>0$ 的解集是$\{x\mid x<x_1$ 或 $x>x_2\}$；不等式 $ax^2+bx+c<0$ 的解集是$\{x\mid x_1<x<x_2\}$；

② 若 $\Delta=b^2-4ac=0$，则不等式 $ax^2+bx+c>0$ 的解集是$\{x\mid x\neq-\dfrac{b}{2a}\}$，不等式 $ax^2+bx+c<0$ 的解集是$\varnothing$；

③ 若 $\Delta=b^2-4ac<0$，则不等式 $ax^2+bx+c>0$ 的解集是 $\mathbf{R}$，不等式 $ax^2+bx+c<0$ 的解集是$\varnothing$.

以 $ax^2+bx+c>0$ 和 $ax^2+bx+c<0(a>0)$为例列表如下：

类型 \ $\Delta=b^2-4ac$	$\Delta>0$	$\Delta=0$	$\Delta<0$
二次函数 $y=ax^2+bx+c$ $a>0$ 且 $x_1<x_2$	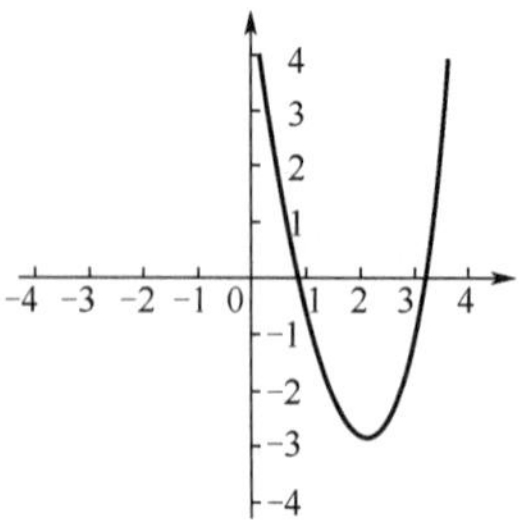	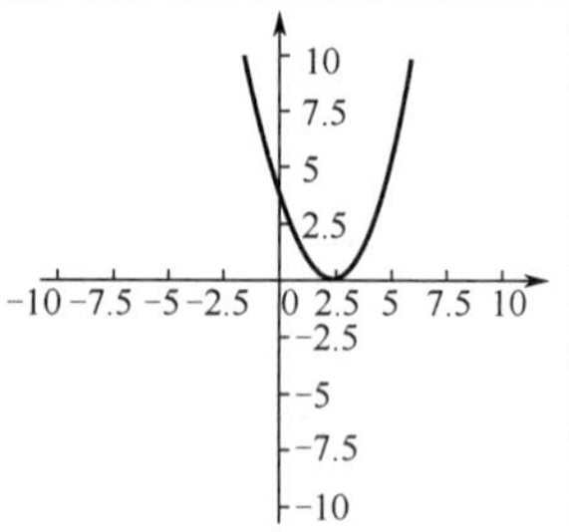	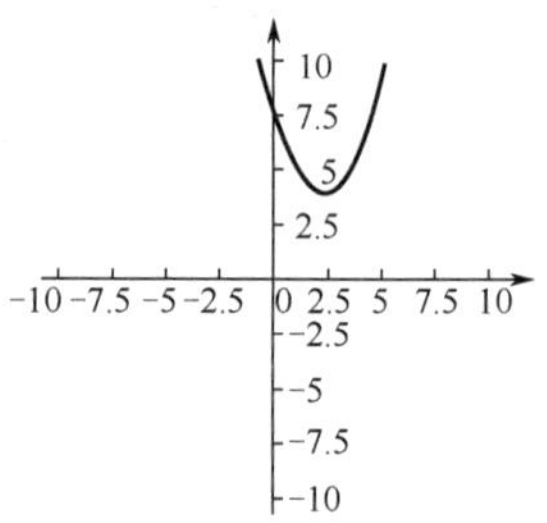
$ax^2+bx+c>0$	$\{x\mid x>x_2$ 或 $x<x_1\}$	$\{x\mid x\neq-\dfrac{b}{2a}\}$	$\mathbf{R}$
$ax^2+bx+c<0$	$\{x\mid x_1<x<x_2\}$	$\varnothing$	$\varnothing$

例 1．解不等式（1）$x^2\leqslant 2x+3$；（2）$x^2-4x+4>0$；（3）$x^2+2x+3<0$.

解：（1）原不等式等价于 $x^2-2x-3\leqslant 0$，

即（$x-1$）$^2\leqslant4$，$|x-1|\leqslant2$，从而$-2\leqslant x-1\leqslant2$，$\therefore -1\leqslant x\leqslant3$.

所以原不等式的解集是$\{x\mid -1\leqslant x\leqslant3\}$

（2）$x^2-4x+4=(x-2)^2\geqslant0$，当$x\neq2$时$(x-2)^2>0$.

$\therefore$ 不等式$x^2-4x+4>0$的解集为$(-\infty, 2)\cup(2, +\infty)$.

（3）$x^2+2x+3=(x+1)^2+2$，$\because x$取任何实数时，都有$(x+1)^2+2>0$，

$\therefore$ $x^2+2x+3<0$解集为$\varnothing$.

例2．若不等式$ax^2+2x+b<0$的解集是$\{x\mid x<-\frac{1}{4}$或$x>\frac{1}{2}\}$，则$a=$______，$b=$______.

解析：不等式$ax^2+2x+b<0$的解集的端点值是其对应方程$ax^2+2x+b=0$的两根，根据根与系数的关系列方程组解得a、b的值.

因为不等式$ax^2+2x+b<0$的解集是$\{x\mid x<-\frac{1}{4}$或$x>\frac{1}{2}\}$，所以$-\frac{1}{4}$和$\frac{1}{2}$是方程$ax^2+2x+b=0$的两根．由根与系数的关系得$(-\frac{1}{4})+\frac{1}{2}=-\frac{2}{a}$，$(-\frac{1}{4})\times\frac{1}{2}=\frac{b}{a}$，解得$a=-8$，$b=1$.

题型归纳

1．不等式$x^2-2x\geqslant-1$的解集为（　　）.

A．**R**　　B．$\varnothing$　　C．$\{x\mid x\neq1\}$　　D．$\{x\mid x<-1$或$x>1\}$

解析：此题考查一元二次不等式的解法，答案选A.

2．若不等式$x^2+x+c<0$的解集是$(-4, 3)$，则c的值等于（　　）.

A．12　　B．-12　　C．11　　D．-11

解析：根据一元二次方程、一元二次函数和一元二次不等式的关系可得答案选B.

3．已知$f(x)=ax^2+ax-1$，若$f(x)<0$在**R**上恒成立，则a的取值范围是（　　）.

A．$-4<a\leqslant0$　　B．$-4<a<0$　　C．$a<0$　　D．$a<-4$

解析：由题意可知$a<0$，$ax^2+ax-1=0$的根的判别式$\Delta<0$，答案选B.

4．函数$y=\lg(x^2-2x-8)$的定义域是（　　）.

A．$(-2, 4)$　　B．$(-4, 2)$

C．$(-\infty, -2)\cup(4, +\infty)$　　D．$(-\infty, -1)\cup(2, +\infty)$

解析：根据对数的性质知$x^2-2x-8>0$，解此不等式可得答案选C.

5．方程$ax^2+bx+c=0$ $(a>0)$有两实数根x_1、x_2，且$x_1<x_2$，则不等式$ax^2+bx+c>0$的解集是（　　）.

A．**R**　　B．(x_1, x_2)

C．$(-\infty, x_1)\cup(x_2, +\infty)$　　D．$\varnothing$

解析：此题考查图像法解一元二次不等式的理论，答案选C.

基础训练

1．不等式$(3-x)(x-1)\leqslant0$的解集为（　　）.

A．$(-\infty, 1)$　　B．$[1, 3]$
C．$[3, +\infty)$　　D．$(-\infty, 1]\cup[3, +\infty)$

2．不等式$x(x-5)^2 > 3(x-5)^2$的解集是（　　）．

A．$(3, +\infty)$　　B．$(5, +\infty)$　　C．$(3, 5)$　　D．$(3, 5)\cup(5, +\infty)$

3．不等式$x^2-6-5x>0$的解集为（　　）．

A．$(-\infty,2)\cup(3,+\infty)$　　B．$(-\infty,-1)\cup(6,+\infty)$
C．$(2,3)$　　D．$(-1,6)$

4．不等式$x^2-5x-6<0$的解集是（　　）．

A．$\{x\mid 2<x<3\}$　　B．$\{x\mid -1<x<6\}$
C．$\{x\mid x<3$ 或 $x>2\}$　　D．$\{x\mid x<-1$ 或 $x>6\}$

5．不等式$x^2+bx+\dfrac{1}{4}<0$的解集是$\varnothing$，则（　　）．

A．$-1<b<1$　　B．$b<-1$ 或 $b>1$
C．$-1\leqslant b\leqslant 1$　　D．$b\leqslant -1$ 或 $b\geqslant 1$

6．若$a\neq 0$，则不等式$ax^2+bx+c>0$恒成立的条件是（　　）．

A．$a>0$ 且$\Delta<0$　　B．$a<0$ 且$\Delta>0$
C．$a>0$ 且$\Delta>0$　　D．$a<0$ 且$\Delta<0$

7．若$-2x^2+5x-2>0$，则$\sqrt{4x^2-4x+1}+2|x-2|$等于（　　）．

A．$4x-5$　　B．-3　　C．3　　D．$5-4x$

8．集合$A=\{x\mid x^2<16\}$，集合$B=\{x\mid x^2-x-6\geqslant 0\}$，则$A\cap B=$（　　）．

A．$[3, 4)$　　B．$(-4, 2]$
C．$(-4, -2]\cup[3, 4)$　　D．$[-2, 3]$

9．若不等式$x^2-m>0$的解集为$(-\infty,-3)\cup(3,+\infty)$，则实数$m$等于（　　）．

A．-3　　B．3　　C．-9　　D．9

10．函数$y=\sqrt{x^2+x-6}$的定义域是（　　）．

A．$(-2, 3]$　　B．$(-\infty, 2)\cup[3, +\infty)$
C．$(-3, 2]$　　D．$(-\infty, -3]\cup[2, +\infty)$

提升训练

1．不等式$-x^2-2x+15>0$的解集为（　　）．

A．$\{x\mid -3<x<5\}$　　B．$\{x\mid -5<x<3\}$
C．$\{x\mid x>5$ 或 $x<-3\}$　　D．$\{x\mid x>3$ 或 $x<-5\}$

2．不等式$-x^2+x+12\leqslant 0$的解集是（　　）．

A．$\{x\mid -3\leqslant x\leqslant 4\}$　　B．$\{x\mid -4\leqslant x\leqslant 3\}$
C．$\{x\mid x<-3$ 或 $x>4\}$　　D．$\{x\mid x\leqslant -3$ 或 $x\geqslant 4\}$

3．关于x的不等式$ax^2+5x+b>0$的解集是$(\dfrac{1}{3}, \dfrac{1}{2})$，则$a+b$等于（　　）．

A. -7　　B. 7　　C. -5　　D. 5

4. 设 $f(x)=ax^2+bx+c$，且方程 $f(x)=0$ 的两根分别在区间 $(1,2)$ 和 $(2,3)$ 内，则必有（　　）.

A. $f(1)\cdot f(2)>0$　　B. $f(1)\cdot f(2)<0$

C. $f(1)\cdot f(3)<0$　　D. $f(2)\cdot f(3)>0$

5. 已知方程 $x^2+ax+(a+3)=0$ 有实根，则 a 的取值范围为（　　）.

A. $\{a\mid a>6$ 或 $a<-2\}$　　B. $\{a\mid -2\leqslant a\leqslant 6\}$

C. $\{a\mid a\geqslant 6$ 或 $a\leqslant -2\}$　　D. $\{a\mid -2<a<6\}$

6. 一元二次不等式 $(a-4)x^2+10x+a<4$ 的解集为 $\mathbf{R}$，则 a 的取值范围是（　　）.

A. $-1<a<9$　　B. $a<-1$　　C. $a>9$　　D. $a<-1$ 或 $a>9$

7. 二次不等式 $ax^2+bx+c>0$ 的解集是全体实数的充要条件是（　　）.

A. $a>0$，$\Delta>0$　　B. $a>0$，$\Delta<0$

C. $a<0$，$\Delta>0$　　D. $a<0$，$\Delta<0$

8. 函数 $y-\dfrac{3}{\lg(x^2-4x+5)}$ 的定义域是（　　）.

A. $(1,5)$　　B. $(-\infty,1)\cup(5,+\infty)$

C. $\mathbf{R}$　　D. $(-\infty,2)\cup(2,+\infty)$

9. 方程 $ax^2+bx+c=0$（$a<0$）有两个实数根 x_1，x_2，且 $x_1<x_2$，则不等式 $ax^2+bx+c>0$ 的解集是（　　）.

A. $\mathbf{R}$　　B. (x_1,x_2)

C. $(-\infty,x_1)\cup(x_2,+\infty)$　　D. $\varnothing$

10. 某工人制作机器零件，若每天比原计划多做一件，那么 8 天所做的零件超过 100 件；若每天比原计划少做一件，那么 8 天所做的零件不足 90 件，则该工人原计划每天制作零件（　　）.

A. 11 件　　B. 12 件　　C. 13 件　　D. 14 件

§2.5　高考链接

1.（2010 年）集合 $\{x\mid -2\leqslant x<3\}$ 用区间表示为（　　）.

A. $(-2,3)$　　B. $[-2,3]$　　C. $[-2,3)$　　D. $(-2,3]$

2.（2010 年）不等式 $x^2+2x-3>0$ 的解集是（　　）.

A. $\{x\mid x<-3$ 或 $x>1\}$　　B. $\{x\mid -3<x<1\}$

C. $\{x\mid x<-1$ 或 $x>3\}$　　D. $\{x\mid -1<x<3\}$

3.（2011 年）不等式 $|2x-1|<3$ 的解集是（　　）.

A. $(-2,1)$　　B. $(-\infty,2)$　　C. $(-1,2)$　　D. $(2,+\infty)$

4.（2011 年）若二次函数 $f(x)=x^2+2mx+m+2$ 的图像与 x 轴有两个交点，则 m 的取值范围是（　　）.

A. $(-\infty,-1)$　　B. $(-1,2)$

C. $(2,+\infty)$　　D. $(-\infty,-1)\cup(2,+\infty)$

5.（2012 年）若 a，b 均为实数，且 $a>b$，则下列关系正确的是（　　）.

A．$-b>-a$　　B．$a^2>b^2$　　C．$\sqrt{a}>\sqrt{b}$　　D．$|a|>|b|$

6.（2012 年）已知二次函数 $f(x)=x^2+(m+1)x+m-1$ 的图像经过原点，则使 $f(x)<0$ 的 x 的取值集合是（　　）.

A．$(0, 2)$　　B．$(-2, 0)$

C．$(-\infty, 0)\cup(2, +\infty)$　　D．$(-\infty, -2)\cup(0, +\infty)$

7.（2013 年）若 $a>b$ $(ab\neq0)$，则下列关系正确的是（　　）.

A．$|a|>|b|$　　B．$ac^2>bc^2$

C．$\frac{1}{a}<\frac{1}{b}$　　D．$c-a<c-b$

8.（2013 年）函数 $y=\sqrt{x^2+4x-5}$ 的定义域是（　　）.

A．$[-1, 5]$　　B．$[-5, -1]$

C．$(-\infty, -1]\cup[5, +\infty)$　　D．$(-\infty, -5]\cup[1, +\infty)$

9.（2013 年）已知点 $P(9-m, m+2)$在第一象限，则 m 的取值范围是（　　）.

A．$-2<m<9$　　B．$-9<m<2$

C．$m>-2$　　D．$m<9$

10.（2014 年）若 $a>b>0$，$c\in\mathbf{R}$，则下列不等式不一定成立的是（　　）.

A．$a^2>b^2$　　B．$\lg a>\lg b$

C．$2^a>2^b$　　D．$ac^2>bc^2$

11.（2014 年）函数 $y=\sqrt{-x^2+bx+c}$ 的定义域是$\{x \mid 2\leqslant x\leqslant3\}$，则 b 和 c 的值分别是（　　）.

A．$b=5$，$c=6$　　B．$b=5$，$c=-6$

C．$b=-5$，$c=6$　　D．$b=-5$，$c=-6$

12.（2015 年）不等式$|x-1|<5$ 的解集是（　　）.

A．$(-6, 4)$　　B．$(-4, 6)$

C．$(-\infty, -6)\cup(4, +\infty)$　　D．$(-\infty, -4)\cup(6, +\infty)$

13.（2016 年）不等式$|x+2|>3$ 的解集是（　　）.

A．$(-\infty, -5)\cup(1, +\infty)$　　B．$(-5, 1)$

C．$(-\infty, -1)\cup(5, +\infty)$　　D．$(-1, 5)$

14.（2017 年）若 a, b, c 均为实数，且 $a<b<0$，则下列不等式成立的是（　　）.

A．$a+c<b+c$　　B．$ac<bc$

C．$a^2<b^2$　　D．$\sqrt{-a}<\sqrt{-b}$

15.（2018 年）不等式 $1+\lg|x|<0$ 的解集是（　　）.

A．$(-\frac{1}{10}, 0)\cup(0, \frac{1}{10})$　　B．$(-\frac{1}{10}, \frac{1}{10})$

C．$(-10, 0)\cup(0, 10)$　　D．$(-10, 10)$

第三章

函　数

考纲要求

1．理解函数的概念及其表示法，会求一些常见函数的定义域．

2．理解函数符号 $f(x)$ 的含义，会由 $f(x)$ 的表达式求出 $f(ax+b)$的表达式．

3．理解函数的单调性、奇偶性的定义，掌握增函数、减函数及奇函数、偶函数的图像特征．

4．理解分段函数的概念．

5．理解二次函数的概念，掌握二次函数的图像和性质．

6．会求二次函数的解析式，会求二次函数的最值．

7．能运用函数知识解决简单的实际问题．

命题分析

本章是高考的一个重要部分，函数本身就是数学的重点，是学习数学的关键，近几年本章在高考中分值在 16 分～20 分，题型较多，难度较大，命题热点问题约有五个：①函数的定义及表达式；②函数的定义域问题；③函数的单调性和奇偶性；④一元二次函数；⑤利用函数知识解应用题．复习时应该全面掌握每一个知识点，并能前后贯通，综合运用．

§3.1　函数的概念及其表示方法

知识梳理

1．函数的概念

设集合 A 是一个非空实数集，按照某种对应法则 f，对 A 中任意的实数 x，都有唯一确定的实数值 y 与它对应，则称这种对应法则为集合 A 上的一个函数，记作 $y=f(x)$，其中 x 为自变量，y 为因变量．自变量 x 的取值集合 A 称为函数的定义域，对应的因变量 y 的取值集合称为函数的值域．

2．符号 $f(x)$的含义

（1）f 表示对应法则，x 是自变量，$f(x)$是在 f 的作用下自变量 x 对应的函数值．

（2）函数的对应法则可以用 g，h 等字母表示，y 是 x 的函数可以表示为 $y=g(x)$或 $y=h(x)$等．

（3）在函数的定义域内，对于自变量的不同取值区间，可以有不同的对应法则，这样的函数称为分段函数.

3．函数的两要素

函数的两个要素是定义域和对应法则，当一个函数的定义域和对应法则确定时，这个函数的值域也被唯一确定．因此，当两个函数的定义域和对应法则完全相同时，我们就说这两个函数是同一个函数.

4．函数的表示方法

（1）解析法（公式法）：用等式来表示两个变量间的函数关系；

（2）列表法：把两个变量之间的对应值列成表格来表示函数的关系；

（3）图像法：用图像来表示两个变量之间函数关系的方法.

例 1．如下图所示，不可能是 $y=f(x)$的图像的是（　　）.

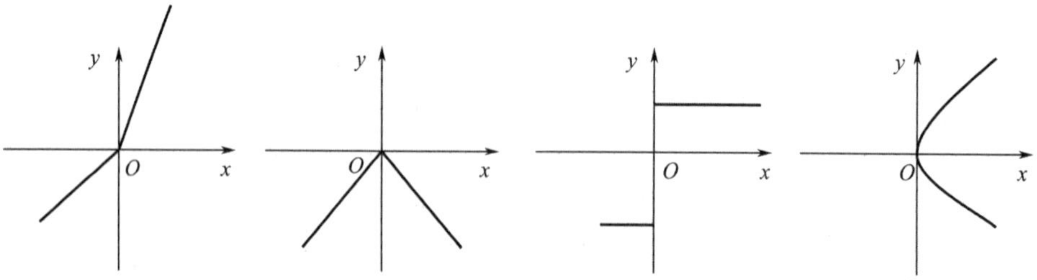

A.　　B.　　C.　　D.

解析：根据函数的定义，按照某种对应法则 f，对 A 中任意的实数 x，都有唯一的实数值 y 与它对应，则称这种对应法则为集合 A 上的一个函数．也就是说，对于自变量中的 x 值，都有唯一一个 y 与之对应，而答案 D 每一个 x 有两个 y 与之对应，所以答案为 D.

例 2．下列四组函数中，表示同一函数的是（　　）.

A．$y=\frac{x^2}{x}$与 $y=x$　　B．$y=2\lg x$ 与 $y=\lg x^2$

C．$y=|x|$与 $y=\sqrt{x^2}$　　D．$y=x^0$ 与 $y=1$

解析：函数的两要素是定义域和对应法则，两者都相同，它们就表示同一函数．对应法则相同是指对应法则等价，并非形式完全相同，A、B、D 中的法则相同，但定义域不同.所以本题答案为 C.

例 3．已知函数 $f(x)=2x^2-x+3$.

（1）若 $g(x)=f(x+1)$，求 $g(x)$；

（2）若 $f(a-1)\leqslant 9$，求实数 a 的取值集合.

解析：（1）求 $f(x+1)$时，把 $f(x)=2x^2-x+3$ 中的 x 用 $x+1$ 代换，即可求出 $g(x)$；

（2）首先得出 $f(a-1)$，然后建立关于 a 的不等式，再解不等式.

① $g(x)=f(x+1)=2(x+1)^2-(x+1)+3=2x^2+3x+4$.

② ∵因为 $f(a-1)=2(a-1)^2-(a-1)+3=2a^2-5a+6$,

$\therefore 2a^2-5a+6\leqslant 9$，即 $2a^2-5a-3\leqslant 0$．解得$-\frac{1}{2}\leqslant a\leqslant 3$.

所以，实数 a 的取值集合为$(-\frac{1}{2},3]$.

例 4．已知函数$f(x)=\begin{cases}2x^2-1\,(x>0)\\0\quad(x=0)\\1-x\quad(x<0)\end{cases}$，则$f[f(-1)]=$__________.

解析：由分段函数的定义可知，∵ $-1<0$，∴ $f(-1)=2$，∵ $2>0$ ∴$f(2)=2\times2^2-1=7$.

题型归纳

1．函数 $y=f(x)$ 的图像与直线 $x=k$ (k 是常数)的交点的个数（　　）.

A．有且只有一个　　B．至少有一个

C．至多有一个　　D．有一个或两个

解析：该题考查函数的定义，答案为 C.

2．下列四组函数中的$f(x)$和 $g(x)$表示同一个函数的是（　　）.

A．$f(x)=x$ 与 $g(x)=(\sqrt{x})^2$　　B．$f(x)=1$ 与 $g(x)=\frac{x}{x}$

C．$f(x)=|x|$ 与 $g(x)=\sqrt[3]{x^3}$　　D．$f(x)=|x|$ 与 $g(x)=\sqrt{x^2}$

解析：该题考查函数的两要素，答案选 D.

3．已知函数$f(x)=\frac{x+1}{|x-2|}$，则$f(0)$、$f(3)$的值分别是（　　）.

A．$\frac{1}{2}$，4　　B．$-\frac{1}{2}$，4　　C．$\frac{1}{2}$，-4　　D．$-\frac{1}{2}$，-4

解析：根据函数解析式的意义，把数值代入计算就可得到答案选 A.

4．设函数$f(3x)=9x^2+6x+7$，则$f(-3)=$（　　）.

A．15　　B．16　　C．10　　D．22

解析：令 $3x=-3$，则 $x=-1$，把 $x=-1$ 带入解析式可得答案选 C.

5．已知：$f(x)=\begin{cases}-2x+1\ (x>0)\\-x-3\ (x\leqslant0)\end{cases}$，则$f(f(f(3)))$等于（　　）.

A．-3　　B．3　　C．-9　　D．9

解析：根据分段函数的定义，自变量分区间由内及外按范围依次带入，答案为 A.

基础训练

1．下列四组函数中，表示同一函数的是（　　）.

A．$f(x)=x-1$ 与 $g(x)=\frac{x^2-1}{x+1}$　　B．$f(x)=x-1$ 与 $g(x)=\sqrt[3]{(x-1)^3}$

C．$f(x)=-x$ 与 $g(x)=-\sqrt{x^2}$　　D．$f(x)=\sqrt{x-1}$ 与 $g(x)=\frac{x-1}{\sqrt{x-1}}$

2．已知函数$f(x)=x^2-1$，则$f(x+1)$等于（　　）.

A．$-x^2-2x$　　B．$-x^2+2x$　　C．x^2-2x　　D．x^2+2x

3．若$f(2x)=\log_2\frac{4x+10}{3}$，则$f(1)$的值为（　　）．

A．2　　B．1　　C．4　　D．3

4．若$f(x)=x+2$，则$f[f(-1)]$等于（　　）．

A．1　　B．2　　C．3　　D．4

5．已知函数$f(x)=\begin{cases}2x^2-1 & (x>0)\\ 0 & (x=0)\\ 1-x & (x<0)\end{cases}$，则$f[f(-2)]=$（　　）．

A．7　　B．17　　C．0　　D．-2

6．已知函数$f(x)=x^2+2x+1$，则$f[f(1)]=$（　　）．

A．4　　B．16　　C．25　　D．24

7．设$f(x)=x^2+x$，则$f(-x)=$（　　）．

A．$-x^2-x$　　B．$-x^2+x$　　C．x^2-x　　D．x^2+x

8．已知$f(2x)=x^2+x+1$，则$f(-2)=$（　　）．

A．0　　B．1　　C．3　　D．6

9．设函数$f(x)=x^2+2x$，则$f(2)．f(\frac{1}{2})=$（　　）．

A．1　　B．3　　C．5　　D．10

10．下列平面直角坐标系中给出的四个图形，可作为函数 $y=f(x)$ 图像的图形共有（　　）．

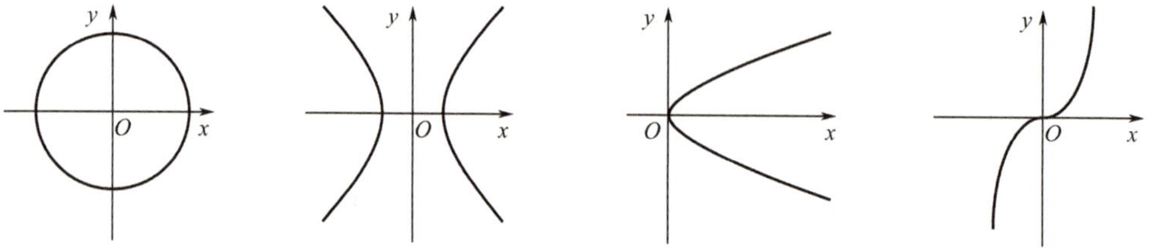

A．1个　　B．2个　　C．3个　　D．4个

提升训练

1．下列四组函数，表示同一个函数的是（　　）．

A．$f(x)=x$ 与 $g(x)=(\sqrt{x})^2$

B．$f(x)=\frac{x^2-1}{x+1}$与 $g(x)=x-1$

C．$f(x)=|x|$与 $g(x)=\begin{cases}x, x\in(0,+\infty)\\ -x, x\in(-\infty,0)\end{cases}$

D．$f(x)=x$ 与 $g(x)=(\sqrt[3]{x^3})$

2．已知 $f(2x)=x^2-1\ (x>0)$，则 $f(2)=$（　　）.

A．2　　B．1　　C．−1　　D．0

3．设函数 $f(x)=x^3+7$，则 $f(x+1)=$（　　）.

A．x^3+x^2+x+7　　B．x^3+3x^2+3x+8

C．x^3+3x^2+8　　D．x^3+5x^2+5x+8

4．下列函数与 $y=x$ 具有相同图像的函数是（　　）.

A．$y=\sqrt{x^2}$　　B．$y=\log_a a^x\ (a>0，a\neq 1)$

C．$y=\dfrac{x^2}{x}$　　D．$y=(\sqrt{x})^2$

5．已知函数 $f(3x)=\dfrac{1-x}{x+3}$，则 $f\left(\dfrac{1}{3}\right)$ 的值是（　　）.

A．$\dfrac{1}{5}$　　B．0　　C．$\dfrac{7}{2}$　　D．$\dfrac{2}{7}$

6．已知 $f(x)=x^4+kx^3+1$，且 $f(-1)=6$，则 $f(1)=$（　　）.

A．0　　B．−2　　C．−1　　D．2

7．设 $f(x)=\dfrac{1}{x}+1$，则 $f(\dfrac{1}{x})$ 等于（　　）.

A．$\dfrac{x+1}{x}$　　B．$x+1$　　C．$\dfrac{x}{x+1}$　　D．$\dfrac{1}{x+1}$

8．设函数 $f(x)=3x+4$，$g(x)=x+3$，则 $f[g(x)]=$（　　）.

A．$3x+13$　　B．$3x+9$　　C．$4x+7$　　D．$3x+7$

9．已知 $f(x)=x^2+x+7$，则 $f[f(1)]=$（　　）.

A．9　　B．81　　C．97　　D．24

10．已知函数 $f(x)$ 是一次函数，且 $f[f(x)]=9x+1$，则 $f(x)=$（　　）.

A．$3x+\dfrac{1}{4}$　　B．$-3x-\dfrac{1}{2}$

C．$3x+\dfrac{1}{4}$ 或 $-3x-\dfrac{1}{2}$　　D．$3x-\dfrac{1}{2}$ 或 $3x+\dfrac{1}{4}$

§3.2　函数的定义域

知识梳理

函数的定义域是指自变量 x 的取值范围构成的集合，求函数的定义域主要有以下 4 种方法：

（1）在 $y=\dfrac{f(x)}{g(x)}$ 中，要求 $g(x)\neq 0$；

（2）在 $y=\sqrt[n]{f(x)}$ 中，若 n 为奇数，定义域为 **R**；若 n 为偶数，要求 $f(x)\geqslant 0$；

（3）在 $y=[f(x)]^0$ 中，要求 $f(x)\neq 0$；

（4）在 $y=\log_{g(x)}f(x)$ 中，要求 $f(x)>0$，并且 $g(x)>0$ 且 $g(x)\neq 1$.

注：如果函数是由几个式子组成的，则函数的定义域是使每个式子有意义的自变量的交集.

题型归纳

1．求下列函数的定义域.

（1）$y=\dfrac{1}{\sqrt{|2x-3|-1}}$；　　（2）$y=\dfrac{1}{x}+\lg(x+1)$；

（3）$y=(x+2)^0+\dfrac{\sqrt{2-x}}{|x|-x}$

解析：首先写出每个式子有意义的条件，再求其同时成立的 x 的取值集合.

解：（1）要使函数有意义，则

须 $|2x-3|-1>0$,

$\therefore |2x-3|>1$,

$\therefore 2x-3>1$ 或 $2x-3<-1$,

$\therefore x>2$ 或 $x<1$,

$\therefore$ 函数的定义域是 $\{x\mid x>2$ 或 $x<1\}$.

（2）要使函数有意义，则 $x+1>0$ 且 $x\neq0$，$x>-1$ 且 $x\neq0$,

$\therefore$ 函数的定义域是 $\{x\mid x>-1$ 且 $x\neq0\}$

（3）要使函数有意义，则

$\begin{cases}x+2\neq0\\2-x\geqslant0\\|x|-x\neq0\end{cases}$，即 $\begin{cases}x\neq-2\\x\leqslant2\\|x|\neq x\end{cases}$，即 $\begin{cases}x\neq-2\\x\leqslant2\\x<0\end{cases}$，解得 $x<0$ 且 $x\neq-2$.

所以，函数的定义域为 $\{x\mid x<0$ 且 $x\neq-2\}$.

基础训练

1．函数 $y=\dfrac{1}{x+1}$ 的定义域是（　　）.

A．$(-\infty,-1)\cup(-1,+\infty)$　　B．$(-\infty,0)\cup(0,+\infty)$

C．$(-1,+\infty)$　　D．$(-\infty,-1)$

2．函数 $y=\dfrac{\sqrt{x+1}}{x}$ 的定义域为（　　）.

A．$(-1,+\infty)$　　B．$(-1,0)\cup(0,+\infty)$

C．$[-1,0)\cup(0,+\infty)$　　D．$(-\infty,0)\cup(0,+\infty)$

3．函数 $f(x)=\sqrt{5-x}+\sqrt{5+x}+\dfrac{1}{\sqrt{x^2-25}}$ 的定义域是（　　）.

A．$\{x\,|x<-5\}$　　B．$\{x\,|x>5\}$

C．$\{x|-5\leqslant x\leqslant 5\}$　　D．空集

4．函数 $y=\dfrac{\sqrt{x^2-2x-3}}{|x|}$ 的定义域是（　　）．

A．$\{x|x>3$ 且 $x<-1\}$　　B．$\{x|x\geqslant -1$ 或 $x\leqslant 3\}$

C．$\{x|x\geqslant 3$ 或 $x\leqslant -1\}$　　D．$\{x|x\in\mathbf{R}$ 且 $x\neq 0\}$

5．函数 $y=\log_2(12+x-x^2)$的定义域是（　　）．

A．$(-\infty,\ -3)\cup(4,+\infty)$　　B．$(-3, 4)$

C．$(-\infty,\ -4)\cup(3,+\infty)$　　D．$(-4,\ -3)$

6．函数 $f(x)=\dfrac{1}{x}+\lg(x-1)$ 的定义域是（　　）．

A．$\{x\,|\,x>1\}$　　B．$\{x\,|\,x\geqslant -1$ 且 $x\neq 0\}$

C．$\{x\,|\,x>1$ 且 $x\neq 0\}$　　D．$\{x\,|\,x\geqslant 1\}$

7．函数 $y=\sqrt{x^2+x-6}$ 的定义域是（　　）．

A．$[-2, 3]$　　B．$(-\infty, -2]\cup[3,+\infty)$

C．$[-3, 2]$　　D．$(-\infty, -3]\cup[2,+\infty)$

8．函数 $y=\lg(x^2-2x-8)$的定义域是（　　）．

A．$(-2, 4)$　　B．$(-4, 2)$

C．$(-\infty, -2)\cup(4,+\infty)$　　D．$(-\infty, -4)\cup(2,+\infty)$

9．函数 $y=\dfrac{3}{\lg(x^2-4x+5)}$的定义域是（　　）．

A．$(1, 5)$　　B．$(-\infty, 1)\cup(5,+\infty)$

C．$\mathbf{R}$　　D．$(-\infty, 2)\cup(2,+\infty)$

10．函数 $y=\lg(1-x)+\dfrac{1}{x+2}$ 的定义域是（　　）．

A．$\{x|x<1\}$　　B．$\{x|x<1且x\neq -2\}$

C．$\{x|x\leqslant 1\}$　　D．$\{x|x\leqslant 1且x\neq -2\}$

提升训练

1．函数 $y=\dfrac{-2}{\sqrt{x+1}}$的定义域是（　　）．

A．$(-\infty,+\infty)$　　B．$(-\infty, 1]$

C．$(-\infty, -1)$　　D．$(-1,+\infty)$

2．函数 $y=\dfrac{1}{x^2-x-2}$的定义域是（　　）．

A．$(-\infty, -1)\cup(2,+\infty)$　　B．$(-1, 2)$

C．$(-\infty, -1)\cup(-1, 2)\cup(2,+\infty)$　　D．$(-\infty,+\infty)$

3．函数 $y=\sqrt{4-x}+\dfrac{1}{x-1}$ 的定义域是（　　）．

A．$(1, 4]$　　B．$(-\infty, 4]$

C．$(-\infty, 1)\cup(1, +\infty)$　　D．$(-\infty, 1)\cup(1, 4]$

4．函数 $y=\log_2(4x^2-4x+1)$ 的定义域是（　　）．

A．$(-\infty, -1)\cup(-1, +\infty)$　　B．$(0, +\infty)$

C．$(-\infty, \dfrac{1}{2})\cup(\dfrac{1}{2}, +\infty)$　　D．$(-\infty, +\infty)$

5．函数 $y=\log_{(x-1)}(3-x)$ 的定义域是（　　）．

A．$(1, 3)$　　B．$(1, 3]$

C．$(1, 2)\cup(2, 3]$　　D．$(1, 2)\cup(2, 3)$

6．已知函数 $y=\lg[(a^2-1)x^2+(a+1)x+1]$，若函数的定义域为 $(-\infty, +\infty)$，则实数 a 的取值范围是（　　）．

A．$a\leqslant-1$　　B．$a>\dfrac{5}{3}$

C．$a\leqslant-1$ 或 $a>\dfrac{5}{3}$　　D．$-1\leqslant a<\dfrac{5}{3}$

7．函数 $y=\sqrt{\lg(2+x)}$ 的定义域是（　　）．

A．$\{x\,|\,x\geqslant-1\}$　　B．$\{x\,|\,x\geqslant1\}$

C．$\{x\,|\,x\leqslant1\}$　　D．$\{x\,|\,x\leqslant-1\}$

8．函数 $y=(x+1)^0+(1-x)^{\frac{1}{2}}$ 的定义域是（　　）．

A．$\{x\,|\,x\geqslant-1\}$　　B．$\{x\,|\,x\geqslant 1\}$

C．$\{x\,|\,x\leqslant1$ 且 $x\neq-1\}$　　D．$\{x\,|\,x\leqslant-1\}$

9．函数 $y=\sqrt{1-|x+3|}$ 的定义域是（　　）．

A．$(2, 4]$　　B．$[-4, -2]$

C．$(-\infty, -2)\cup(-2, +\infty)$　　D．$(-\infty, 1)\cup(1, 4]$

10．已知函数 $y=\sqrt{x^2-2x+m}$ 的定义域为全体实数，则实数 m 的取值范围为（　　）．

A．$m\leqslant1$　　B．$m\geqslant1$

C．$m\leqslant1$ 或 $a>-1$　　D．$-1\leqslant m<1$

§3.3　函数的性质

知识梳理

一、函数的单调性

1．增函数与减函数的概念

一般地，对于函数 $y=f(x)$ 在给定区间上任意两个不相等的值 x_1，x_2，记 $\Delta x=x_2-x_1$，$\Delta y=f(x_2)-$

$f(x_1)$，当$\frac{\Delta y}{\Delta x}>0$时，函数 $y=f(x)$在这个区间上称为增函数；当$\frac{\Delta y}{\Delta x}<0$时，函数 $y=f(x)$在这个区间上称为减函数.

其中，Δx 表示自变量 x 的增量或改变量，相应地，Δy 表示函数值 y 的增量或改变量.

2．函数单调性的定义

如果一个函数 $y=f(x)$在某个区间上是增函数或者是减函数，则该函数在这个区间上具有（严格的）单调性，那么这个区间称为函数的单调区间.

注：函数的单调区间，一般是指保持函数单调性的最大区间.

3．函数单调性的图像特征

在给定区间上，增函数的函数值随自变量的增大而逐渐增大，减函数的函数值随自变量的增大而逐渐减小，所以增函数的图像自左而右是上升的，而减函数的图像自左而右是下降的．研究函数的单调性就是研究函数图像的变化趋势.

4．判断函数单调性的方法

（1）图像观察法：根据函数单调性的图像特征，在给定区间上图像自左而右上升的是增函数，图像自左而右下降的是减函数.

（2）推理论证法：

① 在给定区间上任取两个不相等的变量 x_1，x_2，则$\Delta x=x_2-x_1$，$\Delta y=f(x_2)-f(x_1)$；

② 计算 $k=\frac{\Delta y}{\Delta x}$；

③ 当 $k>0$ 时，函数 $f(x)$在此区间上是增函数；当 $k<0$ 时，函数 $f(x)$在此区间上是减函数.

例 1．函数 $f(x)$在$[0, 10]$上是减函数，则（　　）.

A．$f(10)>f(3\pi)$　　B．$f(10)<f(3\pi)$

C．$f(10)=f(3\pi)$　　D．$f(10)$与 $f(3\pi)$的大小无法确定

解析：根据减函数的定义，因为 $10>3\pi$，所以 $f(10)<f(3\pi)$，答案为 B.

例 2．下列函数中，在区间$(0, 2)$上为增函数的是（　　）.

A．$y=3-x$　　B．$y=\frac{1}{x}$

C．$y=-|x|$　　D．$y=x^2+2$

解析：作出函数图像的草图，根据图像观察法可知答案为 D.

二、函数的奇偶性

1．奇函数和偶函数的定义

一般地，对于函数 $f(x)$，如果函数定义域内的任意一个 x，都有 $f(-x)=-f(x)$，那么函数 $f(x)$就称为奇函数．如果函数定义域内的任意一个 x，都有 $f(-x)=f(x)$，那么函数 $f(x)$就称为偶函数．一个函数如果是奇函数或偶函数，则这个函数具有奇偶性.

2．函数奇偶性的图像特征

奇函数的图像关于坐标原点成中心对称图形，偶函数的图像关于 y 轴成轴对称图形．研究函数的奇偶性就是研究对称区间上函数图像的对称关系.

3．判断函数奇偶性的方法

（1）图像观察法：作出函数的图像，如果图像关于坐标原点成中心对称图形，则该函数是奇函数；如果图像关于 y 轴成轴对称图形，则该函数是偶函数．

（2）推理论证法：

① 求出函数的定义域，并判断定义域是否关于原点对称，若不对称，则函数是非奇非偶函数；若对称进行下面的步骤；

② 写出 $f(-x)$ 的解析式，判断 $f(-x)$ 和 $f(x)$ 之间的关系；

③ 如果 $f(-x)=f(x)$，则该函数是偶函数；如果 $f(-x)=-f(x)$，则该函数是奇函数；如果 $f(-x)=f(x)$ 且 $f(-x)=-f(x)$，则函数既是奇函数又是偶函数；如果 $f(-x)\neq f(x)$ 且 $f(-x)\neq -f(x)$，则函数是非奇非偶函数．

三、奇函数与偶函数的单调性

如果一个函数是奇函数，那么它在关于原点对称的区间上单调性相同；如果一个函数是偶函数，那么它在关于原点对称的区间上单调性不相同．

四、常见函数的奇偶性和单调性

1．对于常量函数 $y=c$（c 为常数），若定义域关于原点对称，则是偶函数．

2．既是奇函数又是偶函数的函数解析式为 $f(x)=0$（由于定义域的不同，这样的函数有无数个）．

3．对于奇函数，若 $x=0$ 使函数有意义，则 $f(0)=0$．

4．正比例函数 $y=kx$ 是奇函数；在定义域内，当 $k>0$ 时，是增函数；当 $k<0$ 时，是减函数．

5．反比例函数 $y=\dfrac{k}{x}$ 是奇函数；$k>0$ 时，在两个区间上都是减函数；$k<0$ 时，在两个区间上都是增函数．

6．一次函数 $y=kx+b$，当 $b=0$ 时是奇函数，当 $b\neq 0$ 时，是非奇非偶函数；在定义域内，$k>0$ 时是增函数，$k<0$ 时是减函数．

7．二次函数 $f(x)=ax^2+bx+c$，当 $b=0$ 时，是偶函数；当 $b\neq 0$ 时，是非奇非偶函数．

例 3．下列命题正确的是（　　）．

A．奇函数的图像一定过原点　　　　B．偶函数的图像关于 y 轴对称

C．奇函数的图像关于 x 轴对称　　　D．偶函数的图像一定与 y 轴相交

解析：研究函数的奇偶性就是研究函数图像的对称关系，由函数奇偶性的图像特征可知答案为 B.

例 4．函数 $y=x^2\ (-1\leqslant x<1)$ 的奇偶性是（　　）．

A．奇函数　　　　B．偶函数

C．既是奇函数又是偶函数　　　　D．既不是奇函数也不是偶函数

解析：函数具有奇偶性首先要求定义域关于原点对称，该题目中定义域不关于原点对称，因此答案为 D.

例 5．若函数 $f(x)$ 是 $(-\infty, +\infty)$ 上的奇函数，且 $f(-2)=4$，$f(-3)=5$，则 $f(2)$ 与 $f(3)$ 的大小关系是（　　）.

A．$f(2)>f(3)$　　B．$f(2)<f(3)$　　C．$f(2)=f(3)$　　D．无法判断

解析：函数 $f(x)$ 是 $(-\infty, +\infty)$ 上的奇函数，其图像关于原点成中心对称，$f(-2)=4\Rightarrow f(2)=-4$，$f(-3)=5\Rightarrow f(3)=-5$，所以 $f(2)>f(3)$，答案为 A.

例 6．已知奇函数 $f(x)$ 在区间 $[3, 5]$ 上是增函数且最小值为 5，则 $f(x)$ 在区间 $[-5, -3]$ 上（　　）.

A．是减函数且最小值为 -5　　B．是减函数且最大值为 -5

C．是增函数且最小值为 -5　　D．是增函数且最大值为 -5

解析：该题是奇偶性与单调性相结合的题目，首先根据奇偶性作出两个对称区间上函数的图像草图，再由图像观察法下结论，该题答案为 D.

题型归纳

1．函数 $y=\sqrt{(1+x)(1-x)}$ 是（　　）.

A．偶函数　　B．奇函数

C．既不是奇函数也不是偶函数　　D．既是奇函数也是偶函数

解析：该题是根据函数奇偶性的判断方法直接判断，答案为 A.

2．已知 $f(x)$ 是偶函数，$g(x)$ 是奇函数，且 $f(x)$ 和 $g(x)$ 在 $(0, +\infty)$ 上是增函数，则在 $(-\infty, 0)$ 区间上（　　）.

A．$f(x)$ 和 $g(x)$ 都是减函数　　B．$f(x)$ 和 $g(x)$ 都是增函数

C．$f(x)$ 是减函数，$g(x)$ 是增函数　　D．$f(x)$ 是增函数，$g(x)$ 是减函数

解析：该题是根据函数奇偶性转变区间判断单调性，答案为 C.

3．已知奇函数 $f(x)$ 在 $[2, 7]$ 上递增且最小值为 9，则 $f(x)$ 在 $[-7, -2]$ 上（　　）.

A．是减函数且最大值为 -9　　B．是减函数且最小值为 -9

C．是增函数且最大值为 -9　　D．是增函数且最小值为 -9

解析：该题是根据函数奇偶性转变区间判断单调性，并求最值．解此种题目的难点是根据函数奇偶性作对称区间上函数的简图，答案为 C.

4．已知偶函数 $f(x)$ 在 $[0, +\infty)$ 上是减函数，则 $f(-\frac{3}{4})$ 与 $f(2a^2+\frac{3}{4})$ 的大小关系是（　　）.

A．$f(-\frac{3}{4})\geqslant f(2a^2+\frac{3}{4})$　　B．$f(-\frac{3}{4})>f(2a^2+\frac{3}{4})$

C．$f(-\frac{3}{4})\leqslant f(2a^2+\frac{3}{4})$　　D．$f(-\frac{3}{4})<f(2a^2+\frac{3}{4})$

解析：该题是根据函数奇偶性转变区间判断函数值的大小，答案选 A.

5．已知函数 $f(x)$ 是 $(-\infty, +\infty)$ 上的奇函数，若 $x>0$ 时，$f(x)=-x^2+x$，则当 $x<0$ 时，$f(x)$ 的解析式为（　　）.

A．$f(x)=x^2-x$　　B．$f(x)=-x^2-x$　　C．$f(x)=x^2-x$　　D．$f(x)=x^2+x$

解析：该题是根据函数奇偶性转变区间求函数的解析式. 当 $x<0$ 时，$-x>0$，适合 $f(x)=-x^2+x$，于是 $f(-x)=-(-x)^2+(-x)=-x^2-x$，又∵函数 $f(x)$ 是 $(-\infty,+\infty)$ 上的奇函数，$f(-x)=-f(x)$，

∴$-f(x)=-x^2-x$，∴当 $x<0$ 时，$f(x)=x^2+x$.

解题过程：当 $x<0$ 时，$-x>0$

∴$f(-x)=-(-x)^2+(-x)=-x^2-x$，

∵$f(x)$ 是 $(-\infty,+\infty)$ 上的奇函数，

∴$f(-x)=-f(x)$，

∴当 $x<0$ 时，$f(x)=-f(-x)=x^2+x$. 答案为 D.

6. 已知函数 $f(x)=ax^5+bx^3+cx+4$，若 $f(-2)=8$，求 $f(2)$ 的值.

解析：将 ax^5+bx^3+cx 看成一个整体，构造函数 $g(x)=ax^5+bx^3+cx$，则 $g(x)$ 是奇函数，于是 $f(-2)=g(-2)+4$，利用奇函数的特性 $g(-2)=-g(2)=4$，$g(2)=-4$. 可以推出 $f(2)=g(2)+4=0$.

基础训练

1. 函数 $y=x|x|$ 是（　　）.

A. 奇函数　　B. 偶函数

C. 既是奇函数又是偶函数　　D. 非奇非偶函数

2. 设函数 $f(x)=x^2$，$x\in[-2,3)$，那么 $f(x)$ 是（　　）.

A. 奇函数　　B. 偶函数

C. 既是奇函数又是偶函数　　D. 既不是奇函数又不是偶函数

3. 在 $(1,+\infty)$ 内，下列函数是增函数的是（　　）.

A. $y=\dfrac{1}{x}$　　B. $y=1-x^2$　　C. $y=x^2$　　D. $y=3-x$

4. 已知函数 $f(x)$ 在 **R** 上是减函数，且 $f(2x-3)>f(x+5)$，则 x 的取值范围是（　　）.

A. $x<8$　　B. $x>8$　　C. $x>-5$　　D. $x<\dfrac{3}{2}$

5. 下列函数是偶函数的是（　　）.

A. $y=x\sin x$　　B. $y=x^2+4x+4$　　C. $y=2^x$　　D. $y=\log_2 x$

6. 点 $P(a,b)$ 关于 x 轴的对称点是（　　）.

A. $(-a,b)$　　B. $(a,-b)$　　C. $(-a,-b)$　　D. (b,a)

7. 已知函数 $f(x)$ 在 $(0,+\infty)$ 上是增函数，则 $f(1)$ 与 $f(3)$ 的大小关系是（　　）.

A. $f(1)<f(3)$　　B. $f(1)>f(3)$　　C. $f(1)=f(3)$　　D. 无法比较

8. 函数 $f(x)$ 是偶函数，已知 $f(4)=2$，则 $f(-4)=$（　　）.

A. 2　　B. -2　　C. 4　　D. -4

9. 函数 $f(x)$ 是区间 $(-\infty,+\infty)$ 上的奇函数，$f(1)=-2$，$f(3)=1$，则（　　）.

A. $f(3)>f(-1)$　　B. $f(3)<f(-1)$

C. $f(3)=f(-1)$　　D. 无法比较

10. 函数 $f(x)=(m-2)x^2+mx+4$ 是偶函数，则 $f(x)$ 的单调递增区间是（　　）.

A. $(0,+\infty)$　　B. $(-\infty,4)$　　C. $(-\infty,0)$　　D. $(4,+\infty)$

11．函数 $f(x)$ 的图像关于原点对称，$g(x)=f(x)+3$ 且 $g(1)=5$，则 $g(-1)=$（　　）.

A．-5　　B．5　　C．-1　　D．1

12．已知函数 $y=(m-1)x^2+mx-3$ 是偶函数，则函数的单调递减区间是（　　）.

A．$(-\infty, 0)$　　B．$(0, +\infty)$　　C．$(-\infty, -1)$　　D．$(1, +\infty)$

13．已知二次函数 $f(x)=(m-2)x^2+(m^2-4)x-5$ 是偶函数，则实数 m 的值是（　　）.

A．±2　　B．0　　C．2　　D．-2

14．函数 $f(x)=|x|$ 在区间 $[-2, 2]$ 上的单调性是（　　）.

A．单调递增　　B．单调递减　　C．先递增后递减　　D．先递减后递增

15．函数 $f(x)=(a^2-2a+3)^x$ 在 $(-\infty, +\infty)$ 上是（　　）.

A．增函数　　B．减函数　　C．先增后减函数　　D．先减后增函数

提升训练

1．若函数 $f(x)$ 是区间 $(-\infty, +\infty)$ 上的奇函数，$f(2)=-3$，$f(3)=1$ 则 $f(-2)$ 与 $f(3)$ 的大小关系是（　　）.

A．$f(-2)>f(3)$　　B．$f(-2)<f(3)$　　C．$f(-2)=f(3)$　　D．无法确定

2．已知 $f(x)$ 是奇函数，当 $x\geqslant0$ 时，$f(x)=x+x^2$，则下列各点一定在 $f(x)$ 图像上的是（　　）.

A．$(2, -6)$　　B．$(-2, 2)$　　C．$(-2, -2)$　　D．$(-2, -6)$

3．已知 $y=f(x)$ $(x\in\mathbf{R})$ 是偶函数，且在区间 $[0, +\infty)$ 上是增函数，则下列关系正确的是（　）.

A．$f(-1)>f(2)>f(-3)$　　B．$f(2)>f(-1)>f(-3)$

C．$f(-3)>f(2)>f(-1)$　　D．$f(-3)>f(-1)>f(2)$

4．已知 $y=f(x)$ 是奇函数，且在区间 $(-\infty, -1]$ 上是减函数，且有最小值为 3，则 $y=f(x)$ 在区间 $[1, +\infty)$ 上（　　）.

A．是增函数且有最小值为 3　　B．是增函数且有最小值为 -3

C．是减函数且有最大值为 3　　D．是减函数且有最大值为 -3

5．已知偶函数 $f(x)$ 在 $(0, +\infty)$ 上是增函数，则 $f(-3)$，$f(\pi)$，$f(\sqrt{3})$ 的大小关系是（　　）.

A．$f(\pi)>f(\sqrt{3})>f(-3)$　　B．$f(\pi)<f(\sqrt{3})<f(3)$

C．$f(\pi)>f(-3)>f(\sqrt{3})$　　D．$f(\pi)<f(-3)<f(\sqrt{3})$

6．函数 $f(x)$ 是奇函数且在 $\mathbf{R}$ 上是增函数，则不等式 $(x-1)f(x)\geqslant0$ 的解集是（　　）.

A．$[0, 1]$　　B．$[1, +\infty)$

C．$(-\infty, 0]$　　D．$(-\infty, 0]\cup[1, +\infty)$

7．下列几个命题中，正确命题的个数为（　　）.

① 对于函数 $f(x)$，若 $f(-2)=-f(2)$，则 $f(x)$ 一定是奇函数；

② 若函数 $f(x)$，在 $[a, b]$ 上是增函数，则它在 (a, b) 上也一定是增函数；

③ 若 $f(x)$ 在 $\mathbf{R}$ 上是奇函数，则它在 $[a, b]$ 上一定是奇函数；

④ 若 $f(x)$ 在 $\mathbf{R}$ 上是奇函数，则 $f(x)$ 的图像一定过原点；

⑤ 已知 $f(x)$ 是偶函数且在 $(0, +\infty)$ 上是增函数，则 $f(x)$ 在 $(-\infty, 0)$ 上是减函数.

A．1　　B．2　　C．3　　D．4

8．已知奇函数 $f(x)(x\in\mathbf{R})$ 在区间 $(0, +\infty)$ 上是增函数，且 $f(-2)=0$，则 $f(x)>0$ 的解集是（　　）.

A．$(2, +\infty)$　　B．$(-2, 0)$　　C．$(0, 2)$　　D．$(-2, 0)\cup(2, +\infty)$

9．已知 $f(x)$ 为奇函数，在 $(0, +\infty)$ 上 $f(x)=x-1$，则 $f(x)>0$ 的解集为（　　）.

A．$\varnothing$　　B．$(-1, 0)$

C．$(0, 1)$　　D．$(-1, 0)\cup(1, +\infty)$

10．已知 $f(x)=\dfrac{1}{x}$，$g(x)=\lg|x|$，则函数 $F(x)=f(x)g(x)$ 的奇偶性为（　　）.

A．奇函数　　B．偶函数

C．既是奇函数又是偶函数　　D．既不是奇函数又不是偶函数

11．已知函数 $f(x)$ 是偶函数，$g(x)$ 是奇函数，且在区间 $[0, a]$ $(a>0)$ 上 $f(x)$ 和 $g(x)$ 都是增函数，则在 $[-a, 0]$ 上（　　）.

A．$f(x)$ 和 $g(x)$ 都是减函数　　B．$f(x)$ 是减函数，$g(x)$ 是增函数

C．$f(x)$ 是增函数，$g(x)$ 是减函数　　D．$f(x)$ 和 $g(x)$ 都是增函数

12．已知 $y=f(x)$ 是奇函数，在区间 $(-\infty, -1]$ 上是减函数且有最小值 7，则 $y=f(x)$ 在区间 $[1, +\infty)$ 上（　　）.

A．是增函数且有最小值 7　　B．是增函数且有最小值 -7

C．是减函数且有最大值 7　　D．是减函数且有最大值 -7

13．已知 $f(x)$ 是奇函数，且 $x\geqslant 0$ 时，$f(x)=2x-x^2$，则当 $x<0$ 时，$f(x)$ 的解析式为（　　）.

A．$f(x)=x^2+2x$　　B．$f(x)=-x^2-2x$

C．$f(x)=x^2-2x$　　D．$f(x)=-x^2+2x$

14．已知奇函数 $y=f(x)$（$x\in\mathbf{R}$，且 $x\neq 0$）在区间 $(0, +\infty)$ 上是增函数，且 $f(3)=0$，则不等式 $f(x)<0$ 的解集是（　　）.

A．$\{x\,|\,0<x<3\}$　　B．$\{x\,|\,-3<x<0\}$

C．$\{x\,|\,x<-3\}$　　D．$\{x\,|\,x<-3$ 或 $0<x<3\}$

15．关于函数 $f(x)=2^{|x|}$，下列说法正确的是（　　）.

A．$f(x)$ 是偶函数，且在 $(-\infty, 0]$ 上是减函数

B．$f(x)$ 是偶函数，且在 $(-\infty, 0]$ 上是增函数

C．$f(x)$ 是奇函数，且在 $(-\infty, 0]$ 上是减函数

D．$f(x)$ 是奇函数，且在 $(-\infty, 0]$ 上是增函数

§3.4　一元二次函数的图像与性质

知识梳理

一、一元二次函数的定义及表达式

形如 $y=ax^2+bx+c$（$a\neq 0$）的函数称为一元二次函数．一元二次函数的解析式根据不同的

条件，有以下三种形式.

① 一般式：$y=ax^2+bx+c$（$a\neq0$）；

② 顶点式：$y=a(x-h)^2+k$（$a\neq0$），其中抛物线的顶点为(h, k)；

③ 交点式：$y=a(x-x_1)(x-x_2)$（$a\neq0$），其中抛物线与 x 轴的交点为$(x_1, 0)$，$(x_2, 0)$.

二、一元二次函数的图像与性质

a 的取值范围		$a>0$	$a<0$
图像		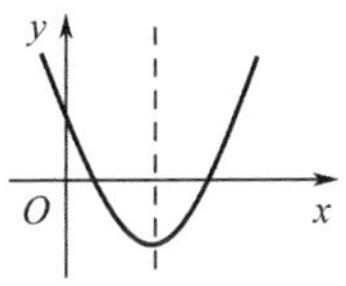	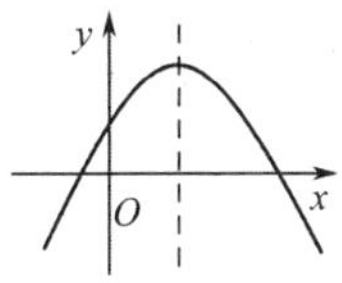
性质	定义域	**R**	
	值域	$\left[\frac{4ac-b^2}{4a},+\infty\right)$	$\left(-\infty,\frac{4ac-b^2}{4a}\right]$
	开口方向	向上	向下
	顶点坐标	$\left(-\frac{b}{2a},\frac{4ac-b^2}{4a}\right)$	
	对称性	关于对称轴 $x=-\frac{b}{2a}$ 成轴对称图形	
	单调性	在$\left(-\infty,-\frac{b}{2a}\right]$上是减函数； 在$\left[-\frac{b}{2a},+\infty\right)$上是增函数	在$\left(-\infty,-\frac{b}{2a}\right]$上是增函数； 在$\left[-\frac{b}{2a},+\infty\right)$上是减函数
	最值	最小值：$\frac{4ac-b^2}{4a}$	最大值：$\frac{4ac-b^2}{4a}$

三、有关二次函数的特殊说明

1．$c=0$ 是 $y=ax^2+bx+c$ 的图像过原点的充要条件.

2．$b=0$ 是 $y=ax^2+bx+c$ 为偶函数的充要条件，解析式变为 $y=ax^2+c$，此时图像关于 y 轴对称，顶点在 y 轴上为$(0, c)$.

3．$b=0$，$c=0$ 时，$y=ax^2$ 图像顶点在原点，关于 y 轴对称，是偶函数.

4．一元二次方程的根、一元二次函数图像与 x 轴交点的关系：

（1）当 $\Delta>0$ 时，方程有两个不相等的根，图像与 x 轴有两个交点；

（2）当 $\Delta=0$ 时，方程有两个等根，图像与 x 轴有一个交点，即顶点在 x 轴上；

（3）当 $\Delta<0$ 时，方程无实数根，图像与 x 轴无交点．当 $a>0$ 时，图像恒在 x 轴上方，当 $a<0$ 时，图像恒在 x 轴下方.

5．二次函数 $y=ax^2+bx+c$ 图像的对称性问题.

（1）二次函数的对称轴方程为 $x=t$ 时，对任意实数 x，都有 $f(t+x)=f(t-x)$，即自变量到对称轴的距离相等，函数值就相等；

当 $a>0$ 时，自变量到对称轴的距离越大，函数值越大；

当 $a<0$ 时，自变量到对称轴的距离越大，函数值越小.

（2）在二次函数中如果 $f(a)=f(b)$，则函数图像的对称轴为 $x=\dfrac{a+b}{2}$，一元二次方程的两根为 x_1，x_2，则同解析式的函数图像的对称轴为 $x=\dfrac{x_1+x_2}{2}$.

例1. 若二次函数 $y=ax^2+bx+c$ 的图像如右图所示，则一定成立的是（　　）.

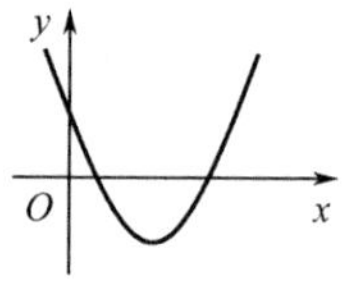

A．$a>0$，$b>0$，$c>0$

B．$a>0$，$b>0$，$c<0$

C．$a>0$，$b<0$，$c>0$

D．$a>0$，$b<0$，$c<0$

解析： 根据开口方向可知 $a>0$，对称轴在原点右侧，b 与 a 异号，$b<0$，抛物线与 y 轴的交点在原点的上方，$c>0$，答案为 C.

例2. 已知二次函数的顶点坐标为$(-3, 1)$，且它的图像过点$(0, 4)$，那么这个二次函数的解析式为（　　）.

A．$y=\dfrac{1}{3}(x-3)^2+1$　　　　B．$y=\dfrac{1}{3}(x+3)^2+1$

C．$y=-\dfrac{1}{3}(x-3)^2+1$　　　　D．$y=-\dfrac{1}{3}(x+3)^2+1$

解析： 由二次函数顶点式方程可知，答案为 B.

例3. 如果函数 $f(x)=x^2+bx+c$ 对任意实数 t，都有 $f(2+t)=f(2-t)$，那么（　　）.

A．$f(2)<f(1)<f(4)$　　　　B．$f(1)<f(2)<f(4)$

C．$f(2)<f(4)<f(1)$　　　　D．$f(4)<f(2)<f(1)$

解析： 由 $f(2+t)=f(2-t)$ 可知，函数图像的对称轴是 $x=2$，图像开口向上，$4-2=2$，$1-2=-1$，则 $f(4)>f(1)>f(2)$，答案为 A.

例4. 已知函数 $y=x^2+mx+1$ 在区间$[2, +\infty)$上是增函数，则实数 m 的取值范围是（　　）.

A．$m\leqslant-2$　　B．$m\geqslant-2$　　C．$m\leqslant-4$　　D．$m\geqslant-4$

解析： 二次函数 $y=x^2+mx+1$ 的图像开口向上，在对称轴 $x=-\dfrac{m}{2}$的右侧的区间上，函数的图像是单调递增的，$-\dfrac{m}{2}\leqslant 2$，$m\geqslant-4$，答案为 D.

题型归纳

1．二次函数 $y=x^2+4x+1$ 的最小值是（　　）.

A．1　　B．-3　　C．3　　D．4

解析： 该题考查一元二次函数求最值，答案为 B.

2．若函数 $f(x)=(m-1)x^2+mx+3(x\in\mathbf{R})$是偶函数，则 m 的值是（　　）.

A．$m=0$　　B．$m\neq 0$　　C．$m\neq\pm 1$　　D．$m\neq\pm 1$ 且 $m\neq 0$

解析：一元二次函数是偶函数时，一次项为 0 且二次项系数不等于 0，答案为 A.

3．函数 $y=x^2+nx+3$ 在区间$(-\infty, 3]$上为减函数，而在$[3, +\infty)$上是增函数，则 n 的值等于（　　）.

A．-6　　B．6　　C．-3　　D．3

解析：此题考查一元二次函数的对称轴，答案为 A.

4．如右图所示为二次函数 $y=ax^2+bx+c$ 的图像，则下列式子正确的是（　　）.

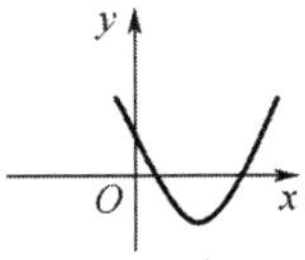

A．$ac>0$　　B．$ac<0$

C．$ac=0$　　D．$ac\geqslant 0$

解析：该题考查一元二次函数图像与系数的关系，答案为 A.

5．若 $f(x)=3x^2+bx+c$ 对任意的 t 都有 $f(2+t)=f(2-t)$，则（　　）.

A．$f(2)<f(1)<f(4)$　　B．$f(1)<f(2)<f(4)$

C．$f(2)<f(4)<f(1)$　　D．$f(4)<f(2)<f(1)$

解析：此题考查一元二次函数的图像的对称关系，由 $f(2+t)=f(2-t)$可得对称轴是 $x=2$，答案为 A.

6．已知二次函数 $f(x)=x^2+(m+1)x+m-1$ 的图像经过原点，则使 $f(x)<0$ 的 x 的取值范围是（　　）.

A．$(0, 2)$　　B．$(-2, 0)$

C．$(-\infty, 0)\cup(2, +\infty)$　　D．$(-\infty, -2)\cup(0, +\infty)$

解析：由函数图像过原点可得 $m=1$，作出函数图像，根据一元二次函数图像与一元二次不等式的关系可得答案为 B.

7．若二次函数 $f(x)=3x^2-2x+a$ 与 x 轴没有公共点，则实数 a 的取值范围是（　　）.

A．$a>3$　　B．$a>\dfrac{1}{3}$　　C．$a<\dfrac{1}{3}$　　D．$a<3$

解析：该题考查一元二次方程的根与二次函数图像的关系，$\Delta<0$ 时，$a>\dfrac{1}{3}$，答案为 B.

基础训练

1．二次函数 $y=-x^2+4x-6$ 的最大值是（　　）.

A．-10　　B．-6　　C．-2　　D．2

2．二次函数 $y=2(x+5)^2+2$ 的图像顶点是（　　）.

A．$(5, 2)$　　B．$(-5, -2)$　　C．$(-5, 2)$　　D．$(5, -2)$

3．函数 $f(x)=(a^2-1)x^2+(a-1)x$ 是奇函数，则 a 的值是（　　）.

A．$a=1$　　B．$a=0$　　C．$a=1$ 或 $a=-1$　　D．$a=-1$

4．设函数 $f(x)=(m-1)x^2+2mx+3$ 是偶函数，则它（　　）.

A．在区间$(-\infty, +\infty)$是增函数　　B．在区间$(-\infty, +\infty)$是减函数

C．在区间$[0, +\infty]$是增函数　　D．在区间$(-\infty, 0]$是增函数

5．若函数 $y=x^2-4x+2a+6$（$a\in\mathbf{R}$）的值域为$[0,+\infty]$，则 a 的值为（　　）.

A．1 或−1　　B．−1　　C．2 或−2　　D．0

6．已知二次函数 $y=x^2-4x+3$ 的图像的顶点是 A，对称轴是直线 l，对数函数 $y=\log_2 x$ 的图像与 x 轴相交于点 B，与直线 l 相交于点 C，则△ABC 的面积是（　　）.

A．1　　B．2　　C．3　　D．4

7．二次函数 $f(x)=ax^2+bx+c$，满足 $f(4)=f(1)$，则（　　）.

A．$f(2)>f(3)$　　B．$f(2)<f(3)$　　C．$f(2)=f(3)$　　D．不能确定

8．二次函数 $y=f(x)$满足 $f(4+x)=f(4-x)$，且 $f(x)=0$ 的两根是 x_1，x_2，则 x_1+x_2 等于（　　）.

A．0　　B．4　　C．8　　D．不能确定

9．二次函数 $f(x)=ax^2+bx+1$ 的图像的对称轴是 $x=1$，且过点$(-1, 7)$，则 a 和 b 的值是（　　）.

A．2，4　　B．2，−4　　C．−2，4　　D．−2，−4

10．已知 $f(x)=x^2-1$，则 $f(x+1)$的递增区间是（　　）.

A．$(-\infty,-1)$　　B．$[0,+\infty]$　　C．$(-\infty,0)$　　D．$(-1,+\infty)$

提升训练

1．二次函数 $f(x)=x^2-2x+4$，则 $x\in[2,3]$ 的最小值是（　　）.

A．1　　B．3　　C．4　　D．−6

2．已知二次函数 $f(x)=(m-2)x^2+(m^2-4)x-5$ 是偶函数，则实数 m 的值是（　　）.

A．±2　　B．0　　C．2　　D．−2

3．若函数 $y=-x^2+6x+m$ 的最大值是 $5m-3$，则 m 的值等于（　　）.

A．4　　B．3　　C．2　　D．1

4．若函数 $y=x^2-4x+2a$ 的值域是 $[0,+\infty)$，则 a 的值为（　　）.

A．−1　　B．1　　C．−2 或 2　　D．2

5．若函数 $y=x^2+2(a-2)x+5$ 在$(4,+\infty)$上是增函数，则实数 a 的取值范围是（　　）.

A．$a\geqslant-2$　　B．$a<-2$　　C．$a\geqslant2$　　D．$a<2$

6．二次函数 $y=x^2+px+q$ 的顶点在第二象限，则 p 和 q 的符号是（　　）.

A．$p>0$，$q>0$　　B．$p>0$，$q<0$

C．$p<0$，$q<0$　　D．$p<0$，$q>0$

7．二次函数 $y=ax^2+bx+c$ 的图像总在 x 轴上方，则（　　）.

A．$a>0$，$\Delta>0$　　B．$a>0$，$\Delta<0$

C．$a<0$，$\Delta>0$　　D．$a<0$，$\Delta<0$

8．若二次函数 $y=x^2+2(a-b)x+a^2$ 与 x 轴有两个交点，且 $b<0$，则 a 与 b 的关系是（　　）.

A．$a>b$　　B．$a>2b$　　C．$a>\dfrac{b}{2}$　　D．$a<b$

9．$f(x)=x^2-kx+4$ 在$(-\infty,2]$上是减函数，在$[2,+\infty)$上是增函数，则 $k=$（　　）.

A．2　　B．−4　　C．4　　D．−2

10．在二次函数 $f(x)=ax^2+bx+c$ 中，若 a，b，c 都是正数，则函数 $f(x)$的图像不经过的象

限是（　　）.

A．第一象限　　B．第二象限　　C．第三象限　　D．第四象限

§3.5　一元二次函数解答题研究

知识梳理

一、待定系数法

1．待定系数法的定义

求函数解析式时，如果知道这个函数解析式的形式，可先把解析式写出来，其中系数待定，然后再根据题设条件求出这些系数．这种通过求待定系数来确定变量之间关系的方法称为待定系数法．

2．待定系数法的一般步骤

① 设出函数解析式；

② 列出有关参数的方程（组）；

③ 求出相关参数的值．

例 1．已知二次函数的图像以(1, 3)为顶点，且过点(2, 5)，求二次函数的解析式．

解析：已知函数图像的顶点，可设函数的顶点式方程，

设二次函数的解析式为 $y=a(x-1)^2+3$，

把点(2, 5)代入上式可得 $5=a(2-1)^2+3$，

解得 $a=2$，

所以二次函数的解析式是 $y=2x^2-4x+5$．

二、解函数应用题的一般步骤

1．审题

阅读题目，准确理解题意，弄清哪些是已知量，哪些是未知量，把所求的量设成未知数．

2．建模

确定题目中各种数量之间的关系，联想归结为自己已知的某种数量关系，构造函数模型．把题目中的已知量、未知量、常量、变量等分别列出来，再根据题目中的某种基本数量关系建立函数关系式，要注意题目中的各种制约条件．

3．求解

利用所学的数学知识，进行恒等变形的求解．

4．作答

根据求解结果和所设未知数给出最终答案．

例 2．某家报刊买进报纸的价格是每份 0.35 元，卖出的价格是每份 0.50 元，卖不掉的报纸还可以每份 0.08 元的价格退回报社．在一个月（30 天）内，有 20 天每天可以卖出 400 份报纸，其余 10 天每天只能卖出 250 份．设每天从报社买进的报纸的数量相同，则应该每天从

报社买进多少份，才能使每月所获的利润最大？并计算该销售点一个月最多可赚多少元？

解析：此题主要在于分析题目中的条件，建立合适的关系式，应用函数的性质去解决问题，并考虑在定义域内的局限性与实际意义．如此题每月所赚的钱=卖报所得的金额−付给报社的金额，而卖报所得的金额分三部分，从而可列出函数解析式．

设每天应从报社买 x 份，可得 $250\leqslant x\leqslant 400$，设每月赚 y 元，得

$y=0.5x\times 20+0.5\times 250\times 10+(x-250)\times 0.08\times 10-0.35\times x\times 30$

$=0.3x+1050\quad x\in[250, 400]$

因为 $y=0.3x+1050$ 是定义域上的增函数，所以当 $x=400$ 时，$y_{大}=120+1050=1170$ 元

所以每天从报社买进 400 份，使每月所获的利润最大，每月可赚得 1170 元．

题型归纳及训练

一、一元二次函数一般式 $y=ax^2+bx+c$（$a\neq 0$）

1．已知二次函数图像过 $A(0, 5)$，$B(1, 4)$，$C(-2, -5)$三点，求二次函数的解析式．

2．已知二次函数 F_1 的图像过点 $A(0, 5)$，$B(1, 4)$，$C(2, 5)$，二次函数 F_2 的图像与 F_1 的图像关于原点对称，求二次函数 F_2 的解析式．

3．已知二次函数 $y=x^2+2ax+b$ 的图像通过点$(2, 4)$，且它的顶点在直线 $y=2x-8$ 上，求该二次函数的解析式．

4．已知一元二次函数 $f(x)=ax^2+bx+c$ 的图像在 y 轴上的截距是 1，对任意实数 x，都有 $f(x)=f(2-x)$成立，且 $f(2)=f(-2)+8$．求函数 $f(x)$ 的解析式．

5．已知函数$f(x)=x^2+2ax+3$，求：

（1）如果函数图像恒在x轴上方，求a的取值范围；

（2）如果$f(a)-f(a+1)=-9$，求a的值．

6．已知函数$f(x)=ax^2+bx+c$的图像在纵轴上的截距是5，且满足$f(x)=f(2-x)$，$f(-1)=2f(1)$．

求：（1）函数的解析式；

（2）当$f(x)\leqslant 13$时，对应的x的取值范围．

7．已知一元二次函数$f(x)=ax^2+bx+c$，若$f(0)=0$且$f(x+1)=f(x)+x+1$．

求：函数$f(x)$的解析式．

二、一元二次函数顶点式$y=a(x-h)^2+k$（$a\neq 0$），其中抛物线的顶点为(h, k).

1．已知二次函数的顶点是$(-1, 3)$，且过点$(0, 4)$，求其解析式．

2．设二次函数的图像的顶点是$(-2, \frac{3}{2})$，且与x轴的两个交点之间的距离是6，求此二次函数的解析式．

3．当 $x=\frac{1}{2}$ 时，一元二次函数的最大值是 25，函数图像与 x 轴有两个交点，两交点横坐标的平方和等于 13，求此函数的解析式.

4．已知二次函数 $f(x)$同时满足条件：（1）$f(1+x)=f(1-x)$；（2）$f(x)$的最大值为 5；（3）$f(x)=0$ 的两根的立方和等于 17.

求 $f(x)$的解析式.

三、一元二次函数交点式 $y=a(x-x_1)(x-x_2)$（$a\neq0$），其中抛物线与 x 轴的交点为$(x_1, 0)$，$(x_2, 0)$

1．已知二次函数 $y=f(x)$的图像与 x 轴的两个交点分别是$(4, 0)$和$(-2, 0)$，且过点$(3, -5)$，求二次函数的解析式.

2．已知二次函数 $y=f(x)$的图像与 x 轴交点的横坐标是$-\frac{1}{2}$，$\frac{3}{2}$，与 y 轴交点的纵坐标是-6，求此二次函数的解析式.

四、一元二次函数应用题

1．某企业根据生产和销售情况核算如下：

当用 x 名工人时，每人每月创造营业额 $4000-x$ 元，平均每人每月消耗材料费 1000 元，工人工资平均每月 1800 元，问该企业用工多少人时，可获得最大利润？最大利润是多少元？

2．某商场经营一批进价是 30 元/件的商品，在市场试销中发现，此商品的销售价 x 元与日销售量 y 件之间有如下关系：

x	35	40	45	50
y	57	42	27	12

（1）确定 x 与 y 的一个函数关系式 $y=f(x)$.

（2）若日销售利润为 P 元，根据上述关系写出 P 关于 x 的函数关系式，并指出当销售单价 x 为多少元时，才能获得最大的销售利润?

3．某种商品原销售单价为 20 元，每天可销售 300 件．适当地涨价，可以使每天的销售收入增加，若单价每上涨 2 元，则日销售量减少 10 件．问销售单价为多少元时，每天的销售收入最大?

4．某租赁公司拥有汽车 100 辆，当每辆车的月租金为 3000 元时，可全部租出，月租金每增加 50 元时，租出的车辆将减少 1 辆，租出的车每辆每月需要维护费 150 元，未租出的车辆每辆每月需要维护费 50 元．

（1）当每辆车的月租金定为 3600 元时，能租出多少辆车?

（2）当每辆车的月租金定为多少元时，租赁公司的月收益最大?最大月收益是多少?

5．某人从 A 地到 B 地坐出租车，有两种方案，第一种方案：租用起步价为 10 元，1.2 元/公里的出租车；第二种方案：租用起步价为 8 元，1.4 元/公里的出租车．按出租车管理条例，在起步价内，不同型号行驶的里程都是 3 公里，则从 A 地到 B 地选择哪种方案比较省钱?

§3.6　高考链接

1．（2010 年）函数 $y=f(x)$的图像与直线 $x=k$（k 是常数）的交点的个数（　　）．

A．有且只有一个　　B．至少有一个

C．至多有一个　　D．有一个或两个

2．（2010 年）函数 $y=\lg(1-x)+\dfrac{1}{x+2}$的定义域是（　　）．

A．$\{x \mid x<1\}$　　B．$\{x \mid x<1$ 且 $x\neq-2\}$

C．$\{x \mid x\leqslant1\}$　　D．$\{x \mid x\leqslant1$ 且 $x\neq-2\}$

3．（2010 年）已知二次函数 $f(x)=(m-2)x^2+(m^2-4)x-5$ 是偶函数，则实数 m 的值是（　　）．

A．±2　　B．0　　C．2　　D．−2

4．（2010 年）已知 $y=f(x)$ 是奇函数，在区间 $(-\infty,-1]$ 上是减函数且有最小值是 3，则 $y=f(x)$ 在区间$[1,+\infty)$上（　　）．

A．是增函数且有最小值 3　　B．是增函数且有最小值−3

C．是减函数且有最大值 3　　D．是减函数且有最大值−3

5．（2011 年）下列四组函数中，表示同一个函数的是（　　）．

A．$y=x$ 与 $y=\sqrt{x^2}$　　B．$y=\dfrac{x^2-1}{x-1}$与 $y=x+1$

C．$y=\lg x^2$ 与 $y=2\lg x$　　D．$y=x$ 与 $y=\sqrt[3]{x^3}$

6．（2011 年）下列函数是偶函数的是（　　）．

A．$y=\cos x$　　B．$y=\sin x$　　C．$y=(x-1)^2$　　D．$y=x^2$，$x\in[-2,3]$

7.（2011 年）函数 $f(x)=|x|$ 在$[-2, 2]$上的单调性是（　　）.

A．单调递增　　B．单调递减　　C．先递增后递减　　D．先递减后递增

8.（2011 年）若二次函数 $f(x)=x^2+2mx+m+2$ 与 x 轴有两个交点，则实数 m 的取值范围是（　　）.

A．$(-\infty, -1)$　　B．$(-1, 2)$

C．$(2, +\infty)$　　D．$(-\infty, -1)\cup(2, +\infty)$

9.（2011 年）如下图所示，二次函数 $y=f(x)$的图像与一次函数 $y=g(x)$的图像相交于 $A(-1, -2)$，$B(4, 2)$，则 $f(x)<g(x)$的 x 的取值范围是（　　）.

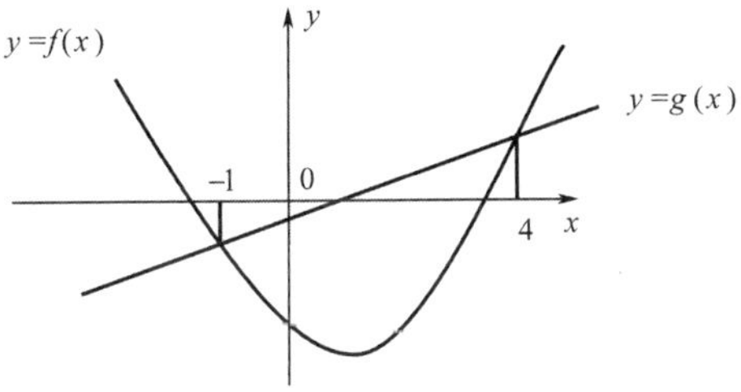

A．$(-\infty, -1)$　　B．$(-1, 4)$

C．$(4, +\infty)$　　D．$(-\infty, -1)\cup(4, +\infty)$

10.（2012 年）已知函数 $y=f(x)$（$x\in\mathbf{R}$）是偶函数，且在区间$[0, +\infty)$上是增函数，则下列关系正确的是（　　）.

A．$f(-1)>f(2)>f(-3)$　　B．$f(2)>f(-1)>f(-3)$

C．$f(-3)>f(2)>f(-1)$　　D．$f(-3)>f(-1)>f(2)$

11.（2012 年）已知二次函数 $f(x)=x^2+(m+1)x+m-1$ 的图像经过原点，则使 $f(x)<0$ 的 x 的取值集合是（　　）.

A．$(0, 2)$　　B．$(-2, 0)$

C．$(-\infty, 0)\cup(2, +\infty)$　　D．$(-\infty, -2)\cup(0, +\infty)$

12.（2012 年）已知二次函数 $y=x^2-4x+3$ 的图像的顶点是 A，对称轴是直线 l，对数函数 $y=\log_2 x$ 的图像与 x 轴相交于点 B，与直线 l 相交于点 C，则$\triangle ABC$ 的面积是（　　）.

A．1　　B．2　　C．3　　D．4

13.（2012 年）已知函数 $y=f(x)$的定义域是不等式组$\begin{cases} x+1>0 \\ x-2<0 \end{cases}$的解集，则函数的图像可以是（　　）.

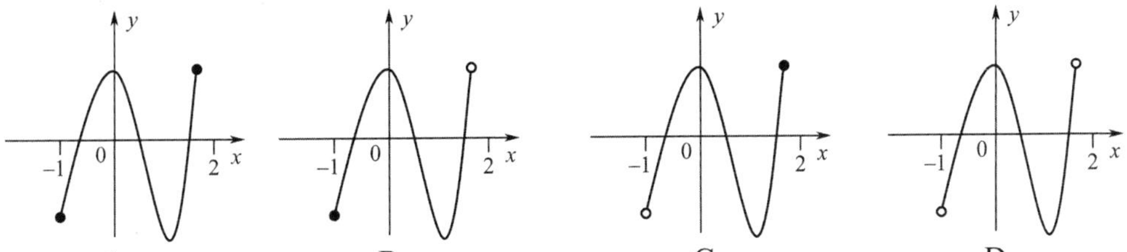

A.　　B.　　C.　　D.

14.（2013 年）函数 $y=\sqrt{x^2+4x-5}$ 的定义域为（　　）.

A．$[-1, 5]$　　B．$[-5, -1]$

C．$(-\infty, -1]\cup[5, +\infty)$　　D．$(-\infty, -5]\cup[1, +\infty)$

15．（2013 年）二次函数 $y=(x-3)(x-1)$的对称轴是（　　）．

A．$x=-1$　　B．$x=1$　　C．$x=-2$　　D．$x=2$

16．（2013 年）在下列函数图像中，表示奇函数且在$(0, +\infty)$为增函数的是（　　）．

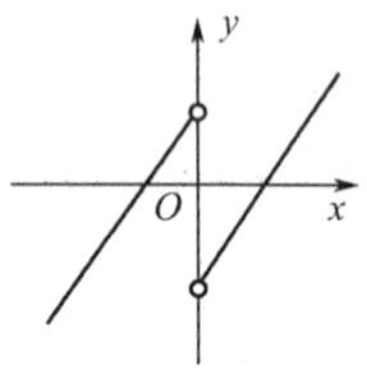

A.

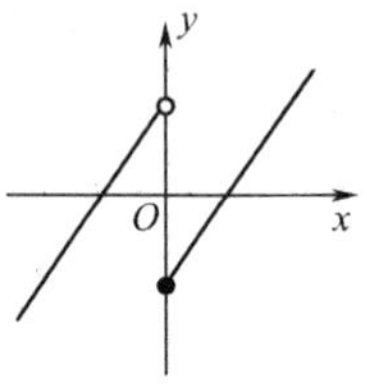

B.

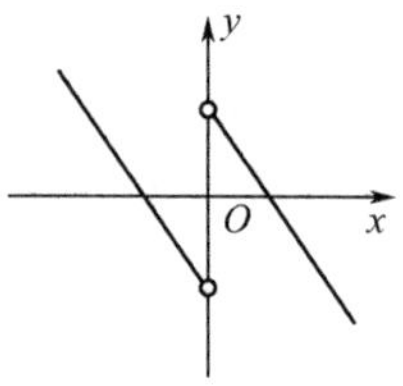

C.

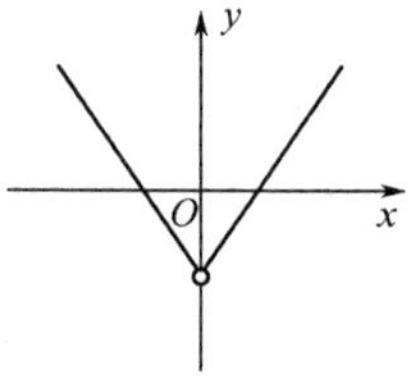

D.

17．（2014 年）下列函数中，与函数$f(x)=\dfrac{1}{\sqrt{x}}$有相同定义域的是（　　）．

A．$f(x)=\sqrt{-x}$　　B．$f(x)=\sqrt[x]{2}$

C．$f(x)=2\lg x$　　D．$f(x)=\lg x^2$

18．（2014 年）函数$y=\sqrt{-x^2+bx+c}$的定义域是$\{x|2\leqslant x\leqslant 3\}$，则 b 和 c 的值分别是（　　）．

A．$b=5$，$c=6$　　B．$b=5$，$c=-6$

C．$b=-5$，$c=6$　　D．$b=-5$，$c=-6$

19．（2014 年）函数 $f(x)$是奇函数，且在 **R** 上是增函数，则不等式$(x-1)f(x)\geqslant 0$的解集为（　　）．

A．$[0, 1]$　　B．$[1, +\infty)$

C．$(-\infty, 0]$　　D．$(-\infty, 0]\cup[1, +\infty)$

20．（2015 年）函数$y=\sqrt{x+1}+\dfrac{1}{x}$的定义域是（　　）．

A．$\{x\mid x\geqslant -1$ 且 $x\neq 0\}$　　B．$\{x\mid x\geqslant -1\}$

C．$\{x\mid x>-1$ 且 $x\neq 0\}$　　D．$\{x\mid x>-1\}$

21．（2015 年）已知函数$f(x)$是奇函数，当$x>0$时，$f(x)=x^2+2$，则$f(-1)$的值是（　　）．

A．-3　　B．-1　　C．1　　D．3

22．（2015 年）关于函数$y=-x^2+2x$，下列叙述错误的是（　　）．

A．函数的最大值是 1　　B．函数图像的对称轴是直线 $x=1$

C．函数的单调递减区间是$[-1, +\infty)$　　D．函数的图像经过点$(2, 0)$

23．（2016 年）若奇函数 $y=f(x)$在$(0, +\infty)$上的图像如下图所示：

则该函数在$(-\infty, 0)$上的图像可能是（　　）．

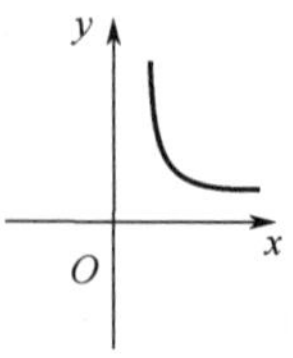

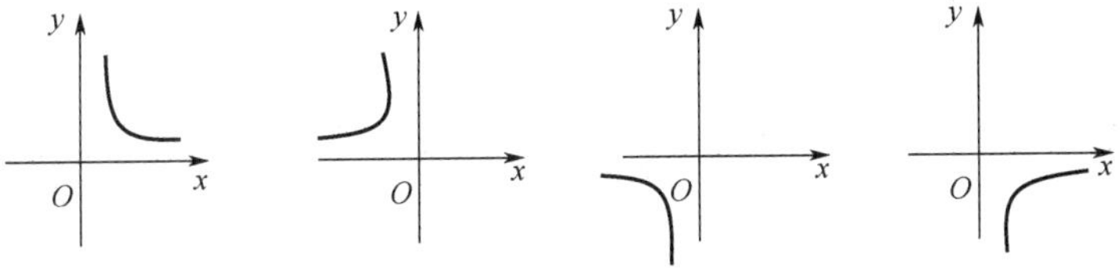

A.　　　　B.　　　　C.　　　　D.

24.（2016 年）下列说法正确的是（　　）.

A．函数 $y=(x+a)^2+b$ 的图像经过点（a,b）

B．函数 $y=a^x(a>0$ 且 $a\neq1)$的图像经过点（1,0）

C．函数 $y=\log_a x$（$a>0$，且 $a\neq1$）的图像经过点（0,1）

D．函数 $y=x^a(a\in R,0)$的图像经过点(1, 1)

25.（2017 年）函数 $y=\dfrac{1}{\sqrt{|x|-2}}$的定义域是（　　）.

A．$[-2,2]$　　　　B．$(-\infty,-2]\cup[2,+\infty)$

C．$(-2,2)$　　　　D．$(-\infty,-2)\cup(2,+\infty)$

26.（2017 年）下列函数中，在区间$(-\infty,0)$上为增函数的是（　　）.

A．$y=x$　　B．$y=1$　　C．$y=\dfrac{1}{x}$　　D．$y=|x|$

27.（2017 年）已知二次函数 $f(x)$的图像经过两点（0, 3），（2，3），且最大值是 5，则该函数的解析式是（　　）.

A．$f(x)=2x^2-8x+11$　　　　B．$f(x)=-2x^2+8x-1$

C．$f(x)=2x^2-4x+3$　　　　D．$f(x)=-2x^2+4x+3$

28.（2018 年）函数 $f(x)=\sqrt{x+1}+\dfrac{x}{x-1}$ 的定义域是（　　）.

A．$(-1,+\infty)$　　　　B．$(-1,1)\cup(1,+\infty)$

C．$[-1,+\infty)$　　　　D．$[-1,1)\cup(1,+\infty)$

29.（2018 年）奇函数 $y=f(x)$的局部图像如右图所示，则（　　）.

A．$f(2)>0>f(4)$

B．$f(2)<0<f(4)$

C．$f(2)>f(4)>0$

D．$f(2)<f(4)<0$

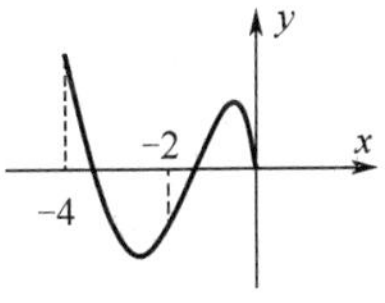

30.（2011 年）已知函数 $f(x)$为奇函数，$g(x)$为偶函数，它们的定义域均为 **R**，若 $f(2)=9$，$g(-3)=4$，则 $f(-2)+g(3)=$__________.

31.（2018 年）已知函数 $f(x)=\begin{cases}x^2+1, & (x>0)\\ 5, & (x\leq0)\end{cases}$ 则 $f[f(0)]$的值等于__________.

32.（2011 年）光明职业学校营销专业的创业小组学生购进一批服装，每件进价 60 元. 在销售过程中他们发现：每件售价为 75 元时，日销售量为 85 件；每件售价为 90 元时，日销售量为 70 件，假设日销售量 p 件与每件售价 x 元的关系是 $p=kx+b$（每件售价不低于进价，且货源充足）.

（1）求出 p 与 x 之间的函数关系式；

（2）设每天利润为 y 元，若不考虑其他费用，则每件售价为多少元时每天的利润最大，最大利润是多少？

33．（2012 年）已知函数 $f(x)=\dfrac{x}{x^2+1}$．

（1）求证：函数是奇函数；

（2）若 $a>b>1$，试比较 $f(a)$和 $f(b)$的大小．

34．（2013 年）某市为鼓励居民节约用电，采用阶梯电价的收费方式，居民当月用电量不超过 100 度的部分，按基础电价收费；超过 100 度不超过 150 度的部分，按 0.8 元/度收费；超过 150 度的部分按 1.2 元/度收费．该市居民当月用电量 x 度与应付电费 y 元的函数，如右图所示．

（1）求该市居民用电量的基础电价是多少元？

（2）某居民 8 月份的用电量为 210 度，求应付电费为多少元？

（3）当 $x\in(100, 150]$时，求 x 与 y 的函数关系（x 为自变量）．

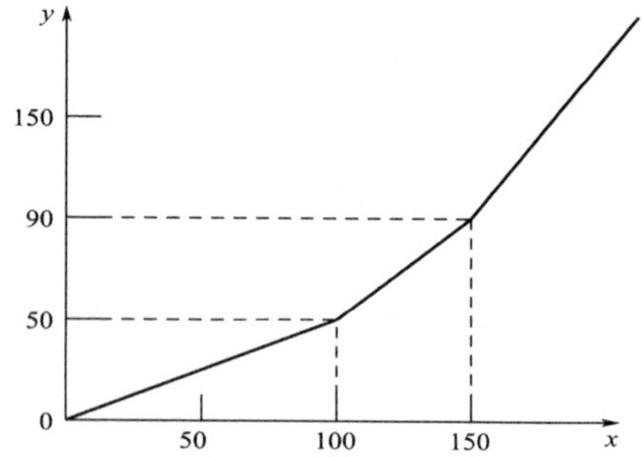

35.（2014 年）有一块边长为 6m 的等边三角形钢板，要从中截取一块矩形材料，如下图所示，求所截得的矩形的最大面积.

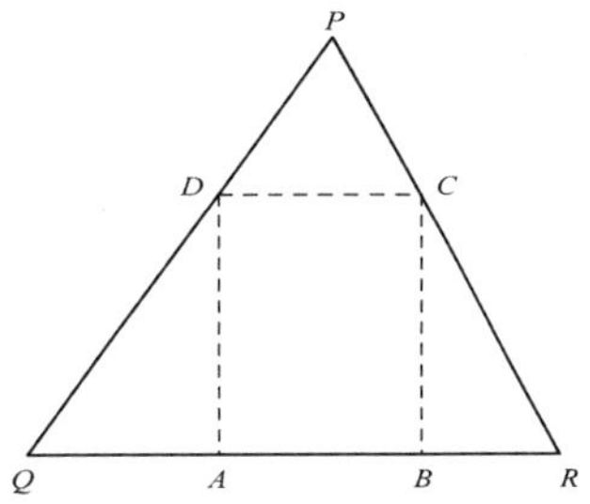

36.（2016 年）已知某城市 2015 年底的人口总数为 200 万人，假设此后该城市人口的年增长率为 1%（不考虑其他因素）.

（1）若经过 x 年该城市人口总数为 y 万人.试写出 y 关于 x 的函数关系式；

（2）如果该城市人口总数达到 210 万人，那么至少经过多少年（精确到 1 年）？

37.（2018 年）已知函数 $f(x)=x^2+(m-1)x+4$，其中 m 为常数.

（1）若函数 $f(x)$在区间（$-\infty$，0）上单调递减，求实数 m 的取值范围；

（2）若 $\forall x\in \mathrm{R}$，都有 $f(x)>0$，求实数 m 的取值范围.

第四章

指数函数与对数函数

考纲要求

1．掌握实数指数幂的运算法则，能利用计算器求实数指数幂的值.

2．理解对数的概念，理解对数的性质和运算法则，能利用计算器求对数值.

3．理解指数函数、对数函数的概念，掌握其图像和性质.

4．能运用指数函数、对数函数的知识解决有关问题.

命题分析

高考中指数函数与对数函数的题目是数学试题的难点，这是由两种函数图像的复杂性决定的．近几年此部分主要以选择题、填空题为主，一般占 9 分，2015 年考了一道解答题，考查的是对数函数的单调性和一元二次函数的性质的综合题．高考复习时在本部分知识上一定要多下功夫，攻克难点，命题的基本点有指数、对数运算，指数函数、对数函数的定义、定义域、图像和性质，涉及对数底数的题目是难度较大的问题．2017 年以对数为基础考了一道综合题；2018 年考了指数和对数函数的性质，题目难度不大.

§4.1　实数指数及其运算

知识梳理

1．实数指数幂

（1）正整数指数幂：若 $b=a\times a\times a\times\cdots\times a$($n$ 个 a 相乘)，记作 $b=a^n$，则称 b 是 a 的 n 次幂，a 称为幂的底数，n 称为幂的指数.

（2）零指数幂：$a^0=1$（$a\neq0$）.

（3）负整数指数幂：$a^{-n}=\dfrac{1}{a^n}$（$a\neq0$，$n\in\mathbf{N}_+$）.

（4）分数指数幂：规定 $a^{\frac{m}{n}}=\sqrt[n]{a^m}$；$a^{-\frac{m}{n}}=\frac{1}{\sqrt[n]{a^m}}$（$a>0$，$n$、$m\in\mathbf{N}_+$，$n>1$）.

规定了分数指数幂的意义后，指数的范围扩大到了有理数，如果规定幂底数 $a>0$，其指数的范围可扩大到实数，以后我们就在实数范围内研究指数.

2．实数指数幂的运算法则

（1）$a^m\cdot a^n=a^{m+n}$，同底数的幂相乘底数不变指数相加.

（2）$a^m\div a^n=a^{m-n}$，同底数的幂相除底数不变指数相减.

（3）$(a^m)^n=a^{mn}$，幂的乘方底数不变指数相乘.

（4）$(ab)^n=a^nb^n$，积的乘方等于各个因式分别乘方，再把所得的幂相乘.

例 1．下列各式中正确的是（　　）.

A．$(\sqrt[n]{a})^n=a$（$a>0$）　　B．$\sqrt[n]{a^n}=|a|$

C．$(\pm\sqrt[n]{a^n})=a$　　D．$\sqrt[n]{a^n}=a$（其中 $n>1$，且 $n\in\mathbf{N}^*$）

解析：根据分数指数幂的规定，答案为 A.

例 2．计算 $[(\frac{3}{4})^{\frac{1}{3}}]^3-(-2)^0$ 的值等于（　　）.

A．$\frac{3}{4}$　　B．$-\frac{3}{4}$　　C．$\frac{1}{4}$　　D．$-\frac{1}{4}$

解析：根据指数运算法则，计算可得答案为 D.

例 3．把根式化为幂的形式：$\sqrt[4]{a^2b^3}=$_________.

解析：根据分数指数幂和根式的换算关系，可得答案为 $a^{\frac{1}{2}}b^{\frac{3}{4}}$.

题型归纳

1．$[(\sqrt[3]{-7})^2]^{\frac{3}{4}}$ 的结果为（　　）.

A．7　　B．-7　　C．$\sqrt{7}$　　D．$-\sqrt{7}$

解析：根据实数指数幂运算法则，可得答案为 C.

2．若 $3^x=5$，$3^y=6$，则 3^{2x+y} 的值为_________.

解析：$3^{2x+y}=(3^x)^2\cdot 3^y=150$.

3．函数 $y=\sqrt{x-2}+(x-3)^0$ 的定义域为（　　）.

A．$[2,+\infty)$　　B．$(2,+\infty)$

C．$[2,3)\cup(3,+\infty)$　　D．$[3,+\infty)$

解析：该题考查 0 指数的意义，0^0 无意义，答案为 C.

4．已知 $m^{\frac{1}{2}}+m^{-\frac{1}{2}}=3$，求下列式子的值.

（1）$m+m^{-1}$；（2）m^2+m^{-2}.

解析：先分析要求的式子和已知的式子之间的关系，主要是次数的不同，从而考虑通过低次平方和高次分解因式的方法，实现各式子之间的转化.

（1）将 $m^{\frac{1}{2}}+m^{-\frac{1}{2}}=3$ 两边平方，得 $m+m^{-1}+2=9$，即 $m+m^{-1}=7$.

（2）将上式平方，有 $m^2+m^{-2}+2=49$，所以 $m^2+m^{-2}=47$.

5．某种药品经过两次降价后，每盒的价格由原来的 60 元，降至 48.6 元，则平均每次降价的百分率为（　　）.

A．20%　　B．10%　　C．15%　　D．30%

解析：根据增长率问题的计算方法，$60(1-x)^2=48.6$，可得 $x=10\%$.

基础训练

1．下列各式中，使 a 的取值范围是实数集 **R** 的是（　　）.

A．a^{-2}　　B．a^0　　C．$\sqrt[3]{a}$　　D．$\sqrt[4]{a}$

2．若 α、β 为任意实数，则下列等式成立的是（　　）.

A．$5^{\alpha}\times5^{\beta}=5^{\alpha\beta}$　　B．$5^{\alpha}+5^{\beta}=5^{\alpha+\beta}$

C．$\left(5^{\alpha}\right)^{\beta}=5^{\alpha+\beta}$　　D．$\dfrac{5^{\alpha}}{5^{\beta}}=5^{\alpha-\beta}$

3．设 x_1，x_2 是方程 $2x^2+4x+1=0$ 的两个根，则 $(\frac{4}{9})^{x_1+x_2}$ 的值为（　　）.

A．$\dfrac{81}{16}$　　B．$\dfrac{9}{4}$　　C．$\dfrac{16}{81}$　　D．$\dfrac{4}{9}$

4．设 $a+a^{-1}=3$，则 a^2+a^{-2} 等于（　　）.

A．9　　B．7　　C．5　　D．3

5．已知 $5^a=3$，$5^b=2$，则 $5^{a-2b}=$（　　）.

A．$\dfrac{1}{4}$　　B．$\dfrac{2}{3}$　　C．$\dfrac{3}{4}$　　D．$\dfrac{1}{3}$

提升训练

1．若 $y=(\frac{1}{27})^x$，则 $x=-\frac{1}{3}$ 时，y 的值为（　　）.

A．$\dfrac{1}{3}$　　B．3　　C．$-\dfrac{1}{3}$　　D．-3

2．设 $5^{x+1}=a$，$5^{y-1}=b$，则 $5^{x+y}=$（　　）.

A．$a+b$　　B．ab　　C．$a-b$　　D．$\dfrac{a}{b}$

3．函数 $y=x^{\frac{1}{2}}+(x-1)^0$ 的定义域为（　　）.

A．$(0,1)\cup(1,+\infty)$　　B．$(-\infty,1)\cup(1,+\infty)$

C．$(0,1)\cup(1,+\infty)$　　D．$(1,+\infty)$

4．函数 $f(x)=a^x(a>0$ 且 $a\neq1)$，若 $f(2)=4$，则 $f(10)$ 等于（　　）.

A．2222　　B．1000　　C．1024　　D．1023

5．某工厂为了节约水资源，不断地进行技术创新，从而使得用水量逐月减少．如果该工厂今年一月份的用水量是 4 000 m^3，计划从二月份起，每个月的用水量比上个月都减少 12%，则预计今年八月份的用水量约是（　　）.

A．1 439 m^3　　　　B．1 635 m^3

C．1 971 m^3　　　　D．2 134 m^3

§4.2　指 数 函 数

知识梳理

1．指数函数的概念

一般地，形如 $y=a^x$（$a>0$，且 $a\neq1$）的函数称为指数函数，其中 x 是自变量，函数的定义域是 **R**.

2．指数函数的图像和性质

两种情况	$0<a<1$	$a>1$
图像	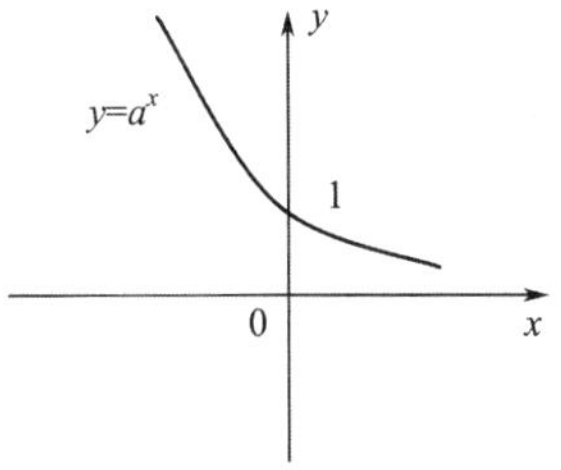	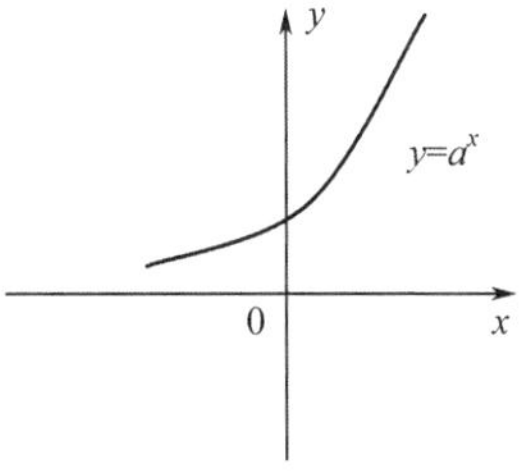
性质	定义域：**R**	
	值域：$(0, +\infty)$	
	图像都过定点(0, 1)，即 $x=0$ 时，$y=1$	
	在 **R** 上单调递减	在 **R** 上单调递增
	$x<0$ 时，$y>1$；$x>0$ 时，$0<y<1$	$x<0$ 时，$0<y<1$；$x>0$ 时，$y>1$

例 1．函数 $y=(\frac{1}{2})^{-x}-1$ 的定义域和值域分别是（　　）.

A．定义域为 R，值域为 R

B．定义域为 R，值域为 $(0, +\infty)$

C．定义域为 R，值域为 $(-1, +\infty)$

D．定义域为 R，值域为 $(-\infty, -1)$

解析：$y=(\frac{1}{2})^{-x}-1=2^x-1$，由指数函数的图像和性质可得答案为 C.

例 2．若 x 满足 $\frac{1}{27}<3^x<\frac{1}{9}$，求 x 的取值范围.

解析：先将不等式中的各个式子转化为以 3 为底的指数幂的形式，然后利用指数函数的单调性，根据指数幂的大小关系得到指数的大小关系，即得到关于 x 的一个不等式，解不等式即可．因为$\frac{1}{27}=3^{-3}$，$\frac{1}{9}=3^{-2}$，所以不等式可变形为$3^{-3}<3^x<3^{-2}$，又因为函数$y=3^x$在**R**上单调递增，所以有$-3<x<-2$．

所以x的取值范围是$\{x|-3<x<-2\}$．

题型归纳

1．若函数$y=(2a-3)^x$在**R**上单调递减，则实数a的取值范围是__________．

解析：根据指数函数的性质有$0<2a-3<1$，即$\frac{3}{2}<a<2$．

2．函数$y=2^x$与$y=2^{-x}$的图像（　　）．

A．关于原点对称　　　　B．关于x轴对称

C．关于y轴对称　　　　D．关于直线$y=x$对称

解析：作出两个函数的图像，可得到答案选C．

3．如下图所示，若$a>1$，则函数$y=a^x$与$y=x+a$在同一坐标系中的图像可能是（　　）．

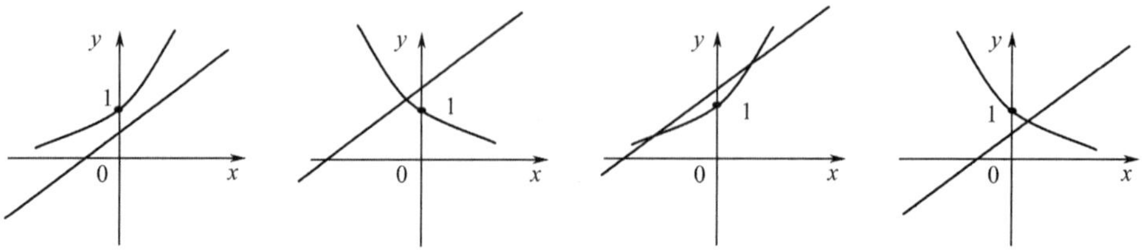

A．　　B．　　C．　　D．

解析：根据指数函数和一次函数的图像特点可知答案为C．

4．不等式$2<\left(\frac{1}{2}\right)^x<8$的解集是______________．

解析：根据指数不等式的解法，有$2^1<2^{-x}<2^3$，$-3<x<-1$，解集为$\{x|-3<x<-1\}$

5．函数$y=\sqrt{3^x-27}$的定义域是（　　）．

A．$\{x\,|\,x>3\}$　　B．$\{x\,|\,x\geqslant3\}$　　C．$\{x\,|\,x\leqslant3\}$　　D．$\{x\,|\,x<3\}$

解析：根据根式定义域的规定和指数不等式的计算方法，可得答案为B．

基础训练

1．下列函数中，在区间(0, 1)上是增函数的是（　　）．

A．$y=x^2-2x$　　B．$y=\log_{0.5}x$　　C．$y=(\frac{2}{3})^x$　　D．$y=(\frac{3}{2})^x$

2．设函数$f(x)=a^x$ ($a>0$，且$a\neq1$)，$f(2)=4$，则（　　）．

A．$f(2)<f(1)$　　　　B．$f(1)<f(2)$

C．$f(1)>f(2)$　　　　D．$f(1)=f(2)$

3．函数$y=3^{|x|}$是（　　）．

A．奇函数，在$(0,+\infty)$上是减函数

B．奇函数，在$(-\infty, 0)$上是增函数
C．偶函数，在$(0, +\infty)$上是减函数
D．偶函数，在$(-\infty, 0)$上是减函数

4．若$a>1$，则函数$f(x)=a^x-2$的图像不经过（　　）．

A．第一象限　　B．第二象限　　C．第三象限　　D．第四象限

5．在同一坐标系中，二次函数$y=(1-a)x^2+a$与指数函数$y=a^x$的图像可能的是（　　）．

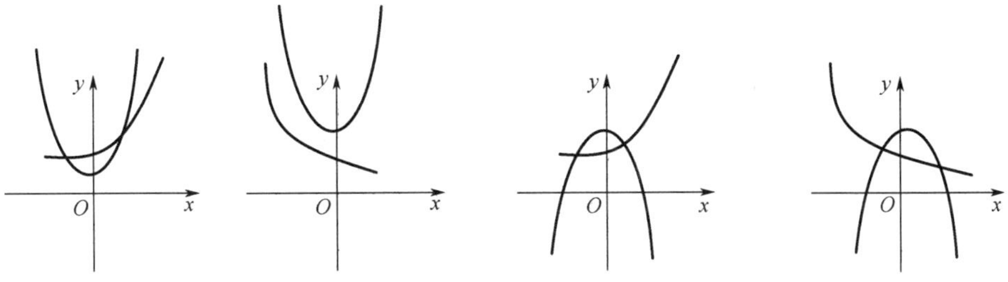

A．　　B．　　C．　　D．

6．不等式$(\frac{3}{4})^{2x}>(\frac{3}{4})^{x-4}$的解集是（　　）．

A．$(-\infty, 4)$　　B．$(4, +\infty)$
C．$(-4, +\infty)$　　D．$(-\infty, -4)$

7．在同一直角坐标系中，若$0<a<1$，则函数$y=x+a$与$y=a^x$的图像是（　　）．

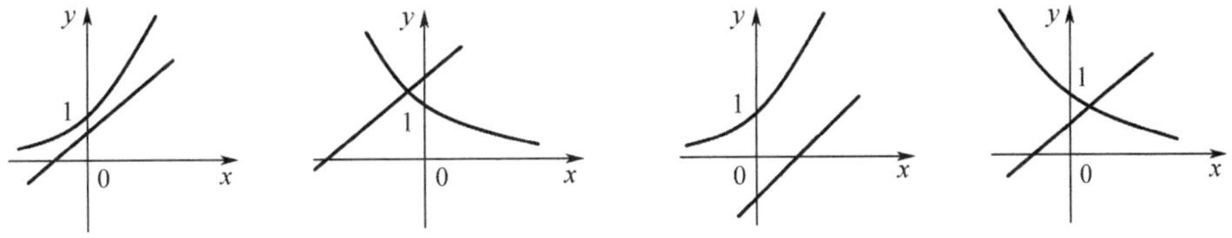

A．　　B．　　C．　　D．

8．已知函数$f(x)=a^x(a>0$且$a\neq1)$的图像经过$(2, 4)$，则a的值为（　　）．

A．1　　B．2　　C．5　　D．$\sqrt[4]{2}$

9．已知函数$y=(\frac{1}{4})^x$且$x>0$，则y的取值范围为（　　）．

A．$y>1$　　B．$0<y<1$　　C．$y<1$　　D．$y=1$

10．当$x\in[-1, 1]$时，函数$f(x)=3^x-2$的最大值是（　　）．

A．1　　B．-1　　C．-2　　D．2

提升训练

1．函数$f(x)=a^x(0<a<1)$，则下列结论正确的是（　　）．

A．当$x<0$时，$f(x)<1$　　B．当$x_1<x_2$时，$f(x_1)<f(x_2)$
C．当$x>0$时，$f(x)>1$　　D．当$x_1<x_2$时，$f(x_1)>f(x_2)$

2．函数 $f(x)=(a^2-1)^x$ 在 $x\in\mathbf{R}$ 上是减函数，则 a 的取值范围是（　　）.

A．$|a|>1$　　B．$|a|<\sqrt{2}$　　C．$|a|>\sqrt{2}$　　D．$1<|a|<\sqrt{2}$

3．若 $(2a-1)^3>(2a-1)^5$，则 a 的取值范围是（　　）.

A．$a>\frac{1}{2}$　　B．$a<1$　　C．$\frac{1}{2}<a<1$　　D．$0<a<\frac{1}{2}$

4．已知函数 $f(x)=(a)^{-|x|}(a>0)$，若 $f(2)=4$，则一定有（　　）.

A．$f(-2)>f(-1)$　　B．$f(-1)>f(-2)$

C．$f(1)>f(2)$　　D．$f(2)<f(-2)$

5．已知 $0<a<1$，$b<-1$，则函数 $y=a^x+b$ 的图像不经过（　　）.

A．第一象限　　B．第二象限

C．第三象限　　D．第四象限

6．设 $x>0$，且 $a^x<b^x<1$，$(a, b\in\mathbf{R}^+)$，则（　　）.

A．$b<a<1$　　B．$a<b<1$　　C．$1<b<a$　　D．$1<a<b$

7．不等式 $4^x>2^{x+2}$ 的解集是（　　）.

A．$\{x|x>2\}$　　B．$\{x|x<2\}$

C．$\{x|-1<x<2\}$　　D．$\{x|x<-1$ 或 $x>2\}$

8．函数 $y=a^{x-2}+2(a>0$，且 $a\neq1)$的图像一定过点（　　）.

A．(2, 3)　　B．(0, 3)　　C．(0, 1)　　D．(2, 2)

9．某市 2014 年的专利申请量为 10 万件，为了落实“科教兴鲁”战略，该市计划 2019 年专利申请量达到 20 万件，其年平均增长率最少为（　　）.

A．12.25%　　B．13.32%　　C．14.87%　　D．18.92%

10．某种产品，2005 年每件成本是 100 元，若每件每年降低 10%，则 2010 年每件产品的成本约是（　　）.

A．59 元　　B．60 元　　C．61 元　　D．62 元

§4.3　对数及其运算

知识梳理

1．对数的定义：一般地，如果 $a^b=N$ （$a>0$ 且 $a\neq1$），那么 b 称为以 a 为底 N 的对数，记作 $b=\log_a N$，其中 a 称为对数的底数，N 称为真数.

2．通常我们把以 10 为底的对数称为常用对数，记作 $\lg N$；以无理数 e 为底的对数称为自然对数，记作 $\ln N$.

3．对数的性质：

① 底数的对数等于 1，即 $\log_a a=1$；

② 1 的对数等于 0，即 $\log_a 1=0$；

③ 零和负数没有对数，即对数的真数必须大于零.

4．两个对数恒等式：

① $\log_a a^N=N$（$a>0$ 且 $a\neq1$，$N>0$）；②$a^{\log_a N}=N$（$a>0$ 且 $a\neq1$，$N>0$）.

5．对数的运算法则（$a>0$ 且 $a\neq1$，$M>0$，$N>0$）.

① $\log_a(MN)=\log_a M+\log_a N$，积的对数等于各个因式对数的和；

② $\log_a\frac{M}{N}=\log_a M-\log_a N$，商的对数等于被除式的对数减去除式的对数；

③ $\log_a M^n=n\log_a M$，幂的对数等于幂指数乘以幂底数的对数；

6．换底公式：① $\log_a b=\frac{\log_c b}{\log_c a}$（其中 $c>0$ 且 $c\neq1$）；② $\log_{a^m} b^n=\frac{n}{m}\log_a b$.

例 1．若 $a^2=b$（$a>0$，且 $a\neq1$），则有（　　）.

A．$\log_2 b=a$　　B．$\log_b a=2$

C．$\log_2 a=b$　　D．$\log_a b=2$

解析：根据指数式和对数式的互化可得答案为 D.

例 2．下列结论正确的是（　　）.

A．$\log_a(x-y)=\log_a x-\log_a y$　　B．$\frac{\log_a x}{\log_a y}=\log_a x-\log_a y$

C．$\log_a\frac{x}{y}=\log_a x-\log_a y$　　D．$\log_a\frac{x}{y}=\frac{\log_a x}{\log_a y}$

解析：此题考查对数式的运算法则，答案为 C.

例 3．若 $\log_4 x=3$，则 $\log_{16} x$ 等于（　　）.

A．$\frac{3}{2}$　　B．9　　C．$\sqrt{3}$　　D．64

解析：由 $\log_4 x=3$ 得 $x=4^3$，把 x 代入 $\log_{16} x$，再利用换底公式可得答案为 A.

例 4．设 $\log_{18}9=a$，$18^b=5$，求 $\log_{36}45$ 的值.

解析：因为本题题设中对数的底数与所求对数的底数不同，所以考虑利用换底公式来解决.

$\because 18^b=5$，所以 $\log_{18}5=b$，

$\therefore \log_{36}45=\frac{\log_{18}45}{\log_{18}36}=\frac{\log_{18}5+\log_{18}9}{1+\log_{18}2}=\frac{a+b}{1+1-\log_{18}9}=\frac{a+b}{2-a}$.

即：$\log_{36}45$ 的值为 $\frac{a+b}{2-a}$.

题型归纳

1．已知 $\log_a N=3$，则下列式子正确的是（　　）.

A．$a^N=3$　　B．$a^3=N$　　C．$N^3=a$　　D．$a^N=3$

解析：根据指数与对数的互化，可得答案选 B.

2．设 $3^a=5$，$\log_3 2=b$，用 a，b 表示 $\log_3\sqrt{30}$.

解析：根据对数运算法则，$\log_3\sqrt{30}=\frac{1}{2}(\log_3 3+\log_3 5+\log_3 2)=\frac{1}{2}(1+a+b)$

3．已知 1 和 4 的等比中项是 $\log_3 x$，则实数 x 的值是（　　）.

A．2 或 $\frac{1}{2}$　　B．3 或 $\frac{1}{3}$　　C．4 或 $\frac{1}{4}$　　D．9 或 $\frac{1}{9}$

解析：根据等比中项的定义，$\log_3 x=\pm 2$，答案为 D.

基础训练

1．点 $P(\lg a, \lg b)$ 关于原点的对称点为 $P_1(-1, 1)$，则 a，b 的值是（　　）.

A．-1，1　　B．1，-1　　C．$\frac{1}{10}$，10　　D．10，$\frac{1}{10}$

2．当底数是 81 时，27 的对数等于（　　）.

A．$\frac{3}{4}$　　B．$\frac{4}{3}$　　C．$\frac{5}{3}$　　D．$\frac{3}{5}$

3．设函数 $f(2x)=\log_2(8x+2)$，则 $f(1)=$（　　）.

A．2　　B．$\log_2 6$　　C．1　　D．$\log_2 10$

4．若点 $P(\log_3 m, 3^n)$关于原点的对称点为 $P'(1, -9)$，则 m 与 n 的值分别为（　　）.

A．$\frac{1}{3}$，2　　B．3，2　　C．$-\frac{1}{3}$，-2　　D．-3，-2

5．若 $f(2x)=\log_2\frac{4x+10}{3}$，则 $f(1)=$（　　）.

A．2　　B．$\frac{1}{2}$　　C．1　　D．$\log_2\frac{14}{3}$

6．若点 $P(-1, -2)$关于坐标原点的对称点是 $P'(\lg a, 2^b)$，则实数 a，b 的值分别是（　　）.

A．$\frac{1}{10}$，-1　　B．$\frac{1}{10}$，1　　C．10，-1　　D．10，1

提升训练

1．设 $\log_3 4\cdot\log_4 3\cdot\log_3 m=\log_4 16$，则 m 的值为（　　）.

A．4.5　　B．9　　C．18　　D．27

2．若 $\log_2 3=a$，$\log_2 5=b$，则 $\log_2\frac{9}{25}=$（　　）.

A．a^2-b　　B．$2a-b$　　C．$\frac{a^2}{b}$　　D．$\frac{2a}{b}$

3．若 $\lg 2=a$，则 $\log_2 25=$（　　）.

A．$\frac{1-a}{a}$　　B．$\frac{2-2a}{a}$　　C．$\frac{1+a}{1-a}$　　D．$\frac{2a}{1-a}$

4．式子 $3^{2-\log_3 2}$ 的值为（　　）.

A．9　　B．2　　C．$\frac{2}{9}$　　D．$\frac{9}{2}$

5．若 $\log_2 x^2=2$，则 $x=$（　　）．

A．2　　B．-2　　C．± 2　　D．$\sqrt{2}$

6．向量 $\vec{a}=(2^m, n)$，$\vec{b}=(\frac{3}{2}, 1)$，且 $\vec{a}=2\vec{b}$，则 m 和 n 的值分别为（　　）．

A．$m=\log_2 3$，$n=1$　　B．$m=\log_2 3$，$n=2$

C．$m=\log_3 2$，$n=1$　　D．$m=\log_3 2$，$n=2$

§4.4 对数函数

知识梳理

1．对数函数的概念：一般地，形如 $y=\log_a x$（$a>0$，且 $a\neq 1$）的函数称为对数函数．

2．对数函数的图像和性质：

<table>
<tr><td>底数</td><td>$0<a<1$</td><td>$a>1$</td></tr>
<tr><td>图像</td><td>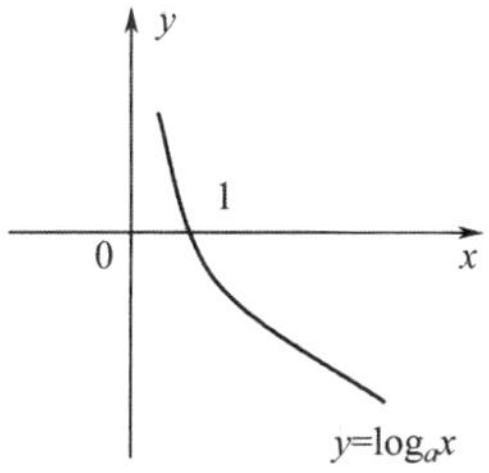
</td><td>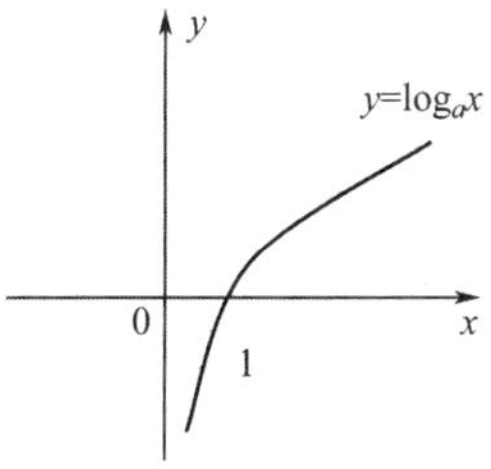
</td></tr>
<tr><td rowspan="5">性质</td><td colspan="2">定义域：$(0,+\infty)$</td></tr>
<tr><td colspan="2">值域：**R**</td></tr>
<tr><td colspan="2">图像都过定点 $(1, 0)$，即 $x=1$ 时，$y=0$．</td></tr>
<tr><td>在 **R** 上单调递减</td><td>在 **R** 上单调递增</td></tr>
<tr><td>$0<x<1$ 时，$y>0$；$x>1$ 时，$y<0$</td><td>$0<x<1$ 时，$y<0$；$x>1$ 时，$y>0$</td></tr>
</table>

例 1． 求函数 $y=\log_{2x-1}\sqrt{3x-2}$ 的定义域．

解析： 定义域就是使函数有意义的 x 的集合，而从函数解析式分析，要使函数有意义，主要是看解析式中的 x 所在的位置，在对数式中，真数位置上的数（式子）要大于 0，底数位置上的数（式子）要大于 0 且不等于 1．

要使函数有意义，必须有 $\begin{cases}3x-2>0\\2x-1>0\\2x-1\neq 1\end{cases}$，即 $\begin{cases}x>\frac{2}{3}\\x>\frac{1}{2}\\x\neq 1\end{cases}$，解得 $x>\frac{2}{3}$ 且 $x\neq 1$，所以函数的定义域为 $\{x \mid x>\frac{2}{3}$ 且 $x\neq 1\}$．

例 2． 如果 $\log_a\frac{3}{4}<1$，则 a 的取值范围是（　　）．

A．$(\frac{3}{4}, 1)$　　B．$(0, \frac{3}{4})\cup(1, +\infty)$　　C．$(\frac{3}{4}, +\infty)$　　D．$(0, \frac{3}{4})$

解析：首先把右边的 1 化成 $\log_a a$ 然后讨论 a 在 $0<a<1$ 和 $a>1$ 两种情况下的单调性，求出 a 的取值范围，$\log_a \frac{3}{4}<1=\log_a a$，当 $a>1$ 时，原不等式等价于$\begin{cases} a>1 \\ a>\frac{3}{4} \end{cases}$，$\therefore a>1$，当 $0<a<1$ 时，原不等式等价于$\begin{cases} 0<a<1 \\ a<\frac{3}{4} \end{cases}$，$\therefore\ 0<a<\frac{3}{4}$.

即 a 的取值范围是$(0, \frac{3}{4})\cup(1, +\infty)$.

例 3．在同一坐标系中，当 $a>1$ 时函数 $y=\log_a x$ 与 $y=a^{-x}$ 的图像是（　　）.

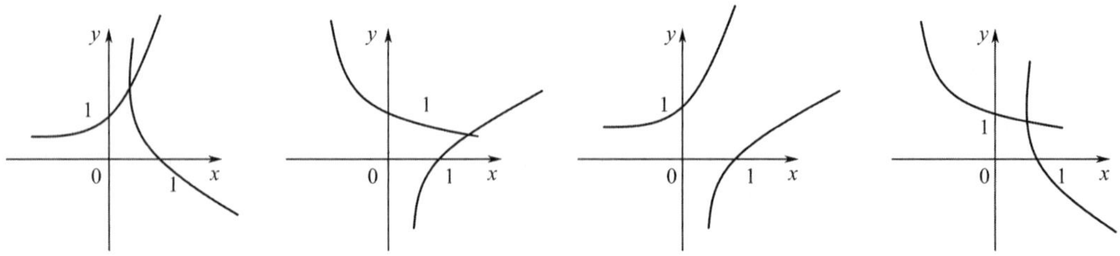

解析：因为 $a>1$，函数 $y=\log_a x$ 是在定义域上的增函数，$y=a^{-x}=(\frac{1}{a})^x$，$0<\frac{1}{a}<1$，所以 $y=a^{-x}$ 是减函数，因此答案为 B.

题型归纳

1．在对数式 $\log_{(a-2)}(5-a)$中，实数 a 的取值范围是（　　）.

A．$a>5$ 或 $a<2$　　B．$2<a<5$

C．$2<a<3$ 或 $3<a<5$　　D．$3<a<4$

解析：在对数函数中，由真数和底数的限制条件可得答案选 C.

2．如果 $\log_a 3>\log_b 3>0$，则（　　）.

A．$0<a<b<1$　　B．$1<a<b$

C．$0<b<a<1$　　D．$1<b<a$

解析：根据判断对数底数的方法，可得答案选 B.

3．函数 $y=\lg(x^2-2x-8)$的定义域是（　　）.

A．$(-2, 4)$　　B．$(-4, 2)$

C．$(-\infty, -2)\cup(4, +\infty)$　　D．$(-\infty, -4)\cup(2, +\infty)$

解析：解不等式 $x^2-2x-8>0$ 可得答案选 C.

4．如果 $0<a<1$，那么函数 $y=a^{-x}$ 和函数 $y=\log_a x$ 在同一坐标系中的图像大致是（　　）.

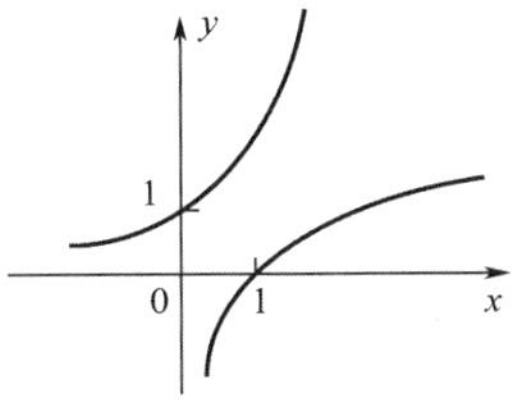

A.

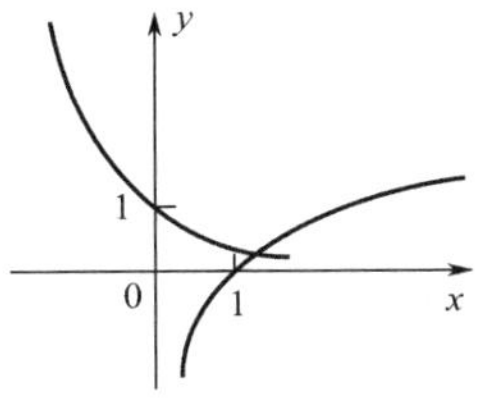

B.

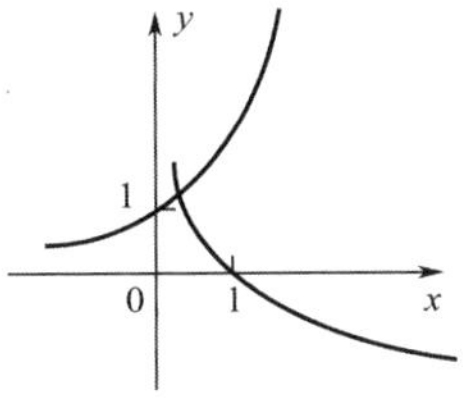

C.

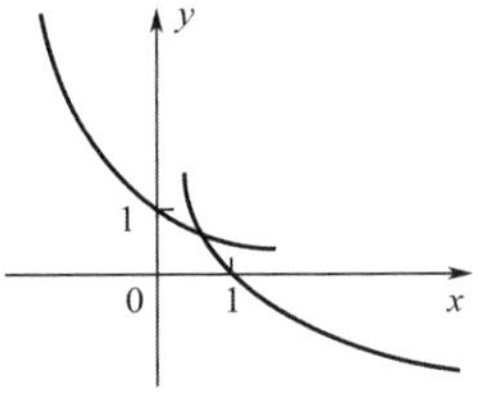

D.

解析：当 $0<a<1$ 时，$y=a^{-x}$ 是增函数，$y=\log_a x$ 是减函数，答案为 C.

5．不等式 $\log_{\frac{1}{3}} x>0$ 的解集是（　　）.

A．$\{x \mid x>\frac{1}{3}\}$　　B．$\{x \mid \frac{1}{3}<x<1\}$

C．$\{x \mid x<1\}$　　D．$\{x \mid 0<x<1\}$

解析：此题为对数不等式题，化为同底的对数后再根据对数的性质解题.

$\log_{\frac{1}{3}} x>0=\log_{\frac{1}{3}} 1$　$\therefore 0<x<1$．答案为 D.

6．若 $\log_a 3<1$，则 a 的取值范围是（　　）.

A．$(0, 1)$　　B．$(1, +\infty)$　　C．$(3, +\infty)$　　D．$(0, 1)\cup(3, +\infty)$

解析：该题是根据对数函数的性质判断底数的范围，答案选 D.

7．设 $a=2^{0.3}$，$b=0.3^2$，$c=\log_2 0.3$，则 a，b，c 的大小关系为（　　）.

A．$a<b<c$　　B．$b<a<c$

C．$c<a<b$　　D．$c<b<a$

解析：根据指数、对数函数的图像，作出草图判断大小，答案为 D.

8．在洗衣机的洗衣桶内用清水洗衣服，如果每次能洗去污垢的$\frac{2}{3}$，则要使存留在衣服上的污垢不超过最初衣服上的污垢的 2%，则该洗衣机至少要清洗的次数为（　　）.

A．2　　B．3　　C．4　　D．5

解析：根据增长率问题可得 $(1-\frac{2}{3})^x<2\%$，解出 x 的范围可得答案为 C.

基础训练

1．函数 $y=\log_{0.2} x$ 是（　　）.

A．奇函数　　B．偶函数　　C．增函数　　D．减函数

2．设 a，$b\in\mathbf{R}$，且 $a>b>0$，则下列各式不恒成立的是（　　）.

A．$\log_2 a>\log_2 b$　　B．$\frac{1}{a}<\frac{1}{b}$

C．$(\frac{1}{2})^a<(\frac{1}{2})^b$　　D．$ac^2>bc^2$

3．设 $0<a<b<1$，那么 $\log_a 5$ 与 $\log_b 5$ 的大小关系为（　　）.

A．$\log_a 5<\log_b 5$　　B．$\log_a 5=\log_b 5$

C．$\log_a 5>\log_b 5$　　D．无法确定

4．设$0<\log_a 2<1$，则 a 的取值范围是（　　）.

A．$0<a<1$　　B．$a>1$　　C．$a>2$　　D．$0<a<2$

5．若 $\log_a N<\log_b N$，$a+b=1$，$N>1$，则（　　）.

A．$1<a<b$　　B．$0<b<a<1$

C．$1<b<a$　　D．$0<a<b<1$

6．如果$\log_b 2<\log_a 2<0$，则（　　）.

A．$0<a<b<1$　　B．$0<b<a<1$

C．$a>b>1$　　D．$b>a>1$

7．若函数 $y=\log_a x$ 在$(0,+\infty)$是增函数，则实数 a 的取值范围是（　　）.

A．$a>0$　　B．$0<a<1$　　C．$a>1$　　D．$a<1$

8．设 $0<x<y<1$，$a>1$，下列关系式正确的是（　　）.

A．$0<\log_a(xy)<1$　　B．$\log_a y>\log_a x$　　C．$0<a^{xy}<1$　　D．$1<a^y<a^x$

9．函数 $y=\dfrac{3}{\lg(x^2-4x+5)}$的定义域是（　　）.

A．$(1,5)$　　B．$(-\infty,1)\cup(5,+\infty)$

C．R　　D．$(-\infty,2)\cup(2,+\infty)$

10．函数 $y=\log_a\dfrac{1-x}{1+x}$ 的奇偶性为（　　）.

A．奇函数　　B．偶函数

C．非奇非偶函数　　D．既奇且偶函数

11．已知$f(x)=\log_a x(a>0$ 且 $a\neq1)$，则$f(x)+f(\dfrac{1}{x})=$（　　）.

A．$\log_a(x+\dfrac{1}{x})$　　B．$2\log_a x$

C．0　　D．1

12．已知$0<a<1$，$\log_a m<\log_a n<0$，则下列式子正确的是（　　）.

A．$m>n>1$　　B．$n>m>1$

C．$m<n<1$　　D．$n<m<1$

13．已知$\lg a+\lg b=0$（其中$a\neq1$，$b\neq1$），则函数$f(x)=a^x$与$g(x)=b^x$的图像（　　）.

A．关于坐标原点对称　　B．关于 x 轴对称

C．关于 y 轴对称　　D．关于直线 $y=x$ 对称

14．在同一坐标系中，当 $a>1$ 时，函数$y=\log_a x$与 $y=a^{-x}$ 的图像是（　　）.

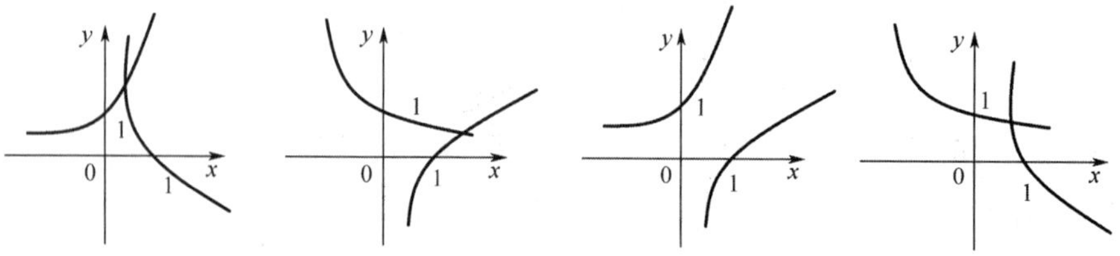

A.　　B.　　C.　　D.

15．函数① $y=\log_a x$；② $y=\log_b x$；③ $y=c^x$ 的图像如右图所示，则（　　）.

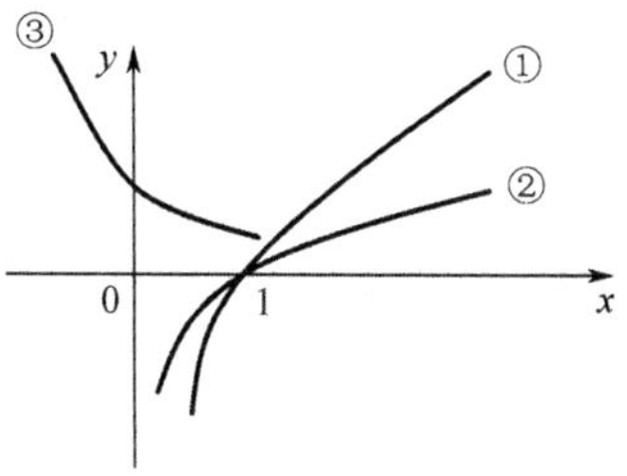

A．$0<b<a<1<c$

B．$0<a<b<1<c$

C．$0<c<1<b<a$

D．$0<c<1<a<b$

提升训练

1．设 $\log_a 2<1$，则 a 的取值范围是（　　）.

A．$0<a<1$　　B．$a>1$

C．$a>2$ 或 $0<a<1$　　D．$0<a<2$

2．函数 $y=\log_{x-1}(3-x)$ 的定义域是（　　）.

A．$(1, 3)$　　B．$(1, 3]$

C．$(1, 2)\cup(2, 3)$　　D．$(1, 2)\cup(2, 3]$

3．函数 $y=\log_{0.3}(x^2-3x+2)$的单调递增区间是（　　）.

A．$(-\infty, 1)$　　B．$(2, +\infty)$　　C．$(-\infty, \frac{3}{2})$　　D．$(\frac{3}{2}, +\infty)$

4．已知 $0<a<1$，$\log_a m<\log_a n<0$，则下列式子正确的是（　　）.

A．$m>n>1$　　B．$n>m>1$

C．$m<n<1$　　D．$n<m<1$

5．若 $x>y>0, 0<a<1$，则下列各式成立的是（　　）.

A．$a^x<a^y$　　B．$\log_a x\leqslant\log_a y$

C．$a^x\geqslant a^y$　　D．$\log_a x>\log_a y$

6．如果 $\log_a 5<\log_b 5<0$，那么下列关系正确的是（　　）.

A．$1<a<b$　　B．$0<a<b<1$　　C．$0<b<a<1$　　D．$1<b<a$

7．设 $0<a<1$，则下列不等式正确的是（　　）.

A．$\log_{0.3}a>\log_{\frac{1}{3}}a>\log_3 a$　　B．$\log_3 a>\log_{0.3}a>\log_{\frac{1}{3}}a$

C．$\log_{\frac{1}{3}}a>\log_{0.3}a>\log_3 a$　　D．$\log_3 a>\log_{\frac{1}{3}}a>\log_{0.3}a$

8．已知 $\log_{0.5}b<\log_{0.5}a<\log_{0.5}c$，则（　　）.

A．$2^b>2^a>2^c$　　B．$2^a>2^b>2^c$

C．$2^c>2^b>2^a$　　D．$2^c>2^a>2^b$

9．设 $x>1$，$a=\log_{0.5}(x^2+1)$，$b=\log_{0.5}(x+1)$，$c=\log_{0.5}(2x)$，则下列关系正确的是（　　）.

A．$3^a>3^b>3^c$　　B．$3^b>3^c>3^a$

C．$3^c>3^a>3^b$　　D．$3^a>3^c>3^b$

10．函数 $y=\lg(\sqrt{x^2+1}-x)$在定义域内是（　　）.

A．奇函数　　B．既是奇函数又是偶函数

C．偶函数　　D．既不是奇函数又不是偶函数

11．若 $0<\log_a 3<1$，那么 a 的取值范围是（　　）.

A．$0<a<\frac{1}{3}$　　B．$\frac{1}{3}\leqslant a<1$

C．$1<a<3$　　D．$a>3$

12．若 $\log_a 2>\log_b 2>0$，则（　　）.

A．$0<a<b<1$　　B．$0<b<a<1$

C．$a>b>1$　　D．$b>a>1$

13．设 $0<x<y<a<1$，下列关系式正确的是（　　）.

A．$0<\log_a(xy)<1$　　B．$\log_a y<\log_a x<1$

C．$0<a^{xy}<1$　　D．$1<a^y<a^x$

14．某工厂为了节约水资源，不断地进行技术创新，从而使得用水量逐月减少．如果该工厂今年一月份的用水量是 4000m^3，计划从二月份起，每个月的用水量比上个月都减少 12%，则预计今年八月份的用水量约是（　　）.

A．1439m^3　　B．1635m^3　　C．1971m^3　　D．2134m^3

15．甲、乙两国家 2008 年的国内生产总值分别为 a（亿元）和 $4a$（亿元），甲国 2028 年的国内生产总值超过乙国，假设乙国的年平均增长率为 1.5%，那么甲国的年平均增长率最小应为（　　）.

A．9.6%　　B．9.2%　　C．8.8%　　D．8.4%

§4.5 高考链接

1．（2010 年）若 $a^2=N\ (a>0$ 且 $a\neq 1)$，则有（　　）.

A．$\log_2 a=N$　　B．$\log_2 N=a$　　C．$\log_a N=2$　　D．$\log_N a=2$

2．（2010 年）若点 $P(-1,-2)$关于坐标原点的对称点是 $P'(\lg a, 2^b)$，则实数 a，b 的值分别是（　　）.

A．$\frac{1}{10}$，-1　　B．$\frac{1}{10}$，1　　C．10，-1　　D．10，1

3．（2011 年）有下列四个不等式：

① $2^{2.5}>2^3$　　② $0.8^{-0.2}>0.8^{-0.1}$

③$\log_2 3.5>\log_2 3$　　④ $\log_{0.8}1.8>\log_{0.8}1.6$

其中关系正确的是（　　）.

A．①和③　　B．②和④

C．②和③　　D．①和④

4．（2011 年）若 $\log_{0.5}x<0$，则（　　）.

A．$0<2^x<\frac{1}{2}$　　B．$\frac{1}{2}<2^x<1$　　C．$1<2^x<2$　　D．$2^x>2$

5．（2012 年）已知 1 和 4 的等比中项是 $\log_3 x$，则实数 x 的值是（　　）.

A．2 或 $\frac{1}{2}$　　　　B．3 或 $\frac{1}{3}$

C．4 或 $\frac{1}{4}$　　　　D．9 或 $\frac{1}{9}$

6.（2012 年）已知 $\lg a+\lg b=0\,(a\neq1,b\neq1)$，则函数 $f(x)=a^x$ 与 $g(x)=b^x$ 的图像（　）.

A．关于坐标原点对称　　　　B．关于 x 轴对称

C．关于 y 轴对称　　　　D．关于直线 $y=x$ 对称

7.（2013 年）设 $0<a<b<1$，那么 $\log_a 5$ 与 $\log_b 5$ 的大小关系是（　）.

A．$\log_a 5<\log_b 5$　　　　B．$\log_a 5=\log_b 5$

C．$\log_a 5>\log_b 5$　　　　D．无法确定

8.（2013 年）在同一坐标系中，函数 $y=(1-a)x^2+a$ 与函数 $y=a^x$ 的图像可能的是（　）.

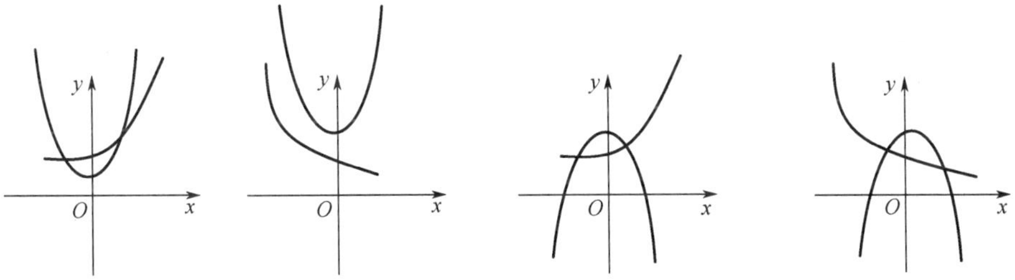

A.　　　　B.　　　　C.　　　　D.

9.（2013 年）若点 $P(\log_3 m,\ 3^n)$ 关于原点的对称点为 $P(1,-9)$，则 m 与 n 的值分别为（　）.

A．$\frac{1}{3}$，2　　　　B．3，2　　　　C．$-\frac{1}{3}$，-2　　　　D．-3，-2

10.（2014 年）向量 $\vec{a}=(2^m,n)$，$\vec{b}=(\frac{3}{2},1)$，$\vec{a}=2\vec{b}$，则 m 和 n 的值分别为（　）.

A．$m=\log_2 3$，$n=1$　　　　B．$m=\log_2 3$，$n=2$

C．$m=\log_3 2$，$n=1$　　　　D．$m=\log_3 2$，$n=2$

11.（2014 年）设 $a>1$，函数 $y=(\frac{1}{a})^x$ 与函数 $y=(a-1)x+a$ 的图像可能是（　）.

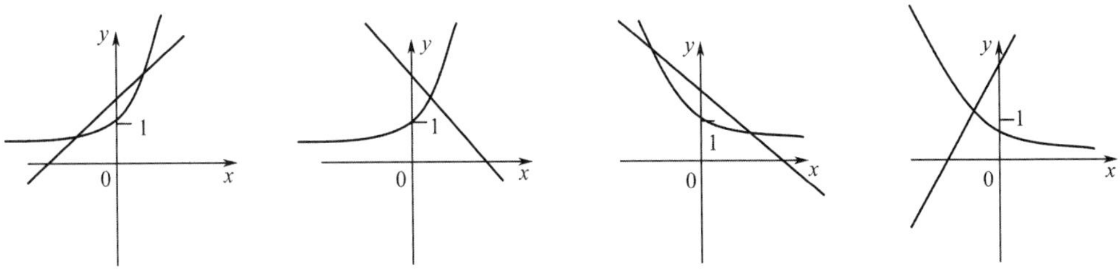

A.　　　　B.　　　　C.　　　　D.

12.（2014 年）某地区 2013 年末的城镇化率为 40%（城镇化率是城镇人口数占总人口数的百分比），计划 2020 年末城镇化率达到 60%，假设这一时期内该地区总人口数不变，则其城镇人口数平均每年的增长率为________.

13．（2015 年）已知点 $P(m,\ -2)$在函数 $y=\log_{\frac{1}{3}} x$ 的图像上，点 A 的坐标是(4, 3)，则$|AP|$ 的值是（　　）.

A．$\sqrt{10}$　　B．$2\sqrt{10}$　　C．$6\sqrt{2}$　　D．$5\sqrt{2}$

14．（2016 年）若实数 $a>0$，则下列等式成立的是（　　）.

A．$(-2)^{-2}=4$　　B．$2a^{-3}=\frac{1}{2a^3}$

C．$(-2)^{0}=-1$　　D．$(a^{-0.25})^4=\frac{1}{a}$

15．（2017 年）已知函数 $f(x)=2^{kx}$，$g(x)=\log_3 x$，若 $f(-1)=g(9)$. 则实数 k 的值是（　　）.

A．1　　B．2　　C．−1　　D．−2

16．（2015 年）已知函数 $f(x)=a^x$ ($a>0$ 且 $a\neq 1$)，在区间[−2, 4]上的最大值是 16.

（1）求实数 a 的值；

（2）若函数 $g(x)=\log_2(x^2-3x+2a)$的定义域是 R，求满足不等式 $\log_a(1-2t)\leqslant 1$ 的实数 t 的取值范围.

17．（2017 年）已知函数 $f(x)=\log_2(x+3)-\log_2(3-x)$

（1）求函数 $f(x)$的定义域. 并判断函数 $f(x)$的奇偶性；

（2）若 $f(\sin\alpha)=1$，求实数 α 的值.

第五章

数　列

考纲要求

1．理解数列的概念和数列通项公式的意义．

2．掌握等差数列和等差中项的概念，掌握等差数列的通项公式及前 n 项和公式．

3．掌握等比数列和等比中项的概念，掌握等比数列的通项公式及前 n 项和公式．

4．能利用等差数列和等比数列的知识，解决简单的实际问题．

命题分析

数列知识是中职生学习数学的一个难点，高考中此类试题难度中等，题型多是选择题和解答题．建议复习时以基础型题目为主，适当加强中档题目的训练，注意等差、等比数列的定义和等差、等比中项的运用，特别注意要将等差、等比数列的通项公式，前 n 项和公式及相关性质作为重点强化训练．在 2013——2018 年六年的春季高考试卷中都是选择题 1 道，解答题 1 道，分值 11 分左右．

§5.1　数列的概念

知识梳理

1．数列的定义：按照一定次序排列的一列数称为数列．数列的一般形式为 a_1，a_2，a_3，…，a_n，可简记为$\{a_n\}$（$n\in\mathbf{N}_+$）．数列中的每一个数都称为这个数列的项，a_n 是数列的第 n 项．

2．数列的分类（按项数划分）．

① 有穷数列：项数有限的数列；

② 无穷数列：项数无限的数列．

3．数列的通项公式：用序号 n 表示数列相应项的公式称为数列的通项公式．一般地，数列的项 a_n 是序号 n 的函数．

（1）如果已知数列$\{a_n\}$的通项公式，则可求出该数列中的任意一项．

（2）有些数列，若已知其前几项，则可写出满足条件的一个通项公式．

注 1：通项公式是以正整数集的子集为其定义域的函数，可记作 $a_n=f(n)$（其中 $n\in A$，

$A\subseteq \mathbf{N}_+$);

注 2: ① 并非所有的数列都有通项公式;

② 在写数列的通项公式时，其结果不一定唯一. 比如，已知等比数列 -1，1，-1，1，…，其通项公式可写成 $a_n=(-1)^n$ 或 $a_n=\cos n\pi$.

例 1. 已知一个数列的通项公式是 $a_n=n(n+1)$，则这个数列的第 9 项及第 10 项分别是________________.

解析：该题考查由通项公式求数列的某一项. 答案选 90，110.

例 2. 数列 1，$\frac{2}{3}$，$\frac{3}{5}$，$\frac{4}{7}$，$\frac{5}{9}$，…的一个通项公式 a_n 是（　　）.

A. $\frac{n}{2n+1}$　　B. $\frac{n}{2n-1}$　　C. $\frac{n}{2n-3}$　　D. $\frac{n}{2n+3}$

解析：该题考查由数列前几项求通项公式. 答案为 B.

4. 数列的前 n 项和 S_n 与数列的第 n 项 a_n 的关系为：$a_n=\begin{cases} S_1 & (n=1) \\ S_n-S_{n-1} & (n\geqslant 2) \end{cases}$

例 3. 已知数列$\{a_n\}$的前 n 项和 $S_n=3n^2+2$，则这个数列的通项公式为（　　）.

A. $a_n=6n-3$　　B. $a_n=6n+3$

C. $a_n=\begin{cases} 5 & (n=1) \\ 6n-3 & (n\geqslant 2) \end{cases}$　　D. 以上都不对

解析：该题考查数列通项公式及前 n 项和. 答案为 C.

题型归纳

一、由观察分析法求通项公式

1. 数列 $1\frac{1}{2}$，$2\frac{2}{3}$，$3\frac{3}{4}$，$4\frac{4}{5}$，…的一个通项公式为________________.

2. 数列$\frac{1}{2\times 3}$，$\frac{1}{3\times 4}$，$\frac{1}{4\times 5}$，$\frac{1}{5\times 6}$，…的一个通项公式为________________.

3. 数列 2，22，222，2222，…的一个通项公式为________________.

答案：1. $a_n=n+\frac{n}{n+1}$（或 $a_n=\frac{n^2+2n}{n+1}$），$n\in \mathbf{N}_+$. 2. $a_n=\frac{1}{n(n+1)}$，$n\in \mathbf{N}_+$.

3. $a_n=\frac{2(10^n-1)}{9}$，$n\in \mathbf{N}_+$.

二、由特殊值法求通项公式

4. 数列 0，$\frac{2^2-1}{2}$，$\frac{3^2-1}{3}$，$\frac{4^2-1}{4}$，…的一个通项公式为（　　）.

A. $\frac{n(n-1)}{n}$　　B. $\frac{n(n-1)}{n+1}$　　C. $\frac{n^2-1}{n}$　　D. 无法确定

5. 数列$\frac{1}{2}$，$-\frac{9}{4}$，$\frac{25}{6}$，$-\frac{49}{8}$，…的一个通项公式为（　　）.

A. $a_n=\frac{2n-1}{2n}$　　B. $a_n=(-1)^n\frac{(2n+1)^2}{2n}$

C. $a_n=(-1)^n\frac{(2n-1)^2}{2n}$　　D. $a_n=(-1)^{n+1}\frac{(2n-1)^2}{2n}$

解析：此两题均只验证 $n=2$ 即可．一般此类题型只要验证 $n=1$，2 即可选出答案．

三、由数列的递推公式求数列的某一项

6．已知数列$\{a_n\}$中，$a_1=2$，$a_{n+1}=3a_n+1$，则 a_4 等于（　　）．

A．67　　B．22　　C．202　　D．201

解析：该题考查由数列的相邻两项构成的递推公式求数列的某一项．答案选 A．

7．已知数列$\{a_n\}$中，$a_1=1$，$a_2=6$，$a_{n+2}=a_{n+1}-a_n$，则此数列的第 5 项为（　　）．

A．6　　B．−3　　C．−6　　D．−12

解析：该题考查由数列的相邻三项构成的递推公式求数列的某一项．答案选 C．

四、由数列的通项公式求数列的某一项

8．若数列$\{a_n\}$的通项公式为 $a_n=(-1)^n\cdot n(n+1)$，则 a_6 等于（　　）．

A．30　　B．−30　　C．42　　D．−42

解析：该题考查由数列的通项公式求数列的某项，将 $n=6$ 代入即可．答案选 C．

9．已知数列$\{a_n\}$的通项公式为 $a_n=n(n-1)$，则 72 是这个数列的（　　）．

A．第 8 项　　B．第 9 项　　C．第 10 项　　D．第 11 项

解析：该题考查由数列通项公式求此项为数列中第几项，令 $a_n=72$ 即可．答案选 B．

五、a_n 与 S_n 的关系的应用

10．已知数列$\{a_n\}$的前 n 项和 $S_n=n(n+1)$，则 a_4 等于（　　）．

A．7　　B．8　　C．9　　D．10

解析：该题考查由数列前 n 项和求此数列中某一项．答案选 B．

11．已知数列$\{a_n\}$的前 n 项和 $S_n=5n^2-n$，则 $a_6+a_7+a_8+a_9+a_{10}$ 等于（　　）．

A．250　　B．270　　C．370　　D．490

解析：该题考查由数列前 n 项和求此数列中某几项的和．答案选 C．

基础训练

1．数列 1，3，6，10，… 的一个通项公式为（　　）．

A．$a_n=n^2-(n-1)$　　B．$a_n=\frac{1}{2}n(n+1)$

C．$a_n=\frac{1}{2}n^2-(n-1)+1$　　D．$a_n=n^3-2n^2+n+1$

2．数列 $1\frac{1}{2}$，$2\frac{1}{4}$，$3\frac{1}{8}$，$4\frac{1}{16}$，…的一个通项公式为（　　）．

A．$a_n=n\times\frac{1}{n^2}$　　B．$a_n=n+\frac{1}{n^2}$　　C．$a_n=n\times\frac{1}{2^n}$　　D．$a_n=n+\frac{1}{2^n}$

3．已知数列 $a_1=3$，$a_n=3a_{n-1}+3$，则 a_5 等于（　　）.

A．39　　B．120　　C．363　　D．1092

4．在数列$\{a_n\}$中，$a_1=-1$，且 $a_{n+1}=1+\frac{1}{2}a_n$，则 a_2+a_3 等于（　　）.

A．$\frac{3}{4}$　　B．$\frac{4}{3}$　　C．$\frac{4}{7}$　　D．$\frac{7}{4}$

5．数列 $a_n=\frac{n}{n+4}$ 的第 n 项为 $\frac{5}{7}$，则 n 的值为（　　）.

A．7　　B．8　　C．9　　D．10

6．设数列为$\sqrt{2}$，$\sqrt{5}$，$2\sqrt{2}$，$\sqrt{11}$，…，则 $2\sqrt{5}$ 是这个数列的（　　）.

A．第 6 项　　B．第 7 项　　C．第 8 项　　D．第 9 项

7．已知数列$\{a_n\}$的前 n 项和 $S_n=3n^2+2$，则这个数列的通项公式是（　　）.

A．$a_n=6n-3$　　B．$a_n=6n+3$

C．$a_n=6n-1$　　D．以上都不对

8．在数列$\{a_n\}$中，若 $S_n=2n^2-n$，则 $a_7+a_8+a_9+a_{10}$ 等于（　　）.

A．124　　B．165　　C．210　　D．259

提升训练

1．数列$\frac{1}{2}$，$-\frac{3}{4}$，$\frac{5}{8}$，$-\frac{7}{16}$，…的一个通项公式为（　　）.

A．$a_n=(-1)^{n+1}\frac{2n-1}{2n}$　　B．$a_n=(-1)^n\frac{2n-1}{2n}$

C．$a_n=(-1)^{n+1}\frac{2n-1}{2^n}$　　D．$a_n=(-1)^n\frac{2n-1}{2^n}$

2．已知数列的通项公式是 $a_n=n^2+n$，且 156 是该数列的第 m 项，则 m 等于（　　）.

A．10　　B．11　　C．12　　D．13

3．已知数列$\{a_n\}$中 $a_2=3$，$a_3=6$，$a_{n+2}=a_{n+1}-\frac{1}{a_n}$，则 a_5 等于（　　）.

A．12　　B．24　　C．$\frac{11}{4}$　　D．$\frac{11}{2}$

4．已知数列$\{a_n\}$中 $a_1=2$，$a_2=4$，$a_{n+1}=a_{n+2}+a_n$，则 a_6 等于（　　）.

A．-2　　B．-4　　C．-6　　D．-8

5．已知数列$\sqrt{3}$，$\sqrt{7}$，$\sqrt{11}$，…，则 $5\sqrt{3}$ 是该数列的（　　）.

A．第 17 项　　B．第 18 项　　C．第 19 项　　D．第 20 项

6．已知数列的前 n 项和 $S_n=n^2+n-2$，则 a_5 等于（　　）.

A．6　　B．8　　C．10　　D．12

7．数列$\{a_n\}$的通项公式为 $a_n=n\cos\frac{n\pi}{2}$，前 n 项和为 S_n，则 S_{2012} 等于（　　）.

A．0　　B．503　　C．1006　　D．2012

8．已知数列$\{a_n\}$中，$a_n=-2n^2+29n+3$，则此数列中最大的项是（　　）.

A．第 6 项　　B．第 7 项　　C．第 8 项　　D．第 9 项

§5.2　等 差 数 列

知识梳理

一、等差数列

1．等差数列的定义

一般地，若一个数列从第二项起每一项与它前一项之差为同一常数，则此数列为等差数列，此常数称为等差数列的公差，通常用小写字母 d 表示，即 $a_{n+1}-a_n=d$.

例 1．数列$\{a_n\}$是等差数列的充要条件是（　　）.

A．$a_n+a_{n+1}=$ 常数　　B．$a_{n+1}-a_n=$ 正数

C．$a_{n+1}-a_n=$ 负数　　D．$a_{n+1}-a_n=$ 常数

解析：该题考查等差数列的定义．答案为 D.

2．等差中项

若三个数 a，A，b 成等差数列，则 A 称为 a 与 b 的等差中项，且此时有 $A=\dfrac{a+b}{2}$.

注：若已知三个数成等差数列且已知三个数的和值，可采用对称设法，即设此三个数分别为 $a-d$，a，$a+d$，以便简化计算.

例 2．若 15 与 x 的等差中项是 5，则实数 x 的值为____________.

解析：该题考查等差中项的定义及简单应用．答案为−5.

例 3．已知三个数成等差数列，三个数的和为 9，积为 15，求这三个数.

解析：该题为以上“注”中所述对称设法的简单应用．依题意可列方程组

$$\begin{cases}(a-d)+a+(a+d)=9\\(a-d)\cdot a\cdot(a+d)=15\end{cases},$$

求解得 $a=3$，$d=2$（或 $a=3$，$d=-2$），则这三个数分别为 1，3，5（或 5，3，1）.

3．通项公式

$$a_n=a_1+(n-1)d\ ,\ n\in\mathbf{N}_+.$$

注：（1）通项公式 a_n 为关于 n 的一元一次函数；

（2）判定一个数列为等差数列的一般方法：

① 定义法（从第二项起后一项与前一项之差为定值）；

② 通项公式法：$a_n=kn+b$.

例 4．已知数列$\{a_n\}$满足 $a_n=a_{n+1}-2$，且首项 $a_1=1$，则其通项公式为（　　）.

A．$a_n=2n+1$　　B．$a_n=2n-1$

C．$a_n=-2n+3$　　D．$a_n=2n+3$

解析：用定义法易知此数列为公差 $d=2$ 的等差数列，由通项公式可知答案为 B.

4．前 n 项和公式

（1）当公差 $d\neq 0$ 时，$S_n=\dfrac{n(a_1+a_n)}{2}=na_1+\dfrac{n(n-1)}{2}d$ ；

（2）当公差 $d=0$ 时，$S_n=na_1$．

注：①若已知 a_1，d，n，a_n，S_n 此 5 个量中的任意 3 个，则可求出其余两个量（知三求二）；

②前 n 项和公式的特点为关于 n 的一元二次函数且无常数项，即为 $S_n=An^2+Bn$．

例 5．在等差数列$\{a_n\}$中，$d=\dfrac{1}{3}$，$n=37$，$S_n=629$，则 a_1 等于（　　）．

A．11　　B．24　　C．27　　D．36

解析：典型的“知三求二”问题，套用前 n 项和公式易知答案为 A．

例 6．在等差数列$\{a_n\}$中，$S_{10}=120$，则 a_1+a_{10} 等于（　　）．

A．23　　B．24　　C．25　　D．26

解析：该题考查前 n 项和公式．简单计算可知答案为 B．

二、等差数列的性质

1．$a_n=a_m+(n-m)d\Leftrightarrow d=\dfrac{a_n-a_m}{n-m}$ $(m\neq n,\ m,\ n\in\mathbf{N}_+)$ ；

注：等差数列已知任意两项可求 d

2．若 $m+n=p+q$ $(m,\ n,\ p,\ q\in\mathbf{N}_+)$，则有 $a_m+a_n=a_p+a_q$．（此性质尤为重要）．

注：应用性质 2 时切记条件要求，避免出现类似 $a_m+a_n=a_{m+n}$ 的错误．

例 7．在等差数列$\{a_n\}$中，$a_4=8$，$a_8=16$，则公差 d 等于（　　）．

A．2　　B．3　　C．4　　D．5

解析：应用性质 1 易知答案为 A．

例 8．已知 a_1，a_2，a_3 构成等差数列，且 $a_1+a_3=8$，则 $a_1+a_2+a_3$ 等于（　　）．

A．11　　B．12　　C．13　　D．14

解析：应用性质 2 易知 $a_1+a_3=a_2+a_2=2a_2$，则 $a_2=4$，所以答案为 B．

题型归纳

一、通项公式的应用

1．等差数列−1，−5，−9，−13，… 的第（　　）项为−401．

A．101　　B．102　　C．103　　D．104

2．在等差数列$\{a_n\}$中，$a_1=-1$，$a_{n+1}=a_n+2$，则 a_{13} 等于（　　）．

A．34　　B．35　　C．23　　D．78

解析：该两题考查等差数列通项公式．答案分别为 A，C．

二、前 n 项和公式的应用

3．已知数列$\{a_n\}$为等差数列，若 $a_1=2$，$a_4=-4$，则 S_7 等于（　　）．

A．−25　　B．−26　　C．−27　　D．−28

4．在等差数列$\{a_n\}$中，$a_1=20$，$a_n=54$，$S_n=999$，则n等于（　　）.

A．26　　B．36　　C．27　　D．37

解析：该两题考查等差数列前n项和公式的应用．答案分别为D，C.

三、通项公式与前n项和公式的综合应用

5．在等差数列$\{a_n\}$中，$a_{10}=10$，前10项和为$S_{10}=55$，则其公差d等于（　　）.

A．1　　B．2　　C．3　　D．4

6．在等差数列$\{a_n\}$中，$a_n=2n-3$，则S_5等于（　　）.

A．25　　B．15　　C．20　　D．7

解析：该两题考查等差数列通项公式与前n项和公式的应用．答案分别为A，B.

四、等差数列的性质与前n项和公式的综合应用

7．设$\{a_n\}$是等差数列，若$a_6=6$，$a_{16}=21$，则a_{26}等于（　　）.

A．34　　B．35　　C．36　　D．37

解析：该题考查等差数列的性质，注意到$a_6+a_{26}=a_{16}+a_{16}=2a_{16}$．答案为C.

8．在等差数列$\{a_n\}$中，$a_2+a_3+a_8+a_9=20$，则S_{10}等于（　　）.

A．10　　B．20　　C．40　　D．50

解析：该题考查等差数列的性质与前n项和公式的综合应用．答案为D.

9．在等差数列$\{a_n\}$中，公差$d\neq0$，$a_1\neq d$，若此数列前20项和为$S_{20}=10m$，则m的值为（　　）.

A．a_3+a_5　　B．a_2+2a_{10}　　C．$a_{20}+d$　　D．a_9+a_{12}

解析：该题考查等差数列的性质与前n项和公式的综合应用．答案为D.

五、等差数列与其他知识的综合应用

10．设等差数列$\{a_n\}$的前n项和为S_n，a_2和a_5是方程$x^2-x-2=0$的两实数根，则S_6为（　　）.

A．2　　B．3　　C．4　　D．5

解析：该题考查等差数列的性质、前n项和公式以及二次方程中根与系数的关系的综合应用．答案为B.

11．若$2^a=3$，$2^b=9$，$2^c=27$，则a，b，c构成（　　）.

A．等差数列　　B．等比数列

C．既是等差数列又是等比数列　　D．既不是等差数列也不是等比数列

解析：该题考查等差数列的定义及对数与指数的等价转化．答案为A.

12．已知$\lg x+\lg x^2+\cdots+\lg x^n=\dfrac{n(n+1)}{2}$，则$x$等于（　　）.

A．1　　B．10　　C．100　　D．1000

解析：该题考查等差数列前n项和、对数运算法则及指数幂运算法则．答案为B.

基础训练

1．在等差数列$\{a_n\}$中，$a_1=20$，$a_{27}=54$，则公差d等于（　　）.

A．34　　B．$\frac{17}{13}$　　C．$\frac{27}{34}$　　D．$\frac{12}{13}$

2．在等差数列$\{a_n\}$中，$a_2=-5$，$a_6=a_4+6$，则a_1等于（　　）.

A．-9　　B．-8　　C．-7　　D．-6

3．等差数列$\{a_n\}$的前三项分别为$a-1$，$a+1$，$2a+3$，则通项公式a_n等于（　　）.

A．$2n-3$　　B．$2n+3$　　C．$2n-1$　　D．$2n+1$

4．已知3个数成等差数列，并且3个数之和为9，积为15，则这3个数为（　　）.

A．1，3，5　　B．5，3，1

C．1，3，5　或5，3，1　　D．-1，-3，-5

5．在等差数列$\{a_n\}$中，$a_n=3n+1$，则S_5等于（　　）.

A．16　　B．50　　C．34　　D．54

6．在等差数列$\{a_n\}$中，$a_3=1$，$a_6=7$，则a_9等于（　　）.

A．13　　B．14　　C．15　　D．16

7．在等差数列$\{a_n\}$中，$a_1=3$，$a_{100}=36$，则a_5+a_{96}等于（　　）.

A．36　　B．38　　C．39　　D．42

8．在等差数列$\{a_n\}$中，若第4项为15，则它的前7项的和为（　　）.

A．120　　B．115　　C．110　　D．105

9．若a，b是方程$x^2-2x-3=0$的两根，则a，b的等差中项是（　　）.

A．1　　B．2　　C．3　　D．4

10．已知在等差数列$\{a_n\}$中，$a_1+a_2+a_3=15$，$a_4+a_7+a_{10}=60$，则$a_3+a_6+a_9$等于（　　）.

A．50　　B．20　　C．70　　D．51

11．已知在等差数列$\{a_n\}$中，$d=2$，$n=15$，$a_n=-10$，求a_1和S_n.

12．在等差数列$\{a_n\}$中，已知$a_3=11$，$d=-2$，求此数列的前n项和S_n的最大值.

13．已知在等差数列$\{a_n\}$中，$a_3=-3$，$a_5+a_{10}=30$.

（1）求数列$\{a_n\}$的通项公式；

（2）若数列$\{a_n\}$的前n项和$S_n=540$，求n的值.

提升训练

1．在等差数列$\{a_n\}$中，若$a_3=7$，$a_{10}-a_5=15$，则a_n等于（　　）．

A．$3n$　　B．$3n-2$　　C．$3n+1$　　D．$3n-10$

2．在等差数列$\{a_n\}$中，若$a_4+a_5+a_{10}+a_{11}=36$，则a_6+a_9等于（　　）．

A．12　　B．14　　C．16　　D．18

3．若等差数列$\{a_n\}$中，若公差$d=1$，$a_4+a_{17}=8$，则$a_2+a_4+\cdots+a_{18}+a_{20}$等于（　　）．

A．55　　B．50　　C．45　　D．40

4．若等差数列$\{a_n\}$的公差为2，则数列a_1+a_4，a_2+a_5，a_3+a_6，…的公差为（　　）．

A．2　　B．4　　C．6　　D．8

5．在等差数列$\{a_n\}$中，若$a_1+a_2+a_3=20$，$a_n+a_{n-1}+a_{n-2}=73$，$S_n=155$，则n等于（　　）．

A．6　　B．8　　C．10　　D．12

6．在等差数列$\{a_n\}$中，若$a_m=n$，$a_n=m(m\neq n)$，则a_{m+n}等于（　　）．

A．$m+n$　　B．0　　C．$-m-n$　　D．$\frac{m+n}{2}$

7．在等差数列$\{a_n\}$中，a_3，a_{10}是方程$x^2-5x+6=0$的两根，则a_5+a_8等于（　　）．

A．4　　B．5　　C．6　　D．7

8. 若a,b,c成等差数列，则二次函数$f(x)=ax^2+2bx+c$的图像与x轴交点的个数为（　　）．

A．0　　B．1　　C．2　　D．1个或2个

9．在等差数列$\{a_n\}$中，$a_1+a_6=1$，则$2^{a_2}\cdot 2^{a_3}\cdot 2^{a_4}\cdot 2^{a_5}$等于（　　）．

A．16　　B．8　　C．4　　D．2

10．若$\lg a_1$，$\lg a_2$，$\lg a_3$，$\lg a_4$是公差为2的等差数列，则$\frac{a_4}{a_1}$的值是（　　）．

A．10^2　　B．10^4　　C．10^6　　D．10^8

11．在公差不为0的等差数列$\{a_n\}$中，a_1，a_2是方程$x^2-a_3x+a_4=0$的根，则$\{a_n\}$的通项公式为$a_n=$__________________．

12．在等差数列$\{a_n\}$中，若$a_4=1$，$a_7+a_9=16$，则$a_{12}=$__________________．

13．在等差数列$\{a_n\}$中，已知$a_3+a_8+a_{13}=12$，$a_3\cdot a_8\cdot a_{13}=28$，则$a_{18}$的值为____________．

14．已知等差数列$\{a_n\}$中，公差$d=2$，且$a_1+a_4+a_7+a_{10}=15$，则$a_3+a_6+a_9+a_{12}=$____________．

15．在等差数列$\{a_n\}$中，若公差$d=\frac{1}{2}$，且$a_1+a_3+a_5+\cdots+a_{99}=60$，则$a_1+a_2+\cdots+a_{100}=$__________．

16．在等差数列$\{a_n\}$中，已知$a_1=25$，$S_9=S_{17}$，问该数列的前多少项和最大，并求出最大值．

17．已知数列$\{a_n\}$的前 n 项和 $S_n=2n^2-3n$．

（1）求数列$\{a_n\}$的通项公式；

（2）证明数列$\{a_n\}$是等差数列．

§5.3 等比数列

知识梳理

一、等比数列

1．等比数列的定义

一般地，若一个数列从第二项起每一项与其前一项之比为同一常数，则此数列为等比数列，此常数称为等比数列的公比，通常用小写字母 q 表示，即 $\frac{a_{n+1}}{a_n}=q$．

注：（1）若 $q=1$，此时数列为常数列；

（2）由等比数列定义可知 $q\neq0$，故等比数列中任意一项均不为零．

例 1．一等比数列的第 3、4 项分别为 4、8，则第 1、5 项分别是（　　）．

A．1，12　　B．2，12　　C．2，16　　D．1，16

解析：该题考查等比数列的定义．答案为 D．

2．等比中项

若 3 个数 a,G,b 成等比数列，则 G 称为 a 与 b 的等比中项．有 $G=\pm\sqrt{ab}$ 或 $G^2=ab\ (ab>0)$．

注：（设法技巧）若 3 个数为等比数列时，常设为 $\frac{a}{q}$，a，aq，以便简化运算．

例 2．已知 3，a，27 成等比数列，则 a 的值为（　　）．

A．9　　B．－9　　C．±9　　D．81

解析：该题考查等比中项的定义．答案为 C．

3．通项公式

等比数列的通项公式为 $a_n=a_1q^{n-1}(a_1，q\neq0)$．

例 3．已知等比数列$\frac{1}{4}$，$\frac{1}{2}$，1，…，则 32 是该数列的（　　）．

A．第 6 项　　B．第 7 项　　C．第 8 项　　D．第 9 项

解析：该题考查等比数列的通项公式．首项 $a_1=\frac{1}{4}$，公比 $q=2$．答案选 C．

4．前 n 项和公式：

（1）若公比 $q=1$，则 $S_n=na_1$；

（2）若公比 $q\neq1$，则 $S_n=\dfrac{a_1(1-q^n)}{1-q}=\dfrac{a_1-a_nq}{1-q}$．

例 4．等比数列 1，2，2^2，…，2^n 各项的和为（　　）．

A．2^n-1　　B．$2^{n+1}-1$　　C．2^{n+1}　　D．$2^{n+1}+1$

解析：该题考查等比数列的前 n 项和公式．答案为 B．

二、等比数列的性质

1．$a_n=a_mq^{n-m}$（$m\neq n$，m，$n\in\mathbf{N}_+$）；

2．若 $m+n=p+q$（m，n，p，$q\in\mathbf{N}_+$），则有 $a_m\cdot a_n=a_p\cdot a_q$（此性质尤为重要）．

注：应用性质 2 时切记条件要求，避免出现类似 $a_m\cdot a_n=a_{mn}$ 的错误．

例 5．等比数列$\{a_n\}$中，$a_3=3$，$a_6=81$，则公比 q 为（　　）．

A．3　　B．6　　C．9　　D．27

解析：该题考查等比数列的性质 1．答案为 A．

例 6．等比数列$\{a_n\}$中，$a_3\cdot a_5=8$，则 $a_1\cdot a_7$ 等于（　　）．

A．8　　B．10　　C．15　　D．20

解析：该题考查等比数列的性质 2．答案为 A．

三、等差数列与等比数列对照表

名称	等差数列	等比数列
定义	$a_{n+1}-a_n=d$（d 为常数），$n\in\mathbf{N}_+$	$\dfrac{a_{n+1}}{a_n}=q$（$q\neq0$），$n\in\mathbf{N}_+$
一般形式	a_1，a_1+d，a_1+2d，… （d 为公差）	a_1，a_1q，a_1q^2，… （q 为公比，$a_1\neq0$ 且 $q\neq0$）
通项公式	$a_n=a_1+(n-1)d$，$n\in\mathbf{N}_+$	$a_n=a_1q^{n-1}$（$q\neq0$），$n\in\mathbf{N}_+$
前 n 项和公式	$S_n=na_1+\dfrac{n(n-1)}{2}d$ $S_n=\dfrac{n(a_1+a_n)}{2}$	$S_n=na_1$（$q=1$） $S_n=\dfrac{a_1(1-q^n)}{1-q}$（$q\neq1$） $S_n=\dfrac{a_1-a_nq}{1-q}$（$q\neq1$）
中项	A 为 a 与 b 的等差中项$\Leftrightarrow A=\dfrac{a+b}{2}$	G 为 a,b 的等比中项 $\Rightarrow G=\pm\sqrt{ab}$ 或 $G^2=ab\ (ab>0)$
性质	$a_n=a_m+(n-m)d$	$a_n=a_mq^{n-m}$
	$m+n=p+q\Rightarrow a_m+a_n=a_p+a_q$	$m+n=p+q\Rightarrow a_m\cdot a_n=a_p\cdot a_q$

题型归纳

一、等比数列定义的应用

1．a，b，c 都大于 0，且 a，b，c 既成等差数列又成等比数列，则（　　）．

A．$a+c=2b^2$　　B．$ac=b$

C．$a=c=b$　　D．$a\ b=2c$

2．3 个正数 a，b，c 成等比数列，则 $\lg a$，$\lg b$，$\lg c$ 是（　　）．

A．等比数列　　B．等差数列

C．既是等差数列又是等比数列　　D．既不是等差数列又不是等比数列

解析：该两题考查等比数列及等差数列的定义．答案分别为 C、B．

二、等比数列通项公式的应用

3．已知数列$\{a_n\}$满足 $a_n-2a_{n+1}=0$，且首项为-2，则该数列的第 5 项为（　　）．

A．$-\frac{1}{8}$　　B．$\frac{1}{8}$　　C．$-\frac{1}{16}$　　D．$\frac{1}{16}$

4．在等比数列$\{a_n\}$中，$a_n=3\times2^n$，则首项 a_1 和公比 q 分别为（　　）．

A．2，3　　B．6，2　　C．6，$\frac{1}{2}$　　D．3，2

解析：该两题考查等比数列通项公式．答案分别为 A、B．

三、等比数列前 n 项和公式的应用

5．等比数列$\{a_n\}$的各项都是正数，若 $a_1=81$，$a_5=16$，则它的前 5 项的和是（　　）．

A．179　　B．211　　C．243　　D．275

6．在等比数列$\{a_n\}$中，$a_1=1$，$a_2=-2$，则 $a_6+a_7+a_8+a_9$ 等于（　　）．

A．160　　B．480　　C．-160　　D．-480

解析：该两题考查等比数列前 n 项和公式．答案分别为 B、A．

四、等比数列通项公式与前 n 项和公式的综合应用

7．在等比数列$\{a_n\}$中，$a_n=48$，$S_n=93$，$q=2$，则 n 等于（　　）．

A．4　　B．5　　C．6　　D．7

8．设等比数列$\{a_n\}$的公比 $q=3$，前 n 项和为 S_n，则$\frac{S_4}{a_2}$等于（　　）．

A．4　　B．$\frac{40}{3}$　　C．2　　D．$\frac{17}{2}$

解析：该两题考查等比数列通项公式及前 n 项和公式的运用．答案分别为 B、B．

五、等比数列性质的应用

9．已知 a，b，c，d 是公比为 2 的等比数列，则 $\frac{2a+b}{2c+d}$ 等于（　　）．

A．1　　B．$\frac{1}{2}$　　C．$\frac{1}{4}$　　D．$\frac{1}{8}$

10．在等比数列$\{a_n\}$中，设 $a_3\,a_4\,a_6\,a_7=36$，则 $a_1\cdot a_9$ 等于（　　）．

A．6　　B．9　　C．±6　　D．±9

解析：该两题考查等比数列性质 1、2 的运用．答案分别为 C、A．

六、等比数列与其他知识的综合应用

11．若 a，b，c 成等比数列，则函数 $y=ax^2+bx+c$ 的图像与 x 轴的交点个数是（　　）．

A．0　　B．1　　C．2　　D．1 或 2

解析：该题考查等比数列与二次函数的综合运用．答案为 A.

12．函数 $f(x)=a^x$ ($a>0$ 且 $a\neq1$)，若 $f(2)=\dfrac{1}{4}$，则 $f(1)+f(2)+f(3)$等于（　　）．

A．$\dfrac{1}{4}$　　B．$\dfrac{3}{4}$　　C．$\dfrac{7}{8}$　　D．$\dfrac{5}{8}$

解析：该题考查等比数列前 n 项和与指数函数的综合运用．答案为 C.

13．各项均为正数的等比数列$\{a_n\}$中，若 $a_5a_6=9$，则 $\log_3a_1+\log_3a_2+\dots+\log_3a_{10}=$（　　）．

A．5　　B．6　　C．9　　D．10

解析：该题考查等比数列的性质与对数运算法则的综合运用．答案为 D.

基础训练

1．在等比数列$\{a_n\}$中，$a_1=-2$，公比 $q=-2$，则 a_6 等于（　　）．

A．128　　B．-128　　C．64　　D．-64

2．如果 2，x，y，z，162 成等比数列且均为正数，则 z 的值为（　　）．

A．54　　B．27　　C．9　　D．3

3．“$b^2=ac$”是“b 为 a、c 的等比中项”的（　　）．

A．充分不必要条件　　B．必要不充分条件

C．充要条件　　D．既不充分也不必要条件

4．若 $\sqrt{5}$，$x+1$，$5\sqrt{5}$ 成等比数列，则 x 等于（　　）．

A．4 或-4　　B．4 或-6　　C．5 或-5　　D．4 或 6

5．一个等比数列$\{a_n\}$中，各项均为正数，且 $a_n=a_{n+1}+a_{n+2}$，则公比等于（　　）．

A．$\dfrac{\sqrt{3}-1}{2}$　　B．$\dfrac{\sqrt{3}+1}{2}$　　C．$\dfrac{\sqrt{5}-1}{2}$　　D．$\dfrac{\sqrt{5}+1}{2}$

6．在等比数列$\{a_n\}$中，$a_7a_{11}=6$，$a_4+a_{14}=5$，则$\dfrac{a_{20}}{a_{10}}$等于（　　）．

A．$\dfrac{2}{3}$　　B．$\dfrac{3}{2}$　　C．$\dfrac{2}{3}$ 或 $\dfrac{3}{2}$　　D．1

7．在等比数列$\{a_n\}$中，$a_n>0$，且 $a_2a_4+2a_3a_5+a_4a_6=25$，则 a_3+a_5 等于（　　）．

A．5　　B．10　　C．15　　D．20

8．若两数的等差中项是 6，等比中项是 5，则以这两个数为根的方程是（　　）．

A．$x^2-12x+5=0$　　B．$x^2+6x+25=0$

C．$x^2+12x+25=0$　　D．$x^2-12x+25=0$

9．在等比数列$\{a_n\}$中，前 n 项和 $S_n=3^n+a$，则 a 的值是（　　）．

A．3　　B．0　　C．-1　　D．-3

10．已知3个正数成等差数列，其和为15，若将这三个数分别加上1，3，9后得到的三个数成等比数列，求这三个数.

11．已知3个数成等比数列，3个数的积为216，若把第3个数减去8，就构成等差数列，求这3个数.

12．在等比数列$\{a_n\}$中，已知$a_1+a_3=\frac{5}{2}$，$a_4+a_6=20$，求该数列前10项之和S_{10}.

提升训练

1．在等比数列$\{a_n\}$中，$a_1=1$，公比$|q|\neq1$，若$a_m=a_1a_2a_3a_4a_5$，则m等于（　　）.

A．9　　B．10　　C．11　　D．12

2．在等比数列$\{a_n\}$中，$a_1+a_2=30$，$a_3+a_4=120$，则$a_5+a_6=$（　　）.

A．210　　B．240　　C．480　　D．700

3．设数列$\{a_n\}$的前n项和为S_n，且$\log_2 S_n=n+2$，则a_2的值为（　　）.

A．2　　B．4　　C．8　　D．16

4．在等比数列$\{a_n\}$中，$\frac{a_8}{a_5}=-\frac{1}{27}$，则$\frac{a_1+a_3+a_5+a_7+a_8}{a_2+a_4+a_6+a_8+a_9}$的值为（　　）.

A．$-\frac{1}{3}$　　B．-3　　C．-1　　D．1

5．在等比数列$\{a_n\}$中，$a_3a_5=16$，$a_1a_4a_7=$（　　）.

A．128　　B．±128　　C．64　　D．±64

6．已知a，b，c，d成等比数列，曲线$y=x^2-2x+3$的顶点是(b, c)，则ad为（　　）.

A．3　　B．2　　C．1　　D．-2

7．各项均为正数的等比数列$\{a_n\}$中，若$a_4a_5=32$，则$\log_2a_1+\log_2a_2+\cdots+\log_2a_8=$（　　）.

A．10　　B．20　　C．36　　D．128

8．等比数列$\{a_n\}$中，已知$a_1+a_2+a_3=6$，$a_2+a_3+a_4=-3$，则$a_3+a_4+a_5+a_6+a_7+a_8=$（　　）.

A．$\frac{21}{16}$　　B．$\frac{5}{4}$　　C．$\frac{19}{16}$　　D．$\frac{9}{8}$

9．互不相等的实数 a，b，c 成等差数列，且 c，a，b 成等比数列，若 $a+3b+c=10$，则 a 等于（　　）.

A．4　　B．2　　C．-2　　D．-4

10．已知 x，$2x+2$，$3x+3$ 是一等比数列的前 3 项，则第 4 项为__________.

11．在各项均为正数的等比数列$\{a_n\}$中，若 $a_2=a_3+a_4$，则公比 q 等于__________.

12．在$\frac{1}{10}$与 20 之间插入 10 个正数，使得这 12 个正数成等比数列，则插入的这 10 个正数之积为__________.

13．在等比数列$\{a_n\}$中，已知 $a_1+a_2+a_3=28$，$a_2+a_3+a_4=56$，则通项公式为__________.

14．已知等比数列的公比 $q=\frac{1}{2}$，且 $a_1+a_3+\cdots+a_{99}=60$，则 S_{100} 等于__________.

15．有 4 个数，其中前 3 个数成等差数列，后 3 个数成等比数列，并且第 1 个数与第 4 个数的和为 16，第 2 个数与第 3 个数的和为 12，求这 4 个数.

16．在等比数列$\{a_n\}$中，$a_n>0$，公比 $q=5$，$\log_5 a_1+\log_5 a_2+\cdots+\log_5 a_{10}=25$，求该数列$\{a_n\}$的前 10 项和.

17．已知数列$\{a_n\}$为 $2^{\log_a b}$，$4^{\log_a b}$，$8^{\log_a b}$，…，$(2^n)^{\log_a b}$，…，其中 a，b 都是大于零的常数且 $a\neq 1$.

（1）求证：数列$\{a_n\}$是等比数列；

（2）若数列$\{a_n\}$同时又是等差数列，求 b 的值.

18．已知数列$\{a_n\}$的前 n 项和 $S_n=2(2^n-1)$，求：

（1）数列$\{a_n\}$的通项公式；

（2）设 $b_n=\log_2 a_n$，求数列$\{b_n\}$的前 2010 项的和 S_{2010}.

§5.4　数列的应用

知识梳理

数列在现实生活中有着广泛的应用，针对实际应用中的增长（减少）问题，要进行具体分析．等差数列、等比数列的应用，关键是在实际应用中构造出相应的数列．试题多以综合计算和应用为考查点，重在考查学生的综合能力与分析能力，具有一定的难度．

一般地，在实际问题中若每期增长（减少）的数值相同，则每期的数量构成等差数列，即考虑应用等差数列的相关知识解决此问题；若每期增长（减少）的倍数（比值、百分数）相同，则每期的数量构成等比数列，即考虑应用等比数列的知识解决此问题．

题型归纳

数列的实际应用牵涉到生活中的诸多方面，尤其是零存整取问题和分期付款问题．下面我们就这两种问题加以简单介绍．

一、零存整取问题

1．某家庭为准备孩子上大学的学费，每年 6 月 30 日在银行中存入 2000 元，连续 5 年，有以下两种存款的方式：

（1）如果按五年期零存整取计，即每存入 a 元按 $a(1+n6.5\%)$ 计本利（n 为年数）；（2）如果按每年转存计，即每存入 a 元，按 $(1+5.7\%)^n a$ 计算本利（n 为年数）．

问用哪种存款方式在第 6 年的 7 月 1 日到期时全部本利较高？

解析：这两种存款的方式区别在于计复利与不计复利，但由于利率不同，因此最后的本利也不同．

解：若不计复利，5 年的零存整取本利是

$2000(1+5\times0.065)+2000(1+4\times0.065)+\cdots+2000(1+0.065)=11950$.

若计复利，则 5 年的本利是

$2000(1+5\%)5+2000(1+5\%)4+\cdots+2000(1+5\%)\approx 11860$ 元.

所以，第一种存款方式到期的全部本利较高．

二、分期付款问题

2．现今流行网络、电视购物，并用分期付款的方式支付．小陈用分期付款的方式购买家用电器一件，价格为 1150 元．购买当天先付 150 元，以后每月这一天都交付 50 元，并加付欠款的利息，月利率为 1%．若交付 150 元以后的第一个月开始算分期付款的第一日，问分期付款的第 10 个月该交付多少钱？全部货款付清后，买这件家电实际花了多少钱？

解析：关键在于从实际问题中提炼出等差数列，然后依据相应知识作出解答．

解：购买时付出 150 元，余欠款 1000 元，按题意应分 20 次付清．

设每次所付欠款顺次构成数列$\{a_n\}$，则

$a_1=50+1000\times0.01=60$，

$a_2=50+(1000-50)\times0.01=59.5$，

$a_3=50+(1000-50\times2)\times0.01=59$，

……

$a_n=60-(n-1)\cdot0.5$，

所以$\{a_n\}$是 60 为首项，-0.5 为公差的等差数列，故 $a_{10}=60-9\times0.5=55.5$ 元.

则 20 次分期付款的总和为

$S_{20}=\dfrac{60+50.5}{2}\times20=1105$ 元，

实际付款 1105+150=1255 元.

答：第 10 个月该付 55.5 元，全部付清后实际共付额 1255 元.

基础训练

1．小陈第一个月工资为 1800 元，公司承诺以后每三个月工资增加 200 元，则小陈在该公司 9 个月后的工资为（　　）.

A．2200　　B．2400　　C．2600　　D．2800

2．某工厂今年一月份的用水量是 4000m^2，计划从二月份起，每月的用水量比上一个月都减少 12%，则预计八月份的用水量约是（　　）.

A．$1439\ \text{m}^2$　　B．$1635\ \text{m}^2$　　C．$1971\ \text{m}^2$　　D．$2134\ \text{m}^2$

3．一个多边形的各边成等差数列，且周长为 35cm，若最小边长为 3cm，最大边长为 11cm，则多边形的边数为（　　）.

A．4　　B．5　　C．6　　D．7

4．某林场第一年造林 5 公顷，以后每年比上一年多造林 3 公顷，则 20 年后共造林（　　）.

A．62 公顷　　B．65 公顷　　C．670 公顷　　D．700 公顷

5．在小于 100 的正自然数中，7 的倍数共有（　　）个，它们的和是（　　）.

A．14，735　　B．15，707　　C．13，630　　D．13，735

6．某林场第一年造林 m 亩，以后每年比前一年多造林 20%，则第五年造林（　　）.

A．$m(1+20\%)^3$ 亩　　B．$m(1+20\%)^4$ 亩

C．$m(1+20\%)^5$ 亩　　D．$m(1+20\%)^6$ 亩

7．某林场要在占地 2000 亩的荒山上植树，第 1 年植树 200 亩，以后每年比上一年多植树 100 亩，若要将荒山全部绿化完毕需要 n 年，则 n 等于（　　）.

A．5　　B．6　　C．7　　D．8

8．某人在银行办理了每月 200 元的零存整取储蓄，月利率按 0.5%的单利（只计算本金利息）计算，则他 12 个月的本息之和为（　　）.

A．2487　　B．2498　　C．2456　　D．2478

9．某企业计划从 2015 年起产量每年比上一年增长 7%，按此计划 2020 年产量比 2015 年产量增加（　　）.

A. 35%　　B. 42%　　C. $(1+7\%)^5-1$　　D. $(1+7\%)^6-1$

10. 某房地产公司在 2015 年对某户型推出两种售房方案：第一种是一次性付款方案，购房的优惠价为 28.5 万元；第二种是分期付款方案，要求购房时缴纳首付款 10 万元，然后从第二年起连续十年，在每年的购房日向银行付款 2.25 万元.

假设在此期间银行存款的年利率为 3%，若不考虑其他因素，试问：对于购房者来说，采用哪种方案省钱？请计算说明.

提升训练

1. 某人通过微信分别向其 4 位微信好友发出加入某朋友圈的一级邀请函，他要求 4 位好友每人再向其他 4 位好友发出加入某朋友圈的二级邀请函，如此下去，第 3 级邀请函发出后，则接到邀请函的人数是（　　）.

A. 20　　B. 84　　C. 212　　D. 468

2. 一个扇形音乐厅有若干排座位，从第二排起每一排比前一排多 2 个座位，已知第 5 排有 40 个座位，最后一排有 100 个座位，这个音乐厅所有座位的个数是（　　）.

A. 2310　　B. 2130　　C. 3210　　D. 1230

3. 某电子产品自投放市场以来，经过三次降价，单价由 375 元降到 192 元，若每次降价的百分率相同，则这种产品每次降价的百分率为（　　）.

A. 18%　　B. 20%　　C. 19%　　D. 17%

4. 某商品的价格前两年每年递增 20%，后两年每年递减 20%，最后一年的价格与原来的价格比较，变化的情况是（　　）.

A. 不增不减　　B. 约增 1.4%　　C. 约增 2.2%　　D. 约减 7.8%

5. 据统计，某企业自 2006 年到 2015 年 10 年间年产值的增长率相同，若 2007 年年产值为 a 万元，2010 年年产值为 b 万元，则 2013 年的年产值为（　　）万元

A. $\frac{a+b}{2}$　　B. $\sqrt{ab}$　　C. $2a-b$　　D. $\frac{b^2}{a}$

6. 某人从 2010 年 7 月 1 日到银行存款 a 元，存的是一年定期储蓄，2011 年 7 月 1 日他将到期存款的本息一起取出，再加上 a 元后，还存一年的定期储蓄，此后每年的 7 月 1 日他都按同样的方法到银行取款存款．设银行 1 年定期储蓄的年利率 r 不变，也不考虑利息税，则 2015 年 7 月 1 日，他将所有的存款和利息全部取出，取出钱数共为（　　）.

A. $a(1+r)^4$　　B. $a(1+r)^5$

C. $a(1+r)^6$　　D. $\frac{a}{r}[(1+r)^6-(1+r)]$

7．孙女士欲分期付款购买一辆售价为80000元的汽车，商家规定从提车之日开始，每月付款一次，每次付款金额相同，分24次付清．假设银行月利率为0.4%，每月利息按复利计算，请问她每月应付款多少元（结果保留百元）？

复利：将上一月末的本利之和计入下一月初的本金，再计算利息．

§5.5 数列解答题研究

题型一 数列的通项公式和前 n 项和公式的应用

例1 已知等差数列$\{a_n\}$中，$a_6=5$，$a_3+a_8=5$．

（1）求数列$\{a_n\}$的通项公式；

（2）若数列$\{a_n\}$的前 n 项和 $S_n=550$，求 n 的值．

解析：（1）中等差数列的通项公式为 $a_n=a_1+(n-1)d$，所以要想求出 a_n 必须要求出 a_1，d，我们把 a_1，d 称为等差数列的基本量，利用通项公式，建立 a_1 与 d 的方程组，解得 a_1 与 d 即可.（2）中代入等差数列的前 n 项和公式，求出 n 即可.

注：在等差数列与等比数列中，利用基本量 a_1，d 联立得方程组是这类问题的基本方法.

解：由题意得，$a_1+5d=5$，$a_1+2d+a_1+7d=5$，

解得，$a_1=-20$，$d=5$.

所以 $a_n=a_1+(n-1)d=-20+5(n-1)=5n-25$；

(2)$S_n=na_1+\dfrac{n(n-1)}{2}d$，代入 $a_1=-20$，$d=5$，

化为 $n^2-9n-220=0$，

化简得$(n-20)(n+11)=0$，解得 $n=-11$(舍去）或 $n=20$，

所以 $n=20$.

基础训练

1．等差数列$\{a_n\}$的公差 d（$d\neq0$）是方程 $x^2-2x=0$ 的根，且 $S_6=a_6+10$，求 a_n.

2．等比数列$\{a_n\}$的前 n 项和为 S_n，已知 $a_3=2$，$a_4+a_6=20$，求 S_{10}.

题型二 等差中项与等比中项的应用

例 2 成等差数列的三个正数的和为 15，并且这三个数分别加上 1，3，9 后又成等比数列，求这三个数.

解析： 三个数 a，b，c 成等差数列，则 b 是 a，c 的等差中项，$2b=a+c$，三个数 a，b，c 成等比数列，则 b 为 a，c 的等比中项，则 $b^2=ac$. 三个数成等差数列，可设三个数为 $a-d$，a，$a+d$,三个数成等比，可设三个数为 $\frac{a}{q},a,aq$；本题中设三个数 $a-d$，a，$a+d$，则由 $a-d+a+a+d=15$，再由 $a-d+1$，$a+3$，$a+d+9$ 成等比，可得（$a+3$）$^2=(a-d+1)(a+d+9)$，联立方程组即可.

解： 设三个数为 $a-d$，a，$a+d$，

则有 $a-d+a+a+d=15$，①

因为 $a-d+1$，$a+3$，$a+d+9$ 成等比，

所以（$a+3$）$^2=(a-d+1)(a+d+9)$ ②

解①②得 $a=5$，$d=2$ 或 $d=-10$.（舍去），

所以三个数为 3，5，8.

基础训练

1．在−2 和 16 之间插入两个数，使前三个数成等差数列，后三个数成等比数列，求插入的两个数分别是多少？

2．已知等差数列 $\{a_n\}$ 的公差为 2，前 n 项和 Sn，且 S_1，S_2，S_4 成等比数列，求数列 $\{a_n\}$ 的通项公式.

题型三 利用 a_n 与 S_n 的关系解决相关问题

例 3 已知数列 $\{a_n\}$ 的前 n 项和公式为 $S_n=n^2-4n$.

（1）求 $\{a_n\}$ 的通项公式；

（2）证明数列 $\{a_n\}$ 是等差数列，并求 S_{10}.

解析： 已知数列中的前 n 项和 S_n，求 a_n，其一般程序为：先求 $a_1(a_1=S_1)$，再根据 $a_n=s_n-s_{n-1}(n\geqslant 2)$，求得 a_n. 最后验证 $n=1$ 时是否满足，若满足，则 a_n 的表达式唯一，不满

足，则 a_n 用分段函数表达.

解：$n=1$ 时，$a_1=S_1=1-4=-3$,

$n\geqslant 2$ 时，$a_n=s_n-s_{n-1}$

$=n^2-4n-[(n-1)^2-4(n-1)]$

$=2n-5$

当 $n=1$ 时，$a_1=2-5=-3$ 满足

所以 $a_n=2n-5$.

基础训练

1. 已知数列 $\{a_n\}$ 的前 n 项和 $S_n=3n^2+8n$，$\{b_n\}$ 是等差数列，且 $a_n=b_n+b_{n+1}$.

求数列 $\{b_n\}$ 的通项公式；

题型四 涉及数列前 n 项和公式的最值问题

例 4 已知 $\{a_n\}$ 为等差数列，且 $a_3=-6$，$a_6=0$.

（1）求 $\{a_n\}$ 的通项公式；

（2）数列 $\{a_n\}$ 的前 n 项和为 S_n，求 n 为多少时，S_n 取得最小值.

解析：等差数列中，$a_1>0$，$d<0$ 时，a_n 会逐渐减小直到 $a_n<0$，此时所有的正项的 a_n 相加就会得到 S_n 的最大值，当 $a_1<0$，$d>0$ 时，a_n 会逐渐增大直到 $a_n<0$，此时所有的负项的和（包括 $a_n=0$）会得到 S_n 的最小值.

（1）中按基本量组成方程组求解即可

（2）中可解不等式组 $a_n\leqslant 0$, $a_{n+1}\geqslant 0$，得到 n 的范围，根据 n 是正整数，就会得到 n 值

解：$a_1+2d=-6$

$a_1+5d=0$

解得 $a_1=-10$，$d=2$，$a_n=2n-12$

(2) $a_n\leqslant 0$, $a_{n+1}\geqslant 0$ 得 $2n-12\leqslant 0$,

$2(n+1)-12\geqslant 0$

解得 $5\leqslant n\leqslant 6$.

N 为正整数，$n=5$ 或 $n=6$.

基础训练

1. 已知数列$\{a_n\}$是等差数列，前 n 项和为 S_n，$S_2=20$，$S_4=32$，
（1）求数列$\{a_n\}$的通项公式；
（2）求 S_n 的最大值及此时的 n 值

题型五　数列的简单应用题

例 5　某林场计划造林 1750 亩，若第一年计划造林 100 亩，以后每年比上一年多造林 50 亩，则完成计划共需几年.

解析：数列的应用题分为两种类型：等差数列的应用和等比数列的应用．等差数列的应用体现在每一期的变化的数目相同，等比数列的应用为每一期的变化率相同．做题时要分析题目符合哪一种情况.

解答此类题目可按如下步骤：首先判断本题是何种数列的应用，然后把实际问题转化为数学问题，即已知是什么，求的是什么．最后按照数列的知识（通项公式，前 n 项和公式）求解即可．因为本题中每一年的造林亩数比上一年的造林亩数多了一个固定的数值，属于等差数列的应用，且由已知条件，$a_1=100$，$d=50$，$S_n=1750$，求 n．由 $s_n=na_1+\frac{n(n-1)}{2}d$ 可以得到关于 n 的一元二次方程，解方程得 n.

解：由题意值，每一年计划的造林亩数成等差数列$\{a_n\}$，$a_1=100$，$d=50$，$S_n=1750$.

由 $s_n=na_1+\frac{n(n-1)}{2}d$ 代入得 $n^2+3n-70=0$，$(n+10)(n-7)=0$，$n=7$ 或 $n=-10$(舍去).

故完成计划需要 7 年

例 6　2015 年底某产品的单价为 1000 元，以后每年比前一年降价 20%，到 2020 年底该产品的售价为多少.（精确到 1 元）

解析：因为本题中产品的售价每一年比上一年减少的百分率相同，所以这是等比数列的应用问题．由已知 $a_1=1000$，$q=1-20\%=0.8$，求 a_6．再用等比数列的通项公式求解即可.
需要注意的是 2015 年对应的是 a_1,则 2020 年对应的为 a_6,可以按照差值相等的方法来理解,公比 $q=1\pm$（变化率）.

解：由题意，该产品每一年的售价成等比$\{a_n\}$，$a_1=1000$，$q=1-20\%=0.8$,

$a_6=a_1q^5=1000\times0.8^5=328$（元）.

基础训练

1．某电影院有 20 排座位，从第二排起每排比前一排少 2 个座位，已知第 10 排有 25 个座位，求电影院的座位数.

2．某工厂今年一月份的用电量为 1 万度，改用新技术后，从二月份起连续 5 个月，每个月的用电量都比上一个月减少 5%，求该工厂上半年的用电量.

题型六　关于零存整取和分期付款问题

例 7　将 1000 元存入银行，年利率 2%，存期 3 年，若按复利计算，则到期后本利共有多少钱（精确到 1 元）

解析：所谓复利是相对于单利而言的．单利是指存款时本金不变，利息与期数，利率有关，若设本金为 a，每一期的利率为 p，共有 n 期，其本利和 $a+nap$，复利则是上一期的利息计入下一期的本金，如本题中一年后本息和为 1000（1+2%），2 年后本金为 1000（1+2%），利息为 1000（1+2%）×2%，故本息和为 1000（1+2%）^{2}，所以本金为 a,每一期的利率为 p，共有 n 期，若按复利计算，本息和为 $a(1+P)^n$.解答本题时只需代入即可.

解：1000（1+2%）^{3}=1061 元

到期后本利和为 1061 元

例 8　某市民贷款 10 万元，年利率 6%，贷款一年后还款，每年还款数相同，分 10 次还清，求每年的还款数(精确到 1 元).

解析：贷款，分期付款问题是数列服务于实际的典型案例．计算贷款利息时都是按照复利来计算的．本题解答时有两种方法：一种是计算每一年还款后的贷款余额，找到规律，写出第 10 次还款以后的贷款余额，令其为 0，即可求得．另一种方法是把市民的每一笔还款都视为存款，按复利计算（利率相同），到第 10 次还款后计算贷款的本息和，所有还款的本息和，二者相等即能求出.

解：设每年的还款数为 x 元，设第一次还款后剩余的贷款数为 a_1，第二次还款后剩余的贷款数为 a_2，第 10 次还款后剩余的贷款数为 a_{10}，则

$a_1=100000(1+6\%)-x$，

$a_2=a_1(1+6\%)-x=100000(1+6\%)^2-x(1+6\%)-x$,

$a_3=100000(1+6\%)^3-x(1+6\%)^2-x(1+6\%)-x$,

$a_{10}=100000(1+6\%)^{10}-x(1+6\%)^9-x(1+6\%)^8+\ldots+x$,

$a_{10}=0$，得 $x\dfrac{1-(1+6\%)^{10}}{1-(1+6\%)}=100000(1+6\%)^{10}$

解得 $x=13587$.

所以每年的还款数为 x 元.

另一种方法请同学们自己计算.

基础训练

1．某市民计划用 10 年的时间攒够 20 万元，为此他每年向银行存入相同数额的钱，假设银行的年利率为 3%，按复利计算，求他每年需存入的钱数.

2．某林场 2010 年底有林场 1000 亩，自 2011 年开始，每年比上一年增加 25%，同时每年都砍伐一定量的树木，假设每年砍掉的树木亩数都相同，若计划 10 年后林场的亩数是 2000 亩，求每年砍掉树木的亩数.

§5.6　高考链接

1．（2010 年）已知数列$\{a_n\}$的前 n 项和 $S_n=n^2+n$，则第二项 a_2 的值是（　　）.

A．2　　B．4　　C．6　　D．8

2．（2011 年）如果 3 个正数 a，b，c 成等比数列，那么 $\lg a$，$\lg b$，$\lg c$（　　）.

A．成等差数列但不成等比数列　　B．成等比数列但不成等差数列

C．成等差数列且成等比数列　　D．既不成等差数列也不成等比数列

3．（2011 年）已知等差数列$\{a_n\}$，$a_3=5$，$a_7=13$，则该数列前 10 项的和为（　　）.

A．90　　B．100　　C．110　　D．120

4．（2011 年）已知等比数列$\frac{1}{4}$，$\frac{1}{2}$，1，…，则 32 是该数列的（　　）.

A．第 6 项　　B．第 7 项　　C．第 8 项　　D．第 9 项

5．（2013 年）“$a+c=2b$”是“a，b，c 成等差数列”的

A．充分不必要条件　　B．必要不充分条件

C．充要条件　　D．既不充分也不必要条件

6．（2013 年）某市 2012 年的专利申请量为 10 万件，为了落实“科教兴鲁”战略，该市计划 2017 年专利申请量达到 20 万件，其年平均增长率最少为（　　）.

A．12.25%　　B．13.32%　　C．14.87%　　D．18.92%

7．（2015 年）在等比数列$\{a_n\}$中，$a_2=1$，$a_4=3$，则 a_6 的值是（　　）.

A．−5　　B．5　　C．−9　　D．9

8．（2016 年）已知数列$\{a_n\}$是等比数列，其中 $a_3=2$，$a_6=16$，则该数列的公比 q 等于（　　）.

A．$\frac{14}{3}$　　B．2　　C．4　　D．8

9．（2017 年）在等差数列$\{a_n\}$中，$a_1=-5$，a_3 是 4 与 49 的等比中项，且 $a_3<0$，则 a_5 等于（　　）.

A．−18　　B．−23　　C．−24　　D．−32

10．（2018 年）在数列$\{a_n\}$中，$a_1=-1$，$a_2=0$，$a_{n+2}=a_{n+1}+a_n$，则 a_5 等于（　　）.

A．0　　B．−1　　C．−2　　D．−3

11．（2014 年）某地区 2013 年末的城镇化率为 40%（城镇化率是城镇人口数占总人口数的百分比），计划 2020 年末城镇化率达到 60%，假设这一时期内该地区总人口数不变，则其城镇人口数平均每年的增长率为____________.

12．（2010 年）某房地产公司在 2010 年对某户型推出两种销售方案：第一种是一次性付款方案，购房的优惠价为 28.5 万元；第二种是分期付款方案，要求购房时缴纳首付款 10 万元，然后从第二年起连续十年，在每年的购房日向银行付款 2.25 万元.

假设在此期间银行存款的年利率为 3%，若不考虑其他因素，试问：对于购房者来说，采用哪种方案省钱？请计算说明.

13．（2012 年）为减少沙尘暴对城市环境的影响，某市政府决定在城市外围构筑一道新的防护林，计划从 2011 年起每年都植树 20 000 棵．2011 年年底检查时发现防护林内损失了 1 000 棵树，假设以后每一年损失的树比上一年多 300 棵，照此计算：

（1）2020 年这一年将损失多少棵树？

（2）到 2020 年年底，该防护林内共存活多少棵树？（不考虑其他因素影响）

14.（2013 年）在等比数列$\{a_n\}$中，$a_2=4$，$a_3=8$．求：

（1）该数列的通项公式；

（2）该数列前 10 项的和.

15.（2014 年）等差数列$\{a_n\}$的公差 d（$d\neq0$）是方程 $x^2+3x=0$ 的根，前 6 项的和 $S_6=a_6+10$，求 S_{10}.

16.（2015 年）某学校合唱团参加演出，需要把 120 名演员排成 5 排，并且从第二排起，每排比前一排多 3 名，求第一排应安排多少名演员.

17．（2016年）已知数列$\{a_n\}$的前 n 项和 $S_n=2n^2-3$ 求：

（1）第二项 a_2；

（2）通项公式 a_n.

18．（2017 年）某职业学校的王亮同学到一家贸易公司实习，恰逢该公司要通过海运输送一批货物. 王亮同学随公司负责人到保险公司洽谈货物运输期间的投保事宜. 保险公司提供了缴纳保险费的两种方案：

（1）一次性缴纳 50 万元，可享受 9 折优惠；

（2）按照航行天数缴纳：第一天缴纳 0.5 元，从第二天起每天缴纳的金额都是其前一天的 2 倍，共需交纳 20 天.

请通过计算，帮助王亮同学判断哪种方案交纳的保险费低.

19．（2018 年）已知在等比数列$\{a_n\}$中，$a_2=\dfrac{1}{4}$，$a_5=\dfrac{1}{32}$，

（1）求数列$\{a_n\}$的通项公式；

（2）若数列$\{b_n\}$满足 $b_n=a_n+n$，求$\{b_n\}$的前 n 项和 S_n.

第六章

三角函数

考纲要求

1．了解终边相同的角的集合．

2．理解弧度的意义，掌握弧度和角度的互化．

3．理解任意角三角函数的定义，掌握三角函数在各象限的符号，掌握同角三角函数间的基本关系式．

4．会用诱导公式化简三角函数式．

5．掌握正弦函数的图像和性质，理解余弦函数的图像和性质．

6．掌握正弦型函数的图像和性质（定义域、值域、周期性），会用“五点法”画正弦型函数的简图．

7．会用计算器求三角函数值，会由三角函数（正弦和余弦）值求出指定范围内的角．

8．掌握和角公式与倍角公式，会用它们进行计算、化简和证明．

9．会求函数 $y=f(\sin x)$ 的最值．

10．掌握正弦定理和余弦定理，会根据已知条件求三角形的边、角及面积．

11．能综合运用三角知识解决简单的实际应用题．

命题分析

三角函数是整个函数理论的一个重要组成部分，它具有变化规律多、变化形式复杂等特点，结合新考纲和往年试题来看，本章主要考查有关任意角三角函数，三角函数值的符号，利用和角公式、倍角公式化简求值，三角函数的图像及性质，正弦型函数的图像及性质，解三角形，综合二次函数求最值这些方面的问题．每年必出一道解答题，一般考查正弦型函数或解三角形．

§6.1　任意角的概念与弧度制

知识梳理

一、任意角的概念

1．角的概念

在平面内，具有公共端点的两条射线组成的图形称为角．角还可以看作平面内一条射线绕着它的端点旋转而成的图形．射线的端点称为角的顶点，旋转开始位置的射线称为角的始边，旋转终止位置的射线称为角的终边．

2．角的概念的推广

（1）正角：一条射线绕着端点，按逆时针方向旋转形成的角．

（2）负角：一条射线绕着端点，按顺时针方向旋转形成的角．

（3）零角：一条射线绕着端点没有旋转时，也把它看成一个角，称为零角．

注：引入正角、负角的概念后，角的减法运算可以转化为角的加法运算，即$\alpha-\beta=\alpha+(-\beta)$.

二、象限角

在平面直角坐标系内讨论角时，角的顶点与坐标原点重合，角的始边与 x 轴正半轴重合，这时，角的终边落在第几象限，就说这个角是第几象限角．

注：如果角的终边落在坐标轴上，则说这个角不属于任何象限．

例 1．判断下列命题的真假．

（1）第一象限的角都是正角．

（2）第一象限的角不都是锐角．

（3）终边在 x 轴下方的角就是第三或第四象限的角．

（4）钝角为第二象限角．

解析：该题考查对各种角的概念的理解．

答案：（1）假；（2）真；（3）假；（4）真．

例 2．（1）130° 是第______象限角；　　（2）−30° 是第______象限角；

（3）225° 是第______象限角；　　（4）−190° 是第______象限角．

解析：使学生掌握象限角的判断方法．

答案：（1）二；（2）四；（3）三；（4）二．

三、终边相同的角

与角α 终边相同的角构成的集合是 $S=\{x\mid x=\alpha+k\cdot 360°,\ k\in\mathbf{Z}\}=\{x\mid x=\alpha+2k\pi,\ k\in\mathbf{Z}\}$.

例 3．（1）与 240° 终边相同的角的集合是________________，它们是第_____象限角；

（2）与−240° 终边相同的角的集合是____________________，它们是第_____象限角．

解析：该题考查终边相同的角的集合的表示．

答案：（1）$\{x\mid x=240°+k\cdot 360°,\ k\in\mathbf{Z}\}$或$\{x\mid x=\frac{4\pi}{3}+2k\pi,\ k\in\mathbf{Z}\}$，三

（2）$\{x\mid x=-240°+k\cdot 360°,\ k\in\mathbf{Z}\}$或$\{x\mid x=-\frac{4\pi}{3}+2k\pi,\ k\in\mathbf{Z}\}$，二

四、弧度制

1．1 弧度的角：把等于半径长的圆弧所对的圆心角称为 1 弧度的角．

2．弧度制：用“弧度”为单位来度量角的制度称为弧度制（单位弧度通常略去不写）．

角度制与弧度制的互化：$1^\circ=\frac{\pi}{180}$ rad≈0.01745rad；

$$1\ \text{rad}=\left(\frac{180}{\pi}\right)^\circ\approx 57.3^\circ$$

3．长为 l 的弧所对圆心角的公式：$\alpha=\frac{l}{r}$．

4．用弧度制表示的弧长公式：$l=\alpha r$；扇形面积公式：$S=\frac{1}{2}lr=\frac{1}{2}\alpha r^2$．

5．特殊角的度与弧度的对应表：

占周角的比例	0	$\frac{1}{12}$	$\frac{1}{8}$	$\frac{1}{6}$	$\frac{1}{4}$	$\frac{1}{2}$	$\frac{3}{4}$	1
度	0°	30°	45°	60°	90°	180°	270°	360°
弧度	0	$\frac{\pi}{6}$	$\frac{\pi}{4}$	$\frac{\pi}{3}$	$\frac{\pi}{2}$	π	$\frac{3\pi}{2}$	2π

6．函数型计算器在换算中的使用．

（1）度数化为弧度数：如63°，按键顺序为63 [2ndF] [EXP] [÷] [180] [=]．

（2）弧度数化为度数：如3.5，按键顺序为3.5 [×] 180 [÷] [2ndF] [EXP] [=]．

注：弧度制建立的意义为，正角的弧度数为正实数，负角的弧度数为负实数，零角的弧度数为零．于是，角的集合与实数集之间可以建立一一对应的关系．

例4．角度与弧度互化：

（1）135°=______；（2）1080°=______；（3）−270°=______；（4）−330°=______；

（5）$\frac{3\pi}{8}$=______；（6）$-\frac{7\pi}{12}$=______；（7）$-\frac{5\pi}{2}$=______；（8）12π=______；

解析：正确地进行弧度和角之间的换算．

答案：（1）$\frac{3\pi}{4}$；（2）6π；（3）$-\frac{3\pi}{2}$；（4）$-\frac{11\pi}{6}$；（5）$\left(\frac{135}{2}\right)^\circ$；（6）−105°；（7）−450°；（8）2160°．

例5．半径为4的圆中，$\frac{\pi}{3}$弧度圆周角所对的弧长是______，扇形面积是______，长为2的弧所对应的圆心角的弧度数是______．

解析：该题考查弧度制下弧长、扇形面积、圆心角、圆周角的计算，进一步熟悉弧长公式和面积公式．

答案：$\frac{4\pi}{3}$；$\frac{8\pi}{3}$；$\frac{1}{2}$．

题型归纳

1．下列各命题正确的是（　　）．

A．第二象限的角一定比第一象限的角大

B．终边相同的角一定相等

C．小于90°的角都是锐角

D．锐角都是第一象限的角

解析：由角的概念可得答案为 D.

2．角$\frac{26\pi}{3}$是第（　　）象限角.

A．一　　B．二　　C．三　　D．四

解析：由象限角的概念可得答案（B）.

3．终边在 y 轴上的角的集合为（　　）.

A．$\{x\,|\,x=-\frac{\pi}{2}+k\pi，k\in\mathbf{Z}\}$　　B．$\{x\,|\,x=2k\pi，k\in\mathbf{Z}\}$

C．$\{x\,|\,x=\frac{\pi}{2}+2k\pi，k\in\mathbf{Z}\}$　　D．$\{x\,|\,x=k\pi，k\in\mathbf{Z}\}$

解析：该题考查终边落在坐标轴上的角的集合，选 A.

4．与$-330°$终边相同的角的集合是____________，在（$-360°$，$360°$）中与$-330°$终边相同的角是____________.

解析：该题考查终边相同的角的集合的表示，并会求出指定范围与终边相同的角，与$-330°$终边相同的角的集合是$\{x\,|\,x=-330°+k\cdot 360, k\in\mathbf{Z}\}$，当 $k=0$ 时，$x=-330°$，$k=1$ 时，$x=30°$，符合题目要求.

5．某圆中一条弦的长度等于半径，这条弦所对的圆心角是多少弧度？（　　）.

A．1　　B．$\frac{\pi}{3}$　　C．$\frac{\pi}{6}$　　D．$\frac{\pi}{2}$

解析：该题考查弧度制的概念以及弧度与角度的互化．选 B

基础训练

1．角$-300°$化为弧度是（　　）.

A．$-\frac{4\pi}{3}$　　B．$-\frac{5\pi}{3}$　　C．$-\frac{7\pi}{4}$　　D．$-\frac{7\pi}{6}$

2．角$\frac{23\pi}{3}$是第（　　）象限的角.

A．一　　B．二　　C．三　　D．四

3．$-670°\,18'$是第（　　）象限角.

A．一　　B．二　　C．三　　D．四

4．已知α是锐角，那么 2α是（　　）.

A．第一象限角　　B．第二象限角

C．不大于直角的正角　　D．小于 180° 的正角

5．已知α是钝角，那么$\frac{\alpha}{2}$是（　　）.

A．第一象限角　　B．第二象限角

C．第一或第二象限角　　D．不小于直角的正角

6．若角α 终边上一点的坐标是$(6, -1)$，则角α是第______象限角.

提升训练

1．若角α的顶点在原点，终边与x轴正半轴重合，且终边过点$(a, -a)$，$a<0$，则角α所在的象限是（　　）.

A．第一象限　　B．第二象限　　C．第三象限　　D．第四象限

2．下列各角中，与$-\frac{\pi}{3}$终边相同的角是（　　）.

A．$-\frac{13\pi}{3}$　　B．$\frac{\pi}{3}$　　C．$\frac{\pi}{6}$　　D．$\frac{8\pi}{3}$

3．如果α是第二象限角，那么$\frac{\alpha}{2}$是（　　）.

A．第一象限角　　B．第二象限角

C．第一或第二象限角　　D．第一或第三象限角

4．给出以下四个命题：

① 330°角与−1050°角的终边相同；

② 第二象限角都是钝角；

③ 终边在y轴正半轴上的角不一定是直角；

④ 锐角用集合表示为$\{x \mid 0° \leqslant x<90°\}$.

其中正确的命题个数是（　　）.

A．0　　B．1　　C．2　　D．3

5．下列各对角中终边相同的是（　　）.

A．$-\frac{\pi}{3}$和$\frac{22\pi}{3}$　　B．$-\frac{7\pi}{9}$和$\frac{11\pi}{9}$

C．$-\frac{\pi}{2}$和$\frac{\pi}{2}$　　D．$-\frac{5\pi}{6}$和$\frac{5\pi}{6}$

6．将$-\frac{25}{6}\pi$化成$k\cdot 2\pi+\alpha$　$(k\in \mathbf{Z}, 0\leqslant\alpha<2\pi)$的形式为（　　）.

A．$-\frac{25}{6}\pi=-5\pi+\frac{5}{6}\pi$　　B．$-\frac{25}{6}\pi=-6\pi+\frac{11}{6}\pi$

C．$-\frac{25}{6}\pi=-4\pi-\frac{1}{6}\pi$　　D．$-\frac{25}{6}\pi=-3\pi-\frac{7}{6}\pi$

7．若角a与角β的终边互为反向延长线，则（　　）.

A．$a=-\beta$　　B．$a=\beta+180°$

C．$a=\beta+180°+k\cdot 360°\ (k\in \mathbf{Z})$　　D．$a=\beta-k\cdot 360°\ (k\in\mathbf{Z})$

8．时针经过一小时，转过了（　　）.

A．$-\frac{\pi}{6}$ rad　　B．$\frac{\pi}{6}$ rad　　C．$\frac{\pi}{12}$ rad　　D．$-\frac{\pi}{12}$ rad

9．在半径为4cm的圆中，120°的圆心角所对的圆弧长为（　　）.

A．480cm　　B．$\frac{8}{3}\pi$cm　　C．$\frac{4}{3}\pi$cm　　D．240cm

§6.2　任意角的三角函数

知识梳理

一、任意角的三角函数

1．任意角的三角函数定义

在平面直角坐标系 xOy 中，设点 $P(x, y)$是角 α 终边上的任意一点（不包括原点），且 $r=|OP|=\sqrt{x^2+y^2}$ $(r>0)$，则 $\cos\alpha=\dfrac{x}{r}$，$\sin\alpha=\dfrac{y}{r}$，$\tan\alpha=\dfrac{y}{x}$，$\cot\alpha=\dfrac{x}{y}$，$\sec\alpha=\dfrac{r}{x}$，$\csc\alpha=\dfrac{r}{y}$ 分别称为角 α 的余弦、正弦、正切、余切、正割、余割.

例 1：已知角 α 的终边经过点 $P(3, -4)$，求角 α 的正弦、余弦和正切值.

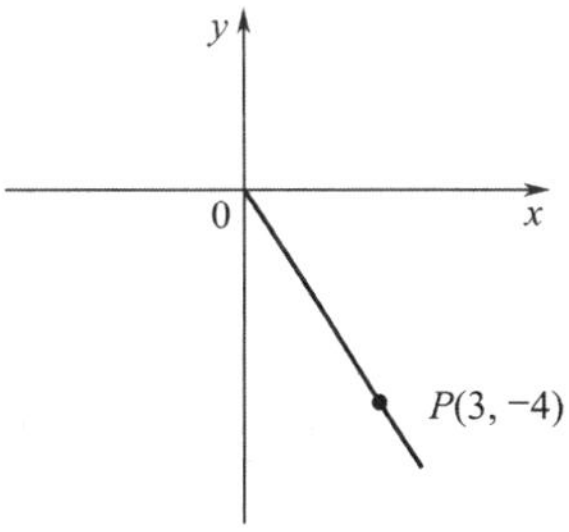

解析：本题考查对于角的三角函数定义的理解.

答案：$\sin\alpha=-\dfrac{4}{5}$；$\cos\alpha=\dfrac{3}{5}$；$\tan\alpha=-\dfrac{4}{3}$.

2．由三角函数的定义可知三角函数的定义域：

三 角 函 数	定 义 域
$y=\sin\alpha$，$y=\cos\alpha$	$\mathbf{R}$
$y=\tan\alpha$，$y=\sec\alpha$	$\{x \mid x\neq \dfrac{\pi}{2}+k\pi，k\in\mathbf{Z}\}$
$y=\cot\alpha$，$y=\csc\alpha$	$\{x \mid x\neq k\pi，k\in\mathbf{Z}\}$

二、单位圆与三角函数线

1．单位圆

把半径为 1 的圆称为单位圆.

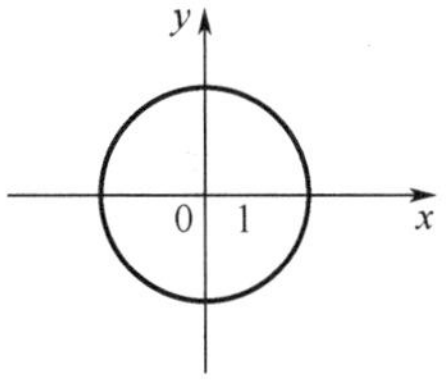

2．三角函数线

（1）正弦线和余弦线：

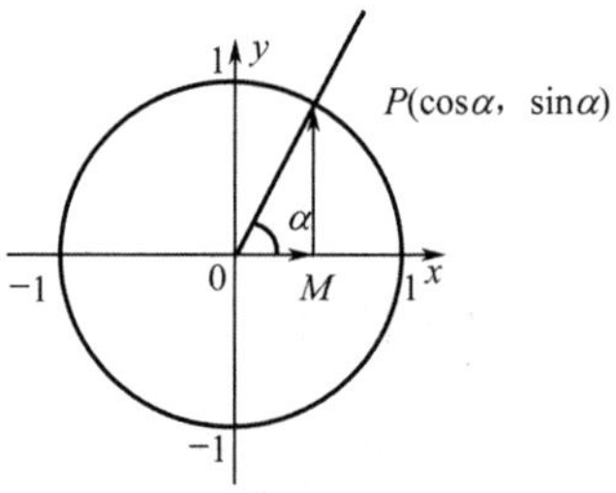

如右图所示，使单位圆的圆心与坐标原点重合，设角 α 的顶点在圆心 O，始边与 x 轴的正半轴重合，终边与单位圆相交于点 P，过点 P 作 PM 垂直于 x 轴，垂足为 M，则有向线段 $\overrightarrow{OM}$ 称为角 α 的**余弦线**，有向线段 $\overrightarrow{MP}$ 称为角 α 的**正弦线**．角 α 的终边与单位圆交点的坐标是 $P(\cos\alpha, \sin\alpha)$.

例 2.（1）已知 $\sin\alpha=-\dfrac{1}{2}$，$\cos\alpha=-\dfrac{\sqrt{3}}{2}$，则角 α 的终边与单位圆的交点 P 的坐标为____.

（2）已知角 $\alpha=\dfrac{\pi}{6}$，角 α 的终边与单位圆的交点 P 的坐标为____________.

（3）已知角 α 的终边与单位圆的交点为 $P(-\dfrac{\sqrt{3}}{2}, \dfrac{1}{2})$，则 $\sin\alpha=$ ______，$\cos\alpha=$_______.

解析：本题考查对于角的终边与单位圆的交点坐标的理解.

答案：（1）$P(-\dfrac{\sqrt{3}}{2}, -\dfrac{1}{2})$；（2）$P(\dfrac{\sqrt{3}}{2}, \dfrac{1}{2})$；（3）$\sin\alpha=\dfrac{1}{2}$； $\cos\alpha=-\dfrac{\sqrt{3}}{2}$；

三、利用计算器求三角函数值

1．求角度数的正弦值、余弦值和正切值

首先将计算器置于 DEG（以度为单位的计算）状态，

例如，求（1）sin(−52° 21′43″)；（2）cos(53° 22′43″)；（3）tan(−53° 23′48″).

（1）按键顺序为 [sin] [[ ] [+/−] 52 [D° M′S″] 21 [D° M′S″] 43 [ ]] [=]

（2）按键顺序为：[cos] [[ ] 53 [D° M′S″] 22 [D° M′S″] 43 [ ]] [=]

（3）按键顺序为：[tan] [[ ] [+/−] 53 [D° M′S″] 23 [D° M′S″] 48 [ ]] [=]

2．求弧度数的正弦值、余弦值和正切值

首先将计算器置于 RAD（以弧度为单位的计算）状态，

例如，求（1）$\sin(-\dfrac{21\pi}{4})$；（2）$\cos(\dfrac{21\pi}{4})$；（3）$\tan(-\dfrac{21\pi}{4})$.

（1）按键顺序为 [sin] [[ ] [+/−] 21 [2ndF] [EXP] [÷] 4 [ ]] [=]

（2）按键顺序为 [cos] [[ ] 21 [2ndF] [EXP] [÷] 4 [ ]] [=]

（3）按键顺序为 [tan] [[ ] [+/−] 21 [2ndF] [EXP] [÷] 4 [ ]] [=]

四、三角函数值在各象限的符号

根据三角函数的定义，可以推出三角函数值的符号，如下图所示.

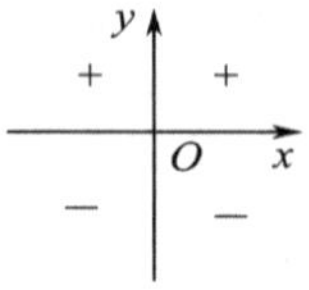

sinα，cscα

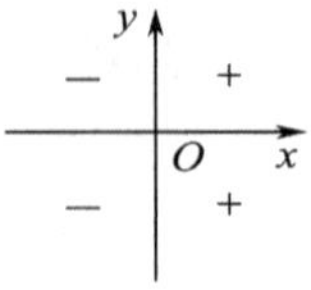

cosα，secα

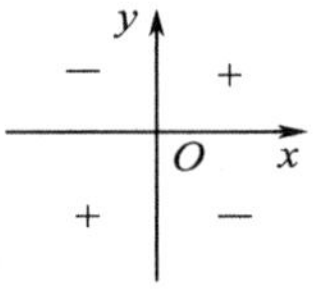

tanα，cotα

记忆口诀：一全正、二正弦、三双切、四余弦、正余割随着余正弦（提到的函数符号为正）.

例 3：（1）若 $\sin\theta<0$，$\cos\theta>0$，则θ是第______象限的角；

（2）若 $\sin\theta\cdot\tan\theta>0$，则$\theta$是第______象限的角.

解析：会根据已知条件，确定角所在的象限.

答案：（1）四；（2）一或四.

题型归纳

1．已知角 α 的终边经过点 $P(-3,-1)$，求角 α 的正弦、余弦和正切值.

解析：先求 $r=OP=\sqrt{(-3)^2+(-1)^2}=\sqrt{10}$，由点 $P(-3,-1)$可知 $x=-3$，$y=-1$，根据三角函数的定义可直接写出 $\sin\alpha$，$\cos\alpha$，$\tan\alpha$.

答案：$\sin\alpha=-\dfrac{\sqrt{10}}{10}$，$\cos\alpha=-\dfrac{3\sqrt{10}}{10}$，$\tan\alpha=\dfrac{1}{3}$.

2．已知角 α 的终边上一点 $P(k,k)$（$k\neq0$），则 $\cos\alpha$ 的值是（　　）.

A．$\dfrac{\sqrt{2}}{2}$　　B．$\pm\dfrac{\sqrt{2}}{2}$　　C．-1　　D．$-\dfrac{\sqrt{2}}{2}$

解析：该题考查三角函数的定义，但在求 r 时，应当注意讨论 k 的正负情况．因为 $x=k$，$y=k$，所以 $r=\sqrt{k^2+k^2}=\sqrt{2}|k|$，当 $k>0$ 时，$\cos\alpha=\dfrac{x}{r}=\dfrac{\sqrt{2}}{2}$，当 $k<0$ 时，$\cos\alpha=\dfrac{x}{r}=-\dfrac{\sqrt{2}}{2}$．故选 B.

3．如果 $\lg(\cos\theta\cdot\tan\theta)$有意义，则$\theta$ 是（　　）.

A．第一象限角　　B．第二象限角

C．第一象限角或第二象限角　　D．第一、二象限角或终边在 y 轴正半轴上的角

解析：根据对数函数的定义域知 $\cos\theta$ 与 $\tan\theta$ 同号，在第一象限两者同正，第二象限同负，θ 终边在 y 轴时 $\tan\theta$ 无意义，答案选 C.

基础训练

1．求出下列特殊角的三角函数值.

α	0	$\frac{\pi}{6}$	$\frac{\pi}{4}$	$\frac{\pi}{3}$	$\frac{\pi}{2}$	$\frac{2\pi}{3}$	$\frac{3\pi}{4}$	$\frac{5\pi}{6}$	π
$\sin\alpha$									
$\cos\alpha$									
$\tan\alpha$									

2．设角α的终边经过 $P(-\sqrt{3},-1)$，则 $\cos\alpha+\tan\alpha$等于（　　）.

A．$\dfrac{-1+\sqrt{3}}{2}$　　B．$\dfrac{-1-\sqrt{3}}{2}$　　C．$\dfrac{\sqrt{3}}{6}$　　D．$-\dfrac{\sqrt{3}}{6}$

3．利用计算器计算，$\sin 21.5^\circ$ 的值是（　　）（精确到 0.01）．

A．0.47　　B．1.00　　C．0.37　　D．0.472

4．若角α是三角形的内角，则 $\sin\alpha$，$\cos\alpha$，$\tan\alpha$中可能取负值的有（　　）．

A．0 个　　B．1 个　　C．2 个　　D．3 个

5．已知角α满足$\frac{\sin\alpha}{\tan\alpha}<0$，$\cos\alpha\cdot\tan\alpha>0$，则$\alpha$的终边在（　　）．

A．第一象限　　B．第二象限

C．第三象限　　D．第四象限

6．若角α终边上一点的坐标是$(0, a)(a<0)$，则 $\sin\alpha$的值是（　　）．

A．1　　B．－1　　C．0　　D．1 或－1

7．已知$\alpha=\frac{26}{5}\pi$，则点 $P(\tan\alpha, \sin\alpha)$所在的象限是（　　）．

A．第一象限　　B．第二象限

C．第三象限　　D．第四象限

8．设$\alpha=\frac{27}{7}\pi$，则下列式子正确的是（　　）．

A．$\sin\alpha>0$，且 $\cos\alpha>0$　　B．$\sin\alpha>0$，且 $\cos\alpha<0$

C．$\sin\alpha<0$，且 $\cos\alpha<0$　　D．$\sin\alpha<0$，且 $\cos\alpha>0$

9．已知角α是第三象限角，并且终边在 $y=3x$ 上，则 $\sin\alpha=$______，$\cos\alpha=$______．

提升训练

1．已知角α的终边经过点$(-3a, 4a)(a\neq0)$，则 $\cos\alpha$的值是（　　）．

A．$-\frac{4}{5}$　　B．$-\frac{3}{5}$　　C．$\pm\frac{3}{5}$　　D．$\pm\frac{4}{5}$

2．已知角α的终边经过点 $P(2, m)$，若 $\sin\alpha=-\frac{4}{5}$，则 m 的值为（　　）．

A．$-\frac{8}{3}$　　B．$\frac{8}{3}$　　C．$\pm\frac{8}{3}$　　D．$-\frac{3}{8}$

3．已知$\alpha=-2$，则 $M(\tan\alpha, \cos\alpha)$所在的象限是（　　）．

A．第一象限　　B．第二象限　　C．第三象限　　D．第四象限

4．角α 终边落在第二象限，是 $\cos\alpha\sin\alpha<0$ 的（　　）．

A．充分条件　　B．必要条件

C．充要条件　　D．既不是充分条件也不是必要条件

5．已知点 $P(\tan\alpha, \cos\alpha)$为第三象限内的点，则角$\alpha$ 所在的象限为（　　）．

A．第一象限　　B．第二象限　　C．第三象限　　D．第四象限

6．若 $\sin\alpha<0$，$\cos\alpha<0$，则角α所在的象限为（　　）．

A．第一象限　　B．第二象限　　C．第三象限　　D．第四象限

7．若 $y=\sqrt{\sin\alpha}+\sqrt{-\cos\alpha}$ 有意义，则角 α 所在的象限是（　　）．

A．第一象限　　B．第二象限　　C．第三象限　　D．第四象限

§6.3　同角三角函数的基本关系式

知识梳理

同角三角函数的基本关系式:

（1）平方关系：$\sin^2\alpha+\cos^2\alpha=1$；

（2）商数关系：$\tan\alpha=\dfrac{\sin\alpha}{\cos\alpha}$.

注：在同角三角函数的两个基本关系式中，“同角”是指关系式中的角必须是相同的.

例 1．（1）已知 $\sin\alpha=\dfrac{4}{5}$，且α是第二象限角，求角α的余弦值和正切值.

（2）已知 $\sin\alpha=\dfrac{4}{5}$，求角α的余弦值和正切值.

解析：已知α的三角函数值，求α的其余三角函数值时，要特别注意角所在的象限，以确定三角函数值的符号．一般有：

① 已知三角函数值且角在某一确定象限，这时只有一组解；

② 已知三角函数值，但没有给出角所在的象限，这时一般有两组解，要对角所在的象限分两种情况进行讨论.

答案：（1）$\cos\alpha=-\dfrac{3}{5}$　$\tan\alpha=-\dfrac{4}{3}$；

（2）当α是第一象限角时，$\cos\alpha=\dfrac{3}{5}$　$\tan\alpha=\dfrac{4}{3}$；

当α是第二象限角时，$\cos\alpha=-\dfrac{3}{5}$　$\tan\alpha=-\dfrac{4}{3}$.

例 2．已知 $\tan\alpha=-\dfrac{4}{3}$，且α是第二象限角，则 $\sin\alpha$，$\cos\alpha$ 分别是（　　）.

A. $\dfrac{3}{5}$，$-\dfrac{4}{5}$　　B. $-\dfrac{4}{5}$，$\dfrac{3}{5}$　　C. $\dfrac{4}{5}$，$-\dfrac{3}{5}$　　D. $\dfrac{3}{5}$，$\dfrac{4}{5}$

解析：由题意和三角函数的基本关系式，得$\begin{cases}\dfrac{\sin\alpha}{\cos\alpha}=-\dfrac{4}{3} & ①\\ \sin^2\alpha+\cos^2\alpha=1 & ②\end{cases}$

由①得 $\sin\alpha=-\dfrac{4}{3}\cos\alpha$，把它代入②整理得$\dfrac{25}{9}\cos^2\alpha=1$，$\cos^2\alpha=\dfrac{9}{25}$.

因为α是第二象限角，所以 $\cos\alpha=-\dfrac{3}{5}$，$\sin\alpha=-\dfrac{4}{3}\cos\alpha=-\dfrac{4}{3}\times(-\dfrac{3}{5})=\dfrac{4}{5}$．故选 C.

题型归纳

1．已知 $\tan\alpha=-\dfrac{2}{3}$，且α是第四象限角，则 $\cos\alpha$的值为（　　）.

A. $\dfrac{\sqrt{13}}{13}$　　B. $-\dfrac{3\sqrt{13}}{13}$　　C. $\dfrac{3\sqrt{13}}{13}$　　D. $\dfrac{\sqrt{13}}{13}$

解析：把 $\sin\alpha$和 $\cos\alpha$看成两个未知数，这样只要列出关于 $\sin\alpha$和 $\cos\alpha$的方程组，就可以求出 $\sin\alpha$和 $\cos\alpha$. 答案为 C.

2．已知 $\tan\alpha=-2$，则 $\sin^2\alpha-2\cos^2\alpha=$__________________.

解析：$\sin^2\alpha-2\cos^2\alpha$是关于 $\sin\alpha$，$\cos\alpha$的“齐次式”，是由已知三角函数的正切值，求其他三角函数式的值的一种特定题型，称为“弦化切”法，将原式子转化为只含 $\tan\alpha$的关系式去解.

$\sin^2\alpha-2\cos^2\alpha=\dfrac{\sin^2\alpha-2\cos^2\alpha}{\sin^2\alpha+\cos^2\alpha}=\dfrac{\tan^2\alpha-2}{\tan^2\alpha+1}=\dfrac{(-2)^2-2}{(-2)^2+1}=\dfrac{2}{5}$.

3．若 $\sin\alpha+\cos\alpha=\sqrt{2}$，则 $\sin\alpha\cdot\cos\alpha$ 等于（　　）.

A. 0　　B. 1　　C. $\dfrac{1}{2}$　　D. $\dfrac{\sqrt{3}}{2}$

解析：该题考查由一个式子构造到另一个式子，原式两边平方得$(\sin\alpha+\cos\alpha)^2=2$，

$\sin^2\alpha+2\sin\alpha\cdot\cos\alpha+\cos^2\alpha=2$，$2\sin\alpha\cdot\cos\alpha=1$，$\sin\alpha\cdot\cos\alpha=\dfrac{1}{2}$，答案选 C.

基础训练

1．已知 $\sin\alpha=-\dfrac{12}{13}$，且$\alpha$是第三象限角，则 $\cos\alpha$的值为（　　）.

A. $\dfrac{5}{13}$　　B. $-\dfrac{5}{13}$　　C. $\pm\dfrac{5}{13}$　　D. $-\dfrac{5}{12}$

2．已知 $\tan\alpha=-\dfrac{2}{3}$，且α是第四象限的角，则 $\cos\alpha$的值为（　　）.

A. $\dfrac{\sqrt{13}}{13}$　　B. $-\dfrac{3\sqrt{13}}{13}$　　C. $\dfrac{3\sqrt{13}}{13}$　　D. $-\dfrac{\sqrt{13}}{13}$

3．若α是$\triangle ABC$的一个内角，且 $\sin\alpha=\dfrac{\sqrt{3}}{2}$，则 $\cos\alpha$的值为（　　）.

A. $\dfrac{1}{2}$　　B. $-\dfrac{1}{2}$　　C. $\pm\dfrac{1}{2}$　　D. 无法确定

4．设 $\cos\alpha=-\dfrac{4}{5}$ $(\pi<\alpha<\dfrac{3}{2}\pi)$，则 $\sin\alpha\cdot\tan\alpha$的值是（　　）.

A. $\dfrac{9}{20}$　　B. $-\dfrac{9}{20}$　　C. $\dfrac{7}{10}$　　D. $-\dfrac{7}{10}$

5．若 $\tan\alpha=2$，则$\dfrac{\sin\alpha-\cos\alpha}{2\sin\alpha+\cos\alpha}$的值为（　　）.

A. 5　　B. -5　　C. $\dfrac{1}{5}$　　D. $-\dfrac{1}{5}$

6．若α是$\triangle ABC$的一个内角，且 $\cos\alpha=\dfrac{1}{5}$，则 $\sin\alpha$的值为（　　）.

A. $\dfrac{4}{5}$　　B. $\dfrac{2\sqrt{6}}{5}$　　C. $\pm\dfrac{4}{5}$　　D. $\pm\dfrac{2\sqrt{6}}{5}$

7. 已知 $\tan\alpha=3$，则（1）$\dfrac{2\sin\alpha-3\cos\alpha}{\sin\alpha+2\cos\alpha}=$_______；（2）$4\sin^2\alpha+2\sin\alpha\cos\alpha-\cos^2\alpha=$______；

提升训练

1. 已知 $\sin\alpha+\cos\alpha=\sqrt{2}$，则 $\tan\alpha+\cot\alpha$ 等于（　　）.

　A. 1　　B. -1　　C. 2　　D. -2

2. 若α是第二象限角，化简 $\tan\alpha\cdot\sqrt{1-\sin^2\alpha}$ 等于（　　）.

　A. $\sin\alpha$　　B. $-\sin\alpha$　　C. $\cos\alpha$　　D. $-\cos\alpha$

3. 若 $\sin\alpha+\cos\alpha=0$，则 $\tan\alpha$ 等于（　　）.

　A. $-\sqrt{2}$　　B. -1　　C. 1　　D. 0

4. 已知 $\tan\alpha$ 是方程 $x^2-2x-3=0$ 的一个根，且α是第一象限的角，则 $\cos\alpha\cdot\tan\alpha=$______.

§6.4　三角函数的诱导公式

知识梳理

一、以π为变化“周期”的诱导公式

规律：三角函数名不变，符号看象限

把所有角分为四个象限角，

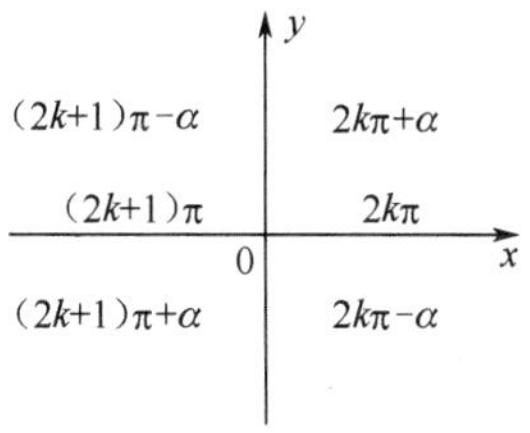

第一象限角表示为：$2k\pi+\alpha$

第二象限角表示为：$(2k+1)\pi-\alpha$

第三象限角表示为：$(2k+1)\pi+\alpha$

第四象限角表示为：$2k\pi-\alpha$

公式一　第一象限角 $2k\pi+\alpha$（$k\in\mathbf{Z}$）的诱导公式：

$\sin(2k\pi+\alpha)=\sin\alpha$（$k\in\mathbf{Z}$）

$\cos(2k\pi+\alpha)=\cos\alpha$（$k\in\mathbf{Z}$）

$\tan(2k\pi+\alpha)=\tan\alpha$（$k\in\mathbf{Z}$）

公式二　第二象限角 $(2k+1)\pi-\alpha$（$k\in\mathbf{Z}$）的诱导公式：

$\sin[(2k+1)\pi-\alpha]=\sin\alpha$

$\cos[(2k+1)\pi-\alpha]=-\cos\alpha$

$\tan[(2k+1)\pi-\alpha]=-\tan\alpha$

公式三　第三象限角 $(2k+1)\pi+\alpha$($k\in\mathbf{Z}$)的诱导公式：

$\sin[(2k+1)\pi+\alpha]=-\sin\alpha$

$\cos[(2k+1)\pi+\alpha]=-\cos\alpha$

$\tan[(2k+1)\pi+\alpha]=\tan\alpha$

公式四　第四象限角 $2k\pi-\alpha$（$k\in\mathbf{Z}$）的诱导公式：

$\sin(2k\pi-\alpha)=-\sin\alpha$

$\cos(2k\pi-\alpha)=\cos\alpha$

$\tan(2k\pi-\alpha)=-\tan\alpha$

二、以 $\frac{\pi}{2}$ 为变化“周期”的诱导公式

规律：三角函数名不变，符号看象限

$\sin(\frac{\pi}{2}+\alpha)=\cos\alpha$　　$\sin(\frac{\pi}{2}-\alpha)=\cos\alpha$

$\cos(\frac{\pi}{2}+\alpha)=-\sin\alpha$　　$\cos(\frac{\pi}{2}-\alpha)=\sin\alpha$

例 1．利用诱导公式求下列三角函数值：

（1）$\sin(-810°)$；（2）$\cos\frac{11\pi}{2}$；（3）$\sin\frac{25\pi}{6}$；（4）$\tan(-1560°)$．

解析：使学生熟练应用诱导公式．

（1）$\sin(-810°)=\sin(-5\times180°+90°)=-\sin90°=-1$;

（2）$\cos\frac{11\pi}{2}=\cos(5\pi+\frac{\pi}{2})=-\cos\frac{\pi}{2}=0$;

（3）$\sin\frac{25\pi}{6}=\sin(4\pi+\frac{\pi}{6})=\sin\frac{\pi}{6}=\frac{1}{2}$；

（4）$\tan(-1560°)=\tan(-9\times180°+60°)=\tan60°=\sqrt{3}$.

例 2．若 $\sin(\frac{5\pi}{2}+\alpha)=-\frac{4}{5}$，则 $\cos(\pi-\alpha)$ 的值为（　　）．

A．$\pm\frac{4}{5}$　　B．$-\frac{4}{5}$　　C．$\frac{4}{5}$　　D．$\frac{3}{5}$

解析：因为 $\sin(\frac{5\pi}{2}+\alpha)=-\frac{4}{5}$，所以 $\sin(\frac{\pi}{2}+\alpha)=-\frac{4}{5}$，$\cos\alpha=-\frac{4}{5}$．

又因为 $\cos(\pi-\alpha)=-\cos\alpha=\frac{4}{5}$．故选 C.

题型归纳

1．已知 $\sin(\pi+\alpha)=-\frac{3}{5}$，且 α 是第二象限角，则 $\tan(3\pi+\alpha)$ 的值是（　　）．

A．$\frac{3}{4}$　　B．$-\frac{4}{5}$　　C．$-\frac{3}{4}$　　D．$\frac{3}{5}$

解析：因为 $\sin(\pi+\alpha)=-\frac{3}{5}$，所以 $\sin\alpha=\frac{3}{5}$．又因为 α 是第二象限角，可知 $\cos\alpha=-\frac{4}{5}$，$\tan(3\pi+\alpha)=\tan\alpha=\frac{\sin\alpha}{\cos\alpha}=-\frac{3}{4}$．故选 C.

2．若 $\sin(\pi+\alpha)<0$，$\cos(3\pi+\alpha)>0$，则 α 是（　　）角．

A．第一象限　　B．第二象限　　C．第三象限　　D．第四象限

解析：∵$\sin(\pi+\alpha)<0$，∴$-\sin\alpha<0$ 即 $\sin\alpha>0$.

∴α是第一或第二象限角，或终边在 y 轴的正半轴上；

∵$\cos(3\pi+\alpha)>0$，∴$-\cos\alpha>0$ 即 $\cos\alpha<0$，

∴α是第二或第三象限角，或终边在 x 轴的负半轴上；

由此可知，满足题意的α应为第二象限角．故选 B.

3．化简：$\dfrac{\sin(\alpha-2\pi)\tan(\pi+\alpha)\cot(-\alpha-\pi)}{\cos(\alpha-\pi)\tan(3\pi+\alpha)}$

解析：该题进一步使学生熟悉诱导公式，并结合同角三角函数的基本关系式去做题.

答案：1

基础训练

1．求下列各三角函数值.

（1）$\sin\dfrac{17\pi}{3}=$________；（2）$\cos(-\dfrac{17\pi}{4})=$________；（3）$\tan(-\dfrac{17\pi}{4})=$________；

（4）$\sin780°=$________；（5）$\cos(-945°)=$________；（6）$\tan(-1560°)=$________.

2．若 $\sin\alpha=-\dfrac{1}{2}$，则 $\sin(\pi+\alpha)$的值为（　　）.

A．$-\dfrac{1}{2}$　　B．$\dfrac{1}{2}$　　C．$\dfrac{\sqrt{3}}{2}$　　D．$-\dfrac{\sqrt{3}}{2}$

3．$\sin(2015\pi-\alpha)$等于（　　）.

A．$\sin\alpha$　　B．$\cos\alpha$　　C．$-\sin\alpha$　　D．$-\cos\alpha$

4．下列各式的值与 $\sin\alpha$相等的是（　　）.

A．$\sin(\dfrac{\pi}{2}+\alpha)$　　B．$\sin(\dfrac{\pi}{2}-\alpha)$

C．$\cos(\dfrac{\pi}{2}+\alpha)$　　D．$\cos(\dfrac{\pi}{2}-\alpha)$

5．$\cos^2 27°+\cos^2 63°$ 等于（　　）.

A．1　　B．$\dfrac{1}{2}$　　C．-1　　D．$-\dfrac{\sqrt{3}}{2}$

6．$\cos(\dfrac{\pi}{2}-\alpha)$等于（　　）.

A．$\sin\alpha$　　B．$\cos\alpha$　　C．$-\sin\alpha$　　D．$-\cos\alpha$

7．$\alpha=30°$ 是 $\sin\alpha=\dfrac{1}{2}$ 的（　　）.

A．充分不必要条件　　B．必要不充分条件

C．充要条件　　D．既不充分也不必要条件

提升训练

1．若 $\tan(\pi+\alpha)<0$，$\cos(5\pi+\alpha)<0$，则α所在的象限是（　　）.

A．第一象限　　B．第二象限

C．第三象限　　D．第四象限

2．如果$\alpha-\beta=\pi$，则下列式子中一定正确的是（　　）.

A．$\sin\alpha=\sin\beta$　　B．$\tan\alpha=\tan\beta$

C．$\cos\alpha=\cos\beta$　　D．$\cot\alpha=-\cot\beta$

3．若$\tan(\pi+\alpha)=1$，$\pi<\alpha<\frac{3\pi}{2}$，则$\sin(4\pi-\alpha)$的值是（　　）.

A．$-\frac{1}{2}$　　B．$\frac{1}{2}$

C．$\frac{\sqrt{2}}{2}$　　D．$-\frac{\sqrt{2}}{2}$

4．若A, B, C为$\triangle ABC$的三个内角，则下列各式成立的是（　　）.

A．$\sin A=-\sin(B+C)$　　B．$\tan A=\tan(B+C)$

C．$\cos A=\cos(B+C)$　　D．$\sin A=\sin(B+C)$

5．已知$\cos(\pi-\alpha)=-\frac{4}{5}$，且$\alpha$是第一象限角，则$\tan(5\pi+\alpha)=$________.

6．化简：$\frac{\sin(4\pi-\alpha)\tan(\pi+\alpha)\tan(-\alpha-\pi)}{\tan(\alpha-5\pi)\cos(3\pi-\alpha)}$

§6.5　三角函数的图像与性质

知识梳理

一、正弦函数的图像和性质

1．正弦函数的图像

如下图所示，正弦函数$y=\sin x$，$x\in\mathbf{R}$的图像称为正弦曲线.

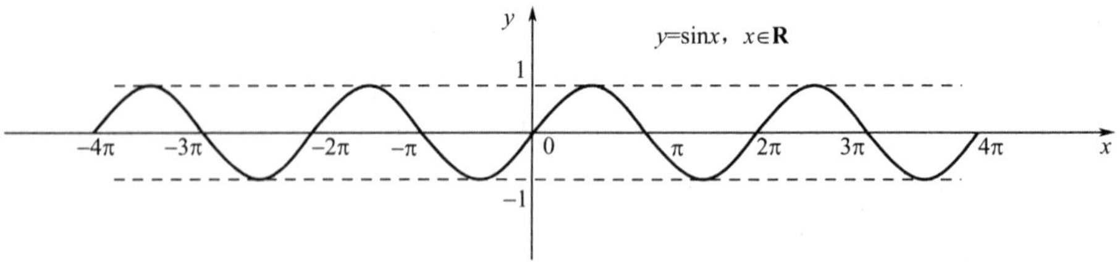

2．“五点法”作图

对于函数$y=\sin x$，$x\in[0, 2\pi]$的图像.

（1）起关键作用的五个点为$(0, 0)$，$(\frac{\pi}{2}, 1)$，$(\pi, 0)$，$(\frac{3\pi}{2}, -1)$，$(2\pi, 0)$.

（2）作图步骤：①列表；②建系、描点；③平滑曲线成图；④标识函数解析式.

注：在直角坐标系中，x 轴、y 轴、原点 O，以及表示点的横、纵坐标，函数的解析式都要标识清楚.

3．正弦函数的性质

（1）定义域：$\mathbf{R}$.

（2）值域：$[-1, 1]$.

当 $x=\frac{\pi}{2}+2k\pi$，$k\in\mathbf{Z}$ 时，$y_{max}=1$；当 $x=-\frac{\pi}{2}+2k\pi$，$k\in\mathbf{Z}$ 时，$y_{min}=-1$.

（3）周期性：$T=2\pi$.

注：对于函数 $y=f(x)$，如果存在一个非零常数 T，使得定义域内的每一个 x 值，都有 $f(x+T)=f(x)$，则称函数 $y=f(x)$是周期函数. 对于一个周期函数，如果在它的所有周期中存在一个最小正数，那么这个最小正数称为这个函数的最小正周期. 三角函数的周期一般指的是函数的最小正周期.

（4）奇偶性：奇函数.

注：由正弦曲线可知图像关于原点对称，即正弦函数为奇函数；也可根据诱导公式 $\sin(-x)=-\sin x$ 判断.

（5）单调性：在每个闭区间$[-\frac{\pi}{2}+2k\pi, \frac{\pi}{2}+2k\pi]$（$k\in\mathbf{Z}$）上是增函数；在每个闭区间$[\frac{\pi}{2}+2k\pi, \frac{3\pi}{2}+2k\pi]$（$k\in\mathbf{Z}$）上是减函数.

例 1．求函数 $y=3-\sin x$ 的周期、最大值、最小值以及取得最大、最小值时 x 的取值集合、单调区间.

解析：函数的周期 $T=2\pi$；

当 $\sin x=-1$ 时，$y_{max}=3-(-1)=4$，此时 x 的取值集合为$\{x \mid x=-\frac{\pi}{2}+2k\pi, k\in\mathbf{Z}\}$；

当 $\sin x=1$ 时，$y_{min}=3-1=2$，此时 x 的取值集合为$\{x \mid x=\frac{\pi}{2}+2k\pi, k\in\mathbf{Z}\}$；

函数在区间$[\frac{\pi}{2}+2k\pi, \frac{3\pi}{2}+2k\pi]$（$k\in\mathbf{Z}$）上是增函数；在区间$[-\frac{\pi}{2}+2k\pi, \frac{\pi}{2}+2k\pi]$（$k\in\mathbf{Z}$）上是减函数.

二、余弦函数的图像和性质

1．余弦函数的图像

如下图所示，余弦函数 $y=\cos x$，$x\in\mathbf{R}$ 的图像称为余弦曲线.

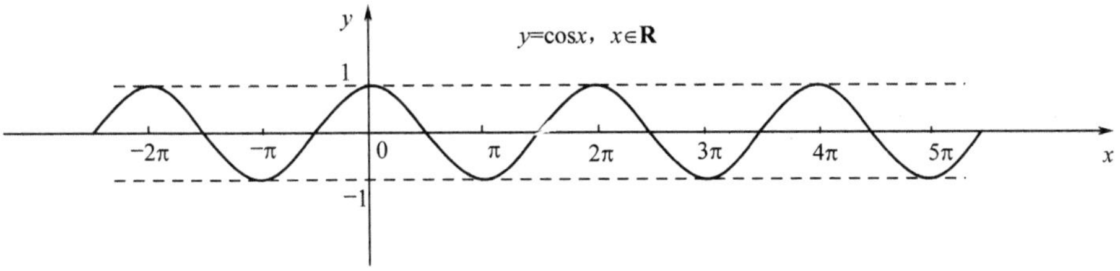

注：根据单位圆中三角形全等，可得公式 $\cos x=\sin(x+\frac{\pi}{2})$. 把正弦曲线沿 x 轴向左平移$\frac{\pi}{2}$个

单位就得到余弦曲线.

2．余弦函数的性质

（1）定义域：**R**.

（2）值域：[−1, 1].

当 $x=2k\pi$，$k\in\mathbf{Z}$ 时，$y_{max}=1$；当 $x=(2k+1)\pi$，$k\in\mathbf{Z}$ 时，$y_{min}=-1$.

（3）周期：$T=2\pi$.

（4）奇偶性：偶函数.

注：由余弦曲线可知图像关于 y 轴对称即余弦函数为奇函数；也可根据诱导公式 $\cos(-x)=\cos x$ 判断.

（5）单调性：在每个闭区间$[(2k-1)\pi, 2k\pi]$（$k\in\mathbf{Z}$）上是增函数；在每个闭区间$[2k\pi, (2k+1)\pi]$（$k\in\mathbf{Z}$）上是减函数.

例 2．求函数 $y=\cos x-2$ 的周期、最大值、最小值以及取得最大、最小值时 x 的取值集合.

解析：函数的周期 $T=2\pi$；

当 $\cos x=1$ 时，$y_{max}=1-2=-1$，此时 x 的取值集合为$\{x\mid x=2k\pi，k\in\mathbf{Z}\}$；

当 $\cos x=-1$ 时，$y_{min}=-1-2=-3$，此时 x 的取值集合为$\{x\mid x=\pi+2k\pi，k\in\mathbf{Z}\}$；

题型归纳

1.（1）函数 $y=5-2\sin x$ 的周期是______，最大值是______；此时 x 的取值集合是______.

（2）函数 $y=3\cos x-2$ 的周期是______；最小值是______；此时 x 的取值集合是______.

解析：（1）2π，7，$\{x\mid x=-\frac{\pi}{2}+2k\pi，k\in\mathbf{Z}\}$

（2）2π，-5，$\{x\mid x=-\pi+2k\pi，k\in\mathbf{Z}\}$

2.（1）函数 $y=\sqrt{\cos x}$ 的定义域是（　　）.

A．$[k\pi, (k+1)\pi]$（$k\in\mathbf{Z}$）　　B．$[k\pi-\frac{\pi}{2}, k\pi+\frac{\pi}{2}]$（$k\in\mathbf{Z}$）

C．$[2k\pi, 2k\pi+\pi]$（$k\in\mathbf{Z}$）　　D．$[2k\pi-\frac{\pi}{2}, 2k\pi+\frac{\pi}{2}]$（$k\in\mathbf{Z}$）

（2）函数 $y=\frac{1}{1-2\sin x}$ 的定义域为____________.

解析：（1）D（2）$\{x\mid x\neq\frac{\pi}{6}+2k\pi, k\in\mathbf{Z}\}\cup\{x\mid x\neq\frac{5\pi}{6}+2k\pi, k\in\mathbf{Z}\}$

3．求函数 $y=6\cos x-9\sin^2x+10$ 的最值.

解析：解析式中只有 $\sin^2x$，$\cos x$，可转化为关于 $\cos x$ 的二次函数形式.

答案：当 $\cos x=1$ 时，$y_{max}=16$，当 $\cos x=-\frac{1}{3}$ 时，$y_{min}=0$.

4．画出 $y=-\sin x, x\in[0, 2\pi]$ 的简图.

解析：由五点$(0, 0)$，$(\frac{\pi}{2}, -1)$，$(\pi, 0)$，$(\frac{3\pi}{2}, 1)$，$(2\pi, 0)$ 连线作出图像即可，图略.

基础训练

1．函数 $y=3-\sin x$ 的最大值、最小值和周期分别为（　　）．

A．4，2，2π　　B．3，2，π　　C．2，4，2π　　D．5，2，π

2．若 $\sin x=a-2$，则实数 a 的取值范围是（　　）．

A．$[1,3]$　　B．$[0,3]$　　C．$[-3,1]$　　D．$[1,4]$

3．函数 $y=1-\cos x$ 的值域是（　　）．

A．$[-1,1]$　　B．$[0,1]$　　C．$[-1,0]$　　D．$[0,2]$

4．函数 $y=1-\cos x, x\in[0,\pi]$的值域是（　　）．

A．$[-1,1]$　　B．$[0,1]$　　C．$[-1,0]$　　D．$[0,2]$

5．函数 $y=|\sin x|$的最小正周期为（　　）．

A．2π　　B．π　　C．$\frac{\pi}{2}$　　D．$\frac{\pi}{4}$

6．函数 $y=\sin^2x+\sin x$ 的最小值是（　　）．

A．$-\frac{3}{4}$　　B．$\frac{1}{4}$　　C．0　　D．$-\frac{1}{4}$

7．函数 $y=2\sin x-3$ 的单调递减区间是（　　）．

A．$[\frac{\pi}{2}+2k\pi, \frac{3\pi}{2}+2k\pi]$（$k\in\mathbf{Z}$）　　B．$[-\frac{\pi}{2}+2k\pi, \frac{\pi}{2}+2k\pi]$（$k\in\mathbf{Z}$）

C．$[\frac{\pi}{2}, \frac{3\pi}{2}]$（$k\in\mathbf{Z}$）　　D．$[\frac{\pi}{2}+k\pi, \frac{3\pi}{2}+k\pi]$（$k\in\mathbf{Z}$）

8．函数 $y=2\sin x+3x$ 是（　　）．

A．奇函数　　B．偶函数

C．既是奇函数又是偶函数　　D．既不是奇函数又不是偶函数

9．若函数 $y=a-2\sin x$ 的最小值是-6，则实数 a 的值是（　　）．

A．-4　　B．8　　C．7　　D．-5

提升训练

1．已知α是第三象限角，且 $\sin\alpha=4-m$，则 m 的取值范围是（　　）．

A．$(0, 1)$　　B．$(4, 5)$　　C．$(0, 5)$　　D．$(0, 2)$

2．下列函数中是奇函数的是（　　）．

A．$y=-\sin 2x$　　B．$y=\sin x-1$　　C．$y=|\sin x|$　　D．$y=3\cos 2x+1$

3．函数 $y=|\sin x|$的图像关于（　　）．

A．x 轴对称　　B．y 轴对称　　C．原点对称　　D．直线 $x=\frac{\pi}{4}$ 对称

4．函数 $y=2\sin^2x+4\sin x+2$ 的最大值和最小值分别为（　　）．

A．8，-1　　B．8，0　　C．6，-1　　D．6，0

5．函数 $y=\frac{1}{1+\cos x}$ 的定义域是__________．

6．函数 $y=\dfrac{1}{\sqrt{1+2\sin x}}$ 的定义域是____________.

7．在[0, 2π]上作出函数 $y=1+\cos x$ 的图像，并指出函数的最大值和最小值.

8．求函数 $y=2\cos^2x+2\sqrt{3}\sin x-2$ 的最大值和最小值，以及取得最大值和最小值时 x 的取值集合.

§6.6　正弦型函数

知识梳理

1．正弦型函数的定义：形如 $y=A\sin(\omega x+\varphi)$（其中 A，ω，φ 都是常数）的函数称为正弦型函数.

2．“五点法”作正弦型函数图像的步骤：①列表；②建系、描点；③平滑曲线成图；④标识函数解析式.

注：在直角坐标系中，x 轴、y 轴和原点 O，以及表示点的横、纵坐标，函数的解析式都要标识清楚.

3．正弦型函数 $y=A\sin(\omega x+\varphi)$（$A>0$，$\omega>0$）的性质.

（1）定义域：**R**；　（2）值域：$[-A, A]$；　（3）周期：$T=\dfrac{2\pi}{\omega}$.

例 1．函数 $y=5\sin(2x-\dfrac{\pi}{3})$的周期是______；最大值是________，此时 x 的取值集合是____________；最小值是______，此时 x 的取值集合是__________________.

解析：π；5，$\{x\,|\,x=\dfrac{5\pi}{12}+k\pi, k\in\mathbf{Z}\}$；−5，$\{x\,|\,x=-\dfrac{\pi}{12}+k\pi, k\in\mathbf{Z}\}$.

例 2．用“五点法”画出 $y=2\sin(\dfrac{1}{2}x-\dfrac{\pi}{6})$在长度为一个周期的闭区间上的简图.

解析：列表

x	$\frac{\pi}{3}$	$\frac{4\pi}{3}$	$\frac{7\pi}{3}$	$\frac{10\pi}{3}$	$\frac{13\pi}{3}$
$\frac{1}{2}x-\frac{\pi}{6}$	0	$\frac{\pi}{2}$	π	$\frac{3\pi}{2}$	2π
y	0	2	0	−2	0

描点画图

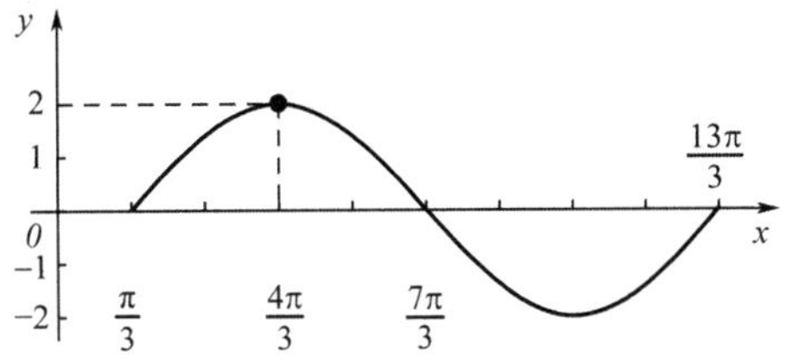

题型归纳

1．函数 $y=4\sin(2x-\frac{\pi}{6})$的周期是______；最大值是________，此时 x 的取值集合是____________；最小值是______，此时 x 的取值集合是__________________.

解析：π；4，$\{x\mid x=\frac{\pi}{3}+k\pi, k\in\mathbf{Z}\}$；−4，$\{x\mid x=-\frac{\pi}{6}+k\pi, k\in\mathbf{Z}\}$.

2．函数 $y=\sin2x-\sqrt{3}\cos2x$ 的最大值和周期分别为（　　）.

A．2，2π　　B．$1+\sqrt{3}$，π　　C．2，π　　D．$1+\sqrt{3}$，π

解析：求函数 $y=a\sin\omega x+b\cos\omega x$ 的最大值、最小值和周期，应先将其化成正弦型函数 $y=\sqrt{a^2+b^2}\sin(\omega x+\theta)$（其中 $\cos\theta=\frac{a}{\sqrt{a^2+b^2}}$，$\sin\theta=\frac{b}{\sqrt{a^2+b^2}}$），从而得到 $y_{max}=\sqrt{a^2+b^2}$，$y_{min}=-\sqrt{a^2+b^2}$，周期 $T=\frac{2\pi}{\omega}$．故选 C.

3. 为了得到函数 $y=\sin\frac{x}{4}(x\in\mathbf{R})$的图像，只需把正弦曲线 $y=\sin x(x\in\mathbf{R})$上所有点的（　　）.

A．横坐标变为原来的 4 倍，纵坐标不变

B．横坐标变为原来的$\frac{1}{4}$倍，纵坐标不变

C．纵坐标变为原来的 4 倍，横坐标不变

D．纵坐标变为原来的$\frac{1}{4}$倍，横坐标不变

解析：该题考查正弦型函数之间的图形变换，使学生了解 A、ω、φ对图像的影响．答案选 A.

4．已知函数 $y=A\sin(\omega x+\varphi)$的一段图像，如下图所示，则它的解析式是（　　）.

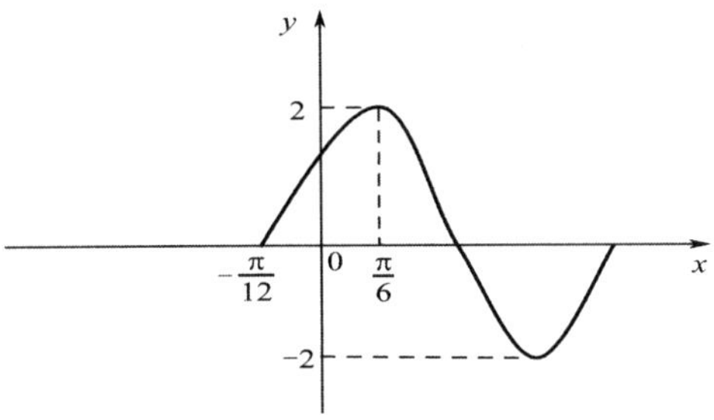

A．$y=2\sin(2x+\frac{\pi}{6})$　　B．$y=2\sin(2x-\frac{\pi}{6})$

C．$y=2\sin(2x+\frac{\pi}{3})$　　D．$y=2\sin(x+\frac{\pi}{6})$

解析：要确定函数$y=A\sin(\omega x+\varphi)$的解析式，关键是确定$A$、$\omega$、$\varphi$三个待定系数，其中$A$是最底点到最高点垂直距离的一半，$\omega$是$2\pi$与周期的比值，这两个参数一般比较容易确定．解$\varphi$，可以采用代入特殊点坐标法．

在本题中，易知$A=2$，$\frac{T}{4}=\frac{\pi}{6}-(-\frac{\pi}{12})=\frac{\pi}{4}$，$T=\pi$，则$\omega=2$，于是函数解析式初步判定为$y=2\sin(2x+\varphi)$．将点$(\frac{\pi}{6}, 2)$代入解析式，得$2=2\sin(\frac{\pi}{3}+\varphi)$，即$\frac{\pi}{3}+\varphi=\frac{\pi}{2}+2k\pi$，$k\in\mathbf{Z}$，于是$\varphi=\frac{\pi}{6}+2k\pi$，$k\in\mathbf{Z}$．然后选择恰当的$k$值，使$|\varphi|$最小，显然$k=0$时，$\varphi=\frac{\pi}{6}$．因此，函数的解析式为$y=2\sin(2x+\frac{\pi}{6})$．答案选A．

基础训练

1．函数$y=3\sin(\pi x+\frac{\pi}{4})$的最大值和周期分别为（　　）．

A．3，2π　　B．3，2　　C．-3，2π　　D．-3，2

2．函数$y=3\sin(\omega x+\frac{\pi}{3})(\omega>0)$的最小正周期为$\frac{\pi}{3}$，则$\omega$等于（　　）．

A．3　　B．6　　C．$\frac{5}{2}$　　D．9

3．函数$y=4\sin2x$取最小值时，x的取值集合是（　　）．

A．$\{x\,|\,x=\frac{\pi}{4}+2k\pi, k\in\mathbf{Z}\}$　　B．$\{x\,|\,x=-\frac{\pi}{2}+2k\pi, k\in\mathbf{Z}\}$

C．$\{x\,|\,x=-\frac{\pi}{4}+k\pi, k\in\mathbf{Z}\}$　　D．$\{x\,|\,x=\frac{\pi}{2}+k\pi, k\in\mathbf{Z}\}$

4．函数$y=\sin x$的图像向右平移2个单位后，函数的解析式为（　　）．

A．$y=\sin x-2$　　B．$y=\sin(x-2)$

C．$y=\sin x+2$　　D．$y=\sin(x+2)$

5．函数$y=\sin(x+\frac{\pi}{3})$图像的对称性为（　　）．

A．关于y轴对称　　B．关于x轴对称

C．关于原点对称　　D．关于直线$x=\frac{\pi}{6}$对称

6．函数$y=3\sin(2x-\frac{\pi}{4})$取得最小值$-3$时，自变量$x$的取值集合为（　　）．

A．$\{x\,|\,x=\frac{\pi}{8}+k\pi, k\in\mathbf{Z}\}$　　B．$\{x\,|\,x=\frac{\pi}{8}+2k\pi, k\in\mathbf{Z}\}$

C．$\{x\,|\,x=-\frac{\pi}{8}+k\pi, k\in\mathbf{Z}\}$　　D．$\{x\,|\,x=-\frac{\pi}{8}+2k\pi, k\in\mathbf{Z}\}$

7．函数 $y=2\sin(\frac{1}{2}x+\frac{\pi}{6})$ 在一个周期上的函数草图为（　　）．

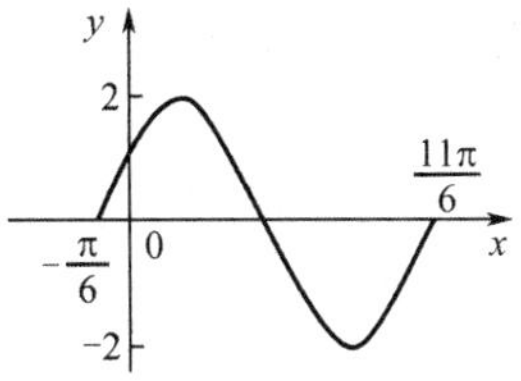

A.

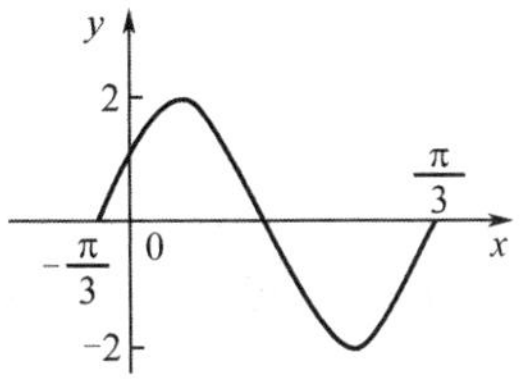

B.

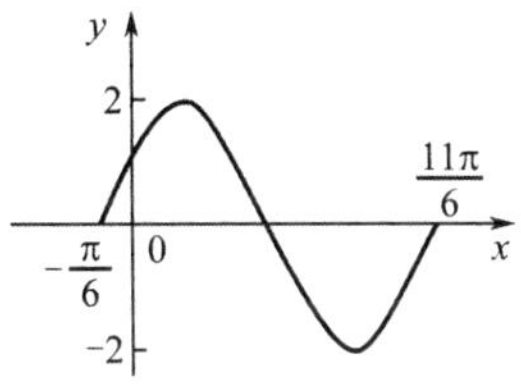

C.

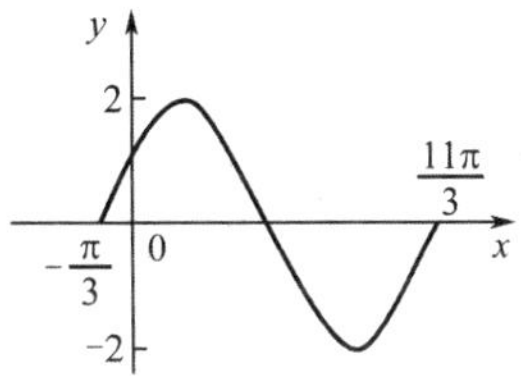

D.

8．求函数 $y=5-3\sin(2x-\frac{\pi}{4})$ 的最值及取得最值时的 x 的集合．

提升训练

1．函数 $y=A\sin(\omega x+\varphi)$ 在同一周期内，当 $x=\frac{\pi}{12}$ 时，取得最大值 $y=4$，当 $x=\frac{7\pi}{12}$ 时，取得最小值 $y=-4$，则此函数的解析式是（　　）．

A．$y=4\sin(2x-\frac{\pi}{3})$　　B．$y=4\sin(4x-\frac{\pi}{3})$

C．$y=4\sin(2x+\frac{\pi}{3})$　　D．$y=4\sin(4x+\frac{\pi}{3})$

2．函数 $y=4\sin(x+\frac{\pi}{6})$ 的单调增区间是（　　）

A．$(-\frac{2\pi}{3}+2k\pi, \frac{\pi}{3}+2k\pi), k\in\mathbf{Z}$　　B．$[-\frac{2\pi}{3}+2k\pi, \frac{\pi}{3}+2k\pi], k\in\mathbf{Z}$

C．$(-\frac{2\pi}{3}+k\pi, \frac{\pi}{3}+k\pi), k\in\mathbf{Z}$　　D．$[-\frac{\pi}{3}+2k\pi, \frac{4\pi}{3}+2k\pi), k\in\mathbf{Z}$

3．把函数 $y=4\sin(2x+\frac{\pi}{3})$的图像向左平移 $\frac{\pi}{3}$，则所得图像的解析式为（　　）.

A．$y=4\sin(2x+\frac{2\pi}{3})$　　B．$y=4\sin2x$

C．$y=4\sin(2x-\frac{\pi}{3})$　　D．$y=-4\sin2x$

4．已知函数 $y=A\sin(\omega x+\varphi)$的一段图像，如右图所示，则它的解析式为（　　）.

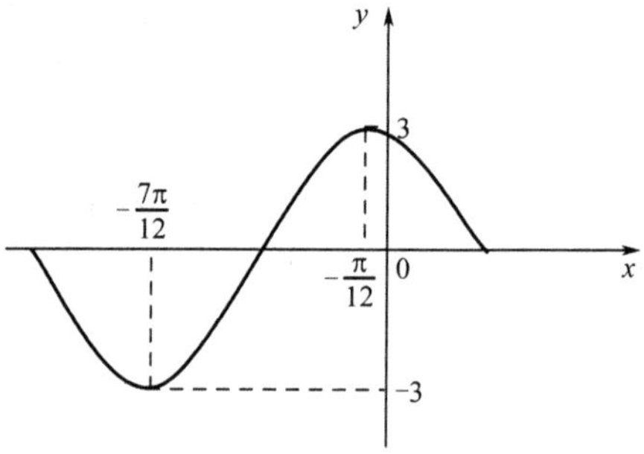

A．$y=3\sin(x+\frac{\pi}{3})$

B．$y=3\sin(3x+\frac{\pi}{4})$

C．$y=3\sin(2x+\frac{2\pi}{3})$

D．$y=3\sin(x-\frac{\pi}{12})$

5．函数 $y=4\sin(2x-\frac{\pi}{3})$单调递减区间是______________________________.

6．求函数 $y=2\sin(2x+\frac{\pi}{4})$单调区间，并画出函数在一个周期内的图像.

§6.7　已知三角函数值求角

知识梳理

1．已知正弦值求角.

当 $x\in[-\frac{\pi}{2},\frac{\pi}{2}]$时，满足 $\sin x=y(y\in[-1,1])$的 x 是唯一的，此时记 $x=\arcsin y$.

例 1． 已知 $\sin x=\frac{1}{2}$，$x\in[-\frac{\pi}{2},\frac{\pi}{2}]$，则 $\arcsin\frac{1}{2}=$__________.

解析： $[-\frac{\pi}{2},\frac{\pi}{2}]$为正弦函数 $y=\sin x$ 的主值区间，且 $\arcsin y\in[-\frac{\pi}{2},\frac{\pi}{2}]$，所以 $\arcsin\frac{1}{2}=\frac{\pi}{6}$.

例 2． 已知 $x\in[-\frac{\pi}{2},\frac{\pi}{2}]$，用计算器求得满足 $\sin x=0.9$ 的 x 的值为__________.

解析： 将计算器置于 RAD（弧度制）状态下，可得 $\arcsin(0.9)\approx1.12$，所以 $x\approx1.12$.

2．已知余弦值、正切值求角．

当 $x\in[0,\pi]$时，满足 $\cos x=y$（$y\in[-1,1]$）的 x 是唯一的，此时记 $x=\arccos y$．

当 $x\in(-\frac{\pi}{2},\frac{\pi}{2})$时，满足 $\tan x=y$ 的 x 是唯一的，此时记 $x=\arctan y$．

例 3．利用计算器，分别求满足下列条件的 x 值（精确到 0.01）．

（1）$\cos x=-0.7$，$x\in[0,\pi]$；（2）$\tan x=10$，$x\in(-\frac{\pi}{2},\frac{\pi}{2})$

解析：（1）将计算器置于 RAD（弧度制）状态下，可得 $\arccos(-0.7)\approx2.35$，所以 $x\approx2.35$．

（2）将计算器置于 RAD（弧度制）状态下，可得 $\arctan10\approx1.47$，所以 $x\approx1.47$．

题型归纳

1．（1）在区间$[-\frac{\pi}{2},\frac{\pi}{2}]$上，适合 $\sin x=-\frac{\sqrt{3}}{2}$ 的角 x 是________；

（2）在区间$[0,\pi]$上，适合 $\cos x=-\frac{1}{2}$ 的角 x 是________；

（3）在区间$(-\frac{\pi}{2},\frac{\pi}{2})$上，适合 $\tan x=-\sqrt{3}$ 的角 x 是_______．

解析：该题考查求主值区间上的角．正弦函数 $y=\sin x$ 的主值区间为$[-\frac{\pi}{2},\frac{\pi}{2}]$，余弦函数 $y=\cos x$ 的主值区间为$[0,\pi]$，正切函数 $y=\tan x$ 的主值区间为$(-\frac{\pi}{2},\frac{\pi}{2})$．

答案：（1）$-\frac{\pi}{3}$；（2）$\frac{2\pi}{3}$；（3）$-\frac{\pi}{3}$．

2．在$[0,2\pi]$上，满足 $\sin x=\frac{1}{2}$ 的角 x 的值为________．

解析：首先在主值区间$[-\frac{\pi}{2},\frac{\pi}{2}]$上得到一个角 $\arcsin\frac{1}{2}$，然后在$[0,2\pi]$上找其他满足条件的角．因为当 $x\in[-\frac{\pi}{2},\frac{\pi}{2}]$时，$x=\arcsin\frac{1}{2}=\frac{\pi}{6}$，看单位圆中正弦值等于 $\frac{1}{2}$ 的正弦线对应的角的终边的位置，可知另一个角为$\frac{5\pi}{6}$．

答案：$\frac{\pi}{6}$ 或$\frac{5\pi}{6}$．

3．利用计算器求满足下列条件的角 x．

（1）已知 $\sin x=0.75$，且 $x\in[-\frac{\pi}{2},\frac{\pi}{2}]$，则 $x=$_______．（精确到 0.01）

（2）已知 $\cos x=-0.36$，且 $x\in[0,\pi]$，则 $x=$_______．（精确到 0.01）

（3）已知 $\tan x=-12.5$，且$-90°<x<90°$，则 $x=$_______．（精确到 0.1°）

解析：本题考查学生应用计算器求指定范围的角的能力．

答案：（1）0.85；（2）1.94；（3）$-85.4°$．

基础训练

1．已知 $\sin x=-\frac{\sqrt{2}}{2}$，且 $x\in[-\frac{\pi}{2},\frac{\pi}{2}]$，则 $x=$_______.

2．已知 $\sin x=\frac{1}{2}$，且 $x\in[-90°,90°]$，则 $x=$_______.

3．已知 $\cos x=-1$，且 $x\in[0,\pi]$，则 $x=$_________.

4．已知 $\cos x=-\frac{\sqrt{2}}{2}$，且 $x\in[0°,180°]$，则 $x=$________.

5．已知 $\tan x=-\frac{\sqrt{3}}{3}$，且 $x\in(-\frac{\pi}{2},\frac{\pi}{2})$，则 $x=$_________.

6．已知 $\tan x=1$，且 $x\in(-90°,90°)$，则 $x=$_________.

提升训练

1．$\arcsin 0+\arccos 0=$（　　）.

A．0　　B．π　　C．$\frac{\pi}{2}$　　D．$-\frac{\pi}{2}$

2．$\arcsin\frac{1}{2}+\arcsin(-\frac{1}{2})=$（　　）.

A．0　　B．$\frac{\pi}{6}$　　C．$\frac{\pi}{3}$　　D．$-\frac{\pi}{3}$

3．已知 $\sin x=-\frac{\sqrt{2}}{2}$，$\frac{\pi}{2}<x<\frac{3\pi}{2}$，则角 x 等于（　　）.

A．$\frac{4\pi}{3}$　　B．$\frac{5\pi}{4}$　　C．$\frac{3\pi}{4}$　　D．$\frac{7\pi}{4}$

4．若 $\sin(\pi+x)=-\frac{\sqrt{2}}{2}$，且 $x\in[0,2\pi]$，则 $x=$_______.

5．若 $\cos(\pi-x)-1=0$，且 $x\in[0,2\pi]$，则 $x=$_______.

6．若 $1+\sqrt{3}\tan x=0$，且 $x\in[0,2\pi]$，则 $x=$_______.

§6.8　和角公式与倍角公式

知识梳理

一、两角和与差的余弦、正弦和正切

1．两角和的三角函数公式

（1）$S_{\alpha+\beta}$ ：$\sin(\alpha+\beta)=\sin\alpha\cos\beta+\cos\alpha\sin\beta$;

（2）$C_{\alpha+\beta}$ ：$\cos(\alpha+\beta)=\cos\alpha\cos\beta-\sin\alpha\sin\beta$;

（3）$T_{\alpha+\beta}$ ：$\tan(\alpha+\beta)=\dfrac{\tan\alpha+\tan\beta}{1-\tan\alpha\tan\beta}$.

2．两角差的三角函数公式

（1）$S_{\alpha-\beta}$ ：$\sin(\alpha-\beta)=\sin\alpha\cos\beta-\cos\alpha\sin\beta$;

（2）$C_{\alpha-\beta}$ ：$\cos(\alpha-\beta)=\cos\alpha\cos\beta+\sin\alpha\sin\beta$;

（3）$T_{\alpha-\beta}$ ：$\tan(\alpha-\beta)=\dfrac{\tan\alpha-\tan\beta}{1+\tan\alpha\tan\beta}$.

例 1．求下列各式的精确值.

（1）$\cos150°=$________；

（2）$\sin70°\cos25°-\cos70°\sin25°=$________；

（3）$\dfrac{1-\tan15°}{1+\tan15°}=$________.

解析：该题考查对于公式的应用以及逆用，并能进行简单的变换.

答案：（1）$-\dfrac{\sqrt{3}}{2}$；（2）$\dfrac{\sqrt{2}}{2}$；（3）$\dfrac{\sqrt{3}}{3}$.

3．由和角公式推出的结论

（1）$\cos(\alpha+\dfrac{\pi}{2})=-\sin\alpha$;　（2）$\sin(\pi-\alpha)=\sin\alpha$;　（3）$\cos(\pi-\alpha)=-\cos\alpha$;

（4）化一公式：$y=a\sin\omega x+b\cos\omega x=\sqrt{a^2+b^2}\sin(\omega x+\theta)$（其中 $\tan\theta=\dfrac{b}{a}$），$y_{\max}=\sqrt{a^2+b^2}$，$y_{\min}=-\sqrt{a^2+b^2}$，$T=\dfrac{2\pi}{\omega}$.

注：求函数 $y=a\sin\omega x+b\cos\omega x$ 的最值和周期，要运用这一公式转化为正弦型函数来完成.

例 2．函数 $y=3\sin2x-4\cos2x$ 的最大值和周期分别为（　　）.

A．7，π　　B．7，2π　　C．5，π　　D．5，2π

解析：该题根据“化一公式”，可知选 C.

二、二倍角公式

1．$S_{2\alpha}$：$\sin2\alpha=2\sin\alpha\cos\alpha$;

2．$C_{2\alpha}$：$\cos2\alpha=\cos^2\alpha-\sin^2\alpha=2\cos^2\alpha-1=1-2\sin^2\alpha$;

3．$T_{2\alpha}$：$\tan2\alpha=\dfrac{2\tan\alpha}{1-\tan^2\alpha}$.

例 3．已知 $\sin\alpha=-\dfrac{5}{13}$ ，$\alpha\in(\pi,\dfrac{3\pi}{2})$，求 $\sin2\alpha$，$\cos2\alpha$，$\tan2\alpha$,

解析：因为 $\sin\alpha=-\dfrac{5}{13}$ 且 $\alpha\in(\pi,\dfrac{3\pi}{2})$，所以

$\cos\alpha=-\sqrt{1-\sin^2\alpha}=-\sqrt{1-(-\dfrac{5}{13})^2}=-\dfrac{12}{13}$，

因此 $\sin2\alpha=2\sin\alpha\cos\alpha=2\times(-\dfrac{5}{13})\times(-\dfrac{12}{13})=\dfrac{120}{169}$，

$\cos2\alpha=\cos^2\alpha-\sin^2\alpha=(-\frac{12}{13})^2-(-\frac{5}{13})^2=\frac{119}{169}$

$\tan2\alpha=\frac{\sin2\alpha}{\cos2\alpha}=\frac{120}{169}\div\frac{119}{169}=\frac{120}{119}$．

题型归纳

1．求下列各式的值：

（1）$\sin(36°-x)\cos(54°+x)+\cos(36°-x)\sin(54°+x)=$______；

（2）$\cos(\alpha+\beta)\cos\beta+\sin(\alpha+\beta)\sin\beta=$______；

（3）$\dfrac{\tan\frac{5\pi}{12}-\frac{\sqrt{3}}{3}}{1+\frac{\sqrt{3}}{3}\tan\frac{5\pi}{12}}=$______；

（4）$\sin15°\cos15°=$______；

（5）$\cos^2\frac{\pi}{8}-\sin^2\frac{\pi}{8}=$______；

（6）$\dfrac{2\tan15°}{1-\tan^2 15°}=$______；

解析：该题考查对公式的直接应用．

答案：（1）1；（2）$\cos\alpha$；（3）1；（4）$\frac{1}{4}$；（5）$\frac{\sqrt{2}}{2}$；（6）$\frac{\sqrt{3}}{3}$．

2．已知 $\sin\alpha=\frac{3}{5}$，$\cos\beta=-\frac{5}{13}$，且α是锐角，β是钝角，求 $\sin(\alpha-\beta)$的值．

解析：∵α是锐角，β是钝角，

$\therefore\cos\alpha=\sqrt{1-\sin^2\alpha}=\sqrt{1-(\frac{3}{5})^2}=\frac{4}{5}$

$\sin\beta=\sqrt{1-\cos^2\beta}=\sqrt{1-(-\frac{5}{13})^2}=\frac{12}{13}$

$\therefore\ \sin(\alpha-\beta)=\sin\alpha\cos\beta-\cos\alpha\sin\beta=\frac{3}{5}\times(-\frac{5}{13})-\frac{4}{5}\times\frac{12}{13}=-\frac{63}{65}$．

3．已知 $\sin\alpha=\frac{3}{5}$，$\cos(\alpha+\beta)=-\frac{5}{13}$，且$\alpha$、$\beta$都是锐角，求 $\cos\beta$.

解析：先根据α、β都是锐角，求出 $\cos\alpha$ 和 $\sin(\alpha+\beta)$的值，由$\beta=(\alpha+\beta)-\alpha$可以确定利用两角差的余弦求解.

解：因为α、β 都是锐角，所以 $0<\alpha+\beta<\pi$，

所以，$\cos\alpha=\sqrt{1-\sin^2\alpha}=\sqrt{1-(\frac{3}{5})^2}=\frac{4}{5}$，

$\sin(\alpha+\beta)=\sqrt{1-\cos^2(\alpha+\beta)}$

$=\sqrt{1-(-\frac{5}{13})^2}=\frac{12}{13}$.

所以，$\cos\beta=\cos[(\alpha+\beta)-\alpha]$

$=\cos(\alpha+\beta)\cos\alpha+\sin(\alpha+\beta)\sin\alpha$

$=(-\frac{5}{13})\times\frac{4}{5}+\frac{12}{13}\times\frac{3}{5}=\frac{16}{65}$.

4．如下图所示，已知点 P 的坐标是(3, 4)，将有向线段 $\overrightarrow{OP}$ 绕原点 O 旋转 45° 到 $\overrightarrow{OP'}$ 的位置，求点 P' 的坐标(x'，y').

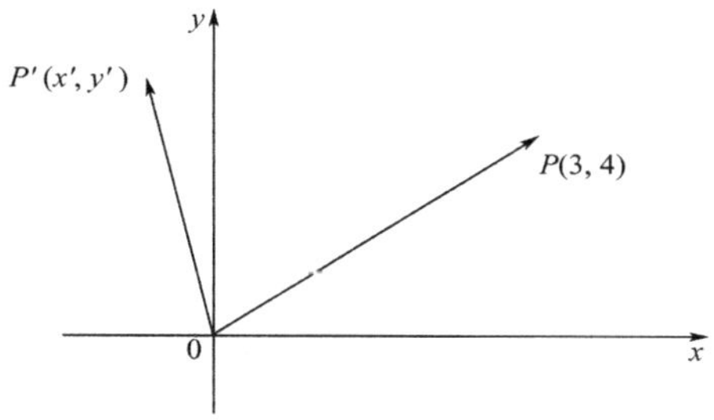

解析：设 $\angle xOP=\alpha$，则 $\angle xOP'=\alpha+45°$.

因为 $|\overrightarrow{OP}|=\sqrt{3^2+4^2}=5$，

所以 $\cos\alpha=\frac{3}{5}$，$\sin\alpha=\frac{4}{5}$.

因为 $|\overrightarrow{OP}|=|\overrightarrow{OP}|=5$，

所以 $\cos(\alpha+45°)=\frac{x'}{5}$，$\sin(\alpha+45°)=\frac{y'}{5}$.

于是 $x'=5\cos(\alpha+45°)$

$=5(\cos\alpha\cos45°-\sin\alpha\sin45°)$

$=5(\frac{3}{5}\times\frac{\sqrt{2}}{2}-\frac{4}{5}\times\frac{\sqrt{2}}{2})=-\frac{\sqrt{2}}{2}$，

$y'=5\sin(\alpha+45°)$

$=5(\sin\alpha\cos45°+\cos\alpha\sin45°)$

$=5(\frac{4}{5}\times\frac{\sqrt{2}}{2}+\frac{3}{5}\times\frac{\sqrt{2}}{2})=\frac{7\sqrt{2}}{2}$，

所以 $P'(-\frac{\sqrt{2}}{2}，\frac{7\sqrt{2}}{2})$.

5．求函数 $y=2\sin3x-2\cos3x$ 的周期、最值和单调区间.

解析：根据函数 $y=a\sin\omega x+b\cos\omega x$ 的化一公式变形，进而可求出函数的周期、最值和单调区间.

$y=2\sin3x-2\cos3x=2\sqrt{2}(\frac{\sqrt{2}}{2}\sin3x-\frac{\sqrt{2}}{2}\cos3x)$

$=2\sqrt{2}(\sin3x\cos\frac{\pi}{4}-\cos3x\sin\frac{\pi}{4})$

$=2\sqrt{2}\sin(3x-\frac{\pi}{4})$

所以周期 $T=\frac{2\pi}{3}$，$y_{max}=2\sqrt{2}$，$y_{min}=-2\sqrt{2}$.

当 $-\frac{\pi}{2}+2k\pi\leqslant 3x-\frac{\pi}{4}\leqslant\frac{\pi}{2}+2k\pi$，$k\in\mathbf{Z}$ 时，

$-\frac{\pi}{4}+2k\pi\leqslant 3x\leqslant\frac{3\pi}{4}+2k\pi$，$k\in\mathbf{Z}$，$-\frac{\pi}{12}+\frac{2k\pi}{3}\leqslant x\leqslant\frac{\pi}{4}+\frac{2k\pi}{3}$，$k\in\mathbf{Z}$.

所以该函数的单调递增区间为 $[-\frac{\pi}{12}+\frac{2k\pi}{3},\frac{\pi}{4}+\frac{2k\pi}{3}]$（$k\in\mathbf{Z}$）

当 $\frac{\pi}{2}+2k\pi\leqslant 3x-\frac{\pi}{4}\leqslant\frac{3\pi}{2}+2k\pi$，$k\in Z$ 时，

$\frac{3\pi}{4}+2k\pi\leqslant 3x\leqslant\frac{7\pi}{4}+2k\pi$，$k\in\mathbf{Z}$，$\frac{\pi}{4}+\frac{2k\pi}{3}\leqslant x\leqslant\frac{7\pi}{12}+\frac{2k\pi}{3}$，$k\in\mathbf{Z}$，

所以该函数的单调递减区间为 $[\frac{\pi}{4}+\frac{2k\pi}{3},\frac{7\pi}{12}+\frac{2k\pi}{3}]$（$k\in\mathbf{Z}$）.

6．求函数 $y=2\cos^2x+2\sin x-5$ 的最大值、最小值以及取得最大、最小值时 x 的取值集合.

解析：该题是利用配方法求函数 $y=f(\sin x)$ 的最值.

$$y=2\cos^2x+2\sin x-5=2(1-\sin^2x)+2\sin x-5=-2\sin^2x+2\sin x-3=-2(\sin^2x-\sin x+\frac{1}{4})-\frac{5}{2}$$

$$=-2(\sin x-\frac{1}{2})^2-\frac{5}{2},$$

所以当 $\sin x=\frac{1}{2}$ 时，$y_{max}=-\frac{5}{2}$，此时 $x=\frac{\pi}{6}+2k\pi$ 或 $\frac{5\pi}{6}+2k\pi$，$k\in\mathbf{Z}$，

函数取得最大值时，x 的取值集合为 $\{x\mid x=\frac{\pi}{6}+2k\pi$ 或 $\frac{5\pi}{6}+2k\pi, k\in\mathbf{Z}\}$，

当 $\sin x=-1$ 时，$y_{min}=-7$，此时 $x=-\frac{\pi}{2}+2k\pi$，$k\in\mathbf{Z}$，

函数取得最小值时，x 的取值集合为 $\{x\mid x=-\frac{\pi}{2}+2k\pi，k\in\mathbf{Z}\}$.

基础训练

1．$\sin70^\circ\cos25^\circ-\sin20^\circ\sin25^\circ$ 等于（　　）.

A．$\frac{\sqrt{3}}{2}$　　B．$\frac{\sqrt{2}}{2}$　　C．$-\frac{\sqrt{3}}{2}$　　D．$-\frac{\sqrt{2}}{2}$

2．$\cos(x+60^\circ)+\cos(x-60^\circ)$ 等于（　　）.

A．$\cos120^\circ$　　B．$\sin x$　　C．$\cos x$　　D．$\sqrt{3}\cos x$

3．化简 $1+2\cos^2\theta-\cos2\theta$ 的结果为（　　）.

A．1　　B．2　　C．3　　D．4

4．已知 $\sin\alpha=\frac{3}{5}$，$\cos\beta=-\frac{5}{13}$，且 α 是锐角，β 是钝角，则 $\cos(\alpha-\beta)$ 的值为（　　）.

A．$\frac{33}{65}$　　B．$-\frac{33}{65}$　　C．$-\frac{63}{65}$　　D．$\frac{16}{65}$

5．已知 $\sin\alpha+\cos\alpha=\dfrac{1}{2}$，则 $\sin2\alpha$等于（　　）．

A．$\dfrac{3}{4}$　　B．$-\dfrac{3}{4}$　　C．$\dfrac{1}{4}$　　D．$-\dfrac{1}{4}$

6．已知向量 $\overrightarrow{OP}=(4, 4)$，绕坐标原点旋转$-90°$ 到$\overrightarrow{OP_1}$的位置，则点 P_1 的坐标为（　　）．

A．$(-4, 4)$　　B．$(-4, -4)$

C．$(4, -4)$　　D．$(-8, 8)$

7．如果 $\sin\alpha-\sqrt{3}\cos\alpha=2a-3$，则实数 a 的取值范围是（　　）．

A．$(\dfrac{1}{2}, \dfrac{5}{2})$　　B．$[\dfrac{1}{2}, \dfrac{5}{2}]$

C．$[\dfrac{1}{2}, \dfrac{3}{2}]$　　D．$(\dfrac{1}{2}, \dfrac{3}{2})$

8．函数 $y=\sin 2x+\cos 2x$ 的最大值和最小值分别为（　　）．

A．2，-2　　B．$\sqrt{2}$，-2

C．2，$-\sqrt{2}$　　D．$\sqrt{2}$，$-\sqrt{2}$

9．已知函数$f(x)=\vec{a}\cdot\vec{b}$，其中向量$\vec{a}=(m, \cos2x)$，$\vec{b}=(1+\sin2x, 1)$，$x\in\mathbf{R}$，且函数$y=f(x)$的图像经过点$(\dfrac{\pi}{4}, 2)$．

（1）求实数 m 的值；（2）求函数的最小值及此时 x 的取值集合．

提升训练

1．已知 $\cos(x-\dfrac{\pi}{4})=\dfrac{\sqrt{2}}{6}$，则 $\sin 2x$ 等于（　　）．

A．$\dfrac{2}{3}$　　B．$-\dfrac{2}{3}$　　C．$-\dfrac{8}{9}$　　D．$\dfrac{8}{9}$

2．已知 $\sin\alpha\cos\alpha=\dfrac{1}{2}$，那么 $\sin\alpha-\cos\alpha$ 的值为（　　）．

A．-1　　B．0　　C．1　　D．±1

3．若 $3\sin\theta=\cos\theta$，则 $\cos2\theta+\sin2\theta$ 的值等于（　　）．

A．$\dfrac{7}{5}$　　B．$-\dfrac{7}{5}$　　C．$-\dfrac{3}{5}$　　D．$\dfrac{3}{5}$

4．函数 $y=2\sin^2x+4\sin x+2$ 的最大值和最小值分别为（　　）．

A．6，0　　B．6，-1　　C．8，0　　D．8，-1

5．函数 $y=2\cos^2x+4\sin x+2$ 的最大值和最小值分别为（　　）．

A．6，-2　　B．6，0　　C．8，0　　D．8，-2

6．函数 $y=2\cos^2\dfrac{x}{2}-\sqrt{3}\sin x$ 的最大值和周期分别为（　　）．

A．3，π　　B．3，4π

C．3，2π　　D．$2+\sqrt{3}$，2π

7．函数 $y=\sin x+\cos x$ 在闭区间（　　）.

A．$[-\frac{\pi}{2},\frac{\pi}{2}]$上是增函数　　B．$[-\frac{3\pi}{4},\frac{\pi}{4}]$上是增函数

C．$[-\pi,0]$ 上是增函数　　D．$[-\frac{\pi}{4},\frac{3\pi}{4}]$上是增函数

8．函数 $y=\cos^2x+\sin x$，在 $x\in[-\frac{\pi}{4},\frac{\pi}{4}]$上的最小值是（　　）.

A．$\frac{1-\sqrt{2}}{2}$　　B．$-\frac{5}{4}$　　C．$-\frac{3}{4}$　　D．-1

9．若函数 $y=2\sin x+\sqrt{a}\cos x+4$ 的最小值是 1，则 $a=$__________.

10．设 $f(x)=\sin x+\cos x$，若$\frac{\pi}{4}<x_1<x_2<\frac{\pi}{2}$，则 $f(x_1)$ 与 $f(x_2)$ 的大小关系是________.

11．已知 $\cos\alpha-\cos\beta=\frac{1}{2}$，$\sin\alpha-\sin\beta=\frac{1}{3}$，求 $\cos(\alpha-\beta)$的值.

12．求函数 $y=1-2\sin^2x+2\sin x\cos x$ 的最大值、最小值及周期.

13．求函数 $y=\sin2x+\cos^2x+3\sin^2x$ 的最大值和最小值.

14．已知函数 $y=\sqrt{3}\sin2x+\cos2x$，$x\in\mathbf{R}$.

（1）求函数的周期；

（2）求函数的最大、最小值，并求 x 为何值时函数有最大、最小值；

（3）求函数的单调区间.

15．已知函数 $f(x)=2\cos x\sin\left(x+\frac{\pi}{3}\right)-\sqrt{3}\sin^2x+\sin x\cos x$，$x\in\mathbf{R}$.

（1）求函数的最大值、最小值和周期；

（2）求使函数取得最大值和最小值的 x 的集合；

（3）用“五点法”作出函数在长度为一个周期的闭区间上的简图；

（4）写出函数的单调区间.

§6.9　解 三 角 形

知识梳理

一、余弦定理

1．余弦定理：三角形任何一边长的平方等于其他两边长的平方和减去这两边的长与它们的夹角的余弦乘积的 2 倍．即 $a^2=b^2+c^2-2bc\cos A$；$b^2=a^2+c^2-2ac\cos B$；$c^2=a^2+b^2-2ab\cos C$.

变形形式为 $\cos A=\frac{b^2+c^2-a^2}{2bc}$；$\cos B=\frac{a^2+c^2-b^2}{2ac}$；$\cos C=\frac{a^2+b^2-c^2}{2ab}$.

2．余弦定理的应用

（1）求三角形的未知元素.

① 已知三角形的两边及其夹角，求其他元素；② 已知三角形的三边求其他元素.

由三角形的已知元素求未知元素的过程称为解三角形.

（2）判断三角形的形状.

通过求三角形最大边所对角的余弦值，来判断三角形的形状.

例 1．在△ABC 中，a：b：$c=(\sqrt{3}+1)$：$\sqrt{6}$：2，求△ABC 的最小角.

解析：求三角形的最大（小）角的一般思路是：①先判断出最大（小）边；②求最大（小）边所对角的余弦值；③根据所求的余弦值确定角的值.

解：因为 a：b：$c=(\sqrt{3}+1)$：$\sqrt{6}$：2，所以设 $a=(\sqrt{3}+1)x$，$b=\sqrt{6}x$，$c=2x$（$x>0$），

显然 $a>b>c$，所以 $A>B>C$，即最小角为∠C.

由余弦定理得

$$\cos C=\frac{a^2+b^2-c^2}{2ab}=\frac{(\sqrt{3}+1)^2x^2+(\sqrt{6}x)^2-(2x)^2}{2(\sqrt{3}+1)x\sqrt{6}x}$$

$$=\frac{(\sqrt{3}+1)^2+(\sqrt{6})^2-(2)^2}{2(\sqrt{3}+1)\sqrt{6}}=\frac{\sqrt{2}}{2},$$

所以∠C=45°，即△ABC 的最小角为 45°.

二、三角形的面积

三角形的面积，等于它的任意两边及其夹角的正弦乘积的一半．即 $S=\frac{1}{2}ab\sin C=\frac{1}{2}bc\sin A=\frac{1}{2}ac\sin B$．

例 2．在△*ABC* 中，已知∠*B*=60°，$c=4$，$S_{\triangle ABC}=6\sqrt{3}$，求三角形其他两边的长．

解析： 此题主要考查三角形的面积公式、余弦定理两方面的知识．

解： 由三角形面积公式得 $\frac{1}{2}ac\sin B=6\sqrt{3}$，

解得 $a=6$;

由余弦定理得 $b^2=a^2+c^2-2ac\cos B$

$=36+16-2\times6\times4\times\frac{1}{2}$

$=28$，

所以 $b=2\sqrt{7}$．

三、正弦定理

1．正弦定理

在一个三角形中，各边和它所对的角的正弦的比值相等．即 $\frac{a}{\sin A}=\frac{b}{\sin B}=\frac{c}{\sin C}=2R$（其中 R 为三角形外接圆的半径）．

2．正弦定理的应用

（1）求三角形的未知元素．

① 已知三角形的两条角和一条边，求其他元素（注：只有一解）；

② 已知三角形的两条边和其中一边所对的角，求其他元素（注：可能有一解、两解或无解）．

（2）判断三角形的形状．

例 3．在△*ABC* 中，已知 $b=3$，$c=3\sqrt{3}$，∠*B*=30°，求 a．

解析： 凡已知两边和其中一边的对角解三角形时，一定要注意解的情况，在得出 $\sin C=\frac{\sqrt{3}}{2}$ 以后，应考虑在 0° 到 180° 之间正弦值等于 $\frac{\sqrt{3}}{2}$ 的角 C 有两个，一个锐角，一个钝角，两个角是否都符合要求，还要根据“大边对大角”来判断．

解： 由正弦定理得 $\frac{b}{\sin B}=\frac{c}{\sin C}$，

即 $\frac{3}{\sin30^\circ}=\frac{3\sqrt{3}}{\sin C}$，

所以 $\sin C=\frac{3\sqrt{3}\sin30^\circ}{3}=\frac{\sqrt{3}}{2}$．

因为 $c>b$，所以∠*C*=60° 或∠*C*=120°．

当∠*C*=60° 时，∠*A*=180°−∠*B*−∠*C*=180°−30°−60°=90°，

则 $a^2=b^2+c^2=9+27=36$，$a=6$；

当 $\angle C=120°$ 时，$\angle A=180°-\angle B-\angle C=180°-30°-120°=30°$，

则 $\angle A=\angle B$，$a=b=3$.

题型归纳

1．在△ABC 中，$a^2=b^2+c^2+bc$，则 $\angle A$ 等于（　　）.

A．120°　　B．60°　　C．45°　　D．30°

解析：结合余弦定理，对所给条件进行简单变形即可．答案为 A.

2．在△ABC 中，$\sin A=\frac{4}{5}$，且 A 为钝角，$AB=3$，$AC=5$，则 BC 等于（　　）.

A．$2\sqrt{13}$　　B．$\sqrt{10}$　　C．4　　D．$2\sqrt{10}$

解析：根据 $\sin A=\frac{4}{5}$，且 A 为钝角，可知 $\cos A=-\frac{3}{5}$，再根据余弦定理可求出 BC 的值．答案为 A.

3．在△ABC 中，$a=2$，$b=\sqrt{2}$，$\angle A=\frac{\pi}{4}$，则 $\angle B$ 等于（　　）.

A．$\frac{\pi}{6}$　　B．$\frac{\pi}{3}$　　C．$\frac{\pi}{6}$ 或 $\frac{5\pi}{6}$　　D．$\frac{\pi}{3}$ 或 $\frac{2\pi}{3}$

解析：该题考查对于正弦定理的应用，根据“大边对大角”可舍去一个值，答案为 A.

4．在△ABC 中，$\angle A=\frac{\pi}{6}$，$a=10$，$b=10\sqrt{2}$，则 $\angle B$ 等于（　　）.

A．$\frac{\pi}{4}$　　B．$\frac{3\pi}{4}$　　C．$\frac{\pi}{6}$ 或 $\frac{5\pi}{6}$　　D．$\frac{\pi}{4}$ 或 $\frac{3\pi}{4}$

解析：该题考查对于正弦定理的应用．根据“大边对大角”两个值都合题意．答案为 D.

5．在△ABC 中，$a=2$，$\angle A=30°$，$\angle C=45°$，则 b 等于（　　）.

A．$\sqrt{6}-\sqrt{2}$　　B．$\sqrt{6}+\sqrt{2}$　　C．$2\sqrt{2}$　　D．$2\sqrt{6}$

解析：该题由 $\angle A=30°$，$\angle C=45°$，可知 $\angle B=105°$，进而根据和角公式可求出 $\sin105°$ 的值，根据正弦定理可得答案为 B.

6．在△ABC 中，若 $a=2$，$c=1$，$\angle B=30°$，则△ABC 是（　　）.

A．直角三角形　　B．锐角三角形　　C．钝角三角形　　D．等腰三角形

解析：该题是应用余弦定理判断三角形的形状．由 $b^2=a^2+c^2-2ac\cos B=5-2\sqrt{3}$，可知边最长为 a，所以 $\angle A$ 最大，根据余弦定理的变形形式可知 $\cos A<0$，故△ABC 为钝角三角形，选 C.

7．在△ABC 中，若 $b\sin B=c\sin C$，则△ABC 的形状为（　　）.

A．直角三角形　　B．锐角三角形　　C．等边三角形　　D．等腰三角形

解析：由 $b\sin B=c\sin C$，可得 $\frac{b}{c}=\frac{\sin C}{\sin B}$，根据正弦定理可知 $\frac{\sin C}{\sin B}=\frac{c}{b}$，所以 $\frac{b}{c}=\frac{c}{b}$，即 $b^2=c^2$，所以 $b=c$，选 D.

8．在△ABC 中，已知 $a=8$，$b=6$，$\angle C=60°$，则 $S_{\triangle ABC}=$________.

解析：该题主要考查三角形面积公式的应用，答案为 $12\sqrt{3}$.

基础训练

1．已知 $a=\sqrt{3}$，$b=2$，$c=\sqrt{5}$，可判断△ABC 的形状为（　　）.

A．锐角三角形　　B．直角三角形　　C．钝角三角形　　D．不确定

2．△ABC 中三边分别为 a，b，$\sqrt{a^2+ab+b^2}$，则△ABC 的最大角为（　　）.

A．90°　　B．60°　　C．120°　　D．150°

3．在△ABC 中，已知 $a=2\sqrt{3}$，$b=2$，若∠B=30°，则∠A 等于（　　）.

A．30°　　B．60°　　C．30°或 150°　　D．60°或 120°

4．在△ABC 中，若 $a:b:c=1:\sqrt{3}:2$，则∠A : ∠B : ∠C 等于（　　）.

A．1 : 2 : 3　　B．2 : 3 : 1　　C．1 : 3 : 2　　D．3 : 1 : 2

5．在△ABC 中，若 $a^2-b^2-c^2=bc$，则∠A=________.

6．在△ABC 中，$a=\sqrt{3}$，$b=2$，$c=\sqrt{5}$，则△ABC 的面积为________.

提升训练

1．在△ABC 中，AB=4，AC=6，且 $2\cos(B+C)-1=0$，那么 BC 的长度是（　　）.

A．8　　B．$2\sqrt{10}$　　C．$2\sqrt{19}$　　D．$2\sqrt{7}$

2．在△ABC 中，a=3，b=4，且 $c^2=a^2+b^2+ab$，则△ABC 的面积是（　　）.

A．3　　B．6　　C．$3\sqrt{3}$　　D．$6\sqrt{3}$

3．在△ABC 中，$b=4\sqrt{2}$，∠A=105°，∠B=45°，则 c 等于（　　）.

A．4　　B．$4\sqrt{2}$　　C．$4\sqrt{3}$　　D．$2(\sqrt{6}+\sqrt{2})$

4．在△ABC 中，若 $\sin^2A+\sin^2B=\sin^2C$，则该三角形是（　　）.

A．锐角三角形　　B．直角三角形　　C．钝角三角形　　D．等边三角形

5．在△ABC 中，a=4，b=6，当△ABC 的面积最大时，∠C 的值是（　　）.

A．30°　　B．45°　　C．60°　　D．90°

6．在△ABC 中，b=30，$S_{\triangle ABC}=180$，则 c 的最小值是（　　）.

A．32　　B．24　　C．12　　D．16

7．在△ABC 中，已知 AB=5，AC=3，∠A 的余弦值是方程 $2x^2-3x-2=0$ 的根，则 BC 的长是（　　）.

A．7　　B．6　　C．4　　D．5

8．在△ABC 中，$a=\sqrt{2}$，∠A=45°，∠B=60°，则 b=________.

9．在△ABC 中，∠A=60°，AC=16，面积 $S=220\sqrt{3}$，则 BC 的长为________.

10．在△ABC 中，a=3，$b=2\sqrt{6}$，∠B=2∠A.

（1）求 $\cos B$ 的值；（2）求 c 的值.

11．已知$\triangle ABC$是锐角三角形，边a，b是方程$x^2-2\sqrt{3}x+2=0$的两个根，角A，B满足$2\sin(A+B)-\sqrt{3}=0$．求：

（1）角C的度数；（2）边c的长度；（3）$\triangle ABC$的面积．

§6.10　三角解答题研究

题型一　同角三角函数关系式的应用

例 1　已知$\sin\alpha$和$\cos\alpha$分别是方程$2x^2-(\sqrt{3}-1)x+m=0$的两个实根．

求：（1）实数m的值；（2）当α为第四象限角时，求$\tan\alpha$的值．

解析：本题是一元二次方程中根与系数关系和同角三角函数关系式的综合应用．因为已知给出了方程的两个根$\sin\alpha$和$\cos\alpha$，由此考虑到根与系数关系式，再结合同角三角函数关系式$\sin^2\alpha+\cos^2\alpha=1$，就得到一个关于$m$的方程，解方程即可．（2）由（1）得到$m$的值，代入原方程就可求得方程的两个根，再根据角α为第四象限角，即可确定$\sin\alpha$和$\cos\alpha$的值．

解：由已知得　$\sin\alpha+\cos\alpha=\dfrac{\sqrt{3}-1}{2}$，$\sin\alpha\cos\alpha=m$，

$\sin^2\alpha+\cos^2\alpha=(\sin\alpha+\cos\alpha)^2-2\sin\alpha\cos\alpha=1$，解得$m=-\dfrac{\sqrt{3}}{2}$；

(2)当$m=-\dfrac{\sqrt{3}}{2}$时，方程可化为$2x^2-(\sqrt{3}-1)x-\dfrac{\sqrt{3}}{2}=0$，

解方程得，$x_1=\dfrac{\sqrt{3}}{2}$，$x_2=\dfrac{1}{2}$．

因为α为第四象限角，$\sin\alpha<0$，$\cos\alpha>0$，

所以$\sin\alpha=-\dfrac{\sqrt{3}}{2}$，$\cos\alpha=\dfrac{1}{2}$，$\tan\alpha=-\sqrt{3}$．

基础训练

1.已知$\sin\alpha=2\cos\alpha$，求下列各式的值

（1）$\dfrac{\sin\alpha+3\cos\alpha}{\sin\alpha-\cos\alpha}$；

（2）$\sin2\alpha$．

2. $\triangle ABC$ 中，A，B，C 为三角形的内角，$\tan A=3$，求 $\sin A+\cos A$.

题型二　任意角三角函数定义的应用

例 2　已知 α 终边上一点 $P(3,4)$，现将有向线段 $\overrightarrow{OP}$ 绕原点 O 旋转 $\alpha+45^0$ 到 $\overrightarrow{OP_1}$ 的位置，求点 P_1 的坐标.

解析：设 P_1（x，y），由任意角三角函数的定义，得 $\left|\overrightarrow{OP}\right|=r=\sqrt{3^2+4^2}=5$，则 $\sin\alpha=\frac{y}{r}=\frac{4}{5},\cos\alpha=\frac{x}{r}=\frac{3}{5}$. 旋转前后 r 的值是不变的，旋转后角为 $2\alpha+45°$，所以利用任意角三角函数定义及倍角公式求得 $\sin2\alpha$，$\cos2\alpha$，再由和角公式即可得答案.

注：本题目提醒我们应该注意基本概念的学习与运用

解：由题意得，$\sin\alpha=\frac{4}{5}$，$\cos\alpha=\frac{3}{5}$，

设 P_1（x，y），$|OP_1|=5$，则 $x=5\cos(2\alpha+45°)$，$y=\sin(2\alpha+45°)$

$$\sin2\alpha=2\sin\alpha\cos\alpha=\frac{24}{25},$$

$$\cos2\alpha=\cos^2\alpha-\sin^2\alpha=-\frac{7}{25},$$

所以 $\cos(2\alpha+45°)=\cos2\alpha\cos45°-\sin2\alpha\sin45°=-\frac{31\sqrt{2}}{50}$，

$$\sin(2\alpha+45°)=\sin2\alpha\cos45°+\cos2\alpha\sin45°=\frac{17\sqrt{2}}{50},$$

所以 $x=-\frac{31\sqrt{2}}{10}$，$y=\frac{17\sqrt{2}}{10}$.

基础训练

1.　已知点 P 的坐标为（-1，2），点 Q 的坐标为（6，-8），O 为坐标原点，求 $\cos\angle POQ$ 的值 .

题型三　和角公式、倍角公式以及化一公式的应用

例 3　已知函数 $f(x)=\sin\omega x\cos\omega x+\cos^2\omega x(\omega>0)$ 的最小正周期为 π.

（1）求 ω 的值；

（2）求函数 $f(x)$ 的最大值，并求使函数取得最大值时 x 的取值集合；

（3）求函数 $f(x)$ 的单调递增区间.

解析：这是一个典型的三角恒等变换，一般解题程序是先利用降幂，再逆用和角的正弦公式将式子化为正弦型函数，借助正弦型函数的知识进行求解.

注：降幂公式：$\sin^2\alpha=\dfrac{1-\cos^2\alpha}{2}$，$\cos^2\alpha=\dfrac{1+\cos^2\alpha}{2}$

解：$f(x)=\dfrac{1}{2}\sin 2\varpi x+\dfrac{1}{2}\cos 2\varpi x+\dfrac{1}{2}$

$=\dfrac{\sqrt{2}}{2}\sin(2\varpi x+\dfrac{\pi}{4})$

（1）$\varpi=1$

（2）最大值为 $\dfrac{\sqrt{2}}{2}$，此时 $x\in\{x|x=k\pi+\dfrac{\pi}{8}，k\in Z\}$

（3）$2k\pi-\dfrac{\pi}{2}\leqslant 2x+\dfrac{\pi}{4}\leqslant 2k\pi+\dfrac{\pi}{2}$，解得 $k\pi-\dfrac{3\pi}{8}\leqslant x\leqslant k\pi+\dfrac{\pi}{8}$，

所以函数的单调递增区间是 $[k\pi-\dfrac{3\pi}{8}，k\pi+\dfrac{\pi}{8}]$，$k\in Z$.

基础训练

1. 已知函数 $f(x)=2\cos x\sin(x-\dfrac{\pi}{3})+\sqrt{3}\sin 2x+\sin x\cos x(x\in R)$

（1）求函数的最值和周期.

（2）求函数的单调递减区间.

题型四　三角计算与向量的结合

例 4　已知向量 $\vec{a}=(\cos\alpha, \sin\alpha)$，$\vec{b}=(-\cos\beta, \sin\beta)$，(其中 $\alpha, \beta\in\mathbf{R}$)，$|\vec{a}-\vec{b}|=\dfrac{3\sqrt{5}}{5}$.

（1）求 $\cos(\alpha+\beta)$；

（2）若 $0<\alpha<\dfrac{\pi}{2}$，$0<\beta<\dfrac{\pi}{2}$，且 $\sin\beta=\dfrac{12}{13}$，求 $\cos\alpha$.

解析：三角与向量的结合是本节的特色．由向量的模长公式，

$|\vec{a}-\vec{b}|^2=(\vec{a}-\vec{b})^2=|\vec{a}|^2-2\vec{a}\cdot\vec{b}+|\vec{b}|^2$

而同时 $\vec{a}\cdot\vec{b}=-\cos\alpha\cos\beta+\sin\alpha\sin\beta=\cos(\alpha+\beta)$，于是可以解得答案.

（2）中可以凑角可得$\beta=(\alpha+\beta)-\alpha$，再由和角公式得答案，运算时注意角的范围

解：已知得，$|\vec{a}|=1$，$|\vec{b}|=1$，

$|\vec{a}-\vec{b}|^2=(\vec{a}-\vec{b})^2=|\vec{a}|^2-2\vec{a}\cdot\vec{b}+|\vec{b}|^2=\frac{9}{5}$，代入得$\vec{a}\cdot\vec{b}=\frac{1}{10}$，

又因为$\vec{a}\cdot\vec{b}=-\cos\alpha\cos\beta+\sin\alpha\sin\beta=\cos(\alpha+\beta)$，

所以$\cos(\alpha+\beta)=\frac{1}{10}$.

（2）$0<\beta<\frac{\pi}{2}$，$\sin\beta=\frac{12}{13}$，所以$\cos\beta=\frac{5}{13}$，

由已知$0<\alpha<\frac{\pi}{2}$，$0<\beta<\frac{\pi}{2}$，所以$0<\alpha+\beta<\pi$，

$\cos(\alpha+\beta)=\frac{1}{10}$，$\sin(\alpha+\beta)=\frac{3\sqrt{11}}{10}$，

则 $\cos\alpha=\cos[(\alpha+\beta)-\beta]=\cos(\alpha+\beta)\cos\beta+\sin(\alpha+\beta)\sin\beta=\frac{5+36\sqrt{11}}{130}$.

基础训练

1. 设函数$f(x)=\vec{a}\cdot(\vec{b}+\vec{c})$，其中向量$\vec{a}=(\sin x, -\cos x)$，$\vec{b}=(\sin x, -3\cos x)$，$\vec{c}=(-\cos x, \sin x)$，$x\in\mathbf{R}$，求函数$f(x)$的最大值与最小正周期.

题型五　综合二次函数求最值问题

例5　已知函数$y=\cos 2x-2\cos x$.

（1）求y的最大值和最小值；

（2）在$[0, \pi]$内写出当y最大和最小时x的值.

解析：这类题目的特点是三角函数的次数既有二次，也有一次，解答方法是利用换元，转化为一元二次函数，变为二次函数在给定范围内求值域的问题. 本题求解时可以利用倍角公式$\cos 2x=2\cos^2x-1$. 再设$t=\cos x$，则原式变为$y=2t^2-2t-1$，$-1\leqslant t\leqslant 1$，求二次函数的值域的问题.（2）在$[0, \pi]$内，不同的只是t的范围不同，其余方法一致.

解：$y=2\cos^2x-2\cos x-1$，设$t=\cos x$，则$-1\leqslant t\leqslant 1$，

$y=2t^2-2t-1=2(t-\frac{1}{2})^2-\frac{3}{2}$，$-1\leqslant t\leqslant 1$，

当 $t=\frac{1}{2}$ 时，$y_{min}=\frac{3}{2}$，当 $t=-1$ 时，$y_{max}=3$；

(2)$x\in[0,\pi]$，$\cos x=\frac{1}{2}$，$x=\frac{\pi}{3}$ 时，y 取最小值，$\cos x=-1$，$x=\pi$ 时，y 有最大值.

基础训练

1．求函数 $y=\sin^2 x+\cos x-1$ 的最大值及取得最大值时 x 的取值集合.

题型六　有关正弦型函数图像的问题

例 6　函数 $f(x)=A\sin(\omega x+\varphi)$（$A,\omega,\varphi$ 为常数，$A>0$，$\omega>0,0<\varphi<\pi$）的部分图像如左上图所示，则 $f\left(\frac{\pi}{6}\right)$ 的值是________.

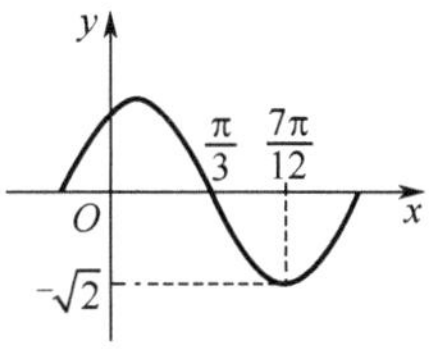

解析：据图像求函数解析式，一般先求 A，再求 ϖ，最后求 φ．在本题中，$A=\sqrt{2}$，设 T 为周期，则 $\frac{T}{4}=(\frac{7\pi}{12}-\frac{\pi}{3})=\frac{\pi}{4}$，$T=\pi$，$\varpi=\frac{2\pi}{T}=2$，求 φ 可以利用特殊值，$x=\frac{7\pi}{12}$ 时，y 有最小值，所以 $2\times\frac{7\pi}{12}=\frac{3\pi}{2}+2k\pi$，再根据 φ 的范围求出值即可.

解：由图像可知，$A=\sqrt{2}$，$\frac{T}{4}=(\frac{7\pi}{12}-\frac{\pi}{3})=\frac{\pi}{4}$，$T=\pi$，$\varpi=\frac{2\pi}{T}=2$

当 $x=\frac{7\pi}{12}$ 时，y 有最小值，所以 $2\times\frac{7\pi}{12}+\varphi=\frac{3\pi}{2}+2k\pi$，$\varphi=\frac{\pi}{3}+2k\pi,k\in Z$，

$K=0$，$\varphi=\frac{\pi}{3}$，所以 $f(\frac{\pi}{6})=\sqrt{2}\sin(2\times\frac{\pi}{6}+\frac{\pi}{3})=\frac{\sqrt{6}}{2}$.

基础训练

1. 把函数 $y=\sin(2x+\frac{\pi}{3})$ 的图像向右平移 $\frac{\pi}{6}$ 个单位，再把所得图像上各点的横坐标伸长到原来的 2 倍，所得图像对应的函数为 $y=f(x)$.

（1）求 $y=f(x)$的解析式；

（2）求 $y=f(x)$的单调递增区间.

题型七　解三角形问题

例 7　已知 $\triangle ABC$ 中，$AC=6$，$\angle C=\frac{\pi}{4}$，$\cos B=\frac{4}{5}$.

求：（1）AB 的长；

（2）求$\triangle ABC$ 的面积.

解析：求解有关三角形的问题，我们可用的定理有 $A+B+C=\pi$，

正弦定理 $\frac{a}{\sin A}=\frac{b}{\sin B}=\frac{c}{\sin C}=2R$，

余弦定理：$\begin{cases}a^2=b^2+c^2-2bc\cos A,\\ b^2=a^2+c^2-2ac\cos B,\\ c^2=a^2+b^2-2ab\cos C.\end{cases}\Rightarrow\begin{cases}\cos A=\frac{b^2+c^2-a^2}{2bc},\\ \cos B=\frac{a^2+c^2-b^2}{2ac},\\ \cos C=\frac{a^2+b^2-c^2}{2ab}.\end{cases}$

已知两角一边，两边及一边的对角可以使用正弦定理；已知三条边，两边及两边的夹角可以使用余弦定理．本题中由 $\cos B$ 求出 $\sin B$，再利用正弦定理即可．（2）中利用面积公式、和角公式求出即可.

解：（1）$\cos B=\frac{4}{5}$，所以 $0<B<\frac{\pi}{2}\neq$，$\sin B=\sqrt{1-\cos^2 B}=\frac{3}{5}$，

由正弦定理，$\frac{AB}{\sin\frac{\pi}{4}}=\frac{6}{\sin B}$，解得 $AB=5\sqrt{2}$

（2）$\sin A=\sin(B+\frac{\pi}{4})=\sin B\cos\frac{\pi}{4}+\cos B\sin\frac{\pi}{4}=\frac{7\sqrt{2}}{10}$，

$S_{\Delta}=\frac{1}{2}bc\sin A=\frac{1}{2}\times6\times5\sqrt{2}\times\frac{7\sqrt{2}}{10}=21$.

例 8　如图 6-10 所示，甲、乙两船同时从港口 O 处出发，甲船以 25 海里/小时的速度向东行驶，乙船以固定的速度沿着北偏西 30°的方向行驶，2 小时后，甲船到达 A 处，乙船到达 B 处．已知甲、乙两船间的距离 AB 为 70 海里．

（1）求乙船的速度？

（2）此时乙船位于甲船北偏西多少度的方向上（精确到 0.1）？

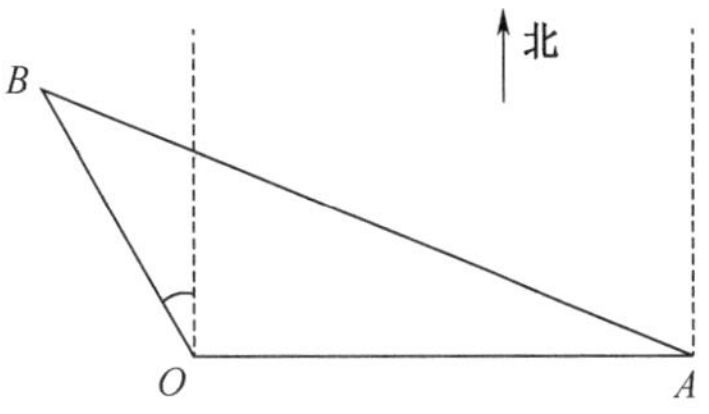

图 6-10

解析：这是三角应用题的常见题型，以方位角，距离为主要特征．其方法为将距离转化为三角形的边长，方位角转化为三角形的内角．借助正弦定理，余弦定理解答．注意所有的正北方向都平行，北南方向与东西方向均垂直．本题中，$\angle AOB=120°$，$OA=50$，$AB=70$，求 OB 可由正弦定理求出 $\sin\angle B$，再利用三角形内角和及和角公式求出 $\sin\angle OAB$，最后用正弦定理解出 OB.

解：由已知，$\angle AOB=120°$，$OA=50$，$AB=70$，

由正弦定理，$\frac{AB}{\sin120°}=\frac{50}{\sin B}$，$\sin B=\frac{5\sqrt{3}}{14}$，所以 $\cos B=\frac{11}{14}$.

由 $\sin\angle OAB=\sin(120°+B)=\sin120°\cos B+\cos120°\sin B=\frac{4\sqrt{3}}{7}$.

又因为 $\frac{AB}{\sin120°}=\frac{OB}{\sin A}$，解得 $OB=80$，$80\div2=40$，

所以乙船的速度为 40 海里/小时.

（2）由计算器得 $\angle OAB\approx81.7°$，则 $90°-81.7°=8.3°$，则此时乙船位于甲船北偏西 8.3 度的方向上.

基础训练

1．已知△ABC 是锐角三角形，边 a，b 是方程 $x^2-2\sqrt{3}x+2=0$ 的两个根，角 A，B 满足 $2\sin(A+B)-\sqrt{3}=0$．求：

（1）角 C 的度数；　　　　（2）边 c 的长度；

2．已知△ABC中，三条边分别为a，b，c，$a^2+b^2=c^2+ab$，求：

（1）角C的大小．

（2）如果△ABC的面积为$\sqrt{3}$，边长c=2，求△ABC的周长．

3．位于东海某岛的雷达观测站A，发现其北偏东45°，与观测站A距离$45\sqrt{2}$海里的B处有一货船正匀速直线行驶，半小时后，又测得该货船位于观测站A东偏北$\theta(0^\circ<\theta<45^\circ)$的$C$处，且$\cos\theta=\dfrac{4}{5}$，已知$A$，$C$两处的距离为10海里，则该货船的船速为__________海里/小时．

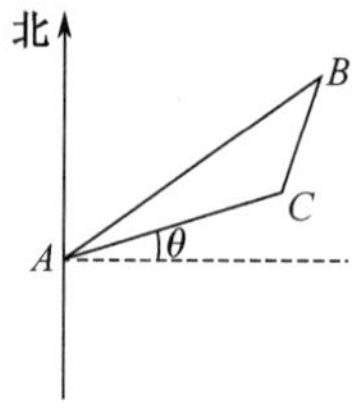

§6.11　高 考 链 接

1．（2011年）若$\sin\theta>0$，$\cos\theta<0$，则θ是（　　）．

A．第一象限角　　B．第二象限角

C．第三象限角　　D．第四象限角

2．（2011年）使函数$y=2\sin(\pi-x)\cos x$取得最大值的x的取值集合为（　　）．

A．$\{x\mid x=\frac{\pi}{4}+2k\pi，k\in\mathbf{Z}\}$　　B．$\{x\mid x=\frac{\pi}{4}+k\pi，k\in\mathbf{Z}\}$

C．$\{x\mid x=\frac{\pi}{2}+2k\pi，k\in\mathbf{Z}\}$　　D．$\{x\mid x=\frac{\pi}{2}+k\pi，k\in\mathbf{Z}\}$

3．（2012年）已知角α的终边经过点$P(-1, 3)$，则$\sin\alpha$的值是（　　）．

A．$-\dfrac{1}{3}$　　B．$\dfrac{3}{10}$　　C．$-\dfrac{\sqrt{10}}{10}$　　D．$\dfrac{3\sqrt{10}}{10}$

4．（2012年）函数$f(x)=\sin x+\sqrt{3}\cos(\pi-x)$的单调递增区间是（　　）．

A. $[-\frac{5\pi}{6}+2k\pi, \frac{\pi}{6}+2k\pi]$，$k\in\mathbf{Z}$　　B. $[-\frac{\pi}{6}+2k\pi, \frac{5\pi}{6}+2k\pi]$，$k\in\mathbf{Z}$

C. $[-\frac{2\pi}{3}+2k\pi, \frac{\pi}{3}+2k\pi]$，$k\in\mathbf{Z}$　　D. $[-\frac{\pi}{3}+2k\pi, \frac{2\pi}{3}+2k\pi]$，$k\in\mathbf{Z}$

5.（2012 年）已知函数 $f(x)=3\sin(\omega x+\frac{2\pi}{3})(x\in\mathbf{R}, \omega>0)$的图像与 x 轴的交点的横坐标构成一个公差为$\frac{\pi}{2}$的等差数列，若将 $f(x)$的图像向左平移$|\alpha|$个单位后，所得到的图像关于坐标原点对称，则实数α的值可以是（　　）.

A. $\frac{\pi}{2}$　　B. $\frac{\pi}{3}$　　C. $\frac{\pi}{4}$　　D. $\frac{\pi}{6}$

6.（2013 年）若函数 $y=2\sin(\omega x+\frac{\pi}{3})$ 的最小正周期为π，则ω的值为（　　）.

A. 1　　B. 2　　C. $\frac{1}{2}$　　D. 4

7.（2013 年）已知 $\tan(\pi+\alpha)=2$，则 $\cos^2\alpha$等于（　　）.

A. $\frac{4}{5}$　　B. $\frac{3}{5}$　　C. $\frac{2}{5}$　　D. $\frac{1}{5}$

8.（2013 年）在$\triangle ABC$ 中，$a=3, b=4, c=\sqrt{37}$，则$\triangle ABC$ 的面积是（　　）.

A. $\frac{\sqrt{3}}{2}$　　B. $\sqrt{3}$　　C. $2\sqrt{3}$　　D. $3\sqrt{3}$

9.（2014 年）已知角α的终边上一点 $P(3k, -4k)$，其中 $k\neq0$，则 $\tan\alpha$等于（　　）.

A. $-\frac{4}{3}$　　B. $-\frac{3}{4}$　　C. $-\frac{4}{5}$　　D. $-\frac{3}{5}$

10.（2014 年）若点 $P(\sin\alpha, \tan\alpha)$在第三象限内，则角$\alpha$是（　　）.

A. 第一象限角　　B. 第二象限角

C. 第三象限角　　D. 第四象限角

11.（2014 年）下列函数中，最小正周期为 2π的是（　　）.

A. $y=\sin\frac{x}{2}$　　B. $y=\frac{1}{2}\cos x$

C. $y=2\cos^2 x$　　D. $y=\sin x\cos x$

12.（2015 年）终边在 y 轴的正半轴上的角的集合为（　　）.

A. $\{x\mid x=\frac{\pi}{2}+2k\pi, k\in\mathbf{Z}\}$　　B. $\{x\mid x=\frac{\pi}{2}+k\pi, k\in\mathbf{Z}\}$

C. $\{x\mid x=-\frac{\pi}{2}+2k\pi, k\in\mathbf{Z}\}$　　D. $\{x\mid x=-\frac{\pi}{2}+k\pi, k\in\mathbf{Z}\}$

13.（2015 年）已知向量$\vec{a}=(\cos\frac{5\pi}{12}, \sin\frac{5\pi}{12})$，$\vec{b}=(\cos\frac{\pi}{12}, \sin\frac{\pi}{12})$，则$\vec{a}\cdot\vec{b}$的值等于（　　）.

A. $\frac{1}{2}$　　B. $\frac{\sqrt{3}}{2}$　　C. 1　　D. 0

14.（2016 年）函数 $y=\sin(2x+\frac{\pi}{4})$在一个周期内的图像可能是（　　）.

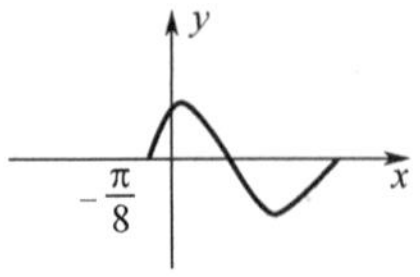

A.

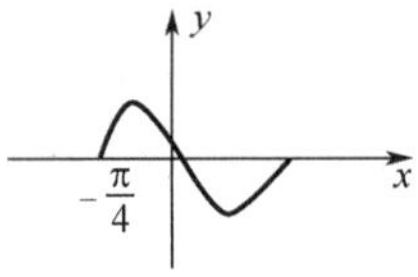

B.

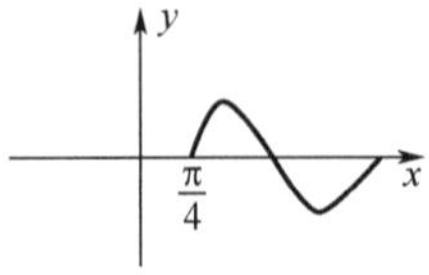

C.

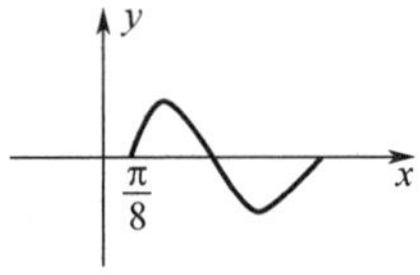

D.

15. （2017 年）函数 $y=(\cos x)^2-4\cos x+1$ 的最小值是（　　）.

A. -3　　B. -2　　C. 5　　D. 6

16. （2017 年）已知角α 的终边落在直线 $y=-3x$ 上，则 $\cos(\pi+2\alpha)$的值是（　　）.

A. $\frac{3}{5}$　　B. $\frac{4}{5}$　　C. $\pm\frac{3}{5}$　　D. $\pm\frac{4}{5}$

17. （2018 年）若坐标原点（0,0）到直线 $x-y+\sin2\theta=0$ 的距离等于 $\frac{\sqrt{2}}{2}$，则角θ的取值集合是（　　）.

A. $\{\theta|\ \theta=k\pi\pm\frac{\pi}{4},\ k\in\mathbf{Z}\}$　　B. $\{\theta|\ \theta=k\pi\pm\frac{\pi}{2},\ k\in\mathbf{Z}\}$

C. $\{\theta|\ \theta=2k\pi\pm\frac{\pi}{4},\ k\in\mathbf{Z}\}$　　D. $\{\theta|\ \theta=2k\pi\pm\frac{\pi}{2},\ k\in\mathbf{Z}\}$

18. （2018 年）若由函数 $y=\sin(2x+\frac{\pi}{2})$的图像变换得到 $y=\sin(\frac{x}{2}+\frac{\pi}{3})$的图像，则可以通过以下两个步骤完成；第一步，把 $y=\sin(2x+\frac{\pi}{2})$图像上所有点的横坐标变为原来的 4 倍，纵坐标不变，第二步，可以把所得图像沿 x 轴（　　）.

A. 向右平移$\frac{\pi}{3}$ 个单位　　B. 向右平移$\frac{5\pi}{12}$ 个单位

C. 向左平移$\frac{\pi}{3}$ 个单位　　D. 向左平移$\frac{5\pi}{12}$ 个单位

19.（2011 年）在△ABC 中，若 $AB=5$，$\angle A=120°$，三角形的面积为$\frac{15\sqrt{3}}{4}$，则 BC 的长度为________.

20.（2012 年）已知 $\cos\alpha=-\frac{4}{5}$，且α为第二象限角，则 $\tan\alpha$等于________.

21.（2013 年）已知向量$\vec{a}=(\cos\theta,\ \sin\theta)$，$\vec{b}=(0,\ 3)$，若$\vec{a}\cdot\vec{b}$取最大值，则$\vec{a}$的坐标是______.

22.（2014 年）已知△ABC 中，$\angle B=\frac{2\pi}{3}$，$a=4\sqrt{3}$，$b=12$，则△ABC 的面积是_______.

23.（2015 年）在△ABC 中，$\angle A=105°$，$\angle C=45°$，$AB=2\sqrt{2}$，则 BC=_______.

24．（2016 年）已知 $\tan\alpha=3$，则 $\dfrac{\sin a+\cos a}{\sin a-\cos a}$ 的值是________.

25．（2017 年）在△ABC 中，$a=2$，$b=3$，$\angle B=2\angle A$，则 $\cos A=$ ______.

26．（2018 年）已知 $\theta\in\left(-\dfrac{\pi}{2},0\right)$，若 $\cos\theta=\dfrac{\sqrt{3}}{2}$，则 $\sin\theta$ 等于________.

27．（2011 年）已知 $f(x)=2\sin\dfrac{x}{2}\left(\sin\dfrac{x}{2}+\cos\dfrac{x}{2}\right)-1$.

（1）将 $f(x)$ 化为正弦型函数，并写出函数的值域；

（2）若 α 是三角形的一个内角，且 $f\left(\alpha+\dfrac{\pi}{4}\right)=1$，求出 α 的值.

28．（2012 年）如右图所示，甲、乙两船同时从港口 O 处出发，甲船以 25 海里/小时的速度向东行驶，乙船以 15 海里/小时的速度沿着北偏西 30° 的方向行驶，2 小时后，甲船到达 A 处，乙船到达 B 处.

（1）甲、乙两船间的距离 AB 是多少海里？

（2）此时乙船位于甲船北偏西多少度的方向上？

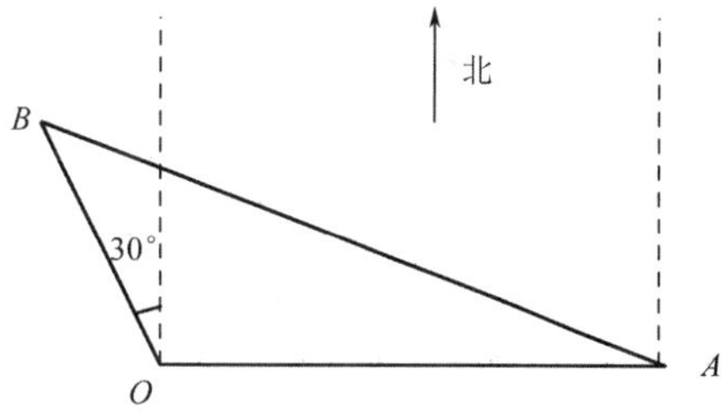

29.（2013 年）已知点 $P(4, 3)$是角 α 终边上的一点，如右图所示，求 $\sin(\frac{\pi}{6}-2\alpha)$的值.

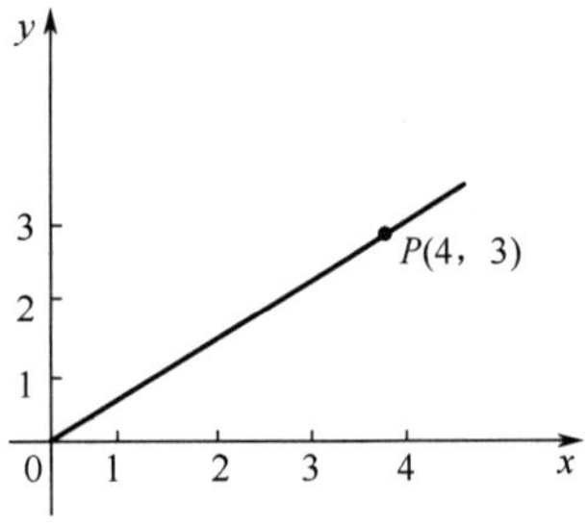

30.（2014 年）设向量 $\vec{a}$ =（cos$x$，−sin$x$），$\vec{b}$ =（2sin$x$，2sin$x$），且函数 $f(x)=\vec{a}\cdot\vec{b}+m$ 的最大值是 $\sqrt{2}$.

（1）求实数 m 的值；

（2）若 $x\in(0, \frac{\pi}{2})$，且 $f(x)=1$，求 x 的值.

31.（2015 年）已知函数 $y=2\sin(2x+\varphi)$，$x\in\mathbf{R}$，$0<\varphi<\frac{\pi}{2}$，函数的部分图像如右图所示，

求：（1）函数的最小正周期 T 及φ的值；

（2）函数的单调递增区间.

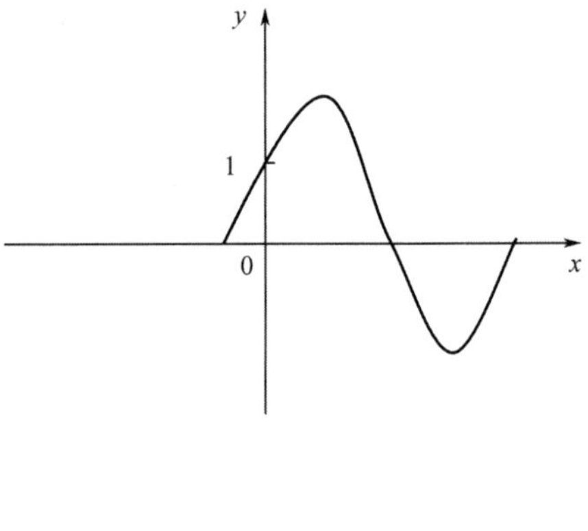

32.（2016 年）如下图所示，要测量河两岸 P、Q 两点之间的距离，在与点 P 同侧的岸边选取了 A,B 两点（A,B,P,Q 四点在同一平面内），并测得 AP=20m，BP=10m，$\angle APB=60°$，$\angle PAQ=105°$，$\angle PBQ=135°$．试求 P,Q 两点之间的距离.

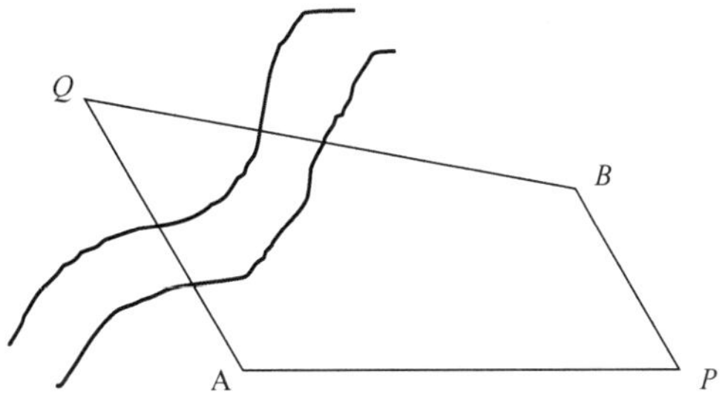

33.（2017 年）已知函数 $y=3(\sin2x\cos\frac{\pi}{6}-\cos2x\sin\frac{\pi}{6})$

（1）求函数的最小正周期；

（2）求函数的单调递减区间；

（3）用“五点法”作出该函数在长度为一个周期的闭区间上的简图.

34.（2018 年）如图所示，在△ABC 中，BC=7，$2AB=3AC$，点 P 在 BC 上，且$\angle BAC=\angle PAC=30°$．求线段 AP 的长.

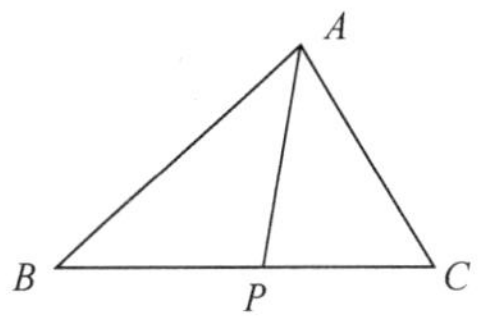

第七章

平面向量

考纲要求

1．理解向量的概念，会正确进行向量的线性运算（加法、减法和数乘向量）.

2．掌握向量的直角坐标及其与点坐标之间的关系，掌握向量的直角坐标运算.

3．掌握两向量垂直、平行的条件.

4．掌握线段中点坐标计算公式、两点间的距离公式.

5．掌握向量夹角的定义，向量内积的定义、性质及其运算；掌握向量内积的直角坐标运算.

6．能利用向量的知识解决相关问题.

命题分析

向量是一种重要的数学工具，是数形结合的一个典范，山东省春季高考对平面向量考查的题目难度不大，考题类型一般以选择、填空为主，分值占 6 分左右. 本章从整体上分析考查两大块，一是平面向量的基础知识及基本技能，二是作为数学的基本工具，出现在平面解析几何、三角等综合解答题中.

§7.1　平面向量的概念与加减运算

知识梳理

一、有向线段及其有关概念

1．有向线段的定义：线段的端点 A 为始点，端点 B 为终点，这时线段 AB 具有射线 AB 的方向. 像这样具有方向的线段称为有向线段. 以 A 为始点，B 为终点的有向线段，记作 $\overrightarrow{AB}$. 表示有向线段时，始点一定要写在终点的前面，有向线段 $\overrightarrow{AB}$ 与 $\overrightarrow{BA}$ 是不同的.

2．有向线段的长度（或模）：对于有向线段 $\overrightarrow{AB}$ ，线段 AB 的长度称为有向线段 $\overrightarrow{AB}$ 的长度（或模），$\overrightarrow{AB}$ 的长度记作 $|\overrightarrow{AB}|$.

3．有向线段的三要素：始点、方向和长度．

二、向量及其有关概念

1．向量的定义

（1）我们把既有大小又有方向的量称为向量．向量有两个要素：大小和方向．

（2）向量的表示方法：①向量可用有向线段来表示．有向线段的长度表示向量的大小，有向线段的方向表示向量的方向；②用两个大写的英文字母及箭头表示，有向线段 $\overrightarrow{AB}$ 表示向量时，也称其为向量 $\overrightarrow{AB}$．

（3）向量与数量的区别．

数量只有大小没有方向，可进行代数运算，可比较大小；向量既有大小又有方向，不能比较大小．

2．**向量的长度（模）**：如果向量 $\overrightarrow{AB}=\vec{a}$，那么有向线段 $\overrightarrow{AB}$ 的长度表示向量 $\vec{a}$ 的大小，称为向量 $\vec{a}$ 的长度（或模），记作 $|\vec{a}|$．

3．**相等向量**：如果两个向量 $\vec{a}$ 和 $\vec{b}$ 的大小相等且方向相同，则称 $\vec{a}$ 和 $\vec{b}$ 相等，记作 $\vec{a}=\vec{b}$．

4．**相反向量**：与向量 $\vec{a}$ 大小相等且方向相反的向量称为 $\vec{a}$ 的相反向量，记作 $-\vec{a}$．

5．**零向量**：长度等于零的向量称为零向量，记作 $\vec{0}$．零向量的方向是不确定的，是任意的．由于零向量方向的特殊性，解答问题时，一定要看清题目中是“零向量”还是“非零向量”．

6．**向量平行（共线）**：如果两个向量方向相同或相反，则称这两个向量平行，向量平行也称向量共线．向量 $\vec{a}$ 平行于向量 $\vec{b}$，记作 $\vec{a}//\vec{b}$．

注：①零向量与任意向量平行，即对任意向量 $\vec{a}$，都有 $\vec{0}//\vec{a}$；②向量平行时，向量所在直线平行或重合．

7．单位向量：长度等于 1 的向量称为单位向量．

三、向量的加法与减法运算

1．向量的加法运算

（1）向量加法的三角形法则．

已知向量 $\vec{a}$，$\vec{b}$，在平面上任取一点 A，如下图所示，作 $\overrightarrow{AB}=\vec{a}$，$\overrightarrow{BC}=\vec{b}$，作向量 $\overrightarrow{AC}$，则向量 $\overrightarrow{AC}$ 称为向量 $\vec{a}$ 与 $\vec{b}$ 的和向量，记作 $\vec{a}+\vec{b}$，即 $\vec{a}+\vec{b}=\overrightarrow{AC}$．

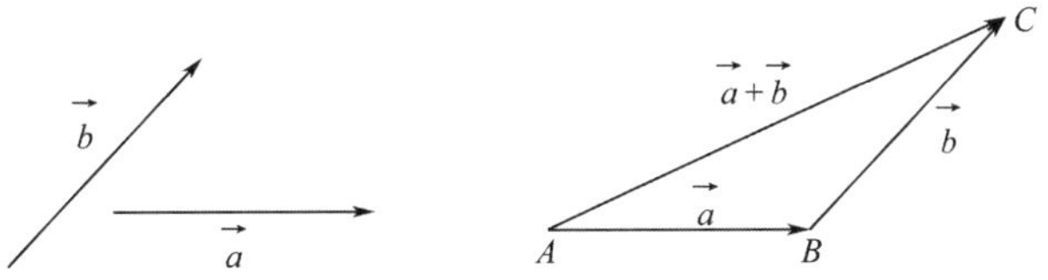

（2）同向或反向的两个向量的加法．已知向量 $\vec{a}$，$\vec{b}$，在平面上任取一点 A，如下图所示，

作 $\overrightarrow{AB}=\vec{a}$，$\overrightarrow{BC}=\vec{b}$，则 $\overrightarrow{AC}=\vec{a}+\vec{b}$．

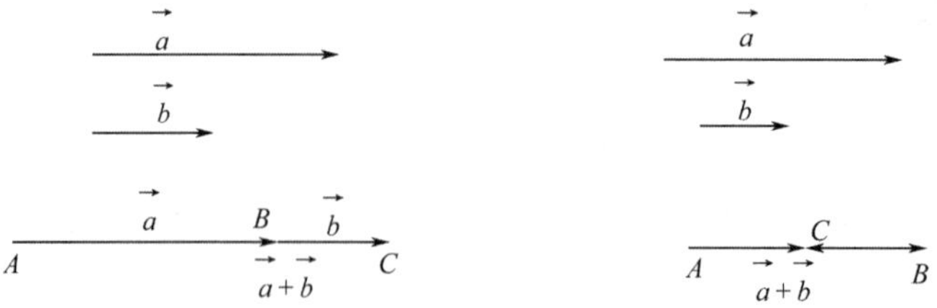

（3）向量加法的平行四边形法则．

已知向量 $\vec{a}$，$\vec{b}$，作 $\overrightarrow{AB}=\vec{a}$，$\overrightarrow{AD}=\vec{b}$，如下图所示，如果 A，B，D 不共线，则以 $\overrightarrow{AB}$，$\overrightarrow{AD}$ 为邻边作平行四边形 $ABCD$，那么对角线上的向量 $\overrightarrow{AC}=\vec{a}+\vec{b}$．

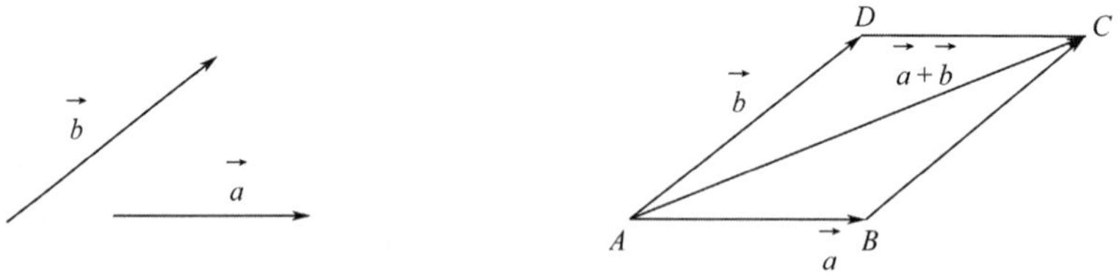

（4）多个向量相加的多边形法则．

已知向量 $\vec{a}$，$\vec{b}$，$\vec{c}$，$\vec{d}$，如下图所示，在平面上任取一点 A，作 $\overrightarrow{AB}=\vec{a}$，$\overrightarrow{BC}=\vec{b}$，$\overrightarrow{CD}=\vec{c}$，$\overrightarrow{DE}=\vec{d}$，则 $\overrightarrow{AE}=\overrightarrow{AB}+\overrightarrow{BC}+\overrightarrow{CD}+\overrightarrow{DE}=\vec{a}+\vec{b}+\vec{c}+\vec{d}$，即首尾顺次相连，首指尾．

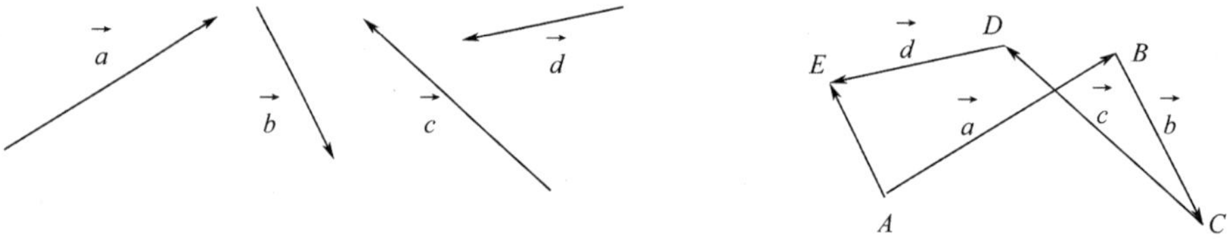

（5）运算法则．

① $\vec{a}+\vec{b}=\vec{b}+\vec{a}$（加法交换律）；

② $(\vec{a}+\vec{b})+\vec{c}=\vec{a}+(\vec{b}+\vec{c})$（加法结合律）；

③ $\vec{a}+\vec{0}=\vec{0}+\vec{a}=\vec{a}$．

2．向量的减法运算

（1）三角形法则．已知向量 $\vec{a}$，$\vec{b}$，作 $\overrightarrow{OA}=\vec{a}$，$\overrightarrow{OB}=\vec{b}$，则 $\overrightarrow{AB}=\overrightarrow{OB}-\overrightarrow{OA}=\vec{b}-\vec{a}$．如下图所示．

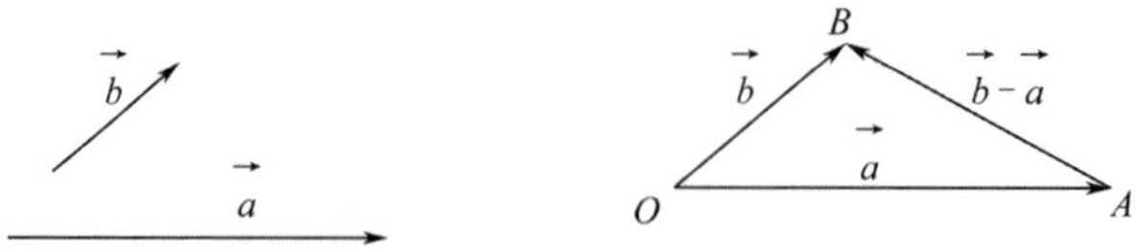

由此得，如果把两个向量的始点放在一起，则这两个向量的差是减向量的终点到被减向

量的终点的向量.

（2）$\vec{a}-\vec{b}=\vec{a}+(-\vec{b})$，即减去一个向量等于加上这个向量的相反向量.

（3）$\vec{a}+(-\vec{a})=\vec{0}$.

例 1．给出下列命题：

① 有向线段就是向量，向量就是有向线段；

② 两个有共同起点而且相等的向量，其终点必相同；

③ 两个有公共终点的向量，一定是共线向量；

④ 向量$\vec{a}$与$\vec{b}$平行，则$\vec{a}$与$\vec{b}$方向相同或相反；

⑤ 向量$\overrightarrow{AB}$的长度与向量$\overrightarrow{BA}$的长度相同；

⑥ 若$\vec{a}\,/\!/\,\vec{b}$且$\vec{b}\,/\!/\,\vec{c}$，则$\vec{a}\,/\!/\,\vec{c}$.

其中真命题的个数为（　　）.

A．1　　　　B．2　　　　C．3　　　　D．4

解析：①假命题，向量可用有向线段表示，但并不是有向线段；②真命题；③假命题，终点相同并不能说明方向相同或相反；④假命题，若两个向量中有一个为零向量，其方向是不确定的；⑤真命题；⑥假命题，若向量$\vec{b}$为零向量，因为零向量与任何向量都平行，符合$\vec{a}\,/\!/\,\vec{b}$且$\vec{b}\,/\!/\,\vec{c}$，但结论$\vec{a}\,/\!/\,\vec{c}$却不一定成立.

例 2．如右图所示，在△ABC中，点D、E、F分别为三边中点.

（1）写出图中相等的向量；

（2）写出图中相反的向量；

（3）写出图中模相等的向量；

（4）写出图中的平行向量.

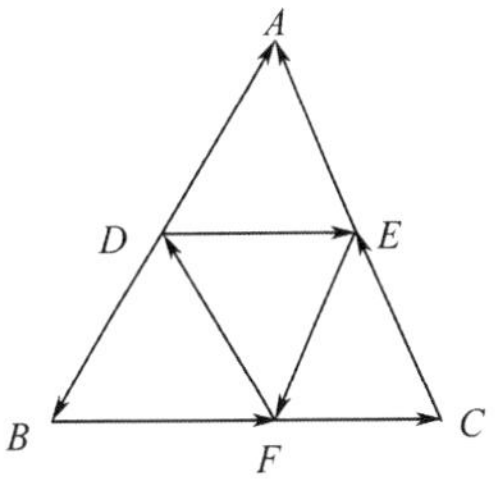

解析：由相等向量、相反向量、平行向量的概念和三角形中位线定理可得.

解：（1）图中的相等向量：$\overrightarrow{DE}=\overrightarrow{BF}=\overrightarrow{FC}$，$\overrightarrow{EF}=\overrightarrow{DB}=\overrightarrow{AD}$，$\overrightarrow{FD}=\overrightarrow{EA}=\overrightarrow{CE}$.

（2）图中的相反向量：$\overrightarrow{DA}=\overrightarrow{EF}=\overrightarrow{DB}$.

（3）图中模相等的向量：$|\overrightarrow{DE}|=|\overrightarrow{BF}|=|\overrightarrow{FC}|$，$|\overrightarrow{EF}|=|\overrightarrow{AD}|=|\overrightarrow{DB}|$，$|\overrightarrow{FD}|=|\overrightarrow{EA}|=|\overrightarrow{CE}|$.

图中的平行向量：$\overrightarrow{DE}\,/\!/\,\overrightarrow{BF}\,/\!/\,\overrightarrow{FC}\,/\!/\,\overrightarrow{BC}$，$\overrightarrow{EF}\,/\!/\,\overrightarrow{DA}\,/\!/\,\overrightarrow{DB}\,/\!/\,\overrightarrow{AB}$，$\overrightarrow{FD}\,/\!/\,\overrightarrow{EA}\,/\!/\,\overrightarrow{CE}\,/\!/\,\overrightarrow{CA}$.

基础训练

1．两条同向且等长的有向线段表示（　　）.

A．同一向量　　B．不同向量　　C．相反向量　　D．相等或相反向量

2．下列说法正确的是（　　）.

A．若$\vec{a}$与$\vec{b}$是相反向量，则$\vec{a}=-\vec{b}$　　B．若$\vec{a}$与$\vec{b}$是平行向量，则$\vec{a}=\vec{b}$

C．方向相反的两个向量是相反向量　　D．两个相反向量的和为零

3．在平行四边形 $ABCD$ 中，若 $\overrightarrow{AB}=\vec{a}$，$\overrightarrow{AD}=\vec{b}$，则 $\overrightarrow{BD}-\overrightarrow{AC}$ 等于（　　）.

A．$2\vec{a}$　　B．$2\vec{b}$　　C．$-2\vec{a}$　　D．$-2\vec{b}$

4．在边长为 1 的正方形 $ABCD$ 中，$|\overrightarrow{AB}+\overrightarrow{BC}+\overrightarrow{AC}|=$（　　）.

A．3　　B．$\sqrt{3}$　　C．$2\sqrt{2}$　　D．$\sqrt{2}$

5．已知 $\overrightarrow{MN}=\vec{a}-\vec{b}$，$\overrightarrow{NP}=\vec{b}-\vec{c}$，则 $\overrightarrow{MP}=$（　　）.

A．$\vec{a}-\vec{c}$　　B．$\vec{c}-\vec{a}$　　C．$\vec{a}+\vec{c}$　　D．$\vec{a}-2\vec{b}-\vec{c}$

6．若 $|\overrightarrow{AB}|=10$，$|\overrightarrow{AC}|=3$，则 $|\overrightarrow{BC}|$ 的取值范围是（　　）.

A．[7, 13)　　B．(7, 13)　　C．[7, 13]　　D．(5, 13)

7．四边形 $ABCD$ 中，若 $\overrightarrow{AB}=\frac{1}{2}\overrightarrow{DC}$，则四边形 $ABCD$ 是（　　）.

A．平行四边形　　B．梯形　　C．菱形　　D．矩形

8．化简 $(\overrightarrow{AB}-\overrightarrow{CD})-(\overrightarrow{AC}-\overrightarrow{BD})=$________________.

9．在平面四边形 $ABCD$ 中，若 $|\overrightarrow{AB}+\overrightarrow{AD}|=|\overrightarrow{AB}-\overrightarrow{AD}|$，则平面四边形 $ABCD$ 一定是______________.

10．已知向量 $\vec{a}$，$\vec{b}$，求作 $\vec{a}+\vec{b}$ 和 $\vec{a}-\vec{b}$.

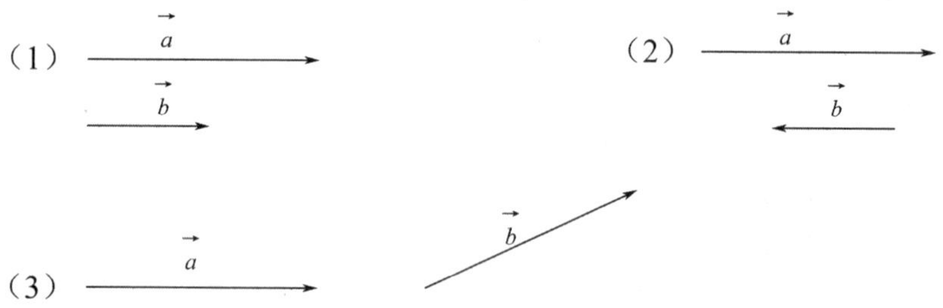

提升训练

1．下列命题中正确的是（　　）.

A．两个相等向量的起点、方向、长度必须都相同

B．若 $\vec{a}$，$\vec{b}$ 是两个单位向量，则 $\vec{a}=\vec{b}$

C．若向量 $\vec{a}$ 和 $\vec{b}$ 共线，则向量 $\vec{a}$，$\vec{b}$ 的方向相同

D．零向量的长度为 0，方向是任意的

2．下列说法中正确的是（　　）.

A．向量 $\overrightarrow{AB}$ 的长度与向量 $\overrightarrow{BA}$ 的长度相等

B．若 $\overrightarrow{AB}=\overrightarrow{CD}$，则 $ABCD$ 是平行四边形

C．长度不等且方向相反的两个向量不一定是共线向量

D．方向相反的两个向量称为相反向量

3．下列命题中，正确的是（　　）．

A．若$|\vec{a}|=|\vec{b}|$，则$\vec{a}=\vec{b}$　　B．若$\vec{a}=\vec{b}$，则$\vec{a}//\vec{b}$

C．若$|\vec{a}|>|\vec{b}|$，则$\vec{a}>\vec{b}$　　D．若$|\vec{a}|=1$，则$\vec{a}=1$

4．下列说法中错误的是（　　）．

A．不同的有向线段可以表示相同的向量

B．任一非零向量都可以平行移动

C．长度不等且方向相反的两个向量不一定是共线向量

D．两个有共同起点而且相等的向量，其终点必相同

5．已知四边形$ABCD$，$\overrightarrow{AB}=-2\overrightarrow{CD}$，则该四边形为（　　）．

A．梯形　　B．矩形　　C．菱形　　D．正方形

6．下列说法正确的是（　　）．

A．若$\overrightarrow{AB}$与$\overrightarrow{CD}$是共线向量，则A，B，C，D四点必在一条直线上

B．若两个向量$\vec{a}//\vec{b}$，则$\vec{a}=\mu\vec{b}$（$\mu\in\mathbf{R}$）

C．若$\vec{a}//\vec{c}$，$\vec{b}//\vec{c}$，则$\vec{a}//\vec{b}$

D．向量平行时，向量所在直线平行或重合

7．设O是正方形的中心，则向量$\overrightarrow{OA}$，$\overrightarrow{OB}$，$\overrightarrow{OC}$，$\overrightarrow{OD}$是（　　）．

A．平行向量　　B．有相同终点的向量

C．相等向量　　D．模相等的向量

8．在平行四边形$ABCD$中，若$|\overrightarrow{AB}+\overrightarrow{AD}|=|\overrightarrow{AB}-\overrightarrow{AD}|$，则（　　）．

A．$\overrightarrow{AD}=\vec{0}$　　B．$\overrightarrow{AB}=\vec{0}$或$\overrightarrow{AD}=\vec{0}$

C．$ABCD$是正方形　　D．$ABCD$是矩形

9．在四边形$ABCD$中，若$|\overrightarrow{AB}|=|\overrightarrow{CD}|$，$|\overrightarrow{AD}|=|\overrightarrow{CB}|$则四边形$ABCD$是（　　）．

A．矩形　　B．菱形　　C．等腰梯形　　D．平行四边形

10．在边长为1的正方形$ABCD$中，$|\overrightarrow{AB}-\overrightarrow{DC}+\overrightarrow{AC}|$等于（　　）．

A．1　　B．2　　C．0　　D．$\sqrt{2}$

§7.2　数乘向量

知识梳理

一、数乘向量

1．数乘向量的定义

实数λ和向量$\vec{a}$的乘积是一个向量，这种运算称为数乘向量，记作$\lambda\vec{a}$．向量$\lambda\vec{a}$（$\vec{a}\neq$

$\vec{0}$）的长度与方向规定为：（1）$|\lambda\vec{a}|=|\lambda||\vec{a}|$；（2）当 $\lambda>0$ 时，$\lambda\vec{a}$ 与 $\vec{a}$ 方向相同；当 $\lambda<0$ 时，$\lambda\vec{a}$ 与 $\vec{a}$ 方向相反.（3）当 $\lambda=0$ 时，$\lambda\vec{a}=\vec{0}$；当 $\vec{a}=\vec{0}$ 时，$\lambda\vec{0}=\vec{0}$．其中 $\lambda\vec{a}$ 中的实数 λ，称为向量 $\vec{a}$ 的系数.

2．数乘向量的几何意义

数乘向量的几何意义就是把向量 $\vec{a}$ 沿着 $\vec{a}$ 的方向或 $\vec{a}$ 的反方向，将长度进行放大或缩小．如 $2\vec{a}$ 的几何意义就是沿着 $\vec{a}$ 的方向，将长度放大到原来的 2 倍；$-3\vec{a}$ 的几何意义就是沿着 $\vec{a}$ 的反方向，将长度放大到原来的 3 倍.

注：向量数乘的结果是一个向量，实数相乘的结果是一个数.

3．数乘向量的运算律

（1）$\lambda(\mu\vec{a})=(\lambda\mu)\vec{a}$（结合律）；

（2）$(\lambda+\mu)\vec{a}=\lambda\vec{a}+\mu\vec{a}$（向量对实数的分配律）；

（3）$\lambda(\vec{a}+\vec{b})=\lambda\vec{a}+\lambda\vec{b}$（实数对向量的分配律）.

二、平行向量基本定理

1．平行向量基本定理

如果向量 $\vec{b}\neq\vec{0}$，则 $\vec{a}/\!/\vec{b}$ 的充分必要条件是，存在唯一的实数 λ，使得 $\vec{a}=\lambda\vec{b}$.

2．非零向量 $\vec{a}$ 的单位向量

非零向量 $\vec{a}$ 的单位向量是指与 $\vec{a}$ 同向的单位向量，通常记作 $\vec{a}_0$．由数乘向量的定义易知 $\vec{a}=|\vec{a}|\vec{a}_0$，即 $\vec{a}_0=\dfrac{\vec{a}}{|\vec{a}|}$.

3．线段中点的向量表达式

点 M 是线段 AB 的中点，O 是平面内的任意一点，则 $\overrightarrow{OM}=\frac{1}{2}(\overrightarrow{OA}+\overrightarrow{OB})$.

例 1．如下图所示，$BP=PQ=\frac{1}{2}QA$，点 O 是线段 AB 外任意一点，如果 $\overrightarrow{OA}=\vec{a}$，$\overrightarrow{OB}=\vec{b}$，试用 $\vec{a}$，$\vec{b}$ 表示 $\overrightarrow{OP}$，$\overrightarrow{OQ}$.

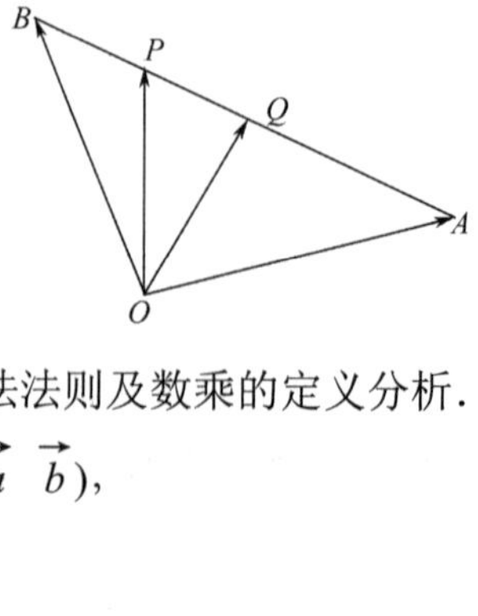

解析：利用向量的加法和减法法则及数乘的定义分析.

$\overrightarrow{BA}=\vec{a}\quad\vec{b}$，$\overrightarrow{BP}=\frac{1}{4}\overrightarrow{BA}=\frac{1}{4}(\vec{a}\quad\vec{b})$，

$\overrightarrow{OP}=\overrightarrow{OB}+\overrightarrow{BP}=\vec{b}+\frac{1}{4}(\vec{a}\quad\vec{b})=$________________；

因为 $BP=PQ=\frac{1}{2}QA$，所以 Q 为 AB 的中点，

所以 $\overrightarrow{OQ}=\frac{1}{2}(\overrightarrow{OA}+\overrightarrow{OB})=$______________.

例 2. 已知两个非零向量 $\vec{a}$ 与 $\vec{b}$ 不共线，且 $k\vec{a}+\vec{b}$ 和 $\vec{a}+k\vec{b}$ 共线，求实数 k 的值.

解析：因为 $k\vec{a}+\vec{b}$ 和 $\vec{a}+k\vec{b}$ 共线，由平行向量的基本定理知，一定存在实数 λ，使得 $k\vec{a}+\vec{b}=\lambda(\vec{a}+k\vec{b})$.

因为 $k\vec{a}+\vec{b}$ 和 $\vec{a}+k\vec{b}$ 共线，所以存在实数 λ，使得 $k\vec{a}+\vec{b}=\lambda(\vec{a}+k\vec{b})$，

所以 $(k-\lambda)=(\lambda k-1)\vec{b}$，又因为 $\vec{a}$ 与 $\vec{b}$ 不共线，所以 $\begin{cases}k-\lambda=0\\ \lambda k-1=0\end{cases}$

所以 $k=\pm1$.

例 3. 已知两个非零向量 $\vec{a}$ 与 $\vec{b}$ 不共线，如果 $\overrightarrow{AB}=\vec{a}+\vec{b}$，$\overrightarrow{BC}=2\vec{a}+8\vec{b}$，$\overrightarrow{CD}=2\vec{a}-4\vec{b}$，求证：$A$、$B$、$D$ 三点共线.

解析：欲证 A、B、D 三点共线，只须证 $\overrightarrow{AB}$ 与 $\overrightarrow{BD}$ 共线即可.

证明：因为 $\overrightarrow{BD}=\overrightarrow{BC}+\overrightarrow{CD}=2\vec{a}+8\vec{b}+2\vec{a}-4\vec{b}=4\vec{a}+4\vec{b}=4(\vec{a}+\vec{b})=4\overrightarrow{AB}$，所以 $\overrightarrow{BD}$ 与 $\overrightarrow{AB}$ 共线. 又因为 $\overrightarrow{BD}$ 与 $\overrightarrow{AB}$ 有公共点，所以 A、B、D 三点共线.

基础训练

1．已知 m，n 为非零实数，$\vec{a}$ 与 $\vec{b}$ 为非零向量，给出下列说法

① $m(\vec{a}-\vec{b})=m\vec{a}-m\vec{b}$；　　② $(m-n)\vec{a}=m\vec{a}-n\vec{a}$；

③ 若 $m\vec{a}=m\vec{b}$，则 $\vec{a}=\vec{b}$；　　④ 若 $m\vec{a}=n\vec{a}$，则 $m=n$.

其中正确说法的个数为（　　）.

A．1　　B．2　　C．3　　D．4

2．在四边形 $ABCD$ 中，若 $\overrightarrow{AB}=-\frac{1}{3}\overrightarrow{CD}$，则四边形 $ABCD$ 的形状是（　　）.

A．平行四边形　　B．梯形　　C．菱形　　D．矩形

3．在△ABC 中，若 $\overrightarrow{AB}=\vec{a}$，$\overrightarrow{BC}=\vec{b}$，点 D 是边 AC 的中点，则 $\overrightarrow{BD}=$（　　）.

A．$\frac{1}{2}(\vec{a}-\vec{b})$　　B．$\frac{1}{2}(\vec{a}+\vec{b})$　　C．$\frac{1}{2}(\vec{b}-\vec{a})$　　D．$-\frac{1}{2}(\vec{a}+\vec{b})$

4．$2\vec{a}+4\vec{b}-2\vec{c}+3(\vec{a}-2\vec{b}+\vec{c})=$________________.

5．已知 $\vec{a}=-2\vec{e_1}+3\vec{e_2}$，$\vec{b}=\vec{e_1}-2\vec{e_2}$，$\vec{c}=-7\vec{e_1}+2\vec{e_2}$，若 $\vec{c}=x\vec{a}+y\vec{b}$，则 x，y 的值分别为__________.

6．已知向量 $\vec{a}$，$\vec{b}$ 不平行，且实数 x，y 满足向量等式 $3x\vec{a}+5\vec{b}=6\vec{a}-2y\vec{b}$，则 x，y 的

值分别为________________.

7. 在△ABC 中，G 是△ABC 的重心，O 是平面上的任意一点. 设 $\overrightarrow{OA}=\vec{a}$，$\overrightarrow{OB}=\vec{b}$，$\overrightarrow{OC}=\vec{c}$，试用$\vec{a}$、$\vec{b}$、$\vec{c}$表示 $\overrightarrow{OG}$.

提升训练

1. 已知 $\overrightarrow{MN}=\vec{a}-\vec{b}$，$\overrightarrow{NP}=\vec{b}-\vec{c}$，则 $\overrightarrow{MP}=$（　　）.

A. $\vec{a}-\vec{c}$　　B. $\vec{c}-\vec{a}$

C. $\vec{a}+\vec{c}$　　D. $\vec{a}-2\vec{b}-\vec{c}$

2. $|\vec{a}|=|\vec{b}|$是$\vec{a}=\vec{b}$的（　　）.

A. 充分条件　　B. 必要条件

C. 充要条件　　D. 既不充分也不必要条件

3. 给出下列命题：

① $\overrightarrow{AB}$ 与 $\overrightarrow{BA}$ 表示同一个向量；

② 向量$\vec{a}$与向量$\vec{b}$的方向相同或相反，则$\vec{a}/\!/\vec{b}$；

③ 若$\vec{a}$，$\vec{b}$都是单位向量，则$\vec{a}=\vec{b}$；

④ 方向为南偏西 60° 的向量与方向为北偏东 60° 的向量是共线向量；

其中，正确的命题是（　　）.

A. ①②　　B. ③④　　C. ①③　　D. ②④

4. 在四边形 $ABCD$ 中，若 $\overrightarrow{AB}=2\vec{a}$，$\overrightarrow{CD}=-3\vec{a}$，$|\overrightarrow{AD}|=|\overrightarrow{BC}|$，则四边形 $ABCD$ 是（　　）.

A. 平行四边形　　B. 菱形　　C. 等腰梯形　　D. 矩形

5. 如果向量$\vec{a}$和向量$\vec{b}$不平行，那么与$\vec{a}$，$\vec{b}$都不平行的向量是（　　）.

A. $2\vec{a}$　　B. $-3\vec{b}$　　C. $\vec{a}+\vec{b}$　　D. $-\vec{a}$

6. 如果$\vec{a}+\vec{b}+\vec{c}=\vec{0}$，则$\vec{a}$，$\vec{b}$，$\vec{c}$关系是（　　）.

A. 构成三角形　　B. 共线

C. 构成三角形或共线　　D. 不构成三角形且不共线

7. 已知$|\vec{a}|=3$，$|\vec{b}|=2$，则$|\vec{a}+\vec{b}|$的最大值、最小值分别为（　　）.

A. −1，5　　B. 1，5

C. 1，6　　D. 不确定

8. 若$|\overrightarrow{AB}|=8$，$|\overrightarrow{AC}|=5$，则$|\overrightarrow{BC}|$的取值范围是（　　）.

A. [3, 8]　　B. (3, 8)
C. [3, 13]　　D. (3, 13)

9. 已知平行四边形 $ABCD$（如右图所示），若 $\overrightarrow{AC}=\vec{a}$，$\overrightarrow{BD}=\vec{b}$，则 $\overrightarrow{CD}$ 可以表示为（　　）.

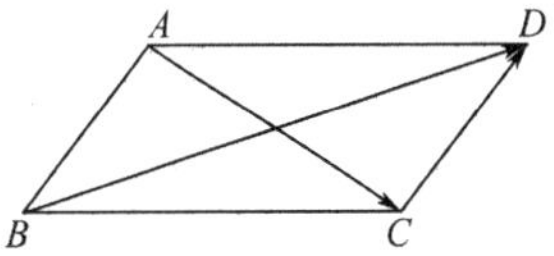

A. $\vec{a}-\vec{b}$　　B. $\vec{b}-\vec{a}$
C. $\frac{1}{2}\vec{a}-\frac{1}{2}\vec{b}$　　D. $\frac{1}{2}\vec{b}-\frac{1}{2}\vec{a}$

§7.3 平面向量的直角坐标及其运算

知识梳理

一、平面向量的直角坐标

1. 平面向量直角坐标的定义

在平面直角坐标系中，分别取与 x 轴和 y 轴正方向相同的两个单位向量 $\vec{i}$，$\vec{j}$. 对于任意一个向量 $\vec{a}$，有且只有一对实数 a_1，a_2，使得 $\vec{a}=a_1\vec{i}+a_2\vec{j}$，其中 $a_1\vec{i}$ 称为向量 $\vec{a}$ 在 x 轴上的正射影，$a_2\vec{j}$ 称为向量 $\vec{a}$ 在 y 轴上的正射影. a_1 称为向量 $\vec{a}$ 在 x 轴上的正射影的数量（或坐标）；a_2 称为向量 $\vec{a}$ 在 y 轴上的正射影的数量（或坐标）. (a_1, a_2)称为 $\vec{a}$ 在平面直角坐标系 xOy 中的坐标. 记作 $\vec{a}=(a_1, a_2)$.

特别地，$\vec{i}=(1, 0)$，$\vec{j}=(0, 1)$，$\vec{0}=(0, 0)$. 在平面直角坐标平面内，每一个平面向量都可以用一对有序实数唯一表示.

若 $\overrightarrow{OA}=\vec{a}=(a_1, a_2)$，则 $\overrightarrow{OA}=(a_1, a_2)\Leftrightarrow A(a_1, a_2)$. 相等的向量坐标是相同的，但起点和终点的坐标可以不同.

2. 平面向量的直角坐标运算

如果 $\vec{a}=(a_1, a_2)$，$\vec{b}=(b_1, b_2)$，

则 $\vec{a}+\vec{b}=(a_1+b_1, a_2+b_2)$；$\vec{a}-\vec{b}=(a_1-b_1, a_2-b_2)$；$\lambda\vec{a}=(\lambda a_1, \lambda a_2)$.

3. 向量的坐标与线段端点坐标的关系

一个向量的坐标等于此向量的有向线段的终点坐标减去始点坐标.

即如果 $A(x_1, y_1)$，$B(x_2, y_2)$，则 $\overrightarrow{AB}=(x_2-x_1, y_2-y_1)$.

二、用坐标表示的两个向量相等、平行的条件

若 $\vec{a}=(a_1, a_2)$，$\vec{b}=(b_1, b_2)$，则 $\vec{a}=\vec{b}\Leftrightarrow a_1=b_1$ 且 $a_2=b_2$；

如果$\vec{a}=(a_1, a_2)$，$\vec{b}=(b_1, b_2)$，则$\vec{a}/\!/\vec{b} \Leftrightarrow a_1b_2-a_2b_1=0$；

特别地，如果$b_1\neq 0$，$b_2\neq 0$，则$\vec{a}/\!/\vec{b} \Leftrightarrow \frac{a_1}{b_1}=\frac{a_2}{b_2}$.

三、向量的长度公式和中点公式

1．**向量的长度公式：**若$\vec{a}=(a_1, a_2)$，则$|\vec{a}|=\sqrt{a_1^2+a_2^2}$.

2．**平面上两点间的距离公式：**若$A(x_1, y_1)$，$B(x_2, y_2)$，则$|\overrightarrow{AB}|=\sqrt{(x_2-x_1)^2+(y_2-y_1)^2}$.

3．**中点公式：**已知点$A(x_1, y_1)$、点$B(x_2, y_2)$，若点$M(x, y)$是线段AB的中点，则$x=\frac{x_1+x_2}{2}$，$y=\frac{y_1+y_2}{2}$.

4．**重心公式：**在$\triangle ABC$中，已知$A(x_1, y_1)$，$B(x_2, y_2)$，$C(x_3, y_3)$，若$\triangle ABC$的重心为$G(x, y)$，则$x=\frac{x_1+x_2+x_3}{3}$，$y=\frac{y_1+y_2+y_3}{3}$.

5．**非零向量**$\vec{a}=(a_1, a_2)$**的单位向量：**$\vec{a_0}=\frac{\vec{a}}{|\vec{a}|}=\left(\frac{a_1}{\sqrt{a_1^2+a_2^2}}, \frac{a_2}{\sqrt{a_1^2+a_2^2}}\right)$.

例 1．已知三点$A(1, -2)$、$B(-1, m)$、$C(4, 1)$在同一条直线上，则实数m的值为________

解析：若A、B、C三点共线，则$\overrightarrow{AB}$、$\overrightarrow{BC}$、$\overrightarrow{AC}$三个向量中的任意两个向量共线.

解：$\overrightarrow{AB}=(-2, m+2)$，$\overrightarrow{AC}=(3, 3)$，

又$\because A(1, -2)$、$B(-1, m)$、$C(4, 1)$在同一条直线上，

$\therefore \overrightarrow{AB}/\!/\overrightarrow{AC}$，$\therefore \frac{-2}{3}=\frac{m+2}{3}$

解得$m=-4$.

例 2．已知$\vec{a}=(3, 2)$，$\vec{b}=(y, -4)$，且$\vec{a}/\!/\vec{b}$，求y值，并判断$\vec{a}$与$\vec{b}$是同向还是反向.

解析：利用直角坐标表示的向量平行的充要条件为$\vec{a}/\!/\vec{b} \Leftrightarrow a_1b_2-a_2b_1=0$.

解：$\because \vec{a}=(3, 2)$，$\vec{b}=(y, -4)$，且$\vec{a}/\!/\vec{b}$，

$\therefore 3\times(-4)-2y=0$，解得$y=-6$.

又$\vec{a}=-2\vec{b}$，所以$\vec{a}$与$\vec{b}$反向.

例 3．已知$A(-2, 1)$，$B(2, 3)$，求线段AB的中点M和三等分点P，Q的坐标.

解析：由中点坐标公式可求得点M的坐标，由P，Q为线段AB上的三等分点可知$\overrightarrow{AB}$和$\overrightarrow{AP}$共线，$\overrightarrow{AB}$和$\overrightarrow{AQ}$共线，再由共线的充要条件即可解得.

解：由中点坐标公式，M的横坐标为$\frac{-2+2}{2}=0$，纵坐标为$\frac{1+3}{2}=2$，所以$M(0, 2)$.

因为线段AB的三等分点为P、Q，设P点坐标为(x_1, y_1)，

则$\overrightarrow{AP}=\frac{1}{3}\overrightarrow{AB}$，即$(x_1+2, y_1-1)=\frac{1}{3}(4, 2)$，

所以 $x_1+2=\frac{4}{3}$，解得 $x_1=-\frac{2}{3}$，$y_1-1=\frac{2}{3}$，解得 $y_1=\frac{5}{3}$.

所以 P 点坐标为$(-\frac{2}{3}, \frac{5}{3})$.

同理，$\overrightarrow{AQ}=\frac{2}{3}\overrightarrow{AB}$，可解得 Q 点的坐标为$(\frac{2}{3}, \frac{7}{3})$.

基础训练

1．设 $\vec{a}=(-1, 3)$，$\vec{b}=(2, 7)$，则向量 $2\vec{a}+\vec{b}$ 的坐标为（　　）.

A．(0, 13)　　B．(13, −1)

C．(1, 10)　　D．(−4, −1)

2．已知向量 $\vec{a}=(-2, 4)$，$\vec{b}=(3, -6)$，则 $\vec{a}$ 和 $\vec{b}$（　　）

A．共线且方向相同　　B．共线且方向相反

C．是相反向量　　D．不共线

3．已知点 $A(-1, -2)$，$B(4, 10)$，则线段 AB 的长度为（　　）.

A．11　　B．12　　C．13　　D．14

4．已知点 $A(2, 3)$，$B(1, 4)$，$C(-1, 2)$，$D(0, y)$，且 $\overrightarrow{AD}$ 与 $\overrightarrow{BC}$ 共线，则 y 的值为（　　）.

A．0　　B．1　　C．−1　　D．2

5．已知 $\overrightarrow{AB}=(5, 3)$，点 $A(3, 1)$，则点 B 的坐标为（　　）.

A．(2, 2)　　B．(−2, −2)

C．(8, 4)　　D．(4, 8)

6．已知 $A(1, -1)$，$B(4, 2)$，P 为 AB 的中点，则 $\overrightarrow{AP}$ 的坐标为（　　）

A．(5, 4)　　B．(3, −3)　　C．$(\frac{3}{2}, -\frac{1}{2})$　　D．$(\frac{3}{2}, \frac{3}{2})$

7．若向量 $\vec{a}=(-3, 4)$，$\vec{b}=(6, 0)$，则 $2\vec{a}+\vec{b}$ 等于（　　）

A．(8, 0)　　B．(0, 8)　　C．(0, 4)　　D．(4, 0)

8．已知向量 $\vec{a}=(-3, 2)$，向量 $\vec{b}=(-1, -2)$，则向量 $|\vec{a}-2\vec{b}|$ 的值为（　　）.

A．$\sqrt{35}$　　B．$\sqrt{37}$　　C．$\sqrt{39}$　　D．$\sqrt{41}$

9．已知 $A(1, -1)$，$B(5, 3)$，P 为 AB 的中点，则 $\overrightarrow{AP}$ 的坐标为（　　）.

A．(5, 4)　　B．(3, −3)　　C．(2, −2)　　D．(2, 2)

10．已知点 $A(a, 2)$关于点 $M(8, -1)$的对称点为 $A'(4, b)$，则 $a=$__________，$b=$________.

提升训练

1．设向量 $\vec{a}=(1, 2)$，$\vec{b}=(-2, 4)$，则 $2\vec{a}+3\vec{b}$ 的坐标为（　　）.

A．(−1, 16)　　B．(−3, 16)　　C．(−4, 16)　　D．(−5, 16)

2．已知 $\overrightarrow{AB}=(2,-1)$，$\overrightarrow{AC}=(-4,1)$，则 $\overrightarrow{BC}$ 等于（　　）.

A．$(6,-2)$　　B．$(-6,2)$　　C．$(-2,6)$　　D．$(2,-6)$

3．已知在平行四边形 $ABCD$ 中，$A(-1,-2)$，$B(3,1)$，$C(0,2)$，则顶点 D 的坐标为（　　）.

A．$(4,1)$　　B．$(1,4)$　　C．$(-4,-1)$　　D．$(-1,-4)$

4．已知 $\vec{a}=(5,2)$，$\vec{b}=(6,y)$，且 $\vec{a}\parallel\vec{b}$，则 y 的值等于（　　）.

A．3　　B．$\frac{12}{5}$　　C．$\frac{5}{12}$　　D．$-\frac{12}{5}$

5．已知点 $A(a,0)$，$B(0,12)$，若线段 AB 的长度为 13，则 a 的值为（　　）.

A．1　　B．±1　　C．5　　D．±5

6．已知 $\overrightarrow{AB}=(5,-3)$，$C(-1,3)$，$\overrightarrow{CD}=2\overrightarrow{AB}$，则点 D 的坐标为（　　）.

A．$(11,9)$　　B．$(4,0)$　　C．$(9,3)$　　D．$(9,-3)$

7．已知 $A(-1,2)$，$B(3,4)$，点 M 在线段 AB 上，且 $\overrightarrow{AM}=\frac{1}{3}\overrightarrow{AB}$，则点 M 的坐标为（　　）.

A．$(\frac{8}{3},\frac{1}{3})$　　B．$(\frac{1}{3},\frac{8}{3})$　　C．$(0,-\frac{1}{3})$　　D．$(-\frac{1}{3},0)$

8．已知向量 $\vec{a}=(-1,x)$ 和 $\vec{b}=(-x,4)$ 共线，且方向相同，则 x 的值是（　　）.

A．-2 和 2　　B．2　　C．-2　　D．4

9．已知 $A(1,-2)$，$B(-1,3)$，且 $\overrightarrow{AC}=3\overrightarrow{BC}$，则 C 点的坐标为____________.

10．已知向量 $\vec{a}=(2,-4)$，$\vec{b}$ 与 $\vec{a}$ 方向相同，且 $|\vec{b}|=1$，则 $\vec{b}$ 的坐标是________.

11．已知三点 $A(1,-2)$，$B(-1,m)$，$C(4,1)$ 在同一条直线上，则实数 m 的值是________.

12．已知▱$ABCD$ 的三个顶点 $A(-2,1)$，$B(-1,3)$，$C(3,4)$，则 $\overrightarrow{BD}$ 的坐标是__________.

13．已知△ABC 的顶点坐标为 $A(1,2)$，$B(3,1)$，$C(0,2)$，则中线 AD 的长是__________.

§7.4　平面向量的内积

知识梳理

一、向量的内积

1．向量内积的定义

（1）两个向量的夹角.

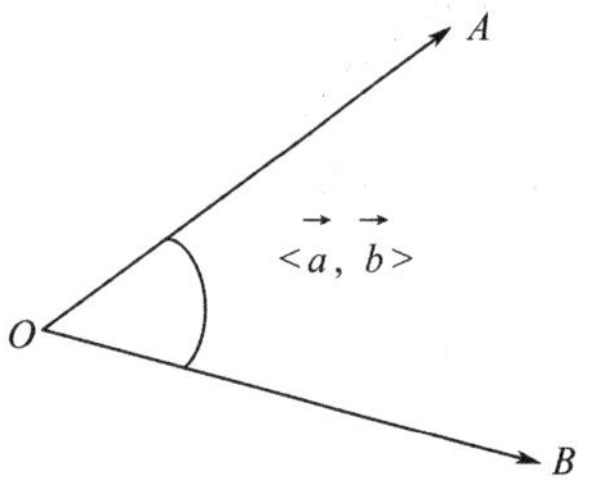

设 $\vec{a}$ 与 $\vec{b}$ 为两个非零向量，在平面上任取一点 O，作 $\overrightarrow{OA}=\vec{a}$，$\overrightarrow{OB}=\vec{b}$，如右图所示，则 $\angle AOB$ 称为 $\vec{a}$ 与 $\vec{b}$ 的夹角，记作 $<\vec{a},\vec{b}>$.

（2）两个向量夹角的取值范围是 $[0,\pi]$，即 $0\leqslant<\vec{a},\vec{b}>\leqslant\pi$.

当 $<\vec{a},\vec{b}>=0$ 时，$\vec{a}$ 与 $\vec{b}$ 同向；

当$<\vec{a}, \vec{b}>=\pi$时，$\vec{a}$与$\vec{b}$反向；

当$<\vec{a}, \vec{b}>=\frac{\pi}{2}$时，$\vec{a}$与$\vec{b}$垂直，记作$\vec{a}\perp\vec{b}$.

（3）向量的内积定义.

已知$\vec{a}$与$\vec{b}$为两个非零向量，则数量$|\vec{a}||\vec{b}|\cos<\vec{a},\vec{b}>$称为$\vec{a}$与$\vec{b}$的内积，也称为$\vec{a}$与$\vec{b}$的数量积或点积，记作$\vec{a}\cdot\vec{b}$，即$\vec{a}\cdot\vec{b}=|\vec{a}||\vec{b}|\cos<\vec{a},\vec{b}>$.

在上面的公式中，$|\vec{b}|\cos<\vec{a}, \vec{b}>$称为向量$\vec{b}$在向量$\vec{a}$方向上的正射影的数量.

规定零向量与任何向量的内积都为 0，即$\vec{0}\cdot\vec{a}=0$.

2．向量内积的性质

设$\vec{a}$，$\vec{b}$是两个非零向量，则

（1）$\vec{a}\perp\vec{b}\Leftrightarrow\vec{a}\cdot\vec{b}=0$；

（2）$\cos<\vec{a}, \vec{b}>=\dfrac{\vec{a}\cdot\vec{b}}{|\vec{a}||\vec{b}|}$；

（3）$\vec{a}\cdot\vec{a}=|\vec{a}|^2$或$|\vec{a}|=\sqrt{\vec{a}\cdot\vec{b}}$；

（4）$|\vec{a}\cdot\vec{b}|\leqslant|\vec{a}||\vec{b}|$.

3．向量内积的运算律

（1）交换律：$\vec{a}\cdot\vec{b}=\vec{b}\cdot\vec{a}$；

（2）数乘结合律：$(\lambda\vec{a})\cdot\vec{b}=\lambda(\vec{a}\cdot\vec{b})=\vec{a}\cdot(\lambda\vec{b})$；

（3）分配律：$(\vec{a}+\vec{b})\cdot\vec{c}=\vec{a}\cdot\vec{c}+\vec{b}\cdot\vec{c}$.

（4）不满足组合律：$(\vec{a}\cdot\vec{b})\cdot\vec{c}\neq\vec{a}\cdot(\vec{b}\cdot\vec{c})$.

也不满足消去律：$\vec{a}\cdot\vec{b}=\vec{a}\cdot\vec{c}\nRightarrow\vec{b}=\vec{c}$.

4．向量内积满足乘法公式

（1）$(\vec{a}+\vec{b})\cdot(\vec{a}-\vec{b})=|\vec{a}|^2-|\vec{b}|^2$；

（2）$|\vec{a}+\vec{b}|^2=|\vec{a}|^2+2\vec{a}\cdot\vec{b}+|\vec{b}|^2$；

（3）$|\vec{a}-\vec{b}|^2=|\vec{a}|^2-2\vec{a}\cdot\vec{b}+|\vec{b}|^2$；

（4）$|\vec{a}+\vec{b}+\vec{c}|^2=|\vec{a}|^2+|\vec{b}|^2+|\vec{c}|^2+2\vec{a}\cdot\vec{b}+2\vec{a}\cdot\vec{c}+2\vec{b}\cdot\vec{c}$.

二、向量内积的直角坐标运算

1．如果$\vec{a}=(a_1, a_2)$，$\vec{b}=(b_1, b_2)$，则$\vec{a}\cdot\vec{b}=a_1b_1+a_2b_2$.

2．向量内积的应用.

（1）证垂直：$\vec{a}\perp\vec{b}\Leftrightarrow a_1b_1+a_2b_2=0$；

（2）求夹角：$\cos<\vec{a},\vec{b}>=\dfrac{\vec{a}\cdot\vec{b}}{|\vec{a}||\vec{b}|}=\dfrac{a_1b_1+a_2b_2}{\sqrt{a_1^2+a_2^2}\sqrt{b_1^2+b_2^2}}$；

（3）求长度：$|\vec{a}|^2=\vec{a}\cdot\vec{a}$ 或 $|\vec{a}|=\sqrt{\vec{a}\cdot\vec{a}}$.

例 1．已知三角形的三个顶点是 $A(6, 3)$，$B(9, 3)$，$C(3, 6)$，求 $\overrightarrow{AB}\cdot\overrightarrow{AC}$ 和 $\angle BAC$.

解析：∵因为 $\overrightarrow{AB}=(9, 3)-(6, 3)=(3, 0)$，$\overrightarrow{AC}=(3, 6)-(6, 3)=(-3, 3)$，

∴ $\overrightarrow{AB}\cdot\overrightarrow{AC}=(3, 0)\cdot(-3, 3)=-9$.

∵ $\cos\angle BAC=\dfrac{\overrightarrow{AB}\cdot\overrightarrow{AC}}{|\overrightarrow{AB}||\overrightarrow{AC}|}=-\dfrac{\sqrt{2}}{2}$，

∴ $\angle BAC=135°$.

例 2．已知 $|\vec{a}|=5$，$|\vec{b}|=12$，当 m 为何值时，向量 $\vec{a}+m\vec{b}$ 与 $\vec{a}-m\vec{b}$ 互相垂直？

解析：由两向量垂直则其内积等于 0 列方程可得.

∵ $\vec{a}+m\vec{b}$ 与 $\vec{a}-m\vec{b}$ 互相垂直，∴ $(\vec{a}+m\vec{b})\cdot(\vec{a}-m\vec{b})=0$. ∴ $\vec{a}^2-m^2\vec{b}^2=0$.

又∵ $|\vec{a}|=5$，$|\vec{b}|=12$，∴ $\vec{a}^2=25$，$\vec{b}^2=144$. ∴ $25-144m^2=0$.

∴ $m=\pm\dfrac{5}{12}$.

∴当 $m=\pm\dfrac{5}{12}$ 时，向量 $\vec{a}+m\vec{b}$ 与 $\vec{a}-m\vec{b}$ 互相垂直.

例 3．已知 $\vec{a}=(1, -2)$，$\vec{b}=(1, \lambda)$，若 $\vec{a}$ 与 $\vec{b}$ 的夹角为锐角，则 λ 的取值范围__________

解析：因为 $\vec{a}$ 与 $\vec{b}$ 的夹角为锐角，所以

$\cos<\vec{a},\vec{b}>=\dfrac{\vec{a}\cdot\vec{b}}{|\vec{a}||\vec{b}|}>0$ 且 $\vec{a}$ 与 $\vec{b}$ 不平行，

∵ $|\vec{a}||\vec{b}|\neq 0$，

∴ $\vec{a}\cdot\vec{b}>0$ 且 $\vec{a}$ 与 $\vec{b}$ 不平行，即 $1\quad 2\lambda>0$，且 $\dfrac{\lambda}{-2}\neq 1$.

解得 $\lambda<\dfrac{1}{2}$，且 $\lambda\neq-2$.

基础训练

1．已知 $\vec{a}\perp\vec{b}$，$\vec{b}=(5, -3)$，则 $\vec{a}$ 可以等于（　　）.

A．$(2, 3)$　　B．$(-2, 3)$　　C．$(\frac{1}{3}, -\frac{5}{9})$　　D．$(-\frac{1}{3}, -\frac{5}{9})$

2．已知 $\vec{a}$ 与 $\vec{b}$ 是两个不同的非零向量，则下列命题为真命题的是（　　）.

A．$\vec{a}\cdot\vec{b}$ 表示一个向量　　B．$\vec{a}\cdot\vec{b}$ 表示一个实数

C. $|\vec{a}\cdot\vec{b}|=|\vec{a}||\vec{b}|$　　D. $<\vec{a},\vec{b}>$越大，$\vec{a}\cdot\vec{b}$也越大

3．若$|\vec{a}|=4$，$|\vec{b}|=3$，$\vec{a}\cdot\vec{b}=-6$，则$\vec{a}$与$\vec{b}$的夹角大小等于（　　）.

A．150°　　B．120°　　C．60°　　D．30°

4．已知$|\vec{a}|=4$，$\vec{b}$在$\vec{a}$方向上的正射影的数量为−3，则$\vec{a}\cdot\vec{b}=$（　　）.

A．−12　　B．−7　　C．$-\dfrac{3}{4}$　　D．$\dfrac{3}{4}$

5．已知△*ABC* 中，$a=2$，$b=1$，$\angle C=60°$，则$\overrightarrow{BC}\cdot\overrightarrow{CA}$等于（　　）.

A．$\dfrac{3}{4}$　　B．−1　　C．$-\dfrac{3}{4}$　　D．$-\dfrac{3}{2}$

6．已知$|\vec{a}|=a$，$|\vec{b}|=b$，$\vec{a}$与$\vec{b}$的夹角是θ，则$|\vec{a}-\vec{b}|$等于（　　）.

A．$\sqrt{a^2+b^2+2ab\cos\theta}$　　B．$\sqrt{a^2+b^2+2ab\sin\theta}$

C．$\sqrt{a^2+b^2-2ab\cos\theta}$　　D．$\sqrt{a^2+b^2-2ab\sin\theta}$

7．已知$\vec{a}=(-3, 1)$，$\vec{b}=(-1, 2)$，则$\vec{a}$与$\vec{b}$的夹角为（　　）.

A．$\dfrac{\pi}{6}$　　B．$\dfrac{\pi}{4}$　　C．$\dfrac{\pi}{3}$　　D．$\dfrac{3\pi}{4}$

8．已知$\vec{a}=(2, 1)$，$\vec{b}=(3, x)$，若$(2\vec{a}-\vec{b})\perp\vec{b}$，则$x$的值为（　　）.

A．3　　B．−1　　C．−1 或 3　　D．−3 或 1

9．在△*ABC* 中，$\angle C=90°$，$\overrightarrow{AB}=(1, k)$，$\overrightarrow{BC}=(2, 3)$，则$k$的值为（　　）.

A．5　　B．−5　　C．$-\dfrac{2}{3}$　　D．$-\dfrac{3}{2}$

10．已知$\vec{a}=(2, 3)$，向量$\vec{b}=(-4, 7)$，则$\vec{a}$在$\vec{b}$方向上的正射影的数量为（　　）.

A．$\dfrac{\sqrt{13}}{5}$　　B．$\sqrt{13}$　　C．$\sqrt{65}$　　D．$\dfrac{\sqrt{65}}{5}$

11．若$|\vec{a}|=3$，$|\vec{b}|=4$，且$<\vec{a},\vec{b}>=120°$，则$(\vec{a}-2\vec{b})\cdot(3\vec{a}+\vec{b})=$________.

12．已知向量$\vec{a}=(1,-2)$，$\vec{b}=(1,\lambda)$，若$\vec{a}$与$\vec{b}$的夹角为钝角，则λ的取值范围是________.

13．已知向量$|\vec{a}|=1$，$|\vec{b}|=3$，$|2\vec{a}+\vec{b}|=\sqrt{13}$，则$<\vec{a},\vec{b}>$为________.

14．已知向量$\vec{a}=(\cos a, \sin a)$，$\vec{b}=(0, 3)$，当$\vec{a}\cdot\vec{b}$取得最大值时，$\vec{a}$的坐标为________.

15．已知$|\vec{a}|=1$，$|\vec{b}|=\sqrt{2}$；

（1）若$\vec{a}$与$\vec{b}$的夹角为45°，求$|\vec{a}+\vec{b}|$；

（2）若$\vec{a}-\vec{b}$与$\vec{a}$垂直，求$\vec{a}$与$\vec{b}$的夹角大小.

提升训练

1．已知$|\vec{a}|=5$，$|\vec{b}|=4$，$<\vec{a},\vec{b}>=60°$ 则$\vec{a}\cdot\vec{b}$等于（　　）．

A．-10　　B．10　　C．$-10\sqrt{3}$　　D．$10\sqrt{3}$

2．已知$|\vec{a}|=8$，$\vec{b}$在$\vec{a}$方向上的射影的数量为-6，则$\vec{a}\cdot\vec{b}=$（　　）．

A．-48　　B．48　　C．$-\frac{3}{4}$　　D．$\frac{3}{4}$

3．若向量$\vec{a}$和$\vec{b}$的长度分别为 3 和 4，夹角为 120°，则$|\vec{a}+\vec{b}|$等于（　　）．

A．37　　B．$\sqrt{37}$　　C．$\sqrt{13}$　　D．13

4．已知$|\vec{a}|=|\vec{b}|=1$，$\vec{a}\cdot\vec{b}=\frac{1}{2}$，则$<\vec{a},\vec{b}>$等于（　　）．

A．30°　　B．45°　　C．60°　　D．120°

5．已知△ABC 中 $a=3$，$b=1$，$\angle C=30°$，则$\overrightarrow{BC}\cdot\overrightarrow{CA}=$（　　）．

A．$\frac{3}{4}\sqrt{3}$　　B．$\frac{3}{2}\sqrt{3}$　　C．$-\frac{3}{4}\sqrt{3}$　　D．$-\frac{3}{2}\sqrt{3}$

6．已知$|\vec{a}|=6$，$|\vec{b}|=5$，$<\vec{a},\vec{b}>=120°$，则$|\vec{a}-\vec{b}|=$（　　）．

A．31　　B．91　　C．$\sqrt{91}$　　D．$\sqrt{31}$

7．若$|\vec{a}|=3$，$\vec{a}\cdot\vec{b}=12$，且$\vec{a}\,/\!/\,\vec{b}$，则$|\vec{b}|$等于（　　）．

A．8　　B．2　　C．4　　D．±4

8．已知$|\vec{a}|=1$，$|\vec{b}|=2$，且（$\vec{a}-\vec{b}$）与$\vec{a}$垂直，则$\vec{a}$与$\vec{b}$的夹角（　　）．

A．30°　　B．45°　　C．60°　　D．135°

9．在△ABC 中，$\angle A=90°$，$\overrightarrow{AB}=(k,1)$，$\overrightarrow{AC}=(2,3)$，则 k 的值为（　　）．

A．-5　　B．5　　C．$-\frac{3}{2}$　　D．$\frac{3}{2}$

10．设$\vec{a}$，$\vec{b}$是非零向量，若$\vec{a}+2\vec{b}$与$\vec{a}-2\vec{b}$互相垂直，则$\frac{|\vec{a}|}{|\vec{b}|}=$（　　）．

A．2　　B．4　　C．$\frac{1}{2}$　　D．$\frac{1}{4}$

11．设$\vec{a}=(5,y)$，$\vec{b}=(-6,-4)$，且$\vec{a}\cdot\vec{b}=-2$，则 y 等于（　　）．

A．-5　　B．-12　　C．5　　D．-7

12．已知$\vec{a}=(2,-3)$，$\vec{b}=(x,-2x)$，且 $3\vec{a}\cdot\vec{b}=4$，则 x 等于（　　）．

A．-3　　B．3　　C．$\frac{1}{6}$　　D．$-\frac{1}{6}$

13．已知$\vec{a}=(3,x)$，$\vec{b}=(7,12)$，且$\vec{a}\perp\vec{b}$，则 x 等于（　　）．

A．$-\frac{7}{4}$　　B．$\frac{7}{4}$　　C．$\frac{7}{3}$　　D．$-\frac{7}{3}$

14．已知$\vec{a}=(3,4)$，$\vec{b}=(2,-1)$，如果向量$\vec{a}+x\vec{b}$与$-\vec{b}$垂直，则 x 的值为（　　）．

A．$\frac{23}{3}$　　B．$\frac{3}{23}$　　C．$-\frac{2}{5}$　　D．2

15．已知$\vec{a}$=(−4, 3)，则与$\vec{a}$垂直的长度为 5 的向量的坐标为（　　）．

A．(3, 4)或(−3, −4)　　B．(−3, 4)或(3, −4)

C．(3, 4)　　D．(−3, 4)

16．已知：$A(1, 2)$，$B(2, 3)$，$C(-2, 5)$，则△ABC 的形状是（　　）．

A．直角三角形　　B．锐角三角形

C．钝角三角形　　D．正三角形

17．已知 $A(3, 1)$，$B(6, 1)$，$C(4, 3)$，D 是线段 BC 的中点，则向量$\overrightarrow{AC}$与$\overrightarrow{DA}$的夹角的余弦值为（　　）．

A．$-\frac{4}{5}$　　B．$\frac{4}{5}$　　C．$\frac{3}{5}$　　D．$-\frac{3}{5}$

18．若$|\vec{a}|=4$，$|\vec{b}|=2$，$(\vec{a}-\vec{b})\cdot\vec{b}-0$，则$\vec{a}$与$\vec{b}$的夹角等于（　　）．

A．30°　　B．45°　　C．60°　　D．90°

19．已知$|\vec{a}|=2$，$|\vec{b}|=3$，且$<\vec{a}, \vec{b}>=60°$，则$|3\vec{a}+2\vec{b}|$的值是（　　）．

A．108　　B．6　　C．$6\sqrt{3}$　　D．$36\sqrt{3}$

20．已知$\vec{a}=(-1, 2x)$，$\vec{b}=(3, 2)$，且$<\vec{a}, \vec{b}>$为锐角，则 x 的取值范围是（　　）．

A．$(\frac{3}{4}, +\infty)$　　B．$[\frac{3}{4}, +\infty)$　　C．$(-\infty, \frac{3}{4})$　　D．$(-\infty, \frac{3}{4}]$

§7.5　高考链接

1．（2010 年）已知点 $M=(2, -3)$，$N=(-5, 1)$，则$\overrightarrow{MN}$的坐标是（　　）．

A．(−7, 4)　　B．(7, −4)　　C．(−3, −2)　　D．(−10, −3)

2．（2010 年）给出下列命题：

① $|\overrightarrow{BA}|=|\overrightarrow{AB}|$；

② 向量$\vec{a}$与向量$\vec{b}$的方向相同或相反，则$\vec{a}/\!/\vec{b}$；

③ 若$\vec{a}$，$\vec{b}$都是单位向量，则$\vec{a}=\vec{b}$；

④ 方向为南偏西 60° 的向量与方向为北偏东 60° 的向量是共线向量；

其中，正确的命题是（　　）．

A．①②　　B．①④　　C．①②④　　D．①②③④

3．（2010 年）已知$|\vec{a}|=3$，$|\vec{b}|=4$，且$<\vec{a}, \vec{b}>=60°$，则$|\vec{a}-\vec{b}|$的值是（　　）．

A．1　　B．$\sqrt{13}$　　C．7　　D．$\sqrt{37}$

4．（2011 年）已知四边形 $ABCD$，$\overrightarrow{AB}=-2\overrightarrow{CD}$，则该四边形是（　　）．

A．梯形　　B．矩形　　C．菱形　　D．正方形

5.（2011 年）已知向量$\vec{a}=(-3, 1)$，$\vec{b}=(-1, 2)$，则$<\vec{a}, \vec{b}>$等于（　　）.

A. $\frac{\pi}{6}$　　B. $\frac{\pi}{4}$　　C. $\frac{\pi}{3}$　　D. $\frac{3\pi}{4}$

6.（2011 年）已知△ABC 中，$\angle A=90°$，$\overrightarrow{AB}=(x, 1)$，$\overrightarrow{BC}=(-4, 2)$，则 x 为（　　）.

A. 1 或－3　　B. －1 或 3　　C. －1 或－3　　D. 1 或 3

7.（2012 年）已知 P，Q 是线段 AB 的两个三等分点（P 点靠近点 A），O 是线段 AB 外的一点，设$\overrightarrow{OA}=\vec{a}$，$\overrightarrow{OB}=\vec{b}$，则$\overrightarrow{OP}=$（　　）

A. $\frac{1}{3}\vec{a}+\frac{1}{3}\vec{b}$　　B. $\frac{1}{3}\vec{a}+\frac{2}{3}\vec{b}$　　C. $\frac{2}{3}\vec{a}+\frac{1}{3}\vec{b}$　　D. $\frac{2}{3}\vec{a}+\frac{2}{3}\vec{b}$

8.（2012 年）已知平行四边形 $OABC$，$\overrightarrow{OA}=(4, 2)$，$\overrightarrow{OC}=(2, 6)$，则 $\overrightarrow{OB}$ 与 $\overrightarrow{AC}$ 夹角的余弦值是（　　）.

A. $\frac{\sqrt{2}}{2}$　　B. $-\frac{\sqrt{2}}{2}$　　C. $\frac{\sqrt{5}}{5}$　　D. $-\frac{\sqrt{5}}{5}$

9.（2013 年）已知点 $M=(1, 2)$，$N=(3, 4)$，则$\frac{1}{2}\overrightarrow{MN}$的坐标是（　　）.

A. (1, 1)　　B. (1, 2)　　C. (2, 2)　　D. (2, 3)

10.（2013 年）已知$\vec{a}=(\cos\theta, \sin\theta)$，$\vec{b}=(0, 3)$，若$\vec{a}\cdot\vec{b}$取最大值，则$\vec{a}$的坐标是________.

11.（2014 年）向量$\vec{a}=(2^m, n)$，$\vec{b}=(\frac{3}{2}, 1)$，且$\vec{a}=2\vec{b}$，则 m 和 n 的值分别为（　　）

A. $m=\log_2 3$，$n=1$　　B. $m=\log_2 3$，$n=2$

C. $m=\log_3 2$，$n=1$　　D. $m=\log_3 2$，$n=2$

12.（2014 年）向量$\vec{a}=(3, 0)$，$\vec{b}=(-3, 4)$，则$<\vec{a}, \vec{a}+\vec{b}>$的值为（　　）.

A. $\frac{\pi}{6}$　　B. $\frac{\pi}{4}$　　C. $\frac{\pi}{3}$　　D. $\frac{\pi}{2}$

13.（2015 年）向量$\vec{a}=(\cos\frac{5\pi}{12}, \sin\frac{5\pi}{12})$，$\vec{b}=(\cos\frac{\pi}{12}, \sin\frac{\pi}{12})$，则$\vec{a}\cdot\vec{b}$的值等于（　　）.

A. $\frac{1}{2}$　　B. $\frac{\sqrt{3}}{2}$　　C. 1　　D. 0

14.（2015 年）如右图所示，M 是线段 OB 的中点，设向量$\overrightarrow{OA}=\vec{a}$，$\overrightarrow{OB}=\vec{b}$，则$\overrightarrow{AM}$可以表示为（　　）.

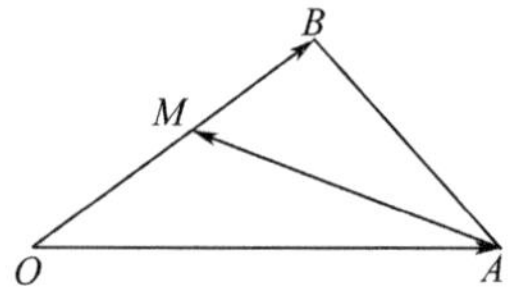

A. $\vec{a}+\frac{1}{2}\vec{b}$　　B. $-\vec{a}+\frac{1}{2}\vec{b}$

C. $\vec{a}-\frac{1}{2}\vec{b}$　　D. $-\vec{a}-\frac{1}{2}\vec{b}$

15.（2016 年）在平行四边形 $OABC$ 中（O 为坐标原点），点 $A(1, -2)$，$C(3, 1)$,则向量$\overrightarrow{OB}$的坐标是（　　）.

A. (4, −1)　　B. (4, 1)　　C. (1,−4)　　D. (1, 4)

16.（2016 年）在△ABC 中，若$|\overrightarrow{AB}|=|\overrightarrow{BC}|=|\overrightarrow{CA}|=2$,则$\overrightarrow{AB}\cdot\overrightarrow{BC}$等于（　　）.

A. $-2\sqrt{3}$　　B. $2\sqrt{3}$　　C. -2　　D. 2

17.（2017 年）已知 $A=(3, 0)$，$B=(2, 1)$，则向量 $\overrightarrow{AB}$ 的单位向量的坐标是（　　）.

A. $(1, -1)$　　B. $(-1, 1)$　　C. $(-\frac{\sqrt{2}}{2}, \frac{\sqrt{2}}{2})$　　D. $(\frac{\sqrt{2}}{2}, -\frac{\sqrt{2}}{2})$

18.（2017 年）如果 $|\vec{a}|=3$，$\vec{b}=-2\vec{a}$，那么 $\vec{a}\cdot\vec{b}$ 等于（　　）.

A. -18　　B. -6　　C. 0　　D. 18

19.（2018 年）在如图所示的平面直角坐标系中，向量 $\overrightarrow{AB}$ 的坐标是（　　）.

A. $(2, 2)$

B. $(-2, -2)$

C. $(1,1)$

D. $(-1,-1)$

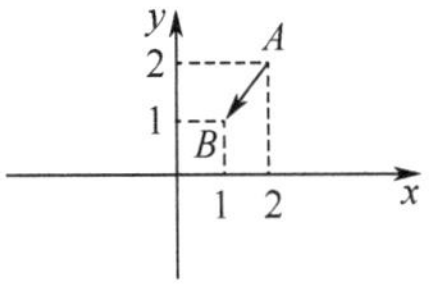

20.（2018 年）已知两个非零向量 $\vec{a}$，$\vec{b}$ 的夹角为锐角，则（　　）.

A. $\vec{a}\cdot\vec{b}>0$　　B. $\vec{a}\cdot\vec{b}<0$　　C. $\vec{a}\cdot\vec{b}\geqslant 0$　　D. $\vec{a}\cdot\vec{b}\leqslant 0$

第八章

解析几何

考纲要求

1．理解直线的方向向量和法向量的概念，掌握直线的点向式方程和点法式方程.

2．了解直线的倾斜角和斜率的概念，会求直线的斜率，掌握直线的点斜式方程、斜截式方程以及一般式方程.

3．会求两曲线的交点坐标.

4．会求点到直线的距离，掌握两条直线平行与垂直的条件.

5．了解线性约束条件、目标函数、线性目标函数线性规划的概念.

6．掌握二元一次不等式（组）表示的区域.

7．掌握线性规划问题的图解法，并会解决简单的线性规划应用问题.

8．掌握圆的标准方程和一般方程，以及直线与圆的位置关系，能灵活运用它们解决有关问题.

9．了解待定系数法的概念，会用待定系数法解决有关问题.

10．掌握圆锥曲线（椭圆、双曲线、抛物线）的概念、标准方程和性质，能灵活运用它们解决有关问题.

命题分析

解析几何是代数化的几何，以用代数方法研究几何问题为中心内容．近几年，本章内容在高考中的分值在20分左右，仅次于函数，各种题型都有，其热点有五个：①直线方程；②两直线的位置关系及距离问题；③不等式表示的区域和线性规划问题；④圆；⑤二次曲线．关于二次曲线高考必考一道解答题，并且难度较大．考生在备考该部分知识时要注意：①始终树立数形结合的思想方法；②平时要多探索解题方法和技巧，研究不同题型的解决办法，形成模型；③注意向量的坐标运算在解析几何中的灵活运用.

§8.1　直线方程——点向式和点法式

知识梳理

一、直线的方向向量和点向式方程

1．直线的方向向量

与直线 l 平行的非零向量，称为直线 l 的方向向量，通常用 $\vec{v}$ 表示.

方向向量不是唯一的．若$\vec{v}=(v_1, v_2)$是直线的一个方向向量，则$t\vec{v}$ $(t\neq 0, t\in \mathbf{R})$也是这条直线的一个方向向量．

2．直线的点向式方程

过点$P(x_0, y_0)$且方向向量为$\vec{v}=(v_1, v_2)$的直线方程为$v_2(x-x_0)-v_1(y-y_0)=0$．

如果$v_1\neq 0$，$v_2\neq 0$，则方程可写成$\frac{x-x_0}{v_1}=\frac{y-y_0}{v_2}$ $(v_1\neq 0$，$v_2\neq 0)$．

若$v_1=0$，此时直线垂直于x轴，直线方程为$x=x_0$；若$v_2=0$，此时直线垂直于y轴，直线方程为$y=y_0$．

3．直线的两点式方程

如果直线l过两点$A(x_1, y_1)$，$B(x_2, y_2)$，则直线l的方程可写为$\frac{x-x_1}{x_2-x_1}=\frac{y-y_1}{y_2-y_1}$ $(x_2-x_1\neq 0, y_2-y_1\neq 0)$．此方程可由两点坐标直接写出，称为两点式方程．

二、直线的法向量和点法式方程

1．直线的法向量

与直线l垂直的非零向量，称为直线l的法向量，通常用$\vec{n}$表示．

法向量不唯一，同一直线的两个法向量是相互平行（共线）的．

2．直线的点法式方程

过点$P(x_0, y_0)$，且法向量$\vec{n}=(A, B)$的直线方程为$A(x-x_0)+B(y-y_0)=0$．若直线的法向量为$\vec{n}=(A, B)$，则向量$\vec{v}=(-B, A)$就是直线的一个方向向量．

例 1．根据下列条件求直线方程．

（1）过$(2, 3)$，方向向量为$\vec{v}=(5, -2)$．

（2）过直线$x+y+3=0$与$x-y-5=0$的交点，且法向量是$\vec{n}=(2, -3)$．

（3）已知两点$A(4, -3)$，$B(2, 5)$，求线段AB的垂直平分线方程．

解析：（1）由直线的点向式方程，得$\frac{x-2}{5}=\frac{y-3}{-2}$，

整理得所求直线方程为$2x+5y-19=0$．

（2）由$\begin{cases}x+y+3=0\\x-y-5=0\end{cases}$，解得$\begin{cases}x=1\\y=-4\end{cases}$，即交点为$(1, -4)$．

由点法式方程得$2(x-1)-3(y+4)=0$，

整理得所求直线方程为$2x-3y-14=0$．

（3）因为所求直线的法向量$\vec{n}=\overrightarrow{AB}=(-2, 8)$，

设线段AB的中点$O(x, y)$，则$x=\frac{4+2}{2}=3$，$y=\frac{-3+5}{2}=1$，所以中点O的坐标是$(3, 1)$．

所以所求直线的点法式方程为$-2(x-3)+8(y-1)=0$，

即$x-4y+1=0$．

题型归纳

1．过点 $P(1, 3)$ 且与向量 $\vec{n}=(-4, 3)$ 垂直的直线方程是（　　）．

A．$3x-5y-15=0$　　B．$3x-4y+13=0$

C．$4x-3y+5=0$　　D．$4x-3y-13=0$

解析：由直线的点法式方程可得答案为 C.

2．与 y 轴交点为 $(0, -11)$，且平行于向量 $\vec{v}=(-1, -2)$ 的直线方程为（　　）．

A．$2x-y-11=0$　　B．$x+y-11=0$　　C．$2x-y+11=0$　　D．$2x+y+11=0$

解析：由直线的点向式方程可得答案选 A.

3．过点 $(-1, 2)$ 且垂直于 x 轴的直线方程是（　　）．

A．$x=-1$　　B．$x=2$　　C．$y=-1$　　D．$y=2$

解析：直线垂直于 x 轴，直线方程为 $x=x_0$，答案为 A.

4．直线过两点 $A(3, -2)$，$B(-3, 4)$，则直线方程为（　　）．

A．$x+y-1=0$　　B．$x+y-11=0$　　C．$x-y+1=0$　　D．$x+y+1=0$

解析：由直线的两点式方程可得答案选 A.

5．已知直线 l 的法向量为 $\vec{n}=(-2, 3)$，直线 l 与 x 轴、y 轴围成的三角形面积为 4，则直线 l 的方程是（　　）．

A．$2x-3y-4\sqrt{3}=0$　　B．$2x-3y+4\sqrt{3}=0$

C．$2x-3y-4\sqrt{3}=0$ 或 $2x-3y+4\sqrt{3}=0$　　D．$-2x+3y+4\sqrt{3}=0$

解析：设直线方程为 $-2x+3y+D=0$，然后找出直线与 x 轴、y 轴的交点，由面积公式列方程求出 D，答案选 C.

基础训练

1．直线 $\frac{x-2}{5}=\frac{y-3}{-3}$ 的一个方向向量是（　　）．

A．$(5, -3)$　　B．$(5, 3)$　　C．$(-5, -3)$　　D．$(-3, 5)$

2．设向量 $\vec{a}$，$\vec{b}$ 分别为直线 l 的一个方向向量和一个法向量，则 $\vec{a}\cdot\vec{b}$ 的值（　　）．

A．一定为零　　B．不一定为零　　C．一定不为零　　D．无法确定

3．过点 $(3, -2)$ 且平行于向量 $\vec{v}=(1, 0)$ 的直线方程是（　　）．

A．$x=3$　　B．$y=-2$　　C．$3x-2y=0$　　D．$2x-3y=0$

4．已知直线的一个法向量的坐标 $(3, -4)$，则它的一个方向向量的坐标是（　　）．

A．$(-3, 4)$　　B．$(3, 4)$　　C．$(4, -3)$　　D．$(4, 3)$

5．已知直线的一个方向向量是 $(3, -4)$，则它的一个法向量是（　　）．

A．$(-3, 4)$　　B．$(3, 4)$　　C．$(4, 3)$　　D．$(4, -3)$

6．已知点 $A(1,5)$，$B(-3,1)$，则线段 AB 的垂直平分线的方程是（　　）．

A．$x+y-2=0$　　B．$x+y+2=0$　　C．$x-y-4=0$　　D．$x-y+2=0$

7．已知两点 $A(4,-3)$，$B(2,5)$，则线段 AB 的方程是（　　）.

A．$4x+y-13=0$　　B．$4x+y+13=0$　　C．$4x-y-13=0$　　D．$4x+y+1=0$

提升训练

1．过点$(3,4)$且与直线$3x-2y-7=0$垂直的直线方程为（　　）.

A．$3x+2y-18=0$　　B．$2x+3y-18=0$

C．$3y-2x-18=0$　　D．$2x-3y-18=0$

2．经过两直线$3x+2y+1=0$与$2x-3y+5=0$的交点，并且垂直于直线$l:6x-2y+5=0$的直线方程为（　　）.

A．$x-3y-2=0$　　B．$x+3y-2=0$

C．$x-3y+2=0$　　D．$x+3y+2=0$

3．过点$(-1,3)$且与直线$x-2y+1=0$平行的直线方程是（　　）.

A．$2x+y-1=0$　　B．$2x+y+1=0$

C．$x-2y+7=0$　　D．$x-2y-1=0$

4．过点$(-1,3)$，且与直线$x-2y+1=0$垂直的直线方程是（　　）.

A．$2x+y-1=0$　　B．$2x+y+1=0$

C．$x-2y+7=0$　　D．$x-2y-1=0$

5．三角形的三个顶点坐标分别为 $A(1,1)$，$B(2,3)$，$C(-4,1)$，则 BC 边上的中线 AD 所在的直线方程为（　　）.

A．$x+2y-3=0$　　B．$x+2y+3=0$　　C．$x-y-3=0$　　D．$x+y+3=0$

6．已知直线过点 $P(-2,1)$，且与两坐标轴围成等腰直角三角形，则直线的方程为（　　）.

A．$x+y-3=0$　　B．$x+y+1=0$ 或 $x+y-3=0$

C．$x-y+3=0$　　D．$x+y+1=0$ 或 $x-y+3=0$

7．直线的一个方向向量为$(-1, 2)$，且与两坐标轴围成的三角形面积为 4，则直线方程为（　　）.

A．$2x+y-4=0$　　B．$2x+y-4=0$ 或 $2x+y+4=0$

C．$2x+y+4=0$　　D．$2x+y+1=0$ 或 $2x-y+3=0$

§8.2　直线方程——点斜式和一般式

知识梳理

一、直线的倾斜角和斜率

1．直线的倾斜角

一条直线 l 向上的方向与 x 轴正方向所成的最小正角α，称为直线 l 的倾斜角，倾斜角α的取值范围为 $0°\leqslant\alpha<180°$.

规定：平行于（或重合于）x 轴的直线的倾斜角为 0°．

2．直线的斜率

（1）当$\alpha \neq \frac{\pi}{2}$时，直线 l 的倾斜角的正切值就是直线 l 的斜率，$k=\tan\alpha\ (\alpha \neq \frac{\pi}{2})$；

当倾斜角α=90° 时，直线的斜率不存在；

当 $0<\alpha<90°$ 时，$k>0$，直线的倾斜角越大，直线的斜率也越大；

当 $90°<\alpha<180°$ 时，$k<0$，直线的倾斜角越大，直线的斜率也越大．

（2）如果$\vec{v}=(v_1, v_2)$是直线 l 的一个方向向量，且 $v_1 \neq 0$，那么$\frac{v_2}{v_1}$就是直线 l 的斜率，即 $k=\frac{v_2}{v_1}\ (v_1 \neq 0)$，若 $v_1=0$，则直线 l 的斜率不存在，此时直线 l 与 x 轴垂直，也就是说并不是每条直线都存在斜率．

（3）已知直线 l 过两点 $A(x_1, y_1)$，$B(x_2, y_2)$，则直线 l 的斜率为 $k=\frac{y_2-y_1}{x_2-x_1}\ (x_1 \neq x_2)$．

二、直线的点斜式方程和斜截式方程

1．点斜式方程

过直线上一点 $P(x_0, y_0)$且直线的斜率为 k 的直线方程为 $y-y_0=k(x-x_0)$，称为直线的点斜式方程．此方程表示的直线不包括垂直于 x 轴的直线．当直线的斜率不存在时，不能用点斜式求它的方程，这时直线平行于 y 轴或与 y 轴重合，直线的方程可以写成 $x=x_0$，与 y 轴重合的直线方程为 $x=0$．

2．斜截式方程

当直线的斜率 k 和直线在 y 轴上的截距 b 确定时，直线方程为 $y=kx+b$，称为斜截式方程．此方程表示的直线不包括垂直于 x 轴的直线．

直线在 y 轴上的截距是直线与 y 轴交点的纵坐标，它的取值可正、可负，还可以为 0．

注：利用点斜式和斜截式研究直线方程时，要考虑斜率存在与不存在两种情况，否则可能会产生漏解．

三、直线的一般式方程

方程 $Ax+By+C=0$（A，B 不全为零）称为直线的一般式方程，此方程可表示任何直线，直线方程的其他形式都可以化为一般式方程．

向量$\vec{n}=(A, B)$为直线 $Ax+By+C=0$ 的一个法向量，向量$\vec{v}=(-B, A)$或$(B, -A)$是这条直线的一个方向向量，直线的斜率 $k=-\frac{A}{B}(B \neq 0)$．

例 1．根据条件求直线的斜率 k．

（1）直线的倾斜角为 120°；

（2）已知向量$\vec{v}=(1, 2)$为直线的一个方向向量；

（3）已知直线过点 $P(1, 2)$，$Q(3, -4)$．

解析：由求直线斜率的三种方法可得（1）$k=\tan 120°=-\sqrt{3}$；（2）$k=2$；（3）$k=\frac{-4-2}{3-1}=-3$．

例 2．根据下列条件求直线方程．

（1）已知直线过点(1, 2)，且斜率为−3；

（2）斜率为 3，在 y 轴上的截距为−2；

（3）过点 $P(1, 2)$且法向量 $\vec{n}=(3, 4)$．

解析：根据不同的条件，选择不同的方程形式．

（1）由直线的点斜式方程，得 $y-2=-3(x-1)$，整理得所求直线方程为 $3x+y-5=0$.

（2）由直线的斜截式方程得 $y=3x-2$，整理得所求直线方程为 $3x-y-2=0$.

（3）由直线的一般式方程，可设直线为 $3x+4y+D=0$，把点(1, 2)代入上式可得 $D=-11$，所求直线方程为 $3x+4y-11=0$.

题型归纳

1．已知 $A(1, 1)$、$B(3, -1)$，$C(2, a)$是直线 l 上的三点，求 a 的值．

解析：根据由两点求斜率的方法，利用直线 AB 和直线 AC 的斜率相等求解，因为 $A(1, 1)$、$B(3, -1)$，$C(2, a)$是直线 l 上的三点，$k_{AB}=\dfrac{-1-1}{3-1}=-1$，$k_{AC}=\dfrac{a-1}{2-1}$，$k_{AB}=k_{AC}$，即$\dfrac{a-1}{2-1}=-1$，解得 $a=0$.

2．直线 $\sqrt{3}x+3y-6=0$ 的斜率为________，倾斜角为________，在 y 轴上截距为_____，在 x 轴上截距为____，直线与两个坐标轴围成的三角形的面积为________.

解析：把直线方程化为斜截式 $y=-\dfrac{\sqrt{3}}{3}x+2$，所以知斜率为$-\dfrac{\sqrt{3}}{3}$，倾斜角为 150°，在 y 轴上截距 2，在 x 轴上截距为 $2\sqrt{3}$，直线与两个坐标轴围成的三角形的面积为 $2\sqrt{3}$.

基础训练

1．过点(2, 0)，(5, 3)的直线的斜率是（　　）．

A．1　　B．−1　　C．$\dfrac{1}{5}$　　D．$-\dfrac{1}{5}$

2．直线 l 的一个方向向量 $\vec{v}=(2, -1)$，则它的斜率为（　　）．

A．$-\dfrac{1}{2}$　　B．$\dfrac{1}{2}$　　C．2　　D．−2

3．直线 $\sqrt{3}x-y+1=0$ 的倾斜角为（　　）

A．30°　　B．60°　　C．120°　　D．150°

4．已知直线 l 的倾斜角是 120°，则这条直线的一个法向量为（　　）．

A．$(1, \sqrt{3})$　　B．$(1, -\sqrt{3})$　　C．$(\sqrt{3}, 1)$　　D．$(-\sqrt{3}, 1)$

5．过点 $A(m, 2)$，$B(-1, 4)$的直线的斜率为 1，则 $m=$（　　）．

A．$-\dfrac{1}{3}$　　B．$\dfrac{1}{3}$　　C．3　　D．−3

6．已知直线过点(2, −1)，且在 x 轴上的截距为 3，则该直线的方程是（　　）．

A．$x+2y-3=0$　　B．$x+2y+3=0$　　C．$x-y-3=0$　　D．$x+y+3=0$

提升训练

1．若直线的倾斜角为$\frac{2\pi}{3}$，且该直线过$(1, k)$，$(-2, 0)$，则k的值是（　　）．

A．$-3\sqrt{3}$　　B．$3\sqrt{3}$　　C．$-\sqrt{3}$　　D．$\sqrt{3}$

2．倾斜角的余弦值为$\frac{5}{13}$，且过点$A(1, -2)$，的直线方程为（　　）．

A．$12x+5y-22=0$　　B．$12x-5y-22=0$

C．$12x+5y+22=0$　　D．$12x-5y+22=0$

3．已知过两点$A(-m,6)$，$B(1,3m)$的直线的斜率为$-\frac{2}{3}$，则m的值为（　　）．

A．$\frac{16}{11}$　　B．$\frac{11}{16}$　　C．$\frac{20}{7}$　　D．$\frac{7}{20}$

4．直线$2x+3y+1=0$在两坐标轴上截距之和是（　　）．

A．$\frac{5}{6}$　　B．$-\frac{5}{6}$　　C．5　　D．6

5．已知直线l与直线$2x-3y+7=0$的倾斜角相等，且过点$A(2, 1)$，则直线l的方程（　　）．

A．$2x+3y-1=0$　　B．$2x-3y-1=0$　　C．$2x+3y+1=0$　　D．$2x-3y+1=0$

6．过点$P(2, 1)$，且倾斜角为直线$y=\frac{1}{2}x+1$的倾斜角2倍的直线方程是（　　）．

A．$4x+3y-5=0$　　B．$4x-3y+5=0$

C．$4x+3y+5=0$　　D．$4x-3y-5=0$

§8.3　两条直线的位置关系

知识梳理

一、两条直线的位置关系

两条直线的位置关系有三种：平行、相交和重合．

1．两条直线平行

（1）已知l_1：$A_1x+B_1y+C_1=0$，法向量$\vec{n_1}=(A_1, B_1)$；l_2：$A_2x+B_2y+C_2=0$，法向量$\vec{n_2}=(A_2, B_2)$．

① $l_1 /\!/ l_2 \Leftrightarrow$存在一个非零实数$\lambda$，使$\vec{n}_1=\lambda\vec{n}_2$，且$C_1\neq\lambda C_2$；

② $l_1 /\!/ l_2 \Leftrightarrow A_1B_2-A_2B_1=0$，且$A_1C_2-A_2C_1\neq 0$；

③ $l_1 /\!/ l_2 \Leftrightarrow \frac{A_1}{A_2}=\frac{B_1}{B_2}\neq\frac{C_1}{C_2}$ $(A_2 B_2 C_2\neq 0)$．

（2）若直线方程为l_1：$y=k_1x+b_1$，l_2：$y=k_2x+b_2$，

则$l_1 /\!/ l_2 \Leftrightarrow k_1=k_2$且$b_1\neq b_2$．

（3）一般地，与直线$Ax+By+C=0$平行的直线都可以表示成$Ax+By+D=0(D\neq C)$．

2．两条直线相交

（1）若已知 l_1：$A_1x+B_1y+C_1=0$，l_2：$A_2x+B_2y+C_2=0$，则 l_1 与 l_2 相交$\Leftrightarrow A_1B_2-A_2B_1\neq 0$，或 l_1 与 l_2 相交$\Leftrightarrow \dfrac{A_1}{A_2}\neq\dfrac{B_1}{B_2}$ $(A_2B_2\neq 0)$.

若已知 l_1：$y=k_1x+b_1$，l_2：$y=k_2x+b_2$，则 l_1 与 l_2 相交$\Leftrightarrow k_1\neq k_2$.

（2）两条直线的交点

求两条直线 l_1：$A_1x+B_1y+C_1=0$ 与 l_2：$A_2x+B_2y+C_2=0$ 的交点就是解由两条直线方程联立组成的方程组$\begin{cases}A_1x+B_1y+C_1=0\\A_2x+B_2y+C_2=0\end{cases}$，这个方程组的解就是两条直线的交点的坐标.

（3）两条直线垂直.

① 若直线方程为 l_1：$A_1x+B_1y+C_1=0$，l_2：$A_2x+B_2y+C_2=0$，则 $l_1\perp l_2\Leftrightarrow A_1A_2+B_1B_2=0$.

② 若直线方程为 l_1：$y=k_1x+b_1$，l_2：$y=k_2x+b_2$，则 $l_1\perp l_2\Leftrightarrow k_1\cdot k_2=-1$

③ 一般地，与直线 $Ax+By+C=0$ 垂直的直线都可以表示成 $Bx-Ay+D=0$.

3．两条直线重合

（1）若直线 l_1：$A_1x+B_1y+C_1=0$，l_2：$A_2x+B_2y+C_2=0$ 重合，则

① $A_1B_2-A_2B_1=0$，且 $A_1C_2-A_2C_1=0$；

② $\dfrac{A_1}{A_2}=\dfrac{B_1}{B_2}=\dfrac{C_1}{C_2}$ $(A_2B_2C_2\neq 0)$.

（2）若直线 l_1：$y=k_1x+b_1$，l_2：$y=k_2x+b_2$ 重合，则 $k_1=k_2$，且 $b_1=b_2$.

例 1．求过两直线 $2x-y-5=0$ 与 $x+y+2=0$ 的交点，且与直线 $3x+2y-1=0$ 平行的直线 l 的方程.

解析：先求出两直线的交点，再利用两条直线平行的条件，求出直线方程.

由$\begin{cases}2x-y-5=0\\x+y+2=0\end{cases}$，解得$\begin{cases}x=1\\y=-3\end{cases}$.

又因为与直线 $3x+y-1=0$ 平行，所以直线 l 的方程可设为 $3x+y+C=0$.

将点$(1,-3)$代入 $3x+2y+C=0$，得 $3\times 1+2\times(-3)+C=0$，所以 $C=3$.

所求直线 l 的方程为 $3x+2y+3=0$.

例 2．已知直线 l_1 的方程为 $3x-4y+5=0$，求符合下列条件的直线 l_2 的方程.

（1）l_1 与 l_2 平行，且在 y 轴上的截距为 5；

（2）l_1 与 l_2 垂直，且 l_2 与两轴围成三角形的面积为 3.

解析：根据条件设出合适的形式，再由已知求解.

（1）因为 l_1 与 l_2 平行，所以设 l_2 的直线方程为 $3x-4y+C=0$，

当 $x=0$ 时，$y=\dfrac{C}{4}$. 由题意知$\dfrac{C}{4}=5$，所以 $C=20$.

所求直线 l_2 的方程为 $3x-4y+20=0$.

（2）因为 l_1 与 l_2 垂直，所以可设 l_2 的方程为 $4x+3y+D=0$.

当 $x=0$ 时，$y=-\dfrac{D}{3}$. 当 $y=0$ 时，$x=-\dfrac{D}{4}$. $S_{\triangle}=\dfrac{1}{2}\left|-\dfrac{D}{3}\right|\cdot\left|-\dfrac{D}{4}\right|=3$. 解得 $D=\pm 6\sqrt{2}$.

所以，所求直线方程为 $4x+3y+6\sqrt{2}=0$ 或 $4x+3y-6\sqrt{2}=0$.

题型归纳

1．如果直线 $ax+2y+2=0$ 与直线 $3x-y-2=0$ 平行，那么系数 a 等于（　　）．

A．-3　　B．-6　　C．$-\dfrac{3}{2}$　　D．$\dfrac{2}{3}$

解析：若已知直线 l_1：$A_1x+B_1y+C_1=0$，l_2：$A_2x+B_2y+C_2=0$，且 $A_2\neq0$，$B_2\neq0$，$C_2\neq0$，则有 $l_1 /\!/ l_2 \Leftrightarrow \dfrac{A_1}{A_2}=\dfrac{B_1}{B_2}\neq\dfrac{C_1}{C_2}$，由题设可知 $\dfrac{a}{3}=\dfrac{2}{-1}\neq\dfrac{2}{-2}$，解得 $a=-6$，答案为 B.

2．已知直线 $(b-4)x+y+1=0$ 与直线 $2x+3y-5=0$ 垂直，则 b 的值为（　　）

A．5　　B．2　　C．0　　D．$\dfrac{5}{2}$

解析：若已知 l_1：$A_1x+B_1y+C_1=0$，l_2：$A_2x+B_2y+C_2=0$，则 $l_1\perp l_2\Leftrightarrow A_1A_2+B_1B_2=0$.
由题设可知 $2(b-4)+3=0$，解得 $b=\dfrac{5}{2}$，答案选 D.

基础训练

1．过点 $A(-3, 2)$，且平行于直线 $3x+y-5=0$ 的直线方程为（　　）．

A．$3x-y+9=0$　　B．$3x+y-7=0$　　C．$3x+y+7=0$　　D．$x-3y-9=0$

2．通过点(3, 1)且与直线 $x+y=1$ 垂直的直线方程是（　　）．

A．$x+y+2=0$　　B．$3x-y-8=0$　　C．$x-3y+2=0$　　D．$x-y-2=0$

3．已知直线 l 与直线 $2x-5y-1=0$ 平行，则 l 的斜率为（　　）．

A．$\dfrac{2}{5}$　　B．$-\dfrac{2}{5}$　　C．$\dfrac{5}{2}$　　D．$-\dfrac{5}{2}$

4．直线 $ax+2y-1=0$ 与 $x+(a-1)y+2=0$ 平行，则 a 等于（　　）．

A．$\dfrac{3}{2}$　　B．-1　　C．2　　D．2 或 -1

5．若直线 $4x-2ay-3=0$ 与直线 $x+4y+1=0$ 互相垂直，则实数 a 的值是（　　）．

A．8　　B．-8　　C．$\dfrac{1}{2}$　　D．$-\dfrac{1}{2}$

6．已知直线 l_1：$mx+2y-5=0$，l_2：$3x-y-4=0$，且 $l_1 /\!/ l_2$，则实数 m 的值是（　　）．

A．6　　B．-6　　C．$-\dfrac{2}{3}$　　D．$\dfrac{2}{3}$

提升训练

1．已知过点 $A(-2, -8)$ 和 $B(m, 4)$ 的直线与直线 $2x+y-1=0$ 平行，则 m 的值为（　　）．

A．-8　　B．-10　　C．12　　D．22

2．若直线 $Ax-2y-1=0$ 和直线 $6x-4y+C=0$ 平行，则（　　）．

A．$A=3$，$C=-2$　　B．$A=3$，$C\neq-2$

C．$A\neq3$，$C=-2$　　D．$A\neq3$，$C\neq-2$

3．若直线 l_1：$x+ay+6=0$ 与 l_2：$(a-2)x+3y+2a=0$ 平行，则 $a=$（　　）．

A．-1 或 3　　B．1 或 3　　C．-3　　D．-1

4．若直线 $ax+y=4$ 与 $4x+ay-1=0$ 互相垂直，则 $a=$（　　）．

A．4　　B．±1　　C．0　　D．不存在

5．若直线 $mx+8y+2m=0$ 与 $x+2my-4=0$ 相交，那么（　　）．

A．$m=-2$　　B．$m=2$　　C．$m=\pm2$　　D．$m\neq\pm2$

6．已知平面上两条直线 $l_1\perp l_2$，且 l_1 的斜率为 0，则 l_2 的斜率为（　　）．

A．0　　B．-1　　C．1　　D．不存在

§8.4　点到直线的距离

知识梳理

1．点到直线的距离公式

点 $P(x_0, y_0)$到直线 $Ax+By+C=0$ 的距离 $d=\dfrac{|Ax_0+By_0+C|}{\sqrt{A^2+B^2}}$．

2．两平行线间的距离公式

两平行线 $Ax+By+C_1=0$ 与 $Ax+By+C_2=0$ 之间的距离 $d=\dfrac{|C_1-C_2|}{\sqrt{A^2+B^2}}$．

注：利用两条平行线间的距离公式求距离时，必须要求 x，y 的系数相同．

例 1．点 $A(1, 1)$到直线 $3x+4y+3=0$ 的距离为（　　）．

A．1　　B．2　　C．5　　D．1

解析：根据点到直线的距离公式可得答案为 B．

例 2．直线 $4x-2y+C=0$ 与直线 $2x-y+2=0$ 的距离为 $\sqrt{5}$，则 C 的值为（　　）．

A．-6　　B．14　　C．-6 或 14　　D．6 或 14

解析：先把两个方程的系数化为相同的值，再利用两平行线间的距离公式进行计算，可得答案为 C．

题型归纳

1．已知点 $M(2, -3)$到直线 $2x+y+c=0$ 的距离为 $\sqrt{5}$，则 c 的值为（　　）．

A．4 或-6　　B．-4 或 6　　C．-6　　D．4

解析：由点到直线的距离公式列方程，求出 c，答案为 A．

2．直线 $4x+3y-4=0$ 与直线 $4x+3y+6=0$ 之间的距离是（　　）．

A．0.5　　B．3　　C．2　　D．4

解析：由两平行线间的距离公式可得答案为 C．

3．直线的一个法向量为(4, 3)，且到点(0, 0)的距离为 2，则直线方程为（　　）．

A．$4x+3y-10=0$　　B．$4x+3y-10=0$ 或 $4x+3y+10=0$

C．$4x+3y+10=0$　　D．$4x-3y+10=0$ 或 $4x+3y+10=0$

解析：先设出直线方程为 $4x+3y+D=0$，再由(0, 0)到直线的距离为 2，列方程解出 D，答案为 B.

基础训练

1．点 $M(2,1)$ 与点 $N(5,-1)$ 的距离为（　　）.

A．$\sqrt{13}$　　B．$\sqrt{14}$　　C．$\sqrt{15}$　　D．$\sqrt{16}$

2．在直线 $x=-3$ 上且到 x 轴距离为 5 的点为（　　）.

A．(−3, 5)　　B．(−3, −5)　　C．(5, −3)　　D．(−3, 5)或(−3, −5)

3．直线 $3x+4y-2=0$ 与 $6x+8y-9=0$ 之间的距离为（　　）.

A．0.5　　B．−0.5　　C．−5　　D．2

4．点 $P(-1, 1)$到直线 $y=x$ 的距离为（　　）.

A．$\sqrt{3}$　　B．$\sqrt{5}$　　C．$\sqrt{2}$　　D．$\sqrt{7}$

5．若点(1, 2)到直线 $x+2y+a=0$ 的距离为 $\sqrt{5}$，则 $a=$（　　）.

A．0　　B．−10　　C．0 或−10　　D．2 或 0

提升训练

1．直线 $3x+4y+D=0$ 与 $6x+8y-7=0$ 之间的距离为$\frac{13}{10}$，则 D 的值是（　　）.

A．−10　　B．−10 或 3　　C．−3　　D．−3 或 10

2．若直线 $y=3x-b$ 与圆 $x^2+y^2=10$ 相切，实数 b 的值是（　　）.

A．−10　　B．−15　　C．−15 或 15　　D．10 或−10

3．若直线 $mx-y-5=0$ 与圆 $(x-1)^2+(y+2)^2=2$ 相切，则 $m=$（　　）.

A．−1　　B．7　　C．1 或−7　　D．−1 或 7

4．若直线 $x-3y+6=0$ 与 $x-3y+b=0$ 的距离为 $\sqrt{10}$，则 $b=$（　　）.

A．−4　　B．16　　C．1 或−4　　D．−4 或 16

5．若点 $A(2, a)$到直线 $3x+4y+5=0$ 的距离为 3，则点 A 到直线 $3x+4y-5=0$ 的距离为（　　）.

A．1　　B．6　　C．1 或 5　　D．1 或 6

§8.5　线性规划问题

知识梳理

一、二元一次不等式表示的区域

1．已知直线 l：$Ax+By+C=0$ 将坐标平面上的点分为两部分.

那么，直线 l 的法向量 $\vec{n}=(A,B)$ 所指向的那一侧的半平面内的所有点的坐标，满足不等式 $Ax+By+C>0$；而在 l 另一侧的半平面内的所有点的坐标，满足不等式 $Ax+By+C<0$.

2. 在求一元二次不等式表示的区域时，还可以用试点法. 在直线的某一侧任取一点，若其坐标满足这个不等式，则该点所在的这一侧区域是所求的区域，否则直线的另一侧是所求的区域.

3. 非严格不等式 $Ax+By+C\leqslant 0$ 包含直线 $Ax+By+C=0$，即有等号时画实线，无等号时画虚线.

二、线性规划的图解法及应用

1. 一般地，求线性目标函数在线性约束条件下的最大值或最小值的问题，统称为线性规划问题. 满足线性约束条件的解 (x, y) 称为可行解，由所有可行解组成的集合称为可行域. 其中使目标函数取得最大值和最小值的可行解，称为这个问题的最优解.

2. 用图解法解决简单的线性规划问题的基本步骤：

（1）根据线性约束条件画出可行域（即不等式组表示的公共区域）；

（2）设 $z=0$，画出直线 l_0；

（3）观察、分析，平移直线 l_0，从而找到最优解；

（4）最后求出目标函数的最大值和最小值.

例 1. 右图中，阴影部分的区域表示的不等式为（　　）.

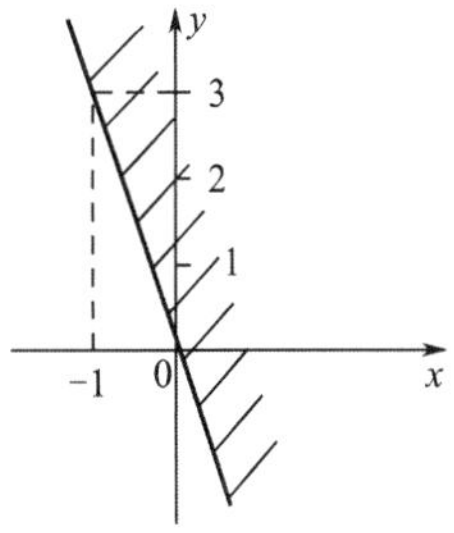

A. $3x+y\geqslant 0$

B. $3x+y\leqslant 0$

C. $3x+y<0$

D. $3x+y>0$

解析： 把阴影区域内的点 $(1, 1)$ 代入，知 $3x+y=4>0$，又因为直线为实线，所以答案为 A.

例 2. 已知目标函数为 $z=2x+y$，其中 x, y 满足的约束条件是 $\begin{cases} x+y+2\geqslant 0 \\ x-y-1\leqslant 0 \\ y\leqslant 1 \end{cases}$，求目标函数的最大值和最小值.

解析： 解法 1：根据线性约束条件画出可行域，如下图所示.

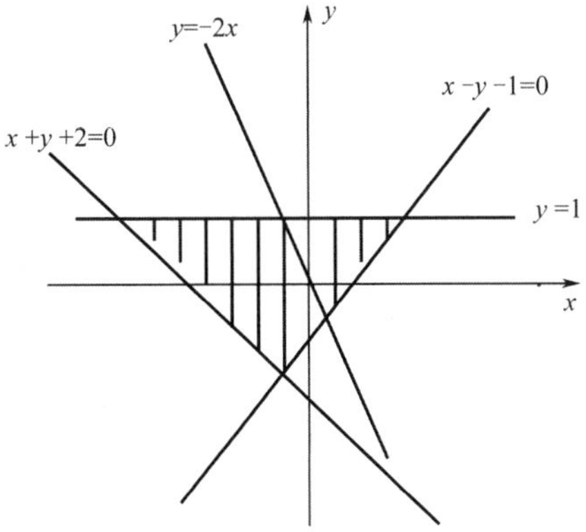

令 $z=0$，画出直线 $y=-2x$ 的图像，

当 $y=-2x$ 水平上移过点 A 时，目标函数取最大值，最大值为 5.

当 $y=-2x$ 水平下移过 B 点时，目标函数取最小值，最大值为−5.

解法 2：解方程组 $\begin{cases}x-y-1=0\\y=1\end{cases}$ 得到点 A 的坐标为(2, 1)；

解方程组 $\begin{cases}x+y+2=0\\y=1\end{cases}$，得到点 B 的坐标为(−3, 1)；

解方程组 $\begin{cases}x+y+2=0\\x-y-1=0\end{cases}$，得到点 C 的坐标为$(-\frac{1}{2}, -\frac{3}{2})$；

把三个点的坐标代入目标函数，最大值 5 就是目标函数的最大值 5，最小值−5 就是目标函数的最小值−5. 此法只在最值存在的情况下使用.

题型归纳

1．不等式 $2x+3y-6\geqslant 0$ 表示的区域（阴影部分）是（　　）.

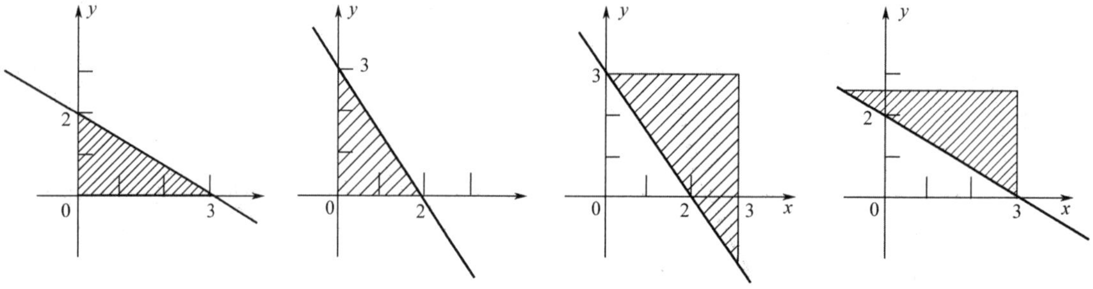

A.　　　B.　　　C.　　　D.

解析：采用特殊值法，把(0, 0)和(0, 2)代入不等式可得答案为 D.

2．设 x，y 满足 $\begin{cases}2x+y\leqslant 4\\x-y\geqslant -1\\x-2y\leqslant 2\end{cases}$，则 $z=x+y$（　　）.

A．有最小值−7，最大值 3　　　B．有最大值 3，无最小值

C．有最小值 2，最大值 3　　　D．既无最小值也无最大值

解析：根据约束条件画出可行域，作出 $y=-x$ 的图像，当直线水平上移时得最大值 3，水平下移时得最小值−7. 答案为 A.

注：在目标函数中等号两侧 z 与 y 符号相同时，水平上移得最大值，水平下移得最小值.

3．变量 x，y 满足的约束条件为 $\begin{cases}x+y-5\leqslant 0\\4x-y\geqslant 0\\y\geqslant 0\end{cases}$，则目标函数 $z=2x-y$ 的最小值是（　　）.

A．−2　　B．0　　C．2　　D．−5

解析：根据约束条件画出可行域，作出 $y=2x$ 的图像，直线水平上移时得最小值−2，答案为 A.

注：此题目中目标函数等号两侧 z 与 y 的符号不相同，水平上移得最小值，水平下移得

最大值.

基础训练

1．不在 $3x+2y<6$ 表示的平面区域内的一点是（　　）.

A．(0, 0)　　B．(1, 1)　　C．(0, 2)　　D．(2, 0)

2．不等式 $x-2y+3<0$ 表示的区域在直线 $x-2y+3=0$ 的（　　）.

A．右方　　B．左方　　C．左上方　　D．右下方

3．如下图所示，表示阴影部分的二元一次不等式组是（　　）.

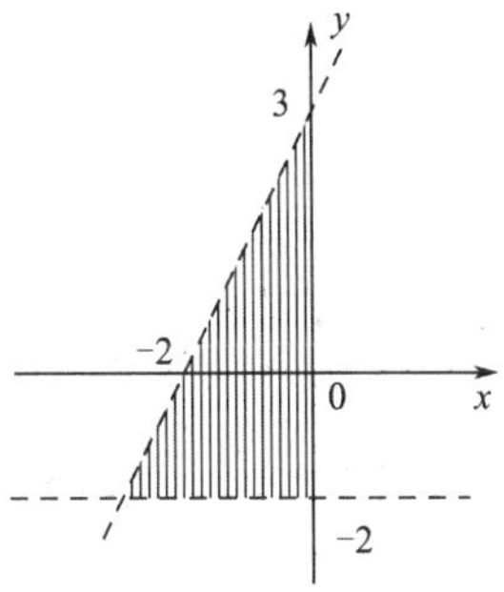

A．$\begin{cases} y\geqslant -2 \\ 3x-2y+6>0 \\ x<0 \end{cases}$　　B．$\begin{cases} y>-2 \\ 3x-2y+6\geqslant 0 \\ x\leqslant 0 \end{cases}$

C．$\begin{cases} y>-2 \\ 3x-2y+6>0 \\ x\leqslant 0 \end{cases}$　　D．$\begin{cases} y>-2 \\ 3x-2y+6<0 \\ x<0 \end{cases}$

4．已知变量 x，y 满足的线性约束条件是 $\begin{cases} x\leqslant 4 \\ x+y-4\geqslant 0 \\ y\leqslant 4 \end{cases}$，则目标函数 $z=2x+3y$ 的最大值等于（　　）.

A．20　　B．24　　C．16　　D．18

提升训练

1．设 x, y 满足约束条件 $\begin{cases} x-y+2\geqslant 0 \\ 5x-y-10\leqslant 0 \\ x\geqslant 0 \\ y\geqslant 0 \end{cases}$，则 $z=2x+y$ 的最大值为（　　）.

A．5　　B．11　　C．6　　D．20

2．设 x，y 满足 $\begin{cases} x+y-4\geqslant 0 \\ x\leqslant 4 \\ y\leqslant 4 \end{cases}$，则目标函数 $z=2x-y$ 的最大值等于（　　）.

A．6　　B．16　　C．8　　D．4

3．不等式组$\begin{cases}x+3y\geqslant 4\\x\geqslant 0\\3x+y\leqslant 4\end{cases}$所表示的平面区域的面积等于（　　）．

A．$\dfrac{4}{3}$　　B．$\dfrac{8}{3}$　　C．4　　D．8

4．已知 O 是坐标原点，点 $A(-1, 1)$，若点 $M(x, y)$为平面区域$\begin{cases}x+y\geqslant 2\\x\leqslant 1\\y\leqslant 2\end{cases}$上的一个动点，则$\overrightarrow{OM}\cdot\overrightarrow{OA}$的最大值是（　　）．

A．1　　B．0　　C．2　　D．4

§8.6　圆 的 方 程

知识梳理

一、圆的标准方程

1．圆的定义

平面内到一定点的距离等于定长的点的轨迹是圆，定点是圆心，定长是圆的半径．

2．圆的标准方程

（1）圆心为 $C(a, b)$，半径为 r 的圆的标准方程为$(x-a)^2+(y-b)^2=r^2$．

（2）圆心为$(0, 0)$，半径为 r 的圆的标准方程为 $x^2+y^2=r^2$．

若求圆的标准方程，只要知道圆的圆心坐标和半径即可．

二、圆的一般方程

1．圆的一般方程

圆的一般方程为 $x^2+y^2+Dx+Ey+F=0(D^2+E^2-4F>0)$，圆心为$(-\dfrac{D}{2}, -\dfrac{E}{2})$，半径 $r=\dfrac{1}{2}\sqrt{D^2+E^2-4F}$．

2．圆的一般方程的特点

（1）x^2 与 y^2 的系数相等且不等于 0；

（2）没有形如 xy 的二次项；

（3）$D^2+E^2-4F>0$ 是方程表示圆的必要条件，如果 $D^2+E^2-4F\leqslant 0$ 方程不能表示圆．

例 1．根据条件确定圆的方程．

（1）圆心为$(0, 3)$，且过点$(3, 1)$的圆的标准方程；

（2）已知点 $A(-2, 4)$和 $B(6, -2)$，且以线段 AB 为直径的圆的标准方程；

（3）过点 $A(5, 2)$，且圆心在直线 $x-y=0$ 上，半径等于 3 的圆的标准方程；

（4）与圆 $x^2+y^2-2x+4y-6=0$ 的圆心相同，半径为 5 的圆的方程．

解析：求圆的标准方程的关键在于确定圆心和半径.

（1）因为圆心为(0, 3)，且过点(3, 1)，则圆的半径 $r=\sqrt{(3-0)^2+(1-3)^2}=\sqrt{13}$，所以所求圆的方程为 $x^2+(y-3)^2=13$.

（2）因为弦 AB 为圆的直径，所以圆心为线段 AB 的中点，即圆心坐标为(2, 1)，半径 $r=\frac{|AB|}{2}=\frac{\sqrt{(6+2)^2+(-2-4)^2}}{2}=5$，所以圆的方程为 $(x-2)^2+(y-1)^2=25$.

（3）因为圆心在直线 $x-y=0$ 上，所以设圆的方程为 $(x-a)^2+(y-a)^2=9$，把 $A(5, 2)$ 代入方程得：$a=2$ 或 5，所以圆的方程为 $(x-2)^2+(y-2)^2=9$ 或 $(x-5)^2+(y-5)^2=9$.

（4）圆 $x^2+y^2-2x+4y-6=0$ 的圆心是(1, −2)，圆的半径为 5，所以所求圆的方程为 $x^2+y^2-2x+4y-20=0$.

题型归纳

1．已知圆的圆心为(3, −2)，且过点(7, 1)，则圆的标准方程是（　　）.

A．$(x-3)^2+(y-2)^2=25$　　B．$(x+3)^2+(y+2)^2=25$

C．$(x-3)^2+(y+2)^2=25$　　D．$(x+3)^2+(y-2)^2=25$

解析：此题是已知圆心和圆上一点求圆的方程，答案为 C.

2．已知点 $A(4, 9)$，$B(6, 3)$，则以 AB 为直径的圆为（　　）.

A．$(x+5)^2+(y-6)^2=10$　　B．$(x-5)^2+(y+6)^2=10$

C．$(x-5)^2+(y-6)^2=10$　　D．$(x+5)^2+(y+6)^2=10$

解析：此题是已知直径的两个端点的坐标，求圆的方程，答案为 C.

3．圆心在点(1, 3)，并且与直线 $3x-4y-6=0$ 相切的圆的方程为（　　）.

A．$(x+1)^2+(y-3)^2=9$　　B．$(x-1)^2+(y-3)^2=9$

C．$(x-1)^2+(y+3)^2=9$　　D．$(x-1)^2+(y-3)^2=15$

解析：此题是已知圆心和圆的切线，求圆的方程，答案为 B.

4．已知三角形的三个顶点(0, 4)，(3, 1)，(3, 4)，其外接圆方程是（　　）.

A．$x^2+y^2+3x-5y+4=0$　　B．$x^2+y^2-3x-5y-4=0$

C．$x^2+y^2-3x+5y+4=0$　　D．$x^2+y^2-3x-5y+4=0$

解析：此题是已知圆上三点，用圆的一般方程和待定系数法求圆的方程，答案为 D.

5．过点 $A(0, 1)$ 和 $B(0, 3)$，且半径等于 1 的圆的标准方程为（　　）.

解析：因为圆过点 $A(0, 1)$ 和 $B(0, 3)$，所以 $|AB|=2$，又半径为 $r=1$，所以圆心为线段 AB 的中点，即圆心坐标为(0, 2)，所以圆的方程为 $x^2+(y-2)^2=1$.

基础训练

1．圆的方程为 $(x-2)^2+(y+1)^2=2$，则其圆心和半径分别为（　　）.

A．(−2, 1)，$\sqrt{2}$　　B．(2, −1)，$\sqrt{2}$

C．(−2, 1)，2　　D．(2, −1)，2

2．已知点 $A(1, 2)$，$B(3, 0)$，则以 AB 为直径的圆的方程为（　　）．

A．$(x-2)^2+(y+1)^2=2$　　B．$(x+2)^2+(y-1)^2=2$

C．$(x-2)^2+(y-1)^2=2$　　D．$(x+2)^2+(y+1)^2=2$

3．圆心与圆 $x^2+y^2-4x+6y-6=0$ 相同，半径为 5 的圆的方程是（　　）．

A．$x^2+y^2-4x+4y+12=0$　　B．$x^2+y^2-4x+6y-12=0$

C．$x^2+y^2+4x-6y+38=0$　　D．$x^2+y^2+4x-6y-12=0$

4．圆 $x^2+y^2+Dx+Ey-4=0$ 的圆心为$(-1, 2)$，则圆的半径为（　　）

A．6　　B．9　　C．3　　D．2

5．若方程 $x^2+y^2-x+y+m=0$ 表示圆，则实数 m 的取值范围是（　　）．

A．$m<\frac{1}{2}$　　B．$m<10$　　C．$m>\frac{1}{2}$　　D．$m\leqslant\frac{1}{2}$

提升训练

1．方程 $x^2+y^2+a-1=0$ 表示圆的充要条件是（　　）．

A．$a>1$　　B．$a<1$　　C．$a\geqslant 1$　　D．$a\leqslant 1$

2．过点$(3, -1)$，圆心在 y 轴上，且与 x 轴相切的圆的方程为（　　）．

A．$x^2+y^2-10y=0$　　B．$x^2+y^2+10y=0$

C．$x^2+y^2+10x=0$　　D．$x^2+y^2-10x=0$

3．已知圆心为$(2, 3)$，求过直线 $x+y-7=0$ 和 $2x-y-8=0$ 交点的圆的方程为（　　）．

A．$(x+2)^2+(y-3)^2=10$　　B．$(x-2)^2+(y+3)^2=10$

C．$(x-2)^2+(y-3)^2=10$　　D．$(x+2)^2+(y+3)^2=10$

4．圆 C 与直线 $x-y=0$ 及 $x-y-4=0$ 都相切，圆心在直线 $x=-y$ 上，则圆 C 的方程是（　　）．

A．$(x+1)^2+(y-1)^2=2$　　B．$(x-1)^2+(y+1)^2=2$

C．$(x-1)^2+(y-1)^2=2$　　D．$(x+1)^2+(y+1)^2=2$

5．过点$(0, 1)$，$(2, 1)$，且半径为 $\sqrt{5}$，则圆的方程是（　　）．

A．$(x+1)^2+(y-3)^2=5$

B．$(x-1)^2+(y+1)^2=5$ 或$(x-1)^2+(y-3)^2=5$

C．$(x-1)^2+(y-3)^2=5$

D．$(x+1)^2+(y+1)^2=5$ 或$(x+1)^2+(y-3)^2=5$

§8.7　直线与圆的位置关系

知识梳理

1．直线与圆的位置关系

直线与圆的位置有关系有相切、相割和相离，直线和圆只有一个交点时，称为直线和圆相切；直线和圆有两个交点时，称为直线和圆相割；直线和圆没有交点时，称为直线和圆相离.

2．直线与圆的位置关系的判定方法

（1）由直线和圆的方程联立，得到关于 x 或 y 的一元二次方程，然后由判别式Δ来判断.

① $\Delta=0$ 时，直线与圆相切；

② $\Delta>0$ 时，直线与圆相割；

③ $\Delta<0$ 时，直线与圆相离.

（2）由圆心到直线的距离 d 和圆的半径 r 的大小关系来判断.

① $d=r$ 时，直线与圆相切；

② $d<r$ 时，直线与圆相割；

③ $d>r$ 时，直线与圆相离.

例 1.（1）求通过圆$(x-2)^2+(y-5)^2=36$ 上的点 $A(8, 5)$的圆的切线方程；

（2）已知圆：$x^2+y^2=4$，求过点$(2, -3)$且与圆相切的直线 l 的方程.

解析:（1）该题为过圆上一点，作圆的切线，利用直线与圆相切的性质，过切点的半径与切线垂直，半径所在的向量是所求直线的法向量.

已知圆$(x-2)^2+(y-5)^2=36$ 的圆心为 $P(2, 5)$，半径为 6，所以 $\overrightarrow{PA}=(8-2, 5-5)=(6, 0)$是切线的法向量.

由点法式方程得 $6(x-8)+0(y-5)=0$，

所以所求切线方程为 $x-8=0$.

（2）该题是过圆外一点作圆的切线，先设出直线的点斜式方程，再根据直线与圆相切，圆心到直线的距离等于半径列出方程，解出直线的斜率，求得直线方程.

若直线 l 的斜率存在，设直线 l 的方程为 $y+3=k(x-2)$，即 $kx-y-2k-3=0$.

因为直线与圆相切，则 $\dfrac{|-2k-3|}{\sqrt{k^2+1}}=2$，整理得 $12k=-5$，所以 $k=-\dfrac{5}{12}$，所求直线方程为 $5x+12y+26=0$.

若直线的斜率不存在，则直线 l 的方程为 $x=2$，而圆心到直线 l 距离为 $d=2=r$，所以 $x=2$ 也是圆的切线，所以过点$(2, -3)$且与圆相切的直线 l 的方程 $5x+12y+26=0$ 或 $x=2$.

注：过圆外一点作圆的切线一定有两条，当求出斜率只有一个值时，说明还有一条切线与 x 轴垂直.

题型归纳

1．直线 $2x-y+5=0$ 与圆 $x^2+y^2-4x+3=0$ 的位置关系是（　　）.

A．相交　　B．相切　　C．相离　　D．不能确定

解析：因圆心到直线的距离大于半径，答案为 C.

2．圆 $x^2+y^2=1$ 上的点到直线 $3x+4y+25=0$ 的距离的最小值是（　　）.

A．6　　B．4　　C．3　　D．2

解析：圆心到直线的距离是 5，$5-1=4$，答案为 B.

3．已知直线 $x+y+2=0$ 与圆 $x^2+y^2=9$ 交于点 A、B，求弦 AB 的长．

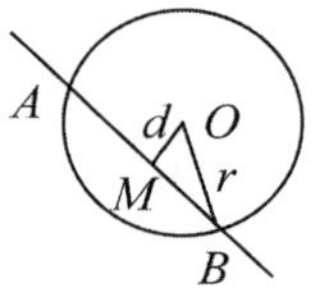

解析：求直线被圆截得的弦长，一般构造如右图所示的直角三角形．过圆心 O 作 $OM\perp AB$，连接 OB，则圆心 $O(0,0)$ 到直线的距离 $d=\dfrac{2}{\sqrt{2}}=\sqrt{2}$，半径 $r=3$，所以 $MB=\sqrt{r^2-d^2}=\sqrt{7}$，所以弦 AB 长为 $2\sqrt{7}$．

4．圆的方程是 $x^2+y^2=3$，则过圆上一点 $M(\sqrt{2}，1)$且与圆相切的直线方程为（　　）．

A．$x+2y=3$　　B．$\sqrt{2}x-y=3$　　C．$\sqrt{2}x+y=3$　　D．$x+y=3$

解析：此题是过圆上一点作圆的切线，答案选 C．

5．过点 $M(2, 3)$向圆 $C\ (x-1)^2+(y-1)^2=1$ 引切线．

（1）求切线方程；

（2）求点 M 到圆 C 的切线段长度．

解析：此题是过圆外一点作圆的切线，答案为（1）$3x-4y+6=0$；（2）切线段长度为 2．

基础训练

1．直线 $3x-4y-10=0$ 与圆 $x^2+y^2=9$ 的位置关系是（　　）．

A．相切　　B．相离

C．相交但不过圆心　　D．相交且过圆心

2．直线 $x+y+2=0$ 截圆 $x^2+y^2-4x-5=0$ 所得的弦长为（　　）．

A．1　　B．2　　C．$\sqrt{2}$　　D．$2\sqrt{2}$

3．过点$(-3\sqrt{2}, 0)$的直线与圆 $x^2+y^2=9$ 有两个交点，则直线 l 的斜率的取值范围为（　　）．

A．$(0, 1)$　　B．$(-1, 0)$　　C．$[-1, 1]$　　D．$(-1, 1)$

4．经过点 $C(-1, 1)$和 $D(1, 3)$，且圆心在 x 轴上的圆的方程为（　　）．

A．$x^2+(y-2)^2=10$　　B．$x^2+(y+2)^2=10$

C．$(x+2)^2+y^2=10$　　D．$(x-2)^2+y^2=10$

5．和圆$(x-2)^2+(y+3)^2=4$ 相切的直线是（　　）．

A．$x-y=0$　　B．$x-4=0$　　C．$x+y-1=0$　　D．$x+y=0$

6．过圆 $x^2+(y-2)^2=4$ 上一点$(2, 2)$的切线方程是（　　）．

A．$y-2=0$　　B．$x-2=0$　　C．$x+y=2$　　D．$x-y=2$

7．圆$(x-1)^2+(y+1)^2=4$ 上的点到直线 $3x+4y-14=0$ 的最大距离是（　　）．

A．5　　B．3　　C．2　　D．$2\sqrt{2}$

8．若直线 $3x+4y+k=0$ 过圆 $x^2+y^2-6x+5=0$ 的圆心，则 k 的值是（　　）．

A．7　　B．-7　　C．9　　D．-9

提升训练

1．直线过点$(3, 2)$与圆$(x-2)^2+(y-1)^2=16$ 相交，且弦长最大，则直线的方程为（　　）．

A．$x-y-1=0$　　B．$x+y-5=0$

C．$x-y-2=0$　　　　D．$x+y+1=0$

2．直线 $x-2=0$ 被圆 $(x-a)^2+y^2=4$ 所截得的弦长等于 $2\sqrt{3}$，则 $a=$（　　）.

A．-1 或 -3　　　　B．1 或 3

C．$-\sqrt{2}$ 或 $\sqrt{2}$　　　　D．$\sqrt{3}$

3．过点 $A(2,1)$ 且被圆 $x^2+y^2=4$ 截得的弦长为最大的直线方程是（　　）.

A．$x-2y=0$　　　　B．$2x-y=0$

C．$x-2y+2=0$　　　　D．$2x+y+4=0$

4．设直线 $x-y-3\sqrt{2}=0$ 与圆 $x^2+y^2=25$ 的两个交点为 A、B，则线段 AB 的长为（　　）.

A．7　　B．8　　C．9　　D．10

5．与已知圆 $x^2+y^2=4$ 相切，且与直线 $x+3y=10$ 垂直的直线方程为（　　）.

A．$3x-y-2\sqrt{10}=0$　　　　B．$3x-y+2\sqrt{10}=0$ 或 $3x-y-2\sqrt{10}=0$

C．$3x-y+2\sqrt{10}=0$　　　　D．$3x+y+2\sqrt{10}=0$ 或 $3x+y-2\sqrt{10}=0$

6．直线 l:$3x+4y-m=0$ 与圆 O：$x^2+y^2=25$ 相切，则实数 m 的值是（　　）.

A．5　　　　B．25

C．25 或 -25　　　　D．5 或 -5

7．已知圆的方程为 $x^2+y^2=4$，过点（2, 3）作圆的切线，求切线方程.

8．在圆 $x^2+y^2=8$ 内有一点 $P(-1, 2)$，AB 为过点 P 的弦.

（1）当弦过圆心时，求弦所在的直线方程；

（2）求过 P 点的最大弦长和最小弦长.

§8.8　椭　　圆

知识梳理

1．椭圆的定义

（1）平面内与两个定点 F_1，F_2 的距离的和等于常数 $2a$（大于$|F_1F_2|$）的点的轨迹称为椭圆，这两个定点称为椭圆的焦点，两焦点的距离称为焦距．设 M 为椭圆上任一点，则有 $|MF_1|+|MF_2|=2a$.

2. 椭圆的标准方程和几何性质

焦点位置	在 x 轴上	在 y 轴上
标准方程	$\frac{x^2}{a^2}+\frac{y^2}{b^2}=1(a>b>0)$	$\frac{y^2}{a^2}+\frac{x^2}{b^2}=1(a>b>0)$
图　形	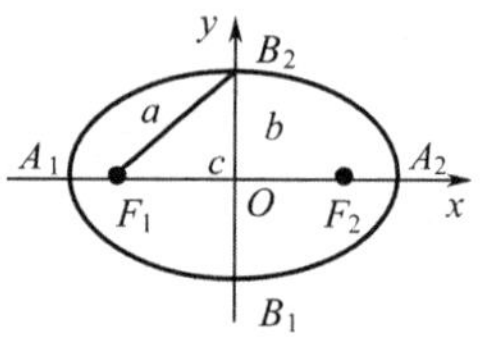	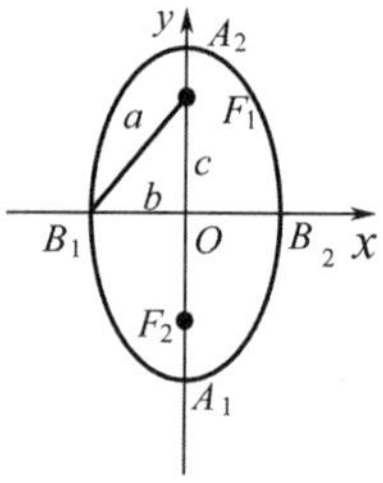
a，b，c 的关系	$a^2=b^2+c^2$	$a^2=b^2+c^2$
范围	$\lvert x\rvert\leqslant a$，$\lvert y\rvert\leqslant b$	$\lvert x\rvert\leqslant b$，$\lvert y\rvert\leqslant a$
对称性	关于 x 轴、y 轴、原点对称	
顶点	$A_1(-a, 0)$，$A_2(a, 0)$， $B_1(0, -b)$，$B_2(0, b)$.	$A_1(0, -a)$，$A_2(0, a)$， $B_1(-b, 0)$，$B_2(b, 0)$.
焦点	$F_1(-c, 0)$，$F_2(c，0)$	$F_1(0, c)$，$F_2(0, -c)$
焦距	$2c$	$2c$
长轴、短轴	长轴长$=2a$，短轴长$=2b$	长轴长$=2a$，短轴长$=2b$
离心率	$e=\frac{c}{a}\ (0<e<1)$	$e=\frac{c}{a}\ (0<e<1)$

（1）$\frac{x^2}{a^2}+\frac{y^2}{b^2}=1$（$a>b>0$）与 $\frac{y^2}{a^2}+\frac{x^2}{b^2}=1$（$a>b>0$)表示的椭圆大小、形状均相同，但它们的焦点在不同的坐标轴上，若椭圆的焦点在 x 轴上，则标准方程中 x^2 项的分母较大，若椭圆的焦点在 y 轴上，则标准方程中 y^2 项的分母较大.

（2）字母 a，b，c，e 都有其几何含义，a 是长半轴，b 是短半轴，c 是半焦距，且满足 $a^2=b^2+c^2$，它们是椭圆固有的，与坐标系中的位置无关.

（3）离心率 e 表示椭圆的扁平程度，e 越趋近于 1，椭圆越扁；e 越趋近于 0，椭圆越趋近于圆.

例 1. 椭圆 $\frac{x^2}{25}+\frac{y^2}{36}=1$ 上一点 P 到一个焦点的距离等于 4，则它到另一个焦点的距离为（　　）.

A. 5　　B. 6　　C. 8　　D. 10

解析： 由椭圆方程式可知 $2a=12$，再由椭圆定义得答案为 C.

例 2. 椭圆的中心在原点，焦点在 x 轴上，长轴长是短轴长的 3 倍，且过点$(-3, 1)$，则椭圆的方程为（　　）.

A. $\frac{x^2}{18}+\frac{y^2}{2}=1$　　B. $\frac{y^2}{18}+\frac{x^2}{2}=1$

C. $\frac{x^2}{9}+y^2=1$　　D. $\frac{y^2}{9}+x^2=1$

解析：可把点(−3, 1)代入选项中，再结合条件选出答案，答案为 A.

例 3．已知椭圆的焦距是 4，离心率是 $\frac{2}{3}$，则椭圆的标准方程是（　　）.

A．$\frac{x^2}{9}+\frac{y^2}{5}=1$　　B．$\frac{x^2}{5}+\frac{y^2}{9}=1$

C．$\frac{x^2}{9}-\frac{y^2}{5}=1$　　D．$\frac{x^2}{9}+\frac{y^2}{5}=1$ 或 $\frac{x^2}{5}+\frac{y^2}{9}=1$

解析：该题是典型的由已知参数求椭圆方程的题目，答案选 D.

例 4．已知椭圆以坐标轴为对称轴，焦点在 x 轴上，且长轴长是短轴长的 3 倍，焦距为 $4\sqrt{2}$，求椭圆的方程.

解析：题目已知焦点的位置，可以直接设出椭圆的标准方程，根据长、短轴及焦距的关系确定出参数 a、b 的值.

已知椭圆的焦点在 x 轴上，则设椭圆的标准方程为 $\frac{x^2}{a^2}+\frac{y^2}{b^2}=1(a>b>0)$

由题意得，$2a=3\times2b$，即 $a=3b$，又因为 $2c=4\sqrt{2}$，所以 $c=2\sqrt{2}$.

因为 $a^2=b^2+c^2$，即 $(3b)^2-b^2=8$，所以 $b^2=1$，$a^2=9$，

故所求椭圆的标准方程为 $\frac{x^2}{9}+y^2=1$.

题型归纳

1．若过椭圆 $\frac{x^2}{25}+\frac{y^2}{36}=1$ 焦点 F_1 的直线交椭圆于 A、B 两点，则△ABF_2 的周长是（　　）.

A．12　　B．24　　C．16　　D．20

解析：该题属于考查椭圆定义得题目，答案为 B.

2．已知椭圆上一点到两焦点 $F_1(0, -4)$，$F_2(0, 4)$的距离之和等于 10，则椭圆的标准方程为（　　）.

A．$\frac{x^2}{25}+\frac{y^2}{16}=1$　　B．$\frac{y^2}{25}+\frac{x^2}{16}=1$

C．$\frac{x^2}{25}+\frac{y^2}{9}=1$　　D．$\frac{x^2}{9}+\frac{y^2}{25}=1$

解析：该题属于由条件根据定义求椭圆方程的题目，答案选 D.

3．若方程$\frac{x^2}{25-k}+\frac{y^2}{k-15}=1$ 表示焦点在 y 轴上的椭圆，则（　　）.

A．$k<9$　　B．$9<k<16$

C．$20<k<25$　　D．$k>20$

解析：该题是含参数的椭圆方程中，由椭圆的性质求参数的范围，答案为 C.

4．椭圆的对称轴是坐标轴，离心率为 $\frac{2}{3}$，长轴长为 12，则椭圆的方程为（　　）.

A. $\frac{x^2}{36}+\frac{y^2}{20}=1$　　B. $\frac{x^2}{144}+\frac{y^2}{80}=1$

C. $\frac{x^2}{36}+\frac{y^2}{20}=1$ 或 $\frac{x^2}{20}+\frac{y^2}{36}=1$　　D. $\frac{x^2}{144}+\frac{y^2}{80}=1$ 或 $\frac{x^2}{80}+\frac{y^2}{144}=1$

解析：该题属于由相关参数求椭圆方程的题目，答案为 C.

5. 椭圆$\frac{x^2}{a^2}+\frac{y^2}{b^2}=1$与$\frac{x^2}{a^2}+\frac{y^2}{b^2}=k(k>0)$具有相同的（　　）.

A. 长轴　　B. 焦点　　C. 离心率　　D. 焦距

解析：该题考查椭圆参数间的关系，答案为 C.

6. 已知点 P 是椭圆$\frac{x^2}{9}+y^2=1$上一点，F_1，F_2 是椭圆的焦点，且$\angle F_1PF_2=90^\circ$，则$\triangle F_1PF_2$的面积是（　　）.

A. 2　　B. 1　　C. 4　　D. $\frac{1}{2}$

解析：该题是在椭圆中涉及面积问题的一个题目，答案为 B.

基础训练

1. 椭圆$\frac{x^2}{16}+\frac{y^2}{25}=1$的焦点坐标是（　　）.

A. $(0, \pm 3)$　　B. $(\pm 3，0)$　　C. $(0, \pm 5)$　　D. $(\pm 5，0)$

2. 椭圆$\frac{x^2}{7}+\frac{y^2}{a}=1$的焦点在 y 轴上，则实数 a 的取值范围是（　　）.

A. $a<7$　　B. $a>7$　　C. $a<\sqrt{7}$　　D. $a>\sqrt{7}$

3. 椭圆$\frac{y^2}{64}+\frac{x^2}{36}=1$ 的离心率为（　　）.

A. $\frac{4}{5}$　　B. $\frac{3}{4}$　　C. $\frac{\sqrt{7}}{4}$　　D. $\frac{3}{5}$

4. 已知椭圆$\frac{x^2}{m}+\frac{y^2}{4}=1$的焦距为 2，则 m 的值是（　　）.

A. 5　　B. 8　　C. 5 或 3　　D. 20

5. 椭圆$\frac{x^2}{25}+\frac{y^2}{16}=1$ 上一点 P 到一个焦点的距离等于 3，则它到另一个焦点的距离为（　　）.

A. 5　　B. 6　　C. 7　　D. 8

6. 已知椭圆的长轴长恰好等于它的短轴长的 3 倍，则其离心率为（　　）.

A. $\frac{1}{3}$　　B. $\frac{3}{4}$　　C. $\frac{2\sqrt{2}}{3}$　　D. $\frac{\sqrt{3}}{3}$

7. 若过椭圆 $\frac{x^2}{49}+\frac{y^2}{36}=1$ 焦点 F_1 的直线交椭圆于 A、B 两点，则△ABF_2 的周长是（ ）.

A. 14 B. 24 C. 16 D. 28

8. 已知椭圆 $\frac{x^2}{k}+\frac{y^2}{16}=1$，且离心率 $e=\frac{3}{5}$，则 k 的值是（ ）.

A. 25 B. $\frac{256}{25}$ C. 25 或 $\frac{256}{25}$ D. 36

9. 椭圆的对称中心是原点，对称轴是坐标轴，且过点 $P(-2\sqrt{2},0)$，$Q(0,\sqrt{5})$，则椭圆的方程是（ ）.

A. $\frac{x^2}{8}+\frac{y^2}{5}=1$ B. $\frac{x^2}{16}+\frac{y^2}{5}=1$

C. $\frac{x^2}{8}+\frac{y^2}{25}=1$ D. $\frac{x^2}{4}+\frac{y^2}{5}=1$

提升训练

1. 已知椭圆的焦点为 $F_1(-1,0)$、$F_2(1,0)$，点 P 是椭圆上一点，且 $|F_1F_2|$ 是 $|PF_1|$、$|PF_2|$ 的等差中项，则椭圆的方程是（ ）.

A. $\frac{x^2}{16}+\frac{y^2}{9}=1$ B. $\frac{x^2}{16}+\frac{y^2}{12}=1$

C. $\frac{x^2}{4}+\frac{y^2}{3}=1$ D. $\frac{x^2}{3}+\frac{y^2}{4}=1$

2. 椭圆短轴的两端点与一焦点的连线成直角，则此椭圆的离心率为（ ）.

A. $\frac{\sqrt{2}}{2}$ B. $\frac{1}{2}$ C. $\sqrt{2}$ D. 1

3. 椭圆 $4x^2+my^2-4m=0$ 的焦距为 2，则 $m=$（ ）.

A. 5 B. 3 C. 5 或 3 D. 8

4. 椭圆短轴的一个端点到一个焦点的距离为 5，焦点到椭圆中心的距离为 3，则椭圆的标准方程为（ ）.

A. $\frac{x^2}{25}+\frac{y^2}{16}=1$ B. $\frac{x^2}{50}+\frac{y^2}{16}=1$

C. $\frac{x^2}{25}+\frac{y^2}{9}=1$ D. $\frac{x^2}{16}+\frac{y^2}{9}=1$

5. 若 $\frac{x^2}{2m-1}+\frac{y^2}{3-m}=1$ 为椭圆，则 m 的取值范围是（ ）.

A. $\frac{1}{2}<m<3$ B. $\frac{1}{2}<m<\frac{4}{3}$

C. $\frac{4}{3}<m<3$ D. $\frac{1}{2}<m<3$ 且 $m\neq\frac{4}{3}$

6. 已知椭圆的两个焦点为 $F_1(0,-2)$，$F_2(0,2)$，P 是该椭圆上的一点，且 $|PF_1|$、$|F_1F_2|$、$|PF_2|$ 构成等差数列，则该椭圆的标准方程是（ ）.

A. $\dfrac{x^2}{12}+\dfrac{y^2}{16}=1$　　B. $\dfrac{x^2}{50}+\dfrac{y^2}{16}=1$　　C. $\dfrac{x^2}{25}+\dfrac{y^2}{9}=1$　　D. $\dfrac{x^2}{16}+\dfrac{y^2}{9}=1$

7. 已知椭圆 $\dfrac{x^2}{a^2}+\dfrac{y^2}{b^2}=1(a>b>0)$ 的两个焦点分别是 $F_1(-\sqrt{3},0)$，$F_2(\sqrt{3},0)$，过点 F_2 且垂直于 x 轴的直线与椭圆交于 P，Q 两点，$\angle PF_1Q=60°$，则椭圆的标准方程是（　　）.

A. $\dfrac{x^2}{9}+\dfrac{y^2}{6}=1$　　B. $\dfrac{x^2}{6}+\dfrac{y^2}{3}=1$　　C. $\dfrac{y^2}{9}+\dfrac{x^2}{6}=1$　　D. $\dfrac{y^2}{6}+\dfrac{x^2}{3}=1$

§8.9　双　曲　线

知识梳理

1. 双曲线的定义

平面内与两个定点 F_1，F_2 的距离的差的绝对值等于常数（小于 $|F_1F_2|$ 且不等于零）的点的轨迹称为双曲线，这两个定点称为双曲线的焦点，两焦点的距离称为焦距.

若常数 $2a=|F_1F_2|$，表示两条射线；若 $2a>|F_1F_2|$，则无轨迹；若 $2a=0$，表示线段的垂直平分线.

2. 双曲线的标准方程和几何性质

焦点位置	焦点在 x 轴上	焦点在 y 轴上
标准方程	$\dfrac{x^2}{a^2}-\dfrac{y^2}{b^2}=1(a>0，b>0)$	$\dfrac{y^2}{a^2}-\dfrac{x^2}{b^2}=1(a>0，b>0)$
图形	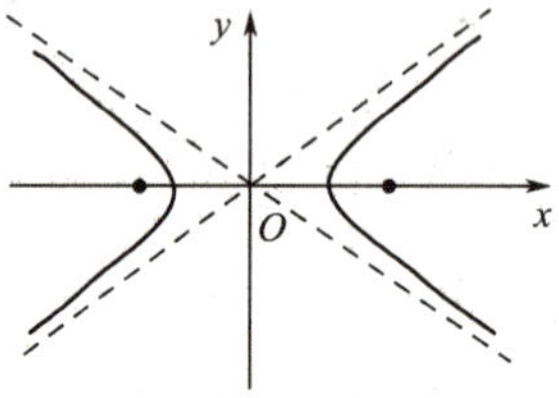	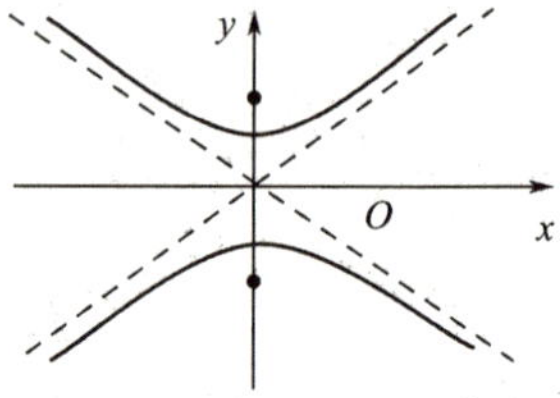
顶点	$(-a,0)$，$(a,0)$	$(0,a)$，$(0,-a)$
焦点	$(-c,0)$，$(c,0)$	$(0,c)$，$(0,-c)$
对称性	关于 x 轴、y 轴、原点对称	
焦距	$2c$	
实轴长	$2a$	
虚轴长	$2b$	
离心率	$e=\dfrac{c}{a}\ (e>1)$	
a，b，c 的关系	$a^2+b^2=c^2$	
渐近线方程	$y=\pm\dfrac{b}{a}x$	$y=\pm\dfrac{b}{a}x$

（1）双曲线的方程和几何性质中涉及的字母 a，b，c，e 都有其含义，a 是实半轴长，b

是虚半轴长，c 是半焦距，且满足 $a^2+b^2=c^2$，它们是双曲线固有的，与坐标系无关.

（2）离心率 e 表示双曲线开口的开阔程度，e 越大，开口越阔，e 越小，开口越扁.

3. 等轴双曲线

（1）定义：实轴和虚轴等长的双曲线称为等轴双曲线.

（2）离心率：$e=\sqrt{2}$，

（3）渐近线：$y=\pm x$，渐近线互相垂直.

（4）等轴双曲线一般可以设为 $x^2-y^2=\lambda(\lambda\neq 0)$，当 $\lambda>0$ 时双曲线的焦点在 x 轴上，当 $\lambda<0$ 时双曲线的焦点在 y 轴上.

例 1. 双曲线 $\frac{x^2}{9}-\frac{y^2}{25}=1$ 上一点 P 到它的一个焦点的距离等于 8，则点 P 到另一个焦点的距离为（　　）.

A．2　　B．14　　C．2 或 14　　D．2 或 18

解析：由双曲线的定义知，双曲线上的点到两焦点的距离的差等于 6，可得答案 C.

例 2. 若方程 $(1-a)x^2+y^2=a-4$ 表示焦点在 x 轴上的双曲线，则 a 的取值范围是（　　）.

A．$(1,+\infty)$　　B．$(4,+\infty)$　　C．$[1,4]$　　D．$(1,4)$

解析：根据双曲线标准方程的性质知，$1-a<0$ 且 $a-4<0$，答案为 D.

例 3. 根据条件求双曲线的标准方程.

（1）实轴长为 8，离心率 $e=\frac{5}{2}$，焦点在 y 轴上；

（2）焦距为 26，两顶点坐标为 $(0,-5)$，$(0,5)$；

（3）渐近线方程为 $y=\pm x$，且过点 $M(2,3)$；

（4）渐近线方程为 $y=\pm\frac{3}{4}x$，且经过点 $(-2,3)$.

解析：该题是利用双曲线的有关参数求双曲线方程的题目，答案：（1）$\frac{y^2}{16}-\frac{x^2}{84}=1$；（2）$\frac{x^2}{25}-\frac{y^2}{144}=1$；（3）$\frac{y^2}{5}-\frac{x^2}{5}=1$；（4）$\frac{4y^2}{27}-\frac{x^2}{12}=1$.

例 4. 双曲线 $\frac{x^2}{a^2}-\frac{y^2}{b^2}=1$ 的实轴长、虚轴长、焦距成等差数列，求该双曲线的离心率.

解析：利用所给 a，b，c 之间的关系，以及 $a^2+b^2=c^2$，找到 a，c 之间的关系可求出离心率.

因为双曲线的实轴长、虚轴长、焦距成等差数列，则 $2b=a+c$，所以 $b=\frac{a+c}{2}$.

又 $a^2+b^2=c^2$，所以 $a^2+(\frac{a+c}{2})^2=c^2$，整理得 $5a^2+2ac-3c^2=0$，即 $(a+c)(5a-3c)=0$，

所以 $(5a-3c)=0$ 或 $a+c=0$（舍去），所以 $e=\frac{5}{3}$.

所以，双曲线的离心率为 $\frac{5}{3}$.

题型归纳

1．设双曲线$\frac{x^2}{9}-\frac{y^2}{16}=1$的左、右焦点分别为$F_1$、$F_2$，过$F_1$的直线与双曲线左支交于$A$、$B$，且$|AB|=12$，则△$ABF_2$的周长为（　　）．

A．12　　B．36　　C．8　　D．18

解析：此题考查双曲线的定义，答案为B.

2．双曲线实半轴长为2，焦点为(−3, 0)，(3, 0)，则该双曲线为（　　）．

A．$\frac{x^2}{4}-\frac{y^2}{9}=1$　　B．$\frac{y^2}{4}-\frac{x^2}{9}=1$

C．$\frac{x^2}{4}-\frac{y^2}{5}=1$　　D．$\frac{y^2}{4}-\frac{x^2}{5}=1$

解析：此题考查由基本参数求双曲线的方程，答案为C.

3．双曲线$8kx^2-ky^2=8$的一个焦点是(0, 3)，那么k的值是（　　）．

A．−1　　B．1　　C．$-\frac{\sqrt{65}}{3}$　　D．$\frac{\sqrt{65}}{3}$

解析：此题是由参数确定双曲线方程中的系数，答案为A.

4．已知双曲线$\frac{x^2}{9}+\frac{y^2}{k}=1$的离心率是方程$6x^2-13x+5=0$的一个根，则该双曲线的渐近线方程是（　　）．

A．$y=\pm\frac{4}{3}x$　　B．$y=\pm\frac{5}{3}x$　　C．$y=\pm\frac{16}{9}x$　　D．$y=\pm\frac{3}{4}x$

解析：根据双曲线离心率的特点，确定方程中的系数，答案为A.

5．已知双曲线的对称轴为坐标轴，离心率$e=\sqrt{2}$，且过点$P(-3, 5)$，求双曲线的标准方程.

解析：根据双曲线的离心率$e=\sqrt{2}$，可知双曲线是等轴双曲线，设双曲线方程为$x^2-y^2=\lambda$，把点$P(-3, 5)$代入方程，得$\lambda=-16$，

∴所求双曲线方程为$\frac{y^2}{16}-\frac{x^2}{16}=1$.

基础训练

1．双曲线$\frac{x^2}{25}-\frac{y^2}{9}=1$上一点 P 到一个焦点的距离是 12，则该点到另一个焦点的距离为（　　）．

A．2　　B．7　　C．22　　D．2或22

2．双曲线两个焦点的距离为4，离心率为2，则双曲线的标准方程为（　　）．

A．$\frac{x^2}{4}+\frac{y^2}{3}=1$　　B．$x^2-\frac{y^2}{3}=1$

C．$y^2-\frac{x^2}{3}=1$　　D．$x^2-\frac{y^2}{3}=1$ 或 $y^2-\frac{x^2}{3}=1$

3．双曲线 $\frac{x^2}{4}-\frac{y^2}{9}=1$ 的两个焦点分别为 F_1，F_2，点 P 是双曲线上一点，且 $|PF_1|=6$，则 $|PF_2|=$（　　）．

A．2　　B．2 或 10　　C．10　　D．2 或 4

4．双曲线 $3x^2-y^2=3$ 的渐近线方程为（　　）．

A．$y=\pm 3x$　　B．$y=\pm\frac{\sqrt{3}}{3}x$　　C．$y=\pm\sqrt{3}x$　　D．$y=\pm x$

5．双曲线 $\frac{x^2}{16}-\frac{y^2}{9}=1$ 的离心率为（　　）．

A．$\frac{4}{5}$　　B．$\frac{5}{4}$　　C．$\frac{\sqrt{7}}{4}$　　D．$\frac{4}{3}$

6．若方程 $\frac{x^2}{5}+\frac{y^2}{k-3}=1$ 表示双曲线，则 k 的取值范围是（　　）．

A．$k<3$　　B．$3<k<5$　　C．$0<k<3$　　D．$k>8$

7．过点 $P(2, -3)$的等轴双曲线的标准方程为（　　）．

A．$\frac{y^2}{9}-\frac{x^2}{5}=1$　　B．$\frac{x^2}{13}-\frac{y^2}{13}=1$　　C．$\frac{y^2}{5}-\frac{x^2}{5}=1$　　D．$\frac{y^2}{13}-\frac{x^2}{13}=1$

8．双曲线 $4x^2-9y^2=1$ 的渐近线方程为（　　）．

A．$y=\pm\frac{3}{2}x$　　B．$y=\pm\frac{2}{3}x$　　C．$y=\pm\frac{9}{4}x$　　D．$y=\pm\frac{4}{9}x$

9．已知双曲线的离心率为 2，焦点是$(-4, 0)$和$(4, 0)$，则双曲线方程为（　　）

A．$\frac{x^2}{4}-\frac{y^2}{12}=1$　　B．$\frac{x^2}{12}-\frac{y^2}{4}=1$　　C．$\frac{x^2}{10}-\frac{y^2}{6}=1$　　D．$\frac{x^2}{6}-\frac{y^2}{10}=1$

10．双曲线 $9x^2-16x^2=144$ 的离心率（　　）．

A．$\frac{4}{3}$　　B．$\frac{3}{4}$　　C．$\frac{5}{3}$　　D．$\frac{5}{4}$

提升训练

1．直线 l 过双曲线 $\frac{x^2}{4m}-\frac{y^2}{m}=1$ 的右焦点交右支于 A，B 两点，F_1，F_2 分别为双曲线的左、右焦点，连接 AF_1，BF_1，在$\triangle ABF_1$ 中，$|AF_1|+|BF_1|=|AB|+8$，则 m 的值为（　　）．

A．1　　B．2　　C．1 或 2　　D．-1

2．已知双曲线$\frac{x^2}{9}+\frac{y^2}{k}=1$ 的离心率是方程 $6x^2-13x+5=0$ 的一个根，则 k 的值是（　　）．

A．16　　B．25　　C．-16　　D．-25

3．若双曲线的右焦点与抛物线 $y^2=12x$ 的焦点相同，它们的离心率之和是 4，则该双曲线的标准方程是（　　）．

A. $\frac{x^2}{9}-\frac{y^2}{8}=1$　　B. $\frac{x^2}{8}-\frac{y^2}{9}=1$

C. $y^2-\frac{x^2}{8}=1$　　D. $x^2-\frac{y^2}{8}=1$

4. 若点 $F(0, 4)$是双曲线 $2kx^2-ky^2=1$ 的一个焦点，则 k 的值是（　　）.

A. $\frac{3}{32}$　　B. $-\frac{3}{32}$　　C. $-\frac{\sqrt{5}}{4}$　　D. $\frac{\sqrt{5}}{4}$

5. 如果双曲线 $x^2\sin\alpha+y^2\cos\alpha=1$ 的焦点在 y 轴上，那么角α是（　　）.

A. 第一象限的角　　B. 第二象限的角

C. 第三象限的角　　D. 第四象限的角

6. 已知方程 $ax^2-ay^2=b$，且 a，b 异号，则方程表示（　　）.

A. 焦点在 x 轴上的椭圆　　B. 焦点在 y 轴上的椭圆

C. 焦点在 x 轴上的双曲线　　D. 焦点在 y 轴上的双曲线

7. 已知双曲线$\frac{x^2}{2}-\frac{y^2}{k}=1$ 的两个焦点分别为 F_1，F_2，其一条渐近线方程是 $y=x$，点 $P(m, 1)$在双曲线上，则$\overrightarrow{PF_1}\cdot\overrightarrow{PF_2}$的值是（　　）.

A. 0　　B. 1　　C. $\sqrt{2}$　　D. 2

8. 若双曲线的右顶点与抛物线 $y^2=12x$ 的焦点相同，它们的离心率之和是 3，该双曲线的标准方程是（　　）.

A. $\frac{x^2}{9}-\frac{y^2}{27}=1$　　B. $\frac{x^2}{12}-\frac{y^2}{9}=1$　　C. $\frac{x^2}{10}-\frac{y^2}{9}=1$　　D. $\frac{x^2}{6}-\frac{y^2}{9}=1$

9. 与双曲线$\frac{x^2}{16}-\frac{y^2}{4}=1$有公共焦点，且过点$(3\sqrt{2},2)$的双曲线的标准方程是（　　）.

A. $\frac{x^2}{8}-\frac{y^2}{12}=1$　　B. $\frac{x^2}{12}-\frac{y^2}{8}=1$　　C. $\frac{x^2}{16}-\frac{y^2}{6}=1$　　D. $\frac{y^2}{16}-\frac{x^2}{9}=1$

10. 双曲线的一条渐近线方程是 $4x+3y=0$，一个焦点是$(0, 5)$，此双曲线的离心率是（　　）.

A. $\frac{3}{4}$　　B. $\frac{5}{4}$　　C. $\frac{4}{3}$　　D. $\frac{4}{5}$

§8.10 抛 物 线

知识梳理

一、抛物线的定义

平面上与一个定点 F 和一条不过 F 的定直线 l 的距离相等的点的轨迹称为抛物线．定点 F 称为抛物线的焦点，定直线 l 称为抛物线的准线．抛物线上一点到焦点的距离等于到准线的距离．

二、抛物线的标准方程和几何性质

焦点位置	x 轴正半轴	x 轴负半轴	y 轴正半轴	y 轴负半轴
标准方程	$y^2=2px$ $(p>0)$	$y^2=-2px$ $(p>0)$	$x^2=2py$ $(p>0)$	$x^2=-2py$ $(p>0)$
图形	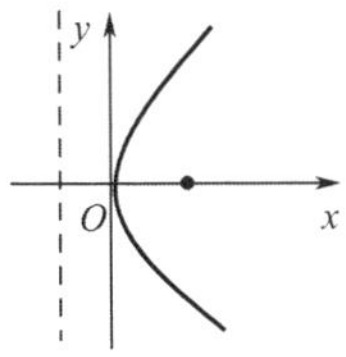	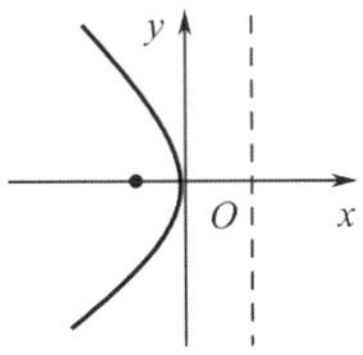	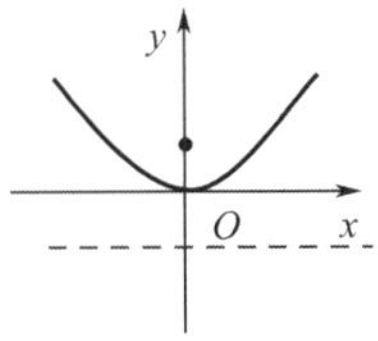	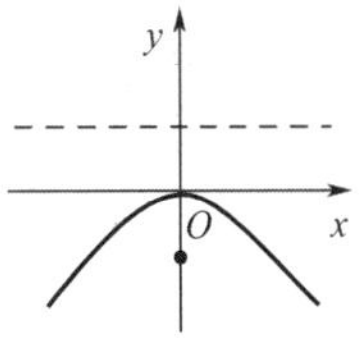
顶点	(0, 0)			
对称轴	x 轴		y 轴	
焦点	$(\frac{p}{2}, 0)$	$(-\frac{p}{2}, 0)$	$(0, \frac{p}{2})$	$(0, -\frac{p}{2})$
离心率	$e=1$			
准线	$x=-\frac{p}{2}$	$x=\frac{p}{2}$	$y=-\frac{p}{2}$	$y=\frac{p}{2}$

注：p 的几何意义是焦点到准线的距离，p 值恒为正.

例 1．根据下列条件求抛物线方程.

（1）顶点在原点，焦点为 $F(0, \frac{1}{4})$的抛物线的标准方程；

（2）顶点在原点，准线方程为 $x=3$ 的抛物线方程；

（3）顶点在原点，对称轴为坐标轴，焦点在直线 $y=2x-4$ 上的抛物线方程.

解析：用待定系数法求抛物线的标准方程，分两个步骤：①确定焦点的位置，明确焦点在哪个轴上，以及在正半轴还是在负半轴上，如果焦点的位置不确定，要分情况讨论；②确定 p 的值.

（1）因为焦点为 $F(0, \frac{1}{4})$，所以设方程为 $x^2=2py$ $(p>0)$，则 $\frac{p}{2}=\frac{1}{4}$，所以 $p=\frac{1}{2}$，所以所求抛物线方程为 $x^2=y$；

（2）因为准线方程为 $x=3$，所以设抛物线方程为 $y^2=-2px$ $(p>0)$，则 $\frac{p}{2}=3$，$p=6$，所以所求抛物线方程为 $y^2=-12x$.

（3）当焦点在 x 轴上时，焦点坐标为$(2, 0)$，所以抛物线方程为 $y^2=8x$；

当焦点在 y 轴上时，焦点坐标为$(0, -4)$，所以抛物线方程为 $x^2=-16y$.

综上可知，所求抛物线方程为 $y^2=8x$ 或 $x^2=-16y$.

题型归纳

1．抛物线 $y^2=-8x$ 上一点 P 到焦点的距离为 3，则点 P 的横坐标为（　　）.

A．1　　B．-1　　C．2　　D．-2

解析：该题考查抛物线的定义，答案为 B.

2．已知点 $A(2, 2)$，点 P 是抛物线 $y^2=4x$ 上的一个动点，焦点为 F，则 $|PF|+|PA|$ 的最小值为（　　）.

A．1　　B．2　　C．3　　D．4

解析：根据抛物线上的点到焦点和准线的距离相等，可得答案为 C.

3．顶点在原点，对称轴为 y 轴，且过点 $(2, -2)$ 的抛物线为（　　）.

A．$y^2=2x$　　B．$y^2=-2x$　　C．$x^2=2y$　　D．$x^2=-2y$

解析：由点和对称轴先确定抛物线的开口方向，再求方程，答案为 D.

4．抛物线的顶点是双曲线 $\frac{x^2}{9}-\frac{y^2}{16}=1$ 的中心，而焦点是双曲线的右顶点，则该抛物线的标准方程是（　　）.

A．$y^2=12x$　　B．$y^2=-12x$　　C．$x^2=12y$　　D．$x^2=-12y$

解析：结合双曲线的性质，确定抛物线的顶点和焦点，再写出方程，答案为 A.

5．在抛物线 $x^2=8y$ 上求一点 P，使点 P 到焦点的距离等于 7.

解析：因为 $y^2=8x$，所以 $2p=8$，$p=4$，$\frac{p}{2}=2$，根据抛物线的定义，点 P 到焦点的距离等于 P 到准线的距离，所以点 P 到准线的距离为 $y+\frac{p}{2}=7$，所以 $y=5$，所以点 P 的纵坐标为 5.

又点 P 在抛物线上，所以 $x^2=40$，$x=\pm2\sqrt{10}$，

所以 P 点的坐标为 $(-2\sqrt{10}, 5)$ 或 $(2\sqrt{10}, 5)$.

基础训练

1．平面内到定点 $F(2, 0)$ 的距离等于到直线 $x+2=0$ 的距离的动点 P 的轨迹是（　　）.

A．椭圆　　B．圆　　C．一条线段　　D．抛物线

2．抛物线 $y^2=8x$ 的焦点到准线的距离为（　　）.

A．1　　B．2　　C．4　　D．8

3．顶点在原点，准线为 $y=4$ 的抛物线方程为（　　）.

A．$y^2=16x$　　B．$y^2=-16x$　　C．$x^2=-16y$　　D．$x^2=16y$

4．抛物线 $y^2=4x$ 的焦点到坐标原点的距离为（　　）

A．1　　B．2　　C．4　　D．8

5．顶点在原点，准线为 $x=4$ 的抛物线方程为（　　）.

A．$y^2=16x$　　B．$y^2=-16x$　　C．$x^2=-16y$　　D．$x^2=16y$

6．顶点在原点，对称轴为 x 轴，且过点 $(2, -2)$ 的抛物线为（　　）.

A．$y^2=2x$　　B．$y^2=-2x$　　C．$x^2=2y$　　D．$x^2=-2y$

7．抛物线 $y=2ax^2(a>0)$ 的焦点是（　　）.

A．$(0,\frac{1}{4a})$　　B．$(0,-\frac{1}{4a})$　　C．$(0,\frac{1}{8a})$　　D．$(0,-\frac{1}{8a})$

8．过 $y^2=8x$ 的焦点且与 x 轴垂直的直线截得的弦长为（　　）.

A．4　　B．8　　C．2　　D．6

9．抛物线 $y^2=2px$ 上横坐标为 4 的点到焦点的距离为 5，则焦点到准线的距离等于

（　　）．

A．$\frac{1}{2}$　　B．1　　C．2　　D．4

10. M 是抛物线 $y^2=ax$ 上的任一点，若点 M 到焦点和到 y 轴的距离之差是 1，则 a 的值是（　　）．

A．2　　B．±2　　C．4　　D．±4

提升训练

1．抛物线 $x^2=-16ky$ 的焦点到准线的距离为 2，则 k 的值是（　　）．

A．$\frac{1}{4}$　　B．$\frac{1}{8}$　　C．2　　D．4

2．顶点在原点，焦点与圆 $x^2+y^2-2y=0$ 的圆心重合的抛物线的标准方程是（　　）．

A．$y^2=4x$　　B．$y^2=-4x$　　C．$x^2=4y$　　D．$x^2=-4y$

3. 若点 A 的坐标为(3, 2)，F 为抛物线 $y^2=2x$ 的焦点，点 P 是抛物线上的一动点，则$|PF|+|PA|$取最小值时点 P 的坐标为（　　）．

A．(2, 3)　　B．(3, 2)　　C．(2, 2)　　D．(−2, −2)

4．抛物线 $y=\frac{1}{m}x^2$ ($m\neq0$)的焦点坐标是（　　）．

A．$(0, \frac{m}{4})$或$(0, -\frac{m}{4})$　　B．$(0, \frac{m}{4})$

C．$(0, \frac{1}{4m})$或$(0, -\frac{1}{4m})$　　D．$(0, \frac{1}{4m})$

5．垂直于 x 轴的直线交抛物线 $y^2=4x$ 于 A，B 两点，且 $|AB|=2\sqrt{3}$，则直线 AB 的方程为（　　）．

A．$x=\frac{3}{4}$　　B．$x=\frac{4}{3}$　　C．$x=2$　　D．$x=1$

6．抛物线上一点到焦点与到 y 轴的距离之差为 2，且焦点在 x 轴上，则抛物线的标准方程为（　　）．

A．$y^2=4x$　　B．$y^2=-4x$　　C．$y^2=8x$ 或 $y^2=-8x$　　D．$y^2=8x$

7．抛物线 $y=x^2$ 上的点到直线 $2x-y-4=0$ 距离的最小值是（　　）．

A．5　　B．$\sqrt{5}$　　C．$2\sqrt{5}$　　D．$\frac{3\sqrt{5}}{5}$

8．M 是抛物线 $y^2=2px$ 上的任一点，若点 M 到焦点和到 y 轴的距离之差是 2，则 p 的值是（　　）．

A．2　　B．±2　　C．4　　D．3

9．抛物线 $x^2=4y$ 的准线 l 与 y 轴交于 P，l 绕点 P 按逆时针方向旋转，则 l 恰好与抛物线第一次相切时，l 旋转的角度是（　　）．

A．60°　　B．−60°　　C．45°　　D．−45°

10．若曲线 $y=x^2+5$ 上的一点 P 到直线 $x-y-2=0$ 的距离最短，则点 P 的坐标为（　　）.

A．(2, 3)　　B．$(\frac{1}{2},\frac{21}{4})$　　C．$(\frac{1}{2},3)$　　D．$(-\frac{1}{2},\frac{21}{4})$

§8.11　二次曲线典型题目研究

题型一　直线与二次曲线相交，涉及弦长公式的题目

例 1．过椭圆 $\frac{x^2}{2}+y^2=1$ 的右焦点引一条平行于向量 $\vec{v}=(1, 1)$的直线 l，交椭圆于 A、B 两点，求 AB 的长度.

解析：直线 l 交椭圆于 $A(x_1,\ y_1)$，$B(x_2,\ y_2)$两点，则 $|AB|$称为弦长.

求弦长的方法通常是设出直线与椭圆的交点坐标，但并不求交点坐标，而是联立直线方程与椭圆方程，得到关于 x 或 y 的二次方程，通过韦达定理求出 x_1+x_2 和 x_1x_2，通过下列方法转化两点间的距离.

$$|AB|=\sqrt{(x_1-x_2)^2+(y_1-y_2)^2}=\sqrt{(x_1-x_2)^2[1+(\frac{y_1-y_2}{x_1-x_2})]^2}=|x_1-x_2|\sqrt{1+(\frac{y_1-y_2}{x_1-x_2})^2}$$

$$=|x_1-x_2|\sqrt{1+k^2}=\sqrt{(1+k^2)[(x_1-x_2)^2-4x_1x_2]}\ .$$

解：∵椭圆方程 $\frac{x^2}{2}+y^2=1$，∴$c^2=2-1=1$，右焦点为 $F_2(1, 0)$，

∴直线 l 的方程是 $y=x-1$，

设点 $A(x_1, y_1)$，$B(x_2, y_2)$，

联立方程组 $\begin{cases}y=x-1\\ \frac{x^2}{2}+y^2=1\end{cases}$，消去 y 得 $3x^2-4x=0$，∴$x_1+x_2=\frac{4}{3}$，$x_1\bullet x_2=0$.

$$|AB|=\sqrt{(1+k^2)[(x_1+x_2)^2-4x_1x_2]}=\frac{4}{3}\sqrt{2}$$

例 2．已知抛物线 $y^2=4x$，过其焦点且斜率为 1 的直线交抛物线于 A、B 两点，求 AB 的长.

解析：抛物线中过焦点的弦长，可以根据抛物线的定义，转化为交点的横（纵）坐标的绝对值与焦点到准线的距离之和，$|AB|=|x_1+x_2|+p$.

解：∵抛物线方程 $y^2=4x$，∴焦点为 $F(1, 0)$，

∴直线 l 的方程是 $y=x-1$，

设点 $A(x_1, y_1)$，$B(x_2, y_2)$，

联立方程组 $\begin{cases}y=x-1\\ y^2=4x\end{cases}$，消去 y 得 $x^2-6x+1=0$，∴$x_1+x_2=6$.

∴ $|AB|=|x_1+x_2|+p=6+2=8$.

基础训练

1. 已知直线 l: $y=x+m$ 和椭圆 C: $x^2+4y^2=4$，当 m 为何值时，直线被椭圆所截得的线段长为 $\frac{8\sqrt{2}}{5}$.

2. 直线 $x-y-1=0$ 与抛物线 $y^2=2px$（$P>0$）交于 A、B 两点，且 $|AB|=8$，求抛物线的方程.

3. 过抛物线 $y=\frac{1}{2}x^2$ 的焦点且倾斜角为 $60°$ 的直线，与抛物线的两个交点为 M，N，求 MN 间的距离.

4. 若曲线 $y=x^2$ 与 $y=2x^2-5x+m$ 的两个交点 A、B 间的距离为 13，求 m 的值.

题型二　在二次曲线中涉及中点的题目

例 1．若点 $P(8, 1)$平分双曲线 $x^2-4y^2=4$ 的一条弦，求这条弦所在的直线方程．

解：设这条弦为 AB，且 $A(x_1, y_1)$，$B(x_2, y_2)$，则 $x_1+x_2=16$，$y_1+y_2=2$，

$$\begin{cases} x_1^2-4y_1^2=4 & (1) \\ x_2^2-4y_2^2=4 & (2) \end{cases}\quad (1)-(2)\ 得\ 16(x_1-x_2)=8(y_1-y_2)$$

∴直线的斜率 $k=\dfrac{y_1-y_2}{x_1-x_2}=2$，

∴直线的方程是 $y=2x-15$．

例 2．已知抛物线 $y^2=2px$（$p>0$）与直线 $y=x-1$ 相交于 A、B 两点，若 AB 的中点在圆 $x^2+y^2=5$ 上，求抛物线方程．

解：设 $A(x_1, y_1)$，$B(x_2, y_2)$，

得$\begin{cases} y=x-1 \\ y^2=2px \end{cases}$，消去 y 得 $x^2-(2+2p)x+1=0$，

∴$x_1+x_2=2+2p$，$y_1+y_2=x_1-1+x_2-1=2p$．

∴$\dfrac{x_1+x_2}{2}=1+p$，$\dfrac{y_1+y_2}{2}=p$，∴$(1+p)^2+p^2=5$，∴$p=-2$(舍去)或 $p=1$．

所以抛物线的方程是 $y^2=2x$．

基础训练

1．已知双曲线$\dfrac{x^2}{16}-\dfrac{y^2}{9}=1$，过点 $M(2, 1)$作直线 l，使 l 与双曲线交于 P、Q 两点，且点 M 平分 PQ，求直线 l 的方程．

2．设椭圆 C：$\dfrac{x^2}{a^2}+\dfrac{y^2}{b^2}=1$ $(a>b>0)$过点$(0, 4)$，其离心率为$\dfrac{3}{5}$．

（1）求椭圆 C 的方程；

（2）求过点$(3, 0)$且斜率为$\dfrac{4}{5}$ 的直线被椭圆 C 所截线段的中点坐标．

题型三　在二次曲线中涉及垂直、内积的题目

例 1．已知点 $P(3, 4)$是椭圆 $\frac{x^2}{a^2}+\frac{y^2}{b^2}=1$ $(a>b>0)$上的一点，F_1，F_2是椭圆的两个焦点，若 $PF_1\perp PF_2$，试求椭圆的标准方程．

解：设点 $F_1(-c, 0)$，$F_2(c, 0)$，已知点 $P(3, 4)$，

$\therefore \overrightarrow{PF_1}=(-c-3, -4)$　$\overrightarrow{PF_2}=(c-3, -4)$

$\because PF_1\perp PF_2$；$\therefore \overrightarrow{PF_1}\cdot\overrightarrow{PF_2}=9-c^2+16=0$，$\therefore c=5$，

又 $\because \begin{cases}\frac{9}{a^2}+\frac{16}{b^2}=1\\ a^2-b^2=25\end{cases}$，解得 $\begin{cases}a^2=45\\ b^2=20\end{cases}$，

$\therefore$ 所求椭圆方程是 $\frac{x^2}{45}+\frac{y^2}{20}=1$.

基础训练

1．已知直线 $y=x+m$ 与双曲线 $x^2-\frac{y^2}{2}=1$ 相交于 A、B 两点，且有 $OA\perp OB$，求 m 的值．

2．已知双曲线的中心在原点，焦点 F_1、F_2 在坐标轴上，离心率 $e=\sqrt{2}$，且过点$(2, -\sqrt{2})$．

（1）求双曲线方程；

（2）若第一象限的点 M 在双曲线的渐近线上，且 $MF_1\perp MF_2$，求点 M 的坐标；

3．若过点 $M(4, 0)$，且斜率为-1 的直线 L 与抛物线 C：$y^2=2px$（$p>0$）交于 A，B 两点，若 $OA\perp OB$．求：（1）直线 L 的方程；（2）抛物线 C 的方程；

4．直线 $y=x-2$ 与抛物线 $y^2=2x$ 相交于点 A，B，求证：$OA\perp OB$．

5．已知过抛物线 $y^2-2x=0$ 的焦点，且倾斜角为 45° 的直线交抛物线于 A、B 两点，求 $\overrightarrow{OA}\cdot\overrightarrow{OB}$的值．

6．已知双曲线 $\frac{x^2}{2}-\frac{y^2}{k}=1$ 的两个焦点 F_1，F_2，其一条渐近线方程为 $y=x$，若 $P(m, 1)$在双曲线上，求 $\overrightarrow{PF_1}\cdot\overrightarrow{PF_2}$ 的值．

题型四　在二次曲线中涉及面积的题目

例 1． 已知 F_1，F_2 是椭圆 $\frac{x^2}{9}+\frac{y^2}{7}=1$ 的两个焦点，P 是椭圆上任一点，且 $\angle F_1PF_2=\frac{2\pi}{3}$，求 $\triangle F_1PF_2$ 的面积．

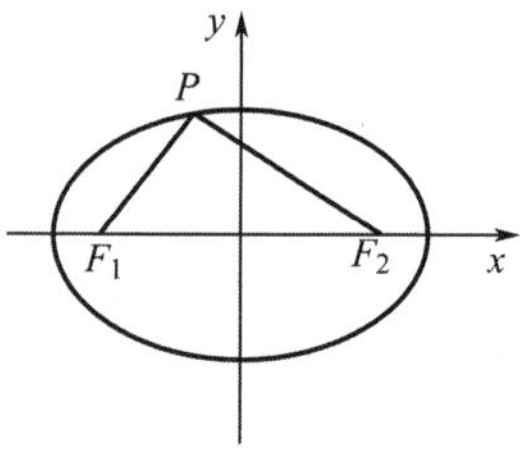

解： ∵椭圆 $\frac{x^2}{9}+\frac{y^2}{7}=1$　∴$a^2=9$，$a=3$，$c^2=9-7=2$，

∴$PF_1+PF_2=6$，

则 $PF_1^2+PF_2^2+2PF_1\cdot PF_2=36$　（1）

在△PF_1F_2 中，$F_1F_2^2=PF_1^2+PF_2^2-2PF_1\cdot PF_2\cos\angle F_1PF_2$，

∴$PF_1^2+PF_2^2+PF_1\cdot PF_2=8$　（2）

（1）－（2）得 $PF_1\cdot PF_2=28$

$\therefore S_{\triangle F_1PF_2}=\frac{1}{2}PF_1 \cdot PF_2 \sin\frac{2\pi}{3}=7\sqrt{3}$.

例 2．已知斜率为 1 的直线过椭圆 $\frac{x^2}{3}+\frac{y^2}{2}=1$ 的右焦点，交椭圆于 A、B 两点，求：（1）弦 AB 的长；（2）$\triangle ABF_1$ 的面积（F_1 是左焦点）.

解：（1）利用弦长公式，求 AB 的长，弦 AB 的长是 $\frac{8\sqrt{3}}{5}$；

（2）求 F_1 到 AB 的距离，利用面积公式，求出 $\triangle ABF_1$ 的面积为 $\frac{4\sqrt{6}}{5}$.

基础训练

1．设 F_1 和 F_2 是双曲线 $\frac{x^2}{16}-\frac{y^2}{9}=1$ 的两个焦点，点 P 在双曲线上且满足 $\angle F_1PF_2=60°$，求 $\triangle F_1PF_2$ 的面积.

2．已知 F_1，F_2 是椭圆 $\frac{x^2}{25}+\frac{y^2}{16}=1$ 的两个焦点，P 是椭圆上的任一点，且 $\angle F_1PF_2=90°$，求 $\triangle F_1PF_2$ 的面积.

3．已知 F_1，F_2 是双曲线 $\frac{x^2}{25}-\frac{y^2}{24}=1$ 的两个焦点，过其左焦点 F_1 做斜率为 1 的直线 l 交双曲线与 MN 两点，求 $\triangle MNF_2$ 的面积.

4．已知直线 $y=x+b$ 与抛物线 $y^2=2px$（$p>0$）相交于 A，B 两点，若 $OA\perp OB$（O 为坐标原点），且△AOB 的面积是 $2\sqrt{5}$，求抛物线的方程.

题型五　在二次曲线中涉及相切的题目

例 1．求抛物线 $y=x^2$ 上到直线 $y=2x-4$ 的距离最小的点的坐标，并求出这个最小距离.

解：设直线 $y=2x+b$ 与抛物线 $y=x^2$ 相切，

则 $\begin{cases} y=x^2 \\ y=2x+b \end{cases}$，消去 y 得 $x^2-2x-b=0$，∴ $\Delta=4+4b=0$，$b=-1$，

解方程组 $\begin{cases} y=x^2 \\ y=2x-1 \end{cases}$，得 $\begin{cases} x=1 \\ y=1 \end{cases}$ ∴点 P 的坐标为 $(1, 1)$，

求出 $y=2x-4$ 和 $y=2x-1$ 之间的距离 $\frac{3}{5}\sqrt{5}$，

∴最小距离是 $\frac{3}{5}\sqrt{5}$.

基础训练

1．求椭圆 $\frac{x^2}{9}+\frac{y^2}{16}=1$ 上的点到直线 l：$x+y-7=0$ 的最短距离.

2．在抛物线 $y=2x^2$ 上求一点 P，使 P 点到直线 l：$y=2x-3$ 的距离最短，求 P 点的坐标.

3．已知直线 l：$y=x+b$ 与抛物线 C：$x^2=4y$ 相切于点 A．
（1）求实数 b 的值．
（2）求以点 A 为圆心，且与抛物线 C 的准线相切的圆的方程．

题型六　在双曲线中涉及共渐近线的题目

1．定义
渐近线相同的双曲线称为共渐近线的双曲线．
2．方程
如果已知一双曲线的渐近线为 $y=\pm\frac{b}{a}x$，那么此双曲线方程可设为 $\frac{x^2}{a^2}-\frac{y^2}{b^2}=\lambda(\lambda\neq0)$；与 $\frac{x^2}{a^2}-\frac{y^2}{b^2}=1$ 有共同渐近线的方程也可设为 $\frac{x^2}{a^2}-\frac{y^2}{b^2}=\lambda(\lambda\neq0)$，当 $\lambda>0$ 时双曲线焦点在 x 轴上，当 $\lambda<0$ 时双曲线焦点在 y 轴上．

例 1：已知双曲线的渐近线方程为 $y=\pm\frac{1}{3}x$，且经过点 $M(9, 1)$，求双曲线的方程．

解：设双曲线的方程是 $\frac{x^2}{9}-\frac{y^2}{1}=\lambda$，把 $M(9, 1)$ 代入 $\frac{x^2}{9}-\frac{y^2}{1}=\lambda$，得 $\lambda=8$，
$\therefore$ 双曲线的方程是 $\frac{x^2}{72}-\frac{y^2}{8}=1$．

基础训练

1．已知双曲线的渐近线方程是 $\frac{x}{2}\pm\frac{y}{3}=0$，且过点 $(2, -6)$，求双曲线的方程．

2．已知双曲线 C 与 $\frac{x^2}{16}-\frac{y^2}{25}=1$ 的渐近线方程相同，且过点 $(2, \frac{5\sqrt{5}}{2})$，求双曲线 C 的方程．

题型七　两种二次曲线相结合的题目

例 1．已知双曲线与椭圆 $\frac{x^2}{9}+\frac{y^2}{25}=1$ 有公共焦点 F_1，F_2，它们的离心率之和为 $\frac{14}{5}$.

（1）求双曲线的标准方程；

（2）设 P 是双曲线与椭圆的一个交点，求 $\cos\angle F_1PF_2$ 的值.

解：（1）在椭圆 $\frac{x^2}{9}+\frac{y^2}{25}=1$ 中，$a^2=25$，$b^2=9$，$c^2=25-9=16$，

$\therefore a=5$，$b=3$，$c=4$，$e=\frac{4}{5}$.

在双曲线中，$e=\frac{14}{5}-\frac{4}{5}=2$，$c=4$，$\therefore a=2$，$b^2=c^2-a^2=16-4=12$，

$\therefore$ 双曲线的标准方程为 $\frac{y^2}{4}-\frac{x^2}{12}=1$.

（2）在椭圆中 $PF_1+PF_2=10$①，

在双曲线中 $PF_1-PF_2=4$②，

由①和②得 $PF_1=7$，$PF_2=3$，

$\because$ 在 $\triangle F_1PF_2$ 中 $F_1F_2{}^2=PF_1{}^2+PF_2{}^2-2PF_1\bullet PF_2\cos\angle F_1PF_2$，

$\therefore 64=49+9-2\times7\times3\cos\angle F_1PF_2$，

$\therefore \cos\angle F_1PF_2=-\frac{1}{7}$.

基础训练

1．双曲线 C 与椭圆 $\frac{x^2}{8}+\frac{y^2}{4}=1$ 有相同的焦点，直线 $y=\sqrt{3}x$ 为 C 的一条渐近线.

（1）求双曲线方程；

（2）过点 $P(0,4)$ 和右焦点的直线 l 交双曲线 C 于 A，B 两点，求线段 AB 的中点 Q 的坐标.

2．设椭圆 $x^2+\frac{y^2}{b^2}=1$ 和一个开口向右、顶点在原点的抛物线有公共焦点，记 P 为该椭圆与抛物线的一个交点，如果 P 的横坐标为 $\frac{1}{2}$，求椭圆的离心率.

3．已知双曲线 $\frac{x^2}{a^2}-\frac{y^2}{b^2}=1(a>0,\ b>0)$的右焦点 F_2 的坐标是(4, 0)，过点 F_2 引圆 $x^2+y^2=a^2$ 的两条切线，切点分别是 A，B，$\angle AOB=120°$，求该双曲线的方程.

4．已知抛物线 $y^2=4x$，椭圆 $\frac{x^2}{9}+\frac{y^2}{m}=1$，它们有共同的焦点 F_2，并且相交于 P，Q 两点，F_1 是椭圆的另一个焦点，求：（1）m 的值；（2）P 与 Q 两点的坐标；（3）求$\triangle PF_1F_2$ 的面积.

§8.12　高 考 链 接

1．（2010 年）下列四个点中，在曲线 $x^2-2xy+y^2=0$ 上的点是（　　）.

A．(0, 1)　　B．(−1, 1)　　C．(1, −1)　　D．(−1, −1)

2．（2010 年）二元一次不等式 $x+y-2\geqslant 0$ 表示的区域是（　　）.

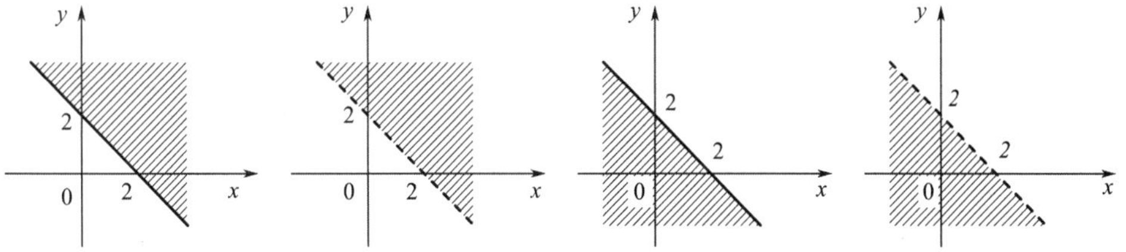

A．　　B．　　C．　　D．

3．（2010 年）已知点 $M(1, 2)$，$N(3, 4)$，则以线段 MN 为直径的圆的标准方程是（　　）.

A．$(x+2)^2+(y+3)^2=2$　　B．$(x-2)^2+(y-3)^2=2$

C．$(x+2)^2+(y+3)^2=8$　　D．$(x-2)^2+(y-3)^2=8$

4．（2010 年）抛物线 $x^2=4y$ 的准线 l 与 y 轴交于点 P，l 绕点 P 按逆时针方向旋转，则 l 恰好与抛物线第一次相切时，l 旋转的角度是（　　）.

A．60°　　B．−60°　　C．45°　　D．−45°

5．（2010 年）已知双曲线$\frac{x^2}{2}-\frac{y^2}{k}=1$ 的两个焦点分别是为 F_1，F_2，其一条渐近线方程是 $y=x$，若点 $P(m, 1)$在双曲线上，则 $\overrightarrow{PF_1}\cdot\overrightarrow{PF_2}$ 的值是（　　）.

A．0　　B．1　　C．$\sqrt{2}$　　D．2

6.（2011 年）已知过点 $P(-1, 1)$且与直线 $x-y-3=0$ 平行的直线方程为（　　）.

A．$x-y+2=0$　　B．$x-y-2=0$　　C．$x+y+2=0$　　D．$x+y-2=0$

7.（2011 年）已知点 $M(2, -3)$到直线 $2x+y+c=0$ 的距离为 $\sqrt{5}$，则 c 的值是（　　）.

A．4 或−6　　B．−4 或 6　　C．4　　D．−6

8.（2011 年）已知抛物线 $y^2=4x$，过其焦点且斜率为 1 的直线交抛物线于 A, B 两点，则$|AB|$等于（　　）.

A．6　　B．8　　C．10　　D．12

9.（2011 年）若中心在坐标原点，焦点在 x 轴上，虚轴长是实轴长的 2 倍，则其渐近线方程是（　　）.

A．$y=\pm\frac{1}{4}x$　　B．$y=\pm4x$　　C．$y=\pm\frac{1}{2}x$　　D．$y=\pm2x$

10.（2011 年）经过点 $P(2, 3)$与圆 $x^2+y^2-2x-9=0$ 相切的直线方程为（　　）.

A．$x+3y-11=0$　　B．$x+3y-11=0$ 或 $x-3y+7=0$

C．$x-3y+7=0$　　D．$x-3y-7=0$ 或 $x+3y+11=0$

11.（2012 年）若直线 $ax-2y-3=0$ 与直线 $x+4y+1=0$ 互相垂直，则实数 a 的值是（　　）.

A．8　　B．−8　　C．$\frac{1}{2}$　　D．$-\frac{1}{2}$

12.（2012 年）已知以坐标原点为顶点的抛物线，其焦点在 x 轴正半轴上，且焦点到准线的距离是 3，则抛物线的标准方程是（　　）.

A．$y^2=6x$　　B．$y^2=-6x$　　C．$y^2=3x$　　D．$y^2=-3x$

13.（2012 年）椭圆 $\frac{x^2}{9}+\frac{y^2}{8}=1$ 的离心率是（　　）.

A．$\frac{1}{3}$　　B．$\frac{\sqrt{17}}{3}$　　C．$\frac{\sqrt{2}}{4}$　　D．$\frac{2\sqrt{2}}{3}$

14.（2012 年）已知椭圆 $\frac{x^2}{25}+\frac{y^2}{20}=1$ 的左焦点是 F_1，右焦点是 F_2，点 P 在椭圆上，如果线段 PF_1 的中点在 y 轴上，那么$|PF_1|$：$|PF_2|$等于（　　）.

A．3：2　　B．2：3　　C．9：1　　D．1：9

15.（2013 年）过点 $P(1, 2)$且与直线 $3x+y-1=0$ 平行的直线方程是（　　）.

A．$3x+y-5=0$　　B．$x+3y-7=0$

C．$x-3y+5=0$　　D．$x-3y-5=0$

16.（2013 年）已知点 $M(-1, 6)$，$N(3, 2)$，则线段 MN 的垂直平分线方程为（　　）.

A．$x-y-4=0$　　B．$x-y+3=0$

C．$x+y-5=0$　　D．$x+4y-17=0$

17.（2013 年）已知抛物线的准线方程为 $x=2$，则抛物线的标准方程为（　　）.

A．$y^2=8x$　　B．$y^2=-8x$

C．$y^2=4x$　　D．$y^2=-4x$

18.（2013 年）满足线性约束条件 $\begin{cases}x+y-2\leqslant0\\x\geqslant0\\y\geqslant0\end{cases}$ 的可行域如右图所示，则线性目标函数

$z=2x-2y$ 取得最大值时的最优解是（　　）.

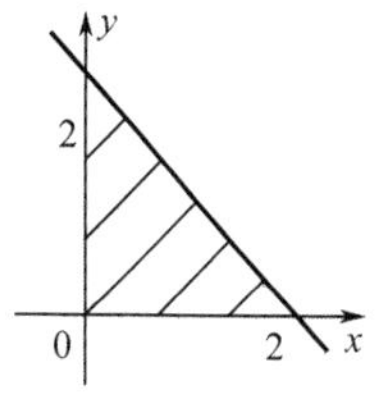

A. (0, 0)

B. (1, 1)

C. (2, 0)

D. (0, 2)

19.（2013 年）如下图所示，点 P 是等轴双曲线上除顶点外的任意一点，A_1，A_2 是双曲线的顶点，则直线 PA_1 与 PA_2 的斜率之积为（　　）.

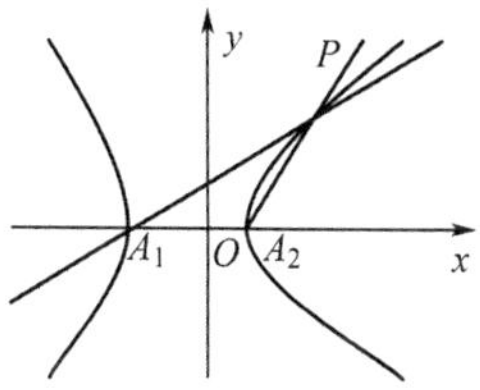

A. 1

B. −1

C. 2

D. −2

20.（2014 年）直线 $2x-3y+4=0$ 的一个方向向量为（　　）.

A. $(2, -3)$　　B. $(2, 3)$　　C. $(1, \frac{2}{3})$　　D. $(-1, \frac{2}{3})$

21.（2014 年）第一象限内的点 P 在抛物线 $y^2=12x$ 上，它到准线的距离为 7，则点 P 的坐标为（　　）.

A. $(4, 4\sqrt{3})$　　B. $(3, 6)$　　C. $(2, 2\sqrt{6})$　　D. $(1, 2\sqrt{3})$

22.（2014 年）双曲线 $4x^2-9y^2=1$ 的渐近线方程为（　　）.

A. $y=\pm\frac{3}{2}x$　　B. $y=\pm\frac{2}{3}x$　　C. $y=\pm\frac{9}{4}x$　　D. $y=\pm\frac{4}{9}x$

23.（2014 年）下列约束条件中，可以用图中阴影部分表示的是（　　）.

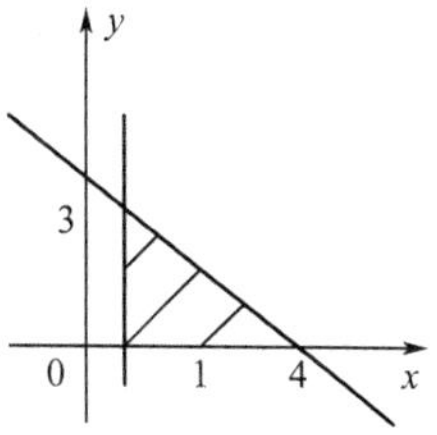

A. $\begin{cases}3x+4y-12\leqslant 0\\ x\geqslant 1\\ y\geqslant 0\end{cases}$

B. $\begin{cases}3x+4y-12\leqslant 0\\ x\geqslant 0\\ y\geqslant 1\end{cases}$

C. $\begin{cases}3x+4y-12\geqslant 0\\ x\geqslant 1\\ y\geqslant 0\end{cases}$

D. $\begin{cases}3x+4y-12\geqslant 0\\ x\geqslant 0\\ y\geqslant 1\end{cases}$

24.（2015 年）如下图所示，直线 l 的方程是（　　）.

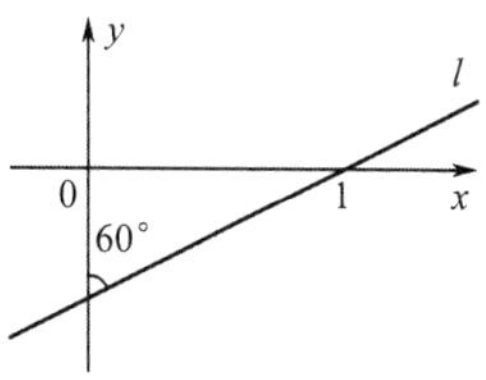

A. $\sqrt{3}x-y-\sqrt{3}=0$

B. $\sqrt{3}x-2y-\sqrt{3}=0$

C. $\sqrt{3}x-3y-1=0$

D. $x-\sqrt{3}y-1=0$

25.（2015 年）关于 x，y 的方程 $x^2+my^2=1$，给出下列命题：

① 当 $m<0$ 时，方程表示双曲线；

② 当 m=0 时，方程表示抛物线；

③ 当 0<m<1 时，方程表示椭圆；

④ 当 m=1 时，方程表示等轴双曲线；

⑤ 当 m>1 时，方程表示椭圆.

其中，真命题的个数是（　　）.

A．2　　B．3　　C．4　　D．5

26.（2015 年）已知 F_1 是双曲线 $\frac{x^2}{a^2}-\frac{y^2}{b^2}=1(a>0，b>0)$的左焦点，点 P 在双曲线上，直线 PF_1 与 x 轴垂直，且$|PF_1|=a$，则双曲线的离心率是（　　）.

A．$\sqrt{2}$　　B．$\sqrt{3}$　　C．2　　D．3

27.（2015 年）不等式组 $\begin{cases}x-y+1>0\\x+y-3\leqslant 0\end{cases}$ 表示的区域（阴影部分）是（　　）.

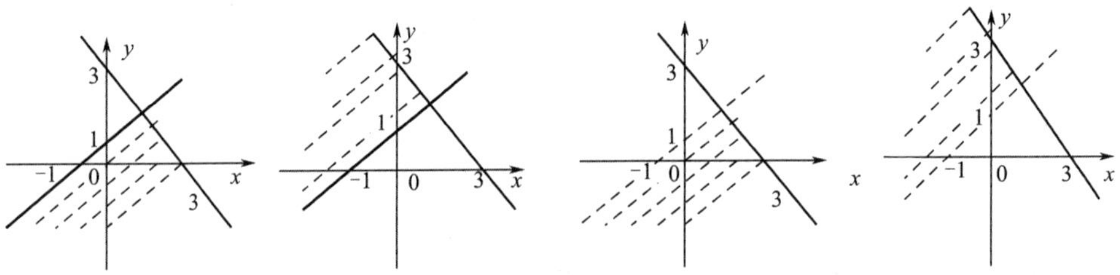

A.　　B.　　C.　　D.

28.（2016 年）过点 P（1, 2）与圆 $x^2+y^2=5$ 相切的直线方程是（　　）.

A．$x-2y+3=0$　　B．$x-2y+5=0$

C．$x+2y-5=0$　　D．$x+2y-\sqrt{5}=0$

29.（2016 年）若角 a 的终边过点 P（−6, 8），则角 a 的终边与圆 $x^2+y^2=1$ 的交点坐标是（　　）.

A．$(-\frac{3}{5},\frac{4}{5})$　　B．$(\frac{4}{5},-\frac{3}{5})$　　C．$(\frac{3}{5},-\frac{4}{5})$　　D．$(-\frac{4}{5},\frac{3}{5})$

30.（2016 年）已知椭圆$\frac{x^2}{2}+\frac{y^2}{6}=1$ 的焦点分别是 F_1，F_2，点 M 在椭圆上，如果$\overrightarrow{F_1M}\cdot\overrightarrow{F_2M}=0$，那么点 M 到 x 轴的距离是（　　）.

A．$\sqrt{2}$　　B．$\sqrt{3}$　　C．$\frac{3\sqrt{2}}{2}$　　D．1

31.（2016 年）关于 x, y 的方程 $y=mx+n$ 和 $\frac{x^2}{m}+\frac{y^2}{n}=1$ 在同一坐标系中的图像大致是（　　）.

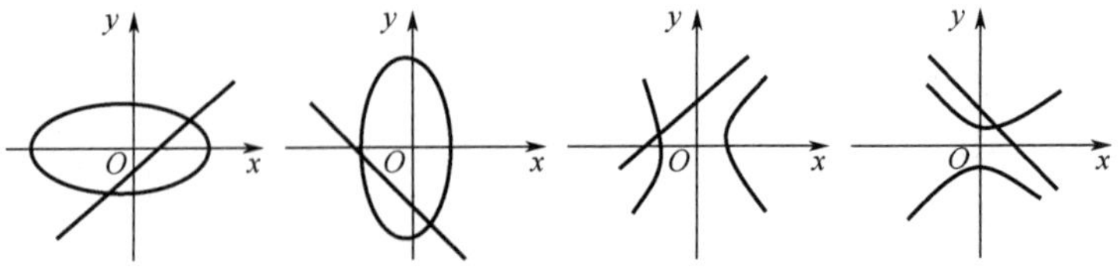

A.　　B.　　C.　　D.

32.（2016 年）若 x, y 满足约束条件 $\begin{cases} 0\leqslant x\leqslant 2 \\ x-y-1\leqslant 0 \\ x-2y+2\geqslant 0 \end{cases}$

则目标函数 $z=x+y$ 的最大值是（　　）.

A．7　　B．4　　C．3　　D．1

33.（2017 年）过直线 $x+y+1=0$ 与 $2x-y-4=0$ 的交点，且有一个方向向量是 $\overrightarrow{v}=(-1,3)$ 的直线方程是（　　）.

A．$3x+y-1=0$　　B．$x+3y-5=0$　　C．$3x+y-3=0$　　D．$x+3y+5=0$

34.（2017 年）已知圆 C_1 与圆 C_2 关于直线 $y=-x$ 对称，若圆 C_1 的方程是 $(x+5)^2+y^2=4$，则圆 C_2 的方程是（　　）.

A．$(x+5)^2+y^2=2$　　B．$x^2+(y+5)^2=4$　　C．$(x-5)^2+y^2=2$　　D．$x^2+(y-5)^2=4$

35.（2017 年）已知 A_1、A_2 为双曲线 $\frac{x^2}{a^2}-\frac{y^2}{b^2}=1(a>0，b>0)$ 的两个顶点，以 A_1A_2 为直径的圆与双曲线的一条渐近线交于 M、N 两点，若 $\triangle A_1MN$ 的面积为 $\frac{a^2}{2}$，则该双曲线的离心率是（　　）.

A．$\frac{2\sqrt{2}}{3}$　　B．$\frac{2\sqrt{3}}{3}$　　C．$\frac{2\sqrt{5}}{3}$　　D．$\frac{2\sqrt{6}}{3}$

36.（2018 年）关于直线 $l: x-\sqrt{3}\ y+2=0$，下列说法正确的是（　　）.
且有一个方向向量是 $\overrightarrow{v}=(-1,3)$ 的直线方程是（　　）.

A．直线 l 的倾斜角为 60°

B．向量 $\overrightarrow{v}=(\sqrt{3}\ ,1)$ 是直线 l 的一个方向向量

C．直线 l 经过点 $(1,-\sqrt{3}\ )$

D．向量 $\overrightarrow{n}=(1, \sqrt{3}\ )$ 是直线 l 的一个法向量

37.（2018 年）圆 $(x+1)^2+(y-1)^2=1$ 的圆心在（　　）.

A．第一象限　　B．第二象限　　C．第三象限　　D．第四象限

38.（2018 年）关于 x，y 的方程 $x^2+ay^2=a^2(a\neq 0)$，表示的图形不可能是（　　）.

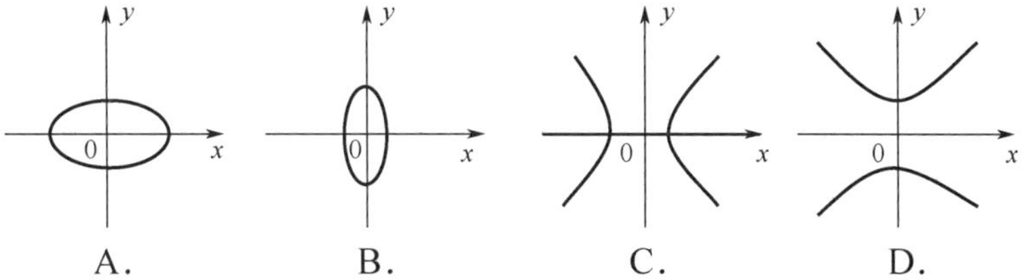

A.　　B.　　C.　　D.

39.（2018 年）已知抛物线 $x^2=a\ y(a\neq 0)$ 的焦点为 F，准线为 l,该抛物线上的点 M 到 x 轴的距离为 5，且 $|MF|=7$，则焦点 F 到准线 l, 的距离是（　　）.

A．2　　B．3　　C．4　　D．5

40.（2018 年）在平面直角坐标系中，关于 x，y 的不等式 $Ax+By+AB>0$（$AB\neq 0$）表示的区域（阴影部分）可能是（　　）.

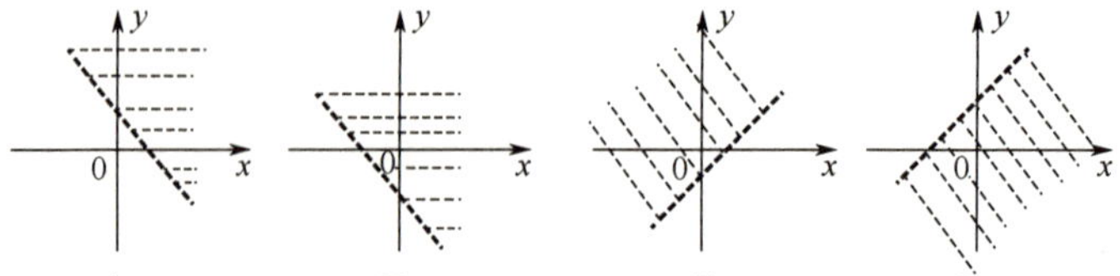

A.　　B.　　C.　　D.

41．（2010 年）若直线 l 过两点$(-2,\ 0)$，$(0, 1)$，则直线 l 的一般式方程是________．

42．（2011 年）已知双曲线 $\frac{x^2}{a^2}-\frac{y^2}{b^2}=1(a>0,\ b>0)$的右焦点 F_2 的坐标是$(4, 0)$，过 F_2 引圆 $x^2+y^2=a^2$ 的两条切线，切点分别为 A，B，$\angle AOB=120°$（O 为坐标原点），则双曲线的标准方程为________________．

43．（2012 年）圆$(x-1)^2+(y+1)^2=4$ 上的点到直线 $3x+4y-14=0$ 的距离的最大值是______．

44．（2013 年）设直线 $x-y-3\sqrt{2}=0$ 与圆 $x^2+y^2=25$ 的两个交点为 A，B，则线段 AB 的长度为________________．

45．（2014 年）圆 $x^2+y^2-2x-8=0$ 的圆心到直线 $x+2y-2=0$ 的距离是_____________．

46．（2015 年）已知椭圆的中心在坐标原点，右焦点与圆 $x^2+y^2-6x-7=0$ 的圆心重合，长轴长等于圆的直径，则短轴长等于_______________．

47．（2016 年）如果抛物线 $y^2=8x$ 上的点 M 到 y 轴的距离是 3，那么点 M 到该抛物线焦点 F 的距离是________．

48．（2017 年）已知 F_1，F_2 是椭圆 $\frac{x^2}{16}+\frac{y^2}{36}=1$ 的两个焦点，过 F_1 的直线交椭圆与 P、Q 两点，则$\triangle PQF_2$ 的周长等于_______．

49．（2018 年）已知椭圆 C 的中心在坐标原点，一个焦点的坐标是（0,3），若点（4,0）在椭圆 C 上，则椭圆 C 的离心率等于________．

50．（2010 年）已知椭圆与双曲线$\frac{x^2}{9}-\frac{y^2}{27}=1$ 有公共焦点 F_1，F_2，它们的离心率之和是$\frac{13}{5}$，如右图所示．

（1）求椭圆的标准方程；

（2）设点 P 是该椭圆上一点，且$\angle F_1PF_2=60°$，求$\triangle PF_1F_2$ 的面积．

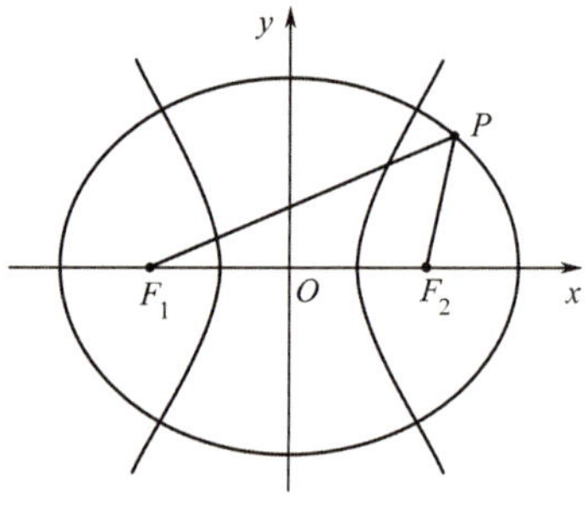

51．（2011 年）已知椭圆的中心在原点，焦点在 x 轴上，离心率为$\frac{\sqrt{3}}{2}$，椭圆上一点 P 到左、右两焦点的距离之和为 8．

（1）求椭圆的标准方程；

（2）已知直线 $y=x+n$ 与椭圆交于 A、B 两个不同的点，且弦 AB 的中点恰好在圆 $x^2+y^2=\frac{17}{25}$ 上，求 n 的值．

52．（2012 年）如右图所示，已知双曲线的中心在坐标原点 O，焦点分别是 $F_1(-2, 0)$，$F_2(2, 0)$，且双曲线经过点 $P(2, 3)$．

（1）求双曲线的标准方程；

（2）设点 A 是双曲线的右顶点，若直线 l 平行于直线 AP，且 l 与双曲线相交于 M，N 两点，$|\overrightarrow{AM}+\overrightarrow{AN}|=4$，试求直线 l 的方程．

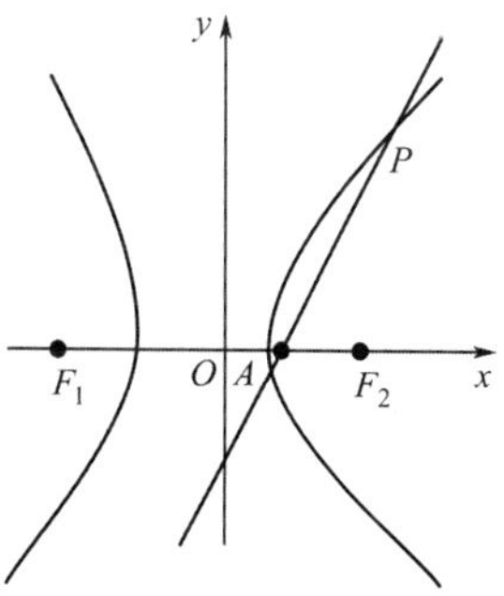

53．（2013 年）已知椭圆的一个焦点为 $F_1(-\sqrt{3}, 0)$，其离心率为 $\frac{\sqrt{3}}{2}$．

（1）求该椭圆的标准方程；

（2）圆 $x^2+y^2=\frac{4}{5}$ 的任一条切线与该椭圆均有两个交点 A、B，求证：$OA\perp OB$（O 为坐标原点）．

54.（2014 年）如右图所示，F_1、F_2分别是椭圆$\frac{x^2}{a^2}+\frac{y^2}{b^2}=1$（$a>0$，$b>0$）的左、右两个焦点，且$a=\sqrt{2}\,b$，$M$为椭圆上一点，$MF_2$垂直于$x$轴，过$F_2$且与$OM$垂直的直线交椭圆于$P$，$Q$两点.

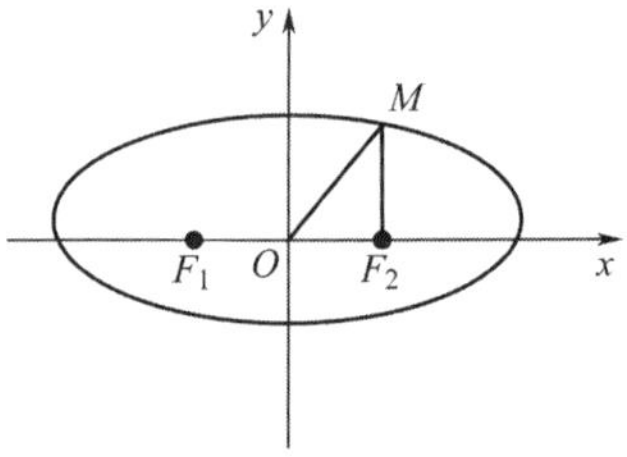

（1）求椭圆的离心率；

（2）若$\triangle PF_1Q$的面积为$4\sqrt{3}$，求椭圆的标准方程.

55.（2015 年）已知抛物线的顶点是坐标原点O，焦点F在x轴的正半轴上，Q是抛物线上的点，点Q到焦点F的距离为 1，且到y轴的距离为$\frac{3}{8}$.

（1）求抛物线的标准方程；

（2）若直线l经过点$M(3, 1)$，与抛物线相交于A、B两点，且$OA\perp OB$，求直线l的方程.

56.（2016 年）如下图所示，已知双曲线的中心在坐标原点O，焦点分别是$F_1(-2,\ 0)$，$F_2(2, 0)$，且双曲线上的任意一点到两个焦点的距离之差的绝对值等于 2.

（1）求该双曲线的标准方程、离心率及渐近线方程；

（2）若直线l经过双曲线的右焦点F_2，并且与双曲线(右支)交于M，N两点，向量$\vec{n}=(2,-1)$是直线l的法向量，点P是双曲线左支上的一个动点，求$\triangle PMN$面积的最小值.

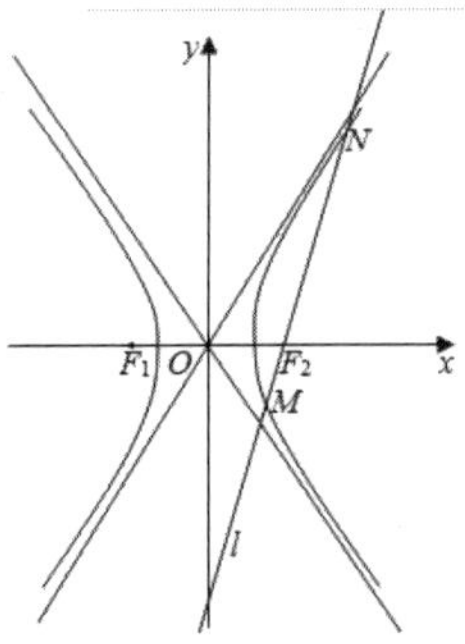

57. (2017 年) 已知椭圆 $\frac{x^2}{a^2}+\frac{y^2}{b^2}=1$（$a>b>0$）的右焦点与抛物线 $y^2=4x$ 的焦点 F 重合，且椭圆的离心率为 $\frac{1}{2}$,

（1）求椭圆的标准方程;

（2）抛物线的准线与椭圆的第二象限相交于点 A，过点 A 作抛物线的切线 l，l 与椭圆的另一个交点为 B，求线段 AB 的长.

58.（2018 年）如下图所示，双曲线 $\frac{x^2}{a^2}-\frac{y^2}{b^2}=1$（$a>0$，$b>0$）的左右焦点分别是 F_1，F_2，抛物线 $y^2=2px(p>0)$的焦点与点 F_2 重合，点 M（2，$2\sqrt{6}$）是抛物线与双曲线的一个交点.

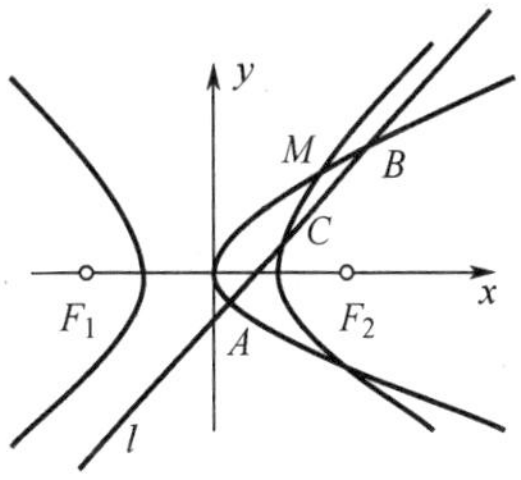

（1）求双曲线与抛物线的方程;

（2）若直线 l 与双曲线在一、三象限的渐近线平行，且交抛物线于 A、B 两点，交双曲线于点 C，若 C 为 AB 的中点，求 l 的方程.

第九章

立体几何

考纲要求

1．了解多面体、旋转体棱柱、棱锥、圆柱、圆锥、球的概念．

2．掌握柱体、锥体、球的表面积和体积公式，能用公式计算简单组合体的表面积和体积．

3．了解平面的基本性质．

4．理解空间直线与直线，直线与平面，平面与平面的位置关系．

5．理解直线与直线、直线与平面、平面与平面的两种位置（平行、垂直）关系的判定与性质．

6．了解点到平面的距离、直线到平面的距离、平行与平面间的距离概念，并会解决相关的距离问题．

7．了解异面直线所成角、直线与平面所成角、二面角的概念，并会解决相关的简单问题．

命题分析

立体几何的相关内容在历年春季高考中均作为重点内容加以考查，在选择、填空、解答等题型均有涉及，其中柱体、锥体、球的表面积与体积，直线与直线、直线与平面、平面与平面的位置关系的性质及判定等为重点考查内容，难度中等，故复习时应以中等题目为主，特别注意加强计算能力与空间想象能力的训练，历年高考中分值约为 15 分．

§9.1　空间几何体

知识梳理

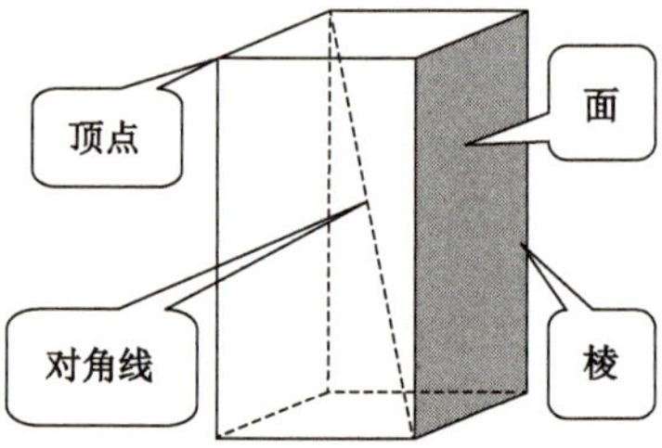

1．几种多面体

（1）多面体．

定义：由若干个平面多边形围成的几何体称为多面体．

有关概念：多面体的面、多面体的棱、多面体的顶点、多面体的对角线.

（2）棱柱.

① 定义：一个多面体中，有两个面互相平行，其余每相邻两个面的交线互相平行.

有关概念：棱柱的底面、侧面、侧棱、棱柱的高.

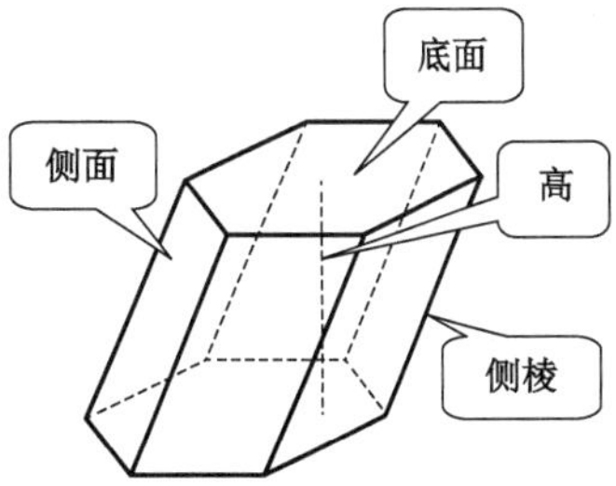

② 棱柱的分类.

按底面边数分为三棱柱、四棱柱、五棱柱、……；

按侧棱与底面的位置关系分为斜棱柱（侧棱不垂直于底面），直棱柱（侧棱垂直于底面）.

③ 几种重要棱柱.

直四棱柱：底面是四边形的直棱柱；

平行六面体：底面是平行四边形的棱柱；

直平行六面体：侧棱垂直于底面的平行六面体；

长方体：底面是矩形的直平行六面体；

正四棱柱：底面是正方形的直平行六面体；

正方体：棱长都相等的平行六面体.

注：长方体的长、宽、高分别是 a，b，c，则其对角线长为 $\sqrt{a^2+b^2+c^2}$，即长方体的一条体对角线长的平方等于一个顶点上的三条棱长的平方和.

例 1. 设 M={正四棱柱}，N={长方体}，P={直四棱柱}，Q={正方体}，则这些集合的关系是（　　）.

A. $P \subsetneqq N \subsetneqq M \subsetneqq Q$　　B. $Q \subsetneqq M \subsetneqq N \subsetneqq P$

C. $P \subsetneqq M \subsetneqq N \subsetneqq Q$　　D. $Q \subsetneqq N \subsetneqq M \subsetneqq P$

解析： 正确区分各种柱体的联系与区别，答案为 B.

例 2. 已知一个长方体的长是 12cm，宽是 9cm，高是 8cm．求这个长方体对角线的长.

A. 11　　B. 13　　C. 17　　D. 29

解析： 该题考查长方体体对角线公式，答案为 C.

（3）棱锥.

① 定义：在多面体中，若有一个面是多边形，其余各面是有一个公共顶点的三角形，则这个多面体为棱锥.

有关概念：棱锥的底面、侧面、顶点、侧棱、高.

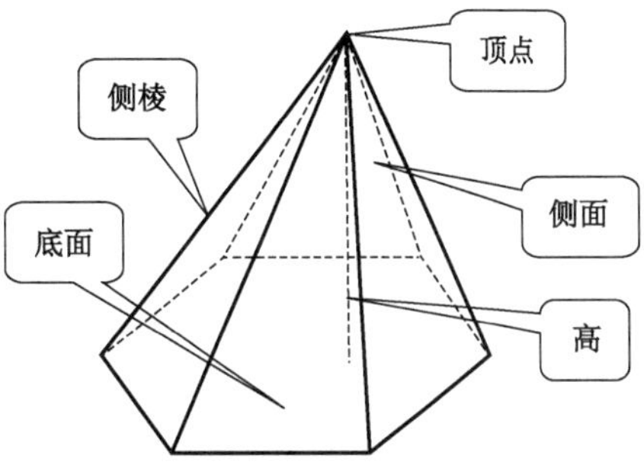

② 棱锥的分类：按底面边数分为三棱锥、四棱锥、五棱锥、…….

③ 正棱锥：底面是正多边形且顶点在底面上的射影为底面的中心的棱锥.

注：i）正棱锥各侧面为全等的等腰三角形；

ii）在正棱锥中，特别要理解侧面三角形与棱锥的高、侧棱、斜高、底面边长之间的关系.

例 3．正四棱锥的侧面是正三角形，则它的高与底面边长之比为（　　）.

A．1：2　　B．2：1　　C．$\sqrt{2}$：1　　D．1：$\sqrt{2}$

解析：该题考查正四棱锥的特性．答案为 D.

2．几种旋转体

（1）旋转体.

① 定义：一般地，一条平面曲线绕其所在平面内的一条定直线旋转所形成的几何体称为旋转体.

有关概念：旋转体的轴、母线.

（2）三种重要旋转体.

① **圆柱**：以矩形的一边所在的直线为旋转轴，将矩形旋转一周形成的曲面所围成的几何体.

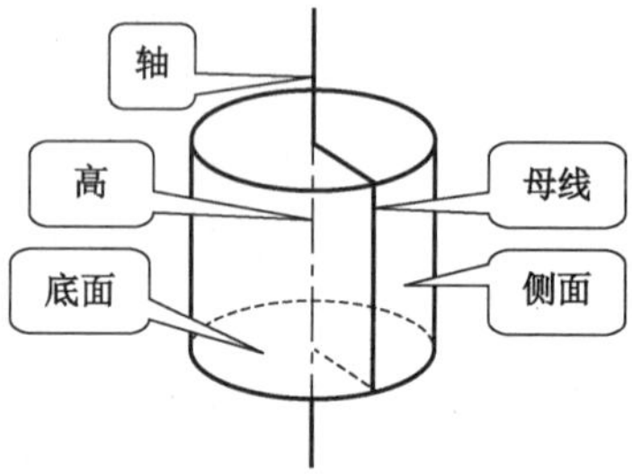

有关概念：圆柱的底面、侧面、轴截面、母线、底面半径、高.

例 4．若圆柱底面半径为 8cm，轴截面面积为 $32cm^2$，则这个圆柱的母线长为（　　）.

A．1cm　　B．2cm

C．4cm　　D．8cm

解析：该题考查圆柱有关概念的正确理解．答案为 B.

② **圆锥**：以直角三角形的一条直角边所在的直线为旋转轴，将直角三角形旋转一周形成的曲面所围成的几何体.

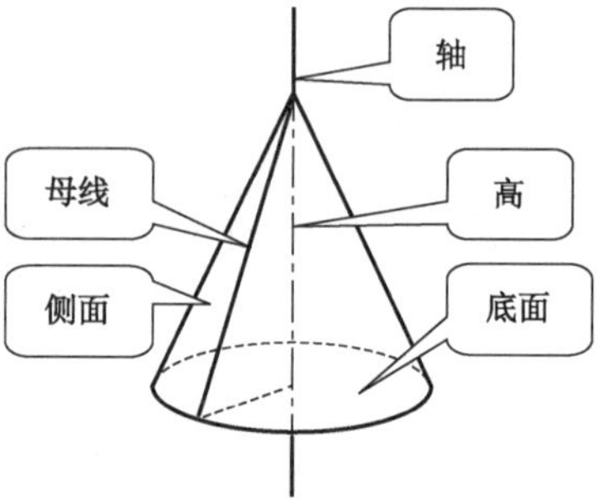

有关概念：圆锥的底面、侧面、轴截面、母线、底面半径、高.

例 5．已知圆锥的母线长为 5cm，高为 3cm，则这个圆锥的底面半径为（　　）.

A．2　　B．4

C．6　　D．8

解析：该题考查圆锥轴截面的直角三角形．答案为 B.

③ **球**.

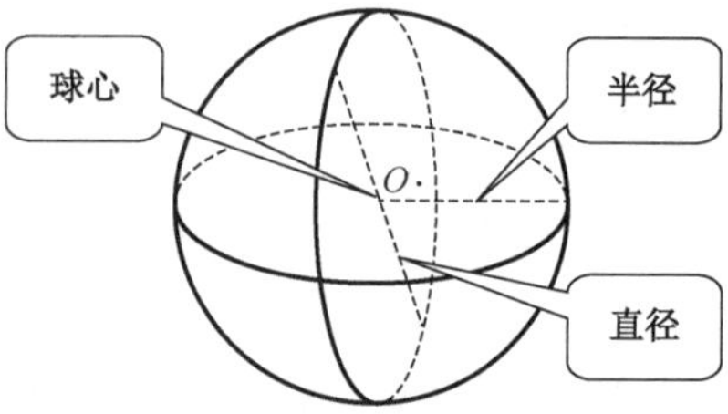

球面：可看作一个半圆绕着它的直径所在的直线旋转一周所形成的曲面；也可看作空间中与定点距离等于定长的点的集合.

球体：可看作球面围城的几何体，简称球；也可看作空间中与定点距离小于或等于定长的点的集合.

有关概念：球大圆，球小圆，球面上两点间的距离.

球面被经过球心的平面截得的圆叫做**球的大圆**，被不经过球心的平面截得的圆叫做**球的小圆**. 球面上两点之间的最短距离，就是经过两点的大圆在这两点间的一段劣弧的长度，我们把这个弧长叫做两点的**球面距离**.

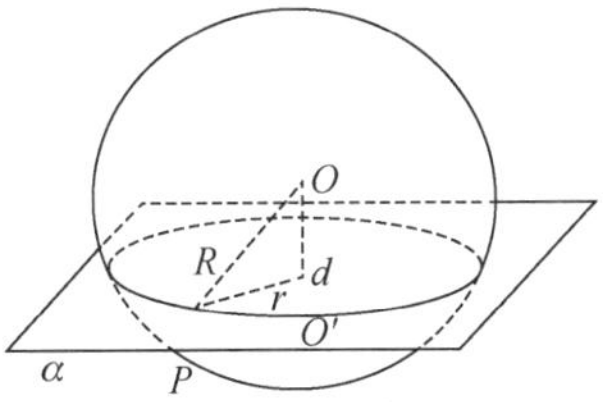

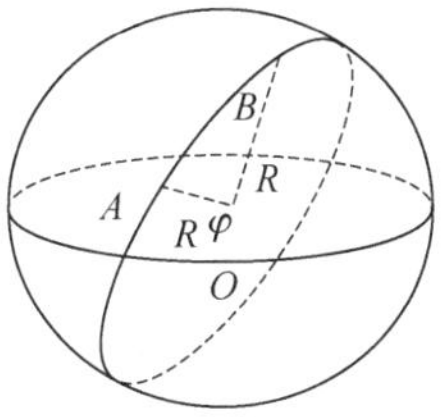

例 6．过球的半径的中点，作一个垂直于这条半径的截面，则这个截面圆半径是球半径的（　　）.

A. $\frac{1}{2}$　　　B. $\frac{\sqrt{2}}{2}$　　　C. $\frac{\sqrt{3}}{2}$　　　D. 1

解析：该题考查圆柱有关概念的正确理解. 答案为 C.

题型归纳

一、几何体的判断题

1．下列命题中正确的是（　　）.

A．底面是正方形的棱柱是正棱柱

B．直平行六面体是长方体

C．有两个相邻的侧面是矩形的棱柱是直棱柱

D．底面是正多边形的棱柱是正棱柱

解析：该题考查棱柱的定义及几种重要棱柱的特性. 答案为 C.

二、几何体相关量（如高，斜高，底面半径，母线长等）的简单计算

1．正四棱锥的底面边长是 6，侧棱长是 5，则其斜高与高分别是__________.

解析：该题考查正四棱锥的特性及相关量的定义. 答案为 4，$\sqrt{7}$.

2．已知圆柱的底面半径为 3，轴截面面积为 24，则这个圆柱的母线长为________.

解析：该题考查圆柱的相关量. 答案为 4.

3．圆锥的轴截面顶角为 120°，母线长为 2，则此圆锥的底面半径为___________.

解析：该题考查棱柱的定义及几种重要棱柱的特性. 答案为 $\sqrt{3}$.

4．若球半径为 13，一平面截球得截面面积为 25π，则球心到截面圆的距离为______.

解析：该题考查棱柱的定义及几种重要棱柱的特性. 答案为 12.

基础训练

1．下列四个命题中正确命题的个数是（　　）.

① 直平行六面体就是长方体；

② 有两个相邻的侧面是矩形的棱柱是直棱柱；
③ 有一个面是多边形，其余各面是三角形的几何体是棱锥；
④ 底面是正方形的棱柱是正棱柱.

A. 1　　B. 2　　C. 3　　D. 4

2. 下列四个命题中，不正确的是（　　）.

A. 棱长都相等的长方体是正方体
B. 有两个相邻侧面为矩形的棱柱为直棱柱
C. 有两个侧面与底面垂直的棱柱为直棱柱
D. 底面为平行四边形的四棱柱为平行六面体

3. 有以下四个命题，其中正确命题的个数是（　　）.

① 绕着矩形的任意一边所在直线旋转一周均形成圆柱；
② 绕着直角三角形的任意一条直角边所在直线旋转一周均形成圆锥；
③ 绕着锐角三角形的任意一边所在直线旋转一周均形成两个圆锥的组合体；
④ 绕着直角梯形的上底或下底所在直线旋转一周均形成圆柱与圆锥的组合体.

A. 1　　B. 2　　C. 3　　D. 4

4. 从长方体的一个顶点出发的三条棱长分别为2，3，6，则其对角线长为______.

5. 一个圆柱的底面半径为4，轴截面对角线长为10，则此圆柱的高为__________.

6. 棱长为1的正方体的外接球的直径为__________.

提升训练

1. 下列命题中，正确命题的个数是（　　）.

① 有一个面是多边形，其余各面是三角形的几何体是棱锥；
② 每个侧面都是全等的矩形的四棱柱是正四棱柱；
③ 经过球面上的不同两点只能作一个球大圆；
④ 绕直角三角形的任意一边所在的直线旋转一周得到的几何体是圆锥.

A. 1　　B. 2　　C. 3　　D. 4

2. 下列命题中，正确命题的个数是（　　）.

① 圆锥的所有的轴截面是全等的等腰三角形；
② 圆柱的所有的轴截面是全等的矩形；
③ 一个棱柱至少有五各面，一个棱锥至少有四个面；
④ 球小圆的圆心与球心的连线垂直于这个球小圆所在的平面.

A. 1　　B. 2　　C. 3　　D. 4

3. 已知长方体的长、宽、高之比为4 : 3 : 12，对角线长为26，则其长、宽、高分别为__________.

4. 正方体的内切球与外接球的半径之比为__________.

5. 若一个圆柱底面半径为2，轴截面对角线为5，则这个圆柱侧面展开图的对角线长为__________.

§9.2　空间几何体的表面积与体积

知识梳理

一、空间几何体的表面积 S

1．多面体的表面积

（1）直棱柱.

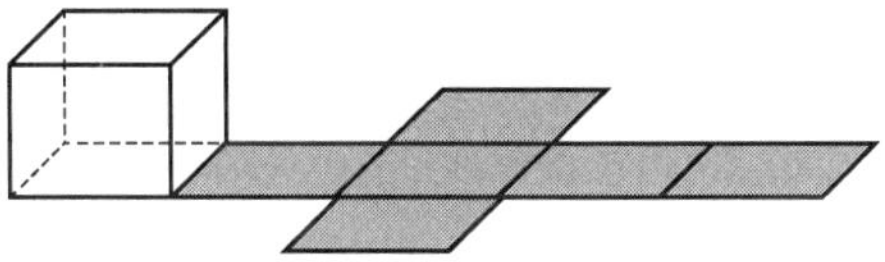

长方体及其展开图

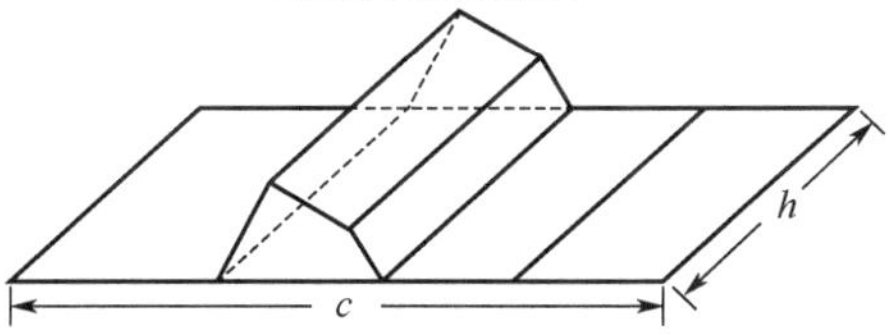

直棱柱侧面展开图

① 侧面积公式：$S_{直棱柱侧}=ch$（c 为底面周长，h 为直棱柱的高）；

② 表面积公式：$S=S_{直棱柱侧}+2S_{底}$.

例 1．正六棱柱的高为 5，最长的对角线长为 13，则它的侧面积为__________.

解析：该题考查正六棱柱的性质及侧面积．答案：180.

（2）正棱锥.

① 侧面积公式：$S_{正棱锥侧}=\frac{1}{2}ch'$

（c 为底面正多边形周长，h 为正棱锥的斜高）；

② 表面积公式：$S=S_{正棱锥侧}+S_{底}$.

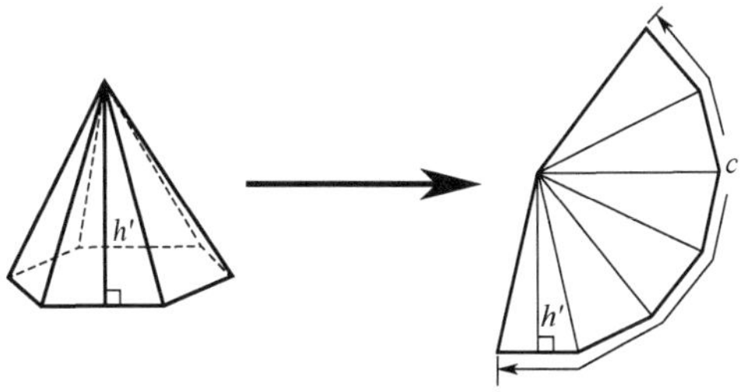

例 2．一个正四棱锥的侧棱长为 10，底面边长为 4，则它的侧面积为__________.

解析：该题考查正四棱锥的性质及侧面积．答案：$32\sqrt{6}$.

2．旋转体的表面积

（1）圆柱：圆柱的侧面展开图是矩形.

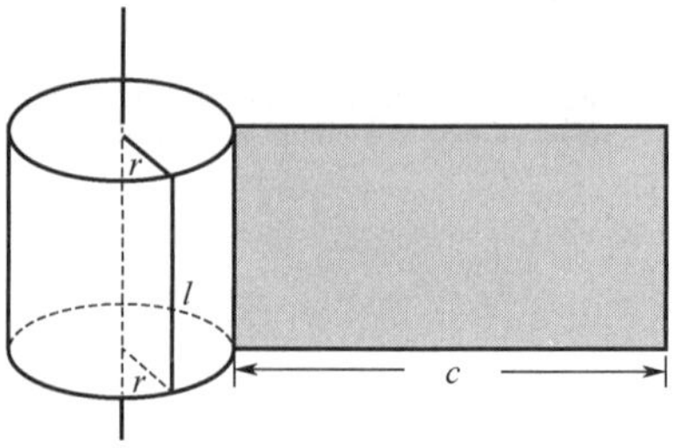

圆柱及其侧面展开图

① 侧面积公式：$S_{圆柱侧}=cl=2\pi rl$（c 为底面圆周长，l 为母线长，r 为底面圆半径）；

② 表面积公式：$S=S_{圆柱侧}+2S_{底}$.

例 3．等边圆柱（轴截面是正方形）的轴截面面积为 4，则它的侧面积为＿＿＿＿＿＿.

解析：该题考查正四棱锥的性质及侧面积．答案：4π.

（2）圆锥：圆锥的侧面展开图是扇形.

① 侧面积公式：$S_{圆锥侧}=\frac{1}{2}cl=\pi rl$

（c 为底面圆周长，l 为母线长，r 为底面圆半径）；

② 表面积公式：$S=S_{圆锥侧}+S_{底}$.

例 4．圆锥的侧面积等于 10，其母线长为 4，则此圆锥的底面周长为＿＿＿＿＿＿.

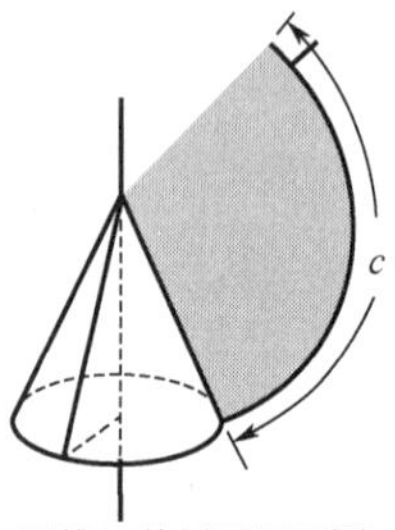

圆锥及其侧面展开图

解析：该题考查圆锥的性质及侧面积．答案：5.

（3）球.

表面积公式 $S_{球}=4\pi R^2$（R 为球的半径）.

例 5．已知球的半径为 4，则这个球的表面积为＿＿＿＿＿＿.

解析：该题考查球的表面积公式．答案：64π.

二、空间几何体的体积 V

1．柱体的体积公式

$V_{柱}=Sh$（S 为底面积，h 为柱体的高）

注：① $V_{长方体}=Sh=abc$（a，b，c 为从一个顶点出发的三条棱长）；

② $V_{正方体}=Sh=a^3$（a 为正方体的棱长）.

例 6．长方体的一个顶点上三条棱长分别为 2，4，5，则长方体的对角线长为＿＿＿＿，体积为＿＿＿＿＿＿.

解析：该题考查长方体的体对角线及体积的计算．答案：$3\sqrt{5}$，40.

例 7．已知正方体的全面积为 54，则它的体积为＿＿＿＿＿＿.

解析：该题考查正方体的全面积及体积．答案：27.

2．锥体的体积公式

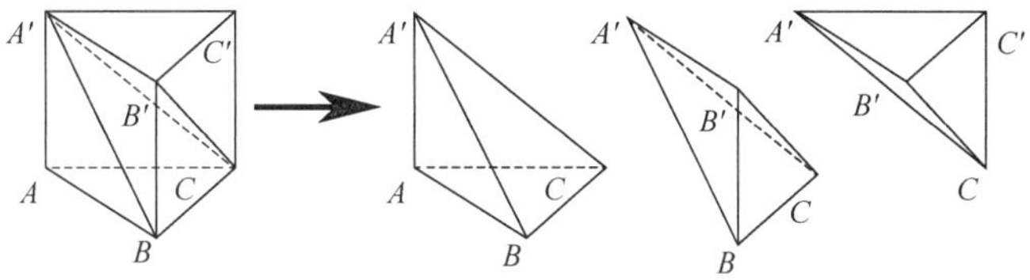

$V_{锥}=\frac{1}{3}Sh$（S 为底面积，h 为锥体的高）．

例 8．三棱锥的三条侧棱两两垂直且长度分别为 1，2，3，则此棱锥的体积为_______．

解析：该题考查特殊棱锥的性质及体积的计算．答案：1．

3．球的体积公式

$$V_{球}=\frac{4}{3}\pi R^3\text{（}R\text{ 为球的半径）．}$$

题型归纳

一、求面积、体积

1．若正六棱柱的底面边长为 4，高为 6，则其表面积与体积分别为_________．

2．已知正四棱锥的高与底面边长均为 4，则它的侧面积与体积分别为_________．

3．若圆柱的底面半径为 3，母线长为 6，则其全面积与体积分别为_________．

4．已知圆锥底面半径为 2，母线长为 4，则其全面积与体积分别为_________．

5．一个球的大圆周长为 8π，则此球的表面积与体积分别为_________．

解析：此五道题均为由已知条件依据相应公式求面积与体积．

答案：1．$144+48\sqrt{3}$，$144\sqrt{3}$；　　2．$16\sqrt{5}$，$\frac{64}{3}$；

3．54π，54π；　　4．12π，$\frac{8\sqrt{3}}{3}\pi$；　　5．64π，$\frac{256}{3}\pi$．

二、由面积、体积求几何体的相关概念

6．一个长方体共一个顶点的三个面的面积分别为 2，3，6，则这个长方体的体对角线长为__________．

解析：该题考查由长方体侧面面积求对角线．答案：$\sqrt{14}$．

7．把一个底面周长为 4π，高为 10 的圆柱形铁块，熔铸成底面积为 20π 的圆锥，则这个圆锥的高为__________．

解析：该题考查圆柱与圆锥的体积公式，关键为熔铸前后体积不变．答案：6．

8．球的表面积与体积数值相等，则球的半径为__________．

解析：该题考查球的表面积与体积公式．答案：3．

9．若球的体积为 $4\sqrt{3}\pi$，则该球的内接正方体的体积为__________.

解析：该题考查球及正方体的体积公式，关键为理解球的直径与正方体对角线的关系．答案：8.

基础训练

1．把一根长为 2 的长方体木料锯成两段长方体之后，表面积增加了 100，则它的体积为______________.

2．一个正方体的外接球的体积为 $\frac{32}{3}\pi$，则正方体的棱长为__________.

3．一个正四棱锥的高和底面边长均为 4，则它的侧面积为__________.

4．已知圆柱的底面半径为 3，母线长为 6，则该圆柱的全面积为__________.

5．圆锥的侧面积为 2π，底面积为π，则该圆锥的体积为__________.

6．圆锥的底面半径是 4，母线长为 8，则其侧面展开图的圆心角为__________.

7．一个半球的全面积为 9π，一个圆柱与此半球等底等高，则此圆柱侧面积为__________.

8．三个球的半径之比为 1 : 2 : 3，则最大球的体积为其余两球体积和的__________倍.

9．设正方体、等边圆柱与球的体积相等，则它们的表面积 $S_{正}$，$S_{柱}$，$S_{球}$的大小关系为__________.

提升训练

1．长方体的长、宽、高之比为1:2:3，对角线长为 24，则其体积为__________.

2．正方体的 8 个顶点中，有 4 个顶点恰为正四面体的顶点，则此正方体表面积与正四面体表面积之比为__________.

3．把一个棱长为 4 的正方体木块削成一个最大的圆柱体，则圆柱体体积为__________.

4．一个正三棱锥的每个侧面均为等边三角形，且侧棱长为 4，则其侧面积与全面积之比为__________.

5．若一个圆柱侧面展开图为正方形，则此圆柱的全面积与侧面积之比为__________.

6．已知圆锥的轴截面面积为 12，底面半径为 3，则该圆锥的高为__________.

7．圆锥的侧面积为 10π，侧面展开图扇形的中心角为 $\frac{\pi}{5}$，则此圆锥的表面积为______.

8．底面周长是 6π的圆锥，沿着它的高分成表面积相等的两部分，表面积增加 24，则原圆锥的体积为__________.

9．将一个球形的气球的半径扩大为原来的 2 倍，则其表面积与体积分别变为原来的______倍______倍.

§9.3　平面的基本性质

知识梳理

1．平面的几何意义及表示方法

（1）数学中所述“平面”，在空间中是无限延展、无边界的，可联系无限伸展的直线加以理解，它把空间分成两部分．

（2）平面常用小写字母α、β、γ 等来表示，也可用表示平面的平行四边形的两个相对的顶点字母表示，如平行四边形 $ABCD$ 表示的平面可记作平面 AC．

（3）在复习平面的画法时，应注意：

① 只画平面的一部分表示一个平面，且一般是画一个平行四边形表示其所在平面；

② 为增强立体感，当一个平面或直线的一部分被另外的平面遮住时，应把被遮住的部分线段画成虚线或不画，且后引的辅助线也须画成虚线．凡是不被遮住的线都化成实线（无论是题中原有的，还是后画的辅助线）．

2．平面的基本性质

公理 1	内容	若一直线上的两点在一个平面内，则该直线上所有点均在此平面内	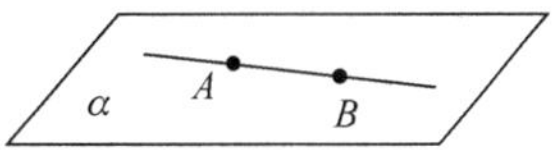
	作用	判断一条直线是否在一个平面内	
公理 2	内容	经过不在同一条直线上的三点，有且只有一个平面	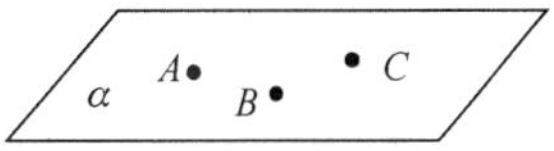
	作用	给出了空间内确定一个平面的理论依据	
公理 3	内容	若两不重合的平面有一个公共点，则它们有且只有一条过此点的公共直线	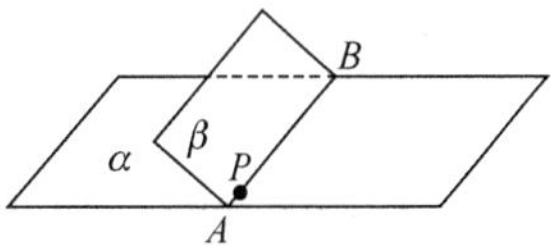
	作用	给出了两个平面相交的条件与结论，也给出了交线的定义	
推论 1		经过一条直线和直线外一点，有且只有一个平面	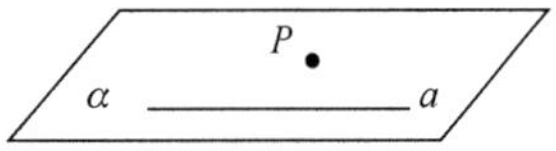
推论 2		经过两条相交直线，有且只有一个平面	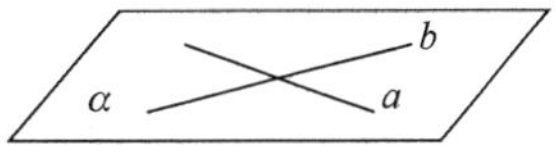
推论 3		经过两条平行直线，有且只有一个平面	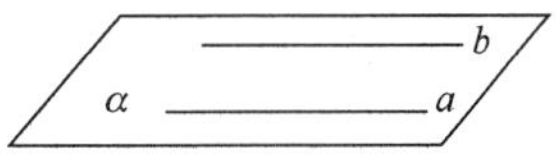
推论作用		给出了如何确定一个平面的理论依据	

例 1．下列四个条件中，能确定一个平面的是（　　）．

A．空间中任意三点　　B．一条直线和一个点

C．空间两直线　　D．空间两相交直线

解析：该题考查平面的三个公理及三个推论的应用．答案为 D.

3．平面中的符号语言

点是空间的基本元素，直线、平面、空间均可看作点的集合，且直线为平面的子集，平面为空间的子集．选用适当的符号语言如下表所示．

位置关系	符号表示
点 P 在直线 a 上	$P\in a$
点 P 不在直线 a 上	$P\notin a$
点 P 在平面α内	$P\in\alpha$
点 P 不在平面α内	$P\notin\alpha$
直线 a 与直线 b 相交于点 M	$a\cap b=M$
直线 a 在平面α内	$a\subset$平面α
直线 b 不在平面β内	$b\not\subset$平面 β

注：直线与直线、直线与平面、平面与平面的“相交”“平行”“垂直”分别用相应的符号“$\cap$”“//”“$\perp$”来表示.

例 2．已知点 A，B 和平面α，若 $A\in\alpha$，$B\in\alpha$，则有（　　）．

A．$AB\in\alpha$　　B．$AB\notin\alpha$　　C．$AB\subset\alpha$　　D．$AB\not\subset\alpha$

解析：该题考查对文字语言与数学符号语言的转换．答案为 C.

题型归纳

一、应用三个公理或推论判断命题的真假

1．下列命题正确的是（　　）．

A．若四点共面，则其中必有三点共线

B．若四点不共面，则其中可能有三点共线

C．若线段 AB 在平面内，则 AB 延长线上的一点 C 也在平面内

D．三条直线两两相交，则这三条直线共面

解析：该题考查对三个公理的具体理解．答案为 C.

二、应用三个公理确定平面的个数问题

2．不共面的四个点可确定的平面个数为（　　）．

A．1 个　　B．3 个　　C．4 个　　D．无数个

解析：该题考查对三个公理的具体理解．答案为 C.

三、符号语言的正确应用

3．已知“点 A 在直线 a 上，直线 a 在平面 α 内”，则 A，a，α 三者之间的关系为（　　）.

A．$A\in a\in \alpha$　　B．$A\subset a\subset \alpha$　　C．$A\in a\subset \alpha$　　D．$A\subset a\in \alpha$

解析：该题考查点、线、面之间的符号语言表示．答案为 C.

基础训练

1．过一条直线的平面（　　）.

A．有且只有一个　　B．有无数多个

C．有一个或无数个　　D．无法判断

2．空间中有四点，其中任何三点都不共线，这四个点确定的平面最多有（　　）.

A．2 个　　B．3 个　　C．4 个　　D．5 个

3．经过一条直线和一个点的平面的个数为（　　）.

A．1 个　　B．2 个　　C．3 个　　D．1 个或无数个

4．下列命题中正确的是（　　）.

A．空间三点可以确定一个平面

B．若两个平面 α，β 有一个公共点 A，则 $\alpha\cap\beta=A$

C．若 A，B，C，D 四点既在平面 α 内，又在平面 β 内，则平面 α 与平面 β 重合

D．三角形一定是平面图形

5．若直线上有两个点在平面外，则（　　）.

A．直线上至少有一个点在平面内　　B．直线上有无穷多个点在平面内

C．直线上所有点都在平面外　　D．直线上至多有一个点在平面内

6．相交于一点的三条直线共可以确定平面的个数为（　　）.

A．1 个　　B．3 个　　C．4 个　　D．1 个或 3 个

7．在空间中，下列命题正确的是（　　）.

A．对边相等的四边形一定是平面图形

B．四边相等的四边形一定是平面图形

C．有一组对边平行且相等的四边形是平行四边形

D．有一组对角相等的四边形是平行四边形

8．下面四个命题中，真命题的个数为（　　）.

① 如果两个平面有三个公共点，则这两个平面重合；

② 两条直线可以确定一个平面；

③ 若 $M\in\alpha$，$M\in\beta$，$\alpha\cap\beta=l$，则 $M\in l$；

④ 空间中，相交于同一点的三条直线在同一平面内．

A．1　　B．2　　C．3　　D．4

9．若点 M 在直线 a 上，a 在平面 α 内，则 M，a，α 间的关系可记为（　　）.

A．$M\in a$，$a\in\alpha$　　B．$M\in a$，$a\subset\alpha$

C．$M\subset a$，$a\subset\alpha$　　D．$M\subset a$，$a\in\alpha$

10．如果直线 $a \subset$ 平面 α，直线 $b \subset$ 平面 α，$M \in a$，$N \in b$，且 $M \in l$，$N \in l$，则（　　）.

A．$l \subset \alpha$　　B．$l \not\subset \alpha$

C．$l \cap \alpha = M$　　D．$l \cap \alpha = N$

提升训练

1．下列说法正确的是（　　）.

A．三点确定一个平面

B．四边形一定是平面图形

C．整个地球表面是一个平面

D．一个平面将整个空间分成互不连通的部分

2．下列图形不是平面图形的是（　　）.

A．三角形　　B．梯形

C．空间四边形　　D．一个角

3．互不重合的 3 个平面最多把空间分为（　　）个部分.

A．3　　B．4

C．6　　D．8

4．下列说法正确的是（　　）.

A．过空间两条直线有且只有一个平面

B．过空间三点有且只有一个平面

C．过一条直线和这条直线外一点有且只有一个平面

D．空间两平面 α 和 β 有且只有一条公共直线

5．下列说法正确的是（　　）.

A．平面 α 和平面 β 只有一个公共点

B．两两相交的三条直线共面

C．不共面的四点中，任何三点都不共线

D．有三个公共点的两平面必重合

6．下列命题正确的是（　　）.

A．过两条直线有且只有一个平面

B．过一点和一条直线有且只有一个平面

C．过梯形两腰所在的直线有且只有一个平面

D．过三点有且只有一个平面

7．“直线 l 经过平面 α 外一点 P”，用符号表示为（　　）.

A．$P \in l$，$l // \alpha$　　B．$l \cap \alpha = P$

C．$P \in l$，$P \notin \alpha$　　D．$P \in l$，$l \subset \alpha$

8．若直线 $a = \alpha \cap \beta$，点 $A \notin a$，则（　　）.

A．$A \notin \alpha$　　B．$A \notin \beta$

C．$A \notin \alpha$ 或 $A \notin \beta$　　D．$A \notin \alpha$ 且 $A \notin \beta$

§9.4　空间中两直线的位置关系

知识梳理

1．空间中两条直线的位置关系

位置关系	共面情况	公共点的个数
相交	在同一个平面内	1
平行	在同一个平面内	0
异面	不同在任何一个平面内	0

2．平行直线

（1）平行公理：过直线外一点有且只有一条直线与这条直线平行．

（2）公理4（平行线的传递性）：平行于同一条直线的两条直线互相平行．

例1．给出下列命题

① 在空间过直线外一点，作这条直线的平行线只能有一条；

② 既不平行，又不相交的两条不同直线是异面直线；

③ 两两互相平行的三条直线确定一个平面；

④ 不同在任何一个平面内的两条直线是异面直线．

其中正确命题的个数为（　　）．

A．1　　B．2　　C．3　　D．4

解析：该题考查空间中两直线的位置关系的判定及应用．答案为C．

3．异面直线

（1）异面直线．经过平面内一点与平面外一点的直线，和这个平面内不经过该点的直线为异面直线．（如图直线 m 和直线 n 是异面直线）．

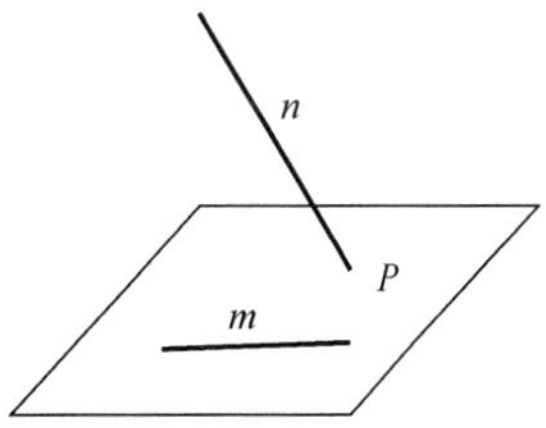

例2．下列命题中，正确的个数为（　　）．

① 过直线外一点可作无数条直线与已知直线成异面直线；

② 过直线外一点可作一条直线与已知直线垂直；

③ 过两条异面直线中的一条，可作无数个平面与另一条直线平行；

④ 过两条异面直线外的一点可作一个且只可作一个平面与两条异面直线都平行．

A．1　　B．2　　C．3　　D．4

解析：该题考查空间中直线与平面的存在性与唯一性（直线的条数或平面的个数）．答案为B．

（2）异面直线所成的角．若 a，b 为异面直线，经过空间任意一点 O，作直线 $a'/\!/a$，$b'/\!/b$，则直线 a' 与 b' 所成的锐角（或直角）称为异面直线 a 与 b 所成的角．

注：作异面直线所成的角时，为方便与需要，通常将点 O 取在两条异面直线的一条上，也就是说只需要平移另外一条直线即可．

例 3．在长方体 $ABCD-A_1B_1C_1D_1$ 中，若棱 $BB_1=BC=1$，$AB=\sqrt{3}$，则 AD_1 与 BC 所成的角等于__________，CD_1 与 AB 所成角等于__________.

解析：该题考查空间中异面直线所成的角，关键在于直线的平移．答案：$\frac{\pi}{4}$，$\frac{\pi}{6}$．

（3）异面直线所成的角θ 的取值范围为$\theta\in(0, \frac{\pi}{2}]$．特别地，当$\theta=\frac{\pi}{2}$ 时称两异面直线互相垂直，记作 $a\perp b$.

注：空间两异面直线所成角的范围与空间两直线所成角的范围不同，后者为$[0, \frac{\pi}{2}]$.

例 4．正三棱锥 $S-ABC$ 的侧棱长与底面长相等，若 E，F 分别为 SC，AB 的中点，则异面直线 EF 与 SA 所成的角为（　　）.

A．$\frac{\pi}{2}$　　B．$\frac{\pi}{3}$　　C．$\frac{\pi}{4}$　　D．$\frac{\pi}{6}$

解析：该题考查空间中异面直线所成的角及余弦定理（勾股定理）．答案：C.

题型归纳

一、判断命题真假

1．在空间中，平行于同一条直线的两条直线（　　）.

A．相交　　B．垂直　　C．平行　　D．既不相交也不平行

2．异面直线是指（　　）.

A．空间无公共点的两条直线

B．不平行的两条直线

C．一个平面内的直线与这个平面外的直线

D．既不相交也不平行的两条直线

解析：该题考查空间中直线与直线位置关系的确定及相应定理．答案：C，D.

二、求异面直线所成的角

3．在正方体 $ABCD-A_1B_1C_1D_1$ 中，棱长为 a，则①AB 与 B_1C 所成的角为________；②AD_1 与 BD 所成的角为_________.

解析：该题考查空间中异面直线所成角的几何求法．关键为在其中一条直线上取特殊点作另一条直线的平行线，然后解三角形．答案为：$\frac{\pi}{2}$；$\frac{\pi}{3}$．

三、展开图的还原问题

4．如右图所示为正方形纸盒的展开图，则直线 AB 与 CD 在原来正方形中的夹角为________.

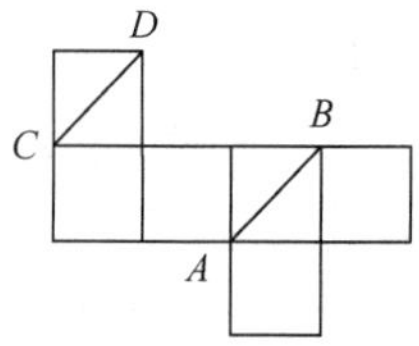

解析：该题考查空间想象能力及异面直线所成角的几何求法．关键为将展开图准确还原为原有图形．答案：$\frac{\pi}{3}$．

基础训练

1．已知 a，b 是异面直线，直线 c 平行于 a，那么直线 c 与直线 b（　　）．

A．一定是异面直线　　B．一定是相交直线

C．不可能是相交直线　　D．不可能是平行直线

2．两条异面直线所成的角的范围是（　　）．

A．$[0, \frac{\pi}{2}]$　　B．$[0, \pi]$　　C．$(0, \pi)$　　D．$(0, \frac{\pi}{2}]$

3．两条直线没有公共点是两条直线为异面直线的（　　）．

A．充分不必要条件　　B．必要不充分条件

C．充要条件　　D．既不充分也不必要条件

4．P 是平面内一点，A 是平面外一点，m 是平面内的一条直线，则直线 PA 与直线 m 为（　　）．

A．相交直线　　B．异面直线

C．相交或异面直线　　D．位置关系不确定

5．已知 a，b 是异面直线，点 A，C 在直线 a 上，点 B，D 在直线 b 上，则直线 AB 与直线 CD 一定是（　　）．

A．平行直线　　B．相交直线　　C．异面直线　　D．位置关系不确定

6．已知正方体 $ABCD-A_1B_1C_1D_1$ 中，与直线 BA_1 成异面直线的棱所在的直线有（　　）．

A．4 条　　B．5 条　　C．6 条　　D．7 条

7．空间四边形 $ABCD$ 中，E、F、G、H 分别是空间四边形各边的中点，若 $AC=BD$ 且 $AC\perp BD$，则四边形 $EFGH$ 的形状是（　　）．

A．平行四边形　　B．菱形　　C．矩形　　D．正方形

8．三个平面两两相交于三条直线，则这三条直线（　　）．

A．相交于一点　　B．平行　　C．互相异面　　D．交于一点或平行

9．如右图所示，已知长方体 $ABCD-A_1B_1C_1D_1$ 中 $AB=3$，$BC=2$，$BB_1=1$，BD_1 与平面 AC 所成的角为 θ，则 $\cos\theta$ 的值为（　　）．

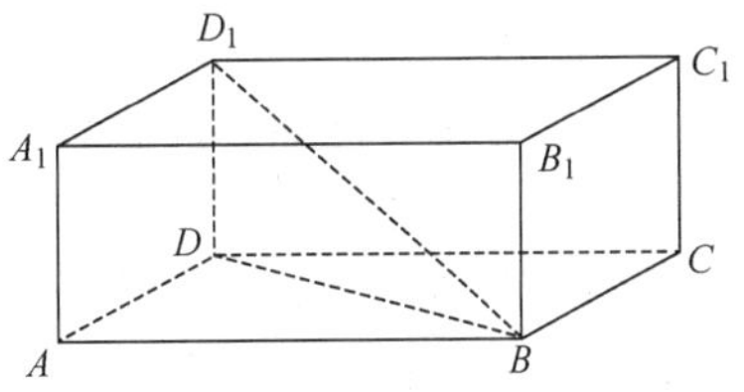

A．$\frac{\sqrt{13}}{14}$　　B．$\frac{\sqrt{14}}{14}$

C．$\frac{\sqrt{13}}{13}$　　D．$\frac{\sqrt{182}}{14}$

10．已知正方体 $ABCD-A_1B_1C_1D_1$ 的棱长为 1，E 是 AD_1 的中点，则 BE 与 A_1C_1 的夹角的余弦值为（　　）．

A．$\frac{\sqrt{12}}{12}$　　B．$\frac{\sqrt{14}}{12}$

C．$\frac{\sqrt{3}}{6}$　　D．$\frac{\sqrt{14}}{6}$

11．如右图所示，在正方体 $ABCD-A_1B_1C_1D_1$ 中，E 是 AB 的中点．

（1）求 BA_1 与 CC_1 的夹角；

（2）求 BA_1 与 CB_1 的夹角；

（3）求 A_1E 与 CB_1 的夹角的余弦值．

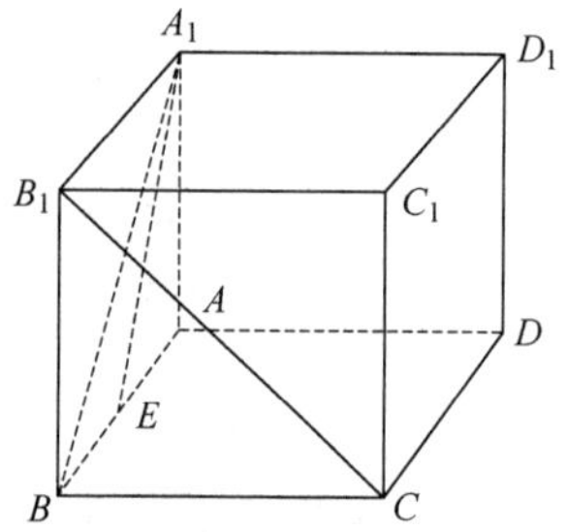

12．如右图所示，在棱长为 a 的正方体 $ABCD-A_1B_1C_1D_1$ 中，M，N 分别是棱 AA_1，CC_1 的中点．

（1）判断四边形 D_1MBN 的形状；

（2）求四边形 D_1MBN 的面积．

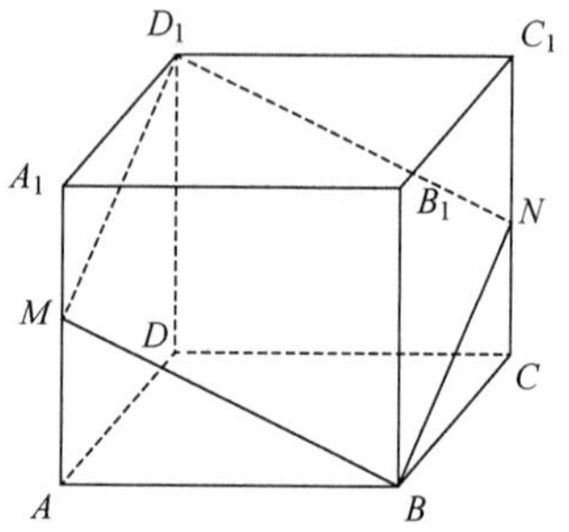

提升训练

1．两直线不平行是这两条直线为异面直线的（　　）条件．

A．充分不必要　　B．必要不充分　　C．充要　　D．既不充分也不必要

2．分别和两条异面直线平行的两条直线的位置关系为（　　）．

A．相交　　B．异面　　C．平行　　D．相交或异面

3．两条直线分别在两个平面内是两条直线为异面直线的（　　）条件．

A．充分不必要　　B．必要不充分　　C．充要　　D．既不充分也不必要

4．如右图所示为一个正方体的平面展开图，则在正方体中：

① BM 与 ED 平行；

② CN 与 BE 是异面直线；

③ CN 与 BM 所成的角是 60°；

④ DM 与 BN 互相垂直．

以上四个命题中，正确命题的序号是（　　）．

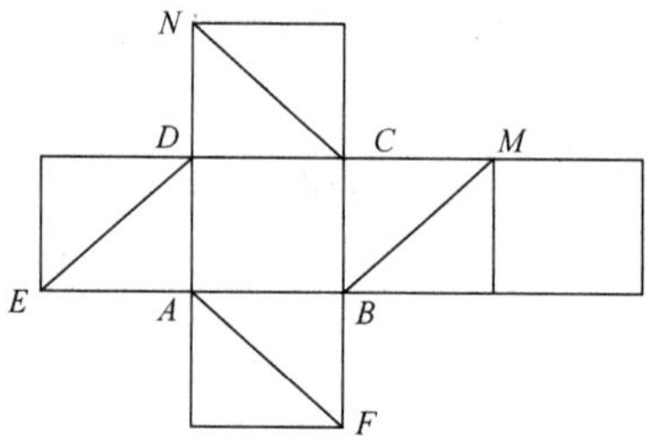

A. ①②③　　B. ②④　　C. ③④　　D. ②③④

5. 下列命题正确的是（　　）.

A. 过直线外一点可以作无数条直线与已知直线成异面直线

B. 过直线外一点只可作一条直线与已知直线垂直

C. 垂直于同一条直线的两直线平行

D. 分别在两个平面内的两条直线一定是异面直线

6. 下列命题是真命题的为（　　）.

A. 两条不相交的直线互相平行

B. 垂直于同一条直线的两条直线互相平行

C. 平行移动两条异面直线中的任意一条直线，它们所成的角不变

D. 与已知直线平行且距离等于定长的直线只有两条

7. 下列命题中，正确的是（　　）.

A. 若 a，b 是异面直线，b，c 也是异面直线，则 a，c 是异面直线

B. 若 $a\perp b$，$b\perp c$，则 $a\perp c$

C. 若 $a//b$，$b//c$，则 $a//c$

D. 若 a，b 是相交直线，b，c 也是相交直线，则 a，c 是相交直线

8. 下列命题中，为真命题的是（　　）.

A. 两两相交且不共点的三条直线在同一平面内

B. 两两相交且不共点的四条直线共面

C. 不共面的四点中可以有三点共线

D. 边长相等的四边形一定是菱形

9. 在正四面体 $S\text{-}ABC$ 中，D 是 SC 的中点，则 BD 与 SA 所成角的余弦值是（　　）.

A. $\dfrac{\sqrt{3}}{3}$　　B. $\dfrac{\sqrt{2}}{3}$

C. $\dfrac{\sqrt{2}}{6}$　　D. $\dfrac{\sqrt{3}}{6}$

10. 如右图所示，在正方体 $ABCD\text{-}A_1B_1C_1D_1$ 中，E，F，G，H 分别是棱 A_1B_1，B_1C_1，AD，AB 的中点.

求：（1）异面直线 EF 与 GH 所成的角；

（2）异面直线 EF 与 CD 所成的角；

（3）异面直线 EF 与 AD_1 所成的角.

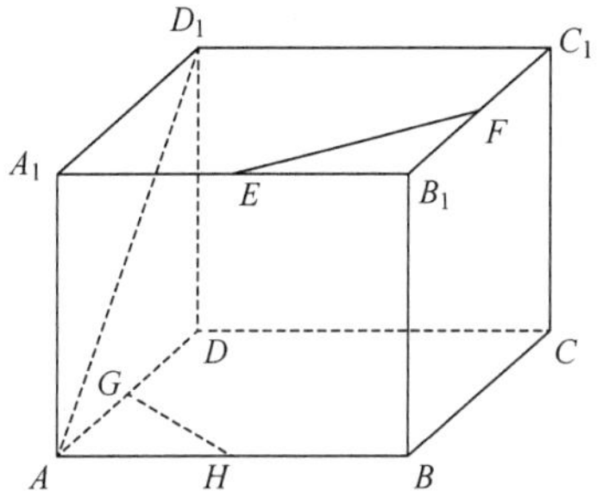

§9.5　直线与平面的位置关系

知识梳理

一、直线与平面的位置关系

位置关系	公共点个数	符号表示	图形表示
直线在平面内	无数个	$a\subset\alpha$	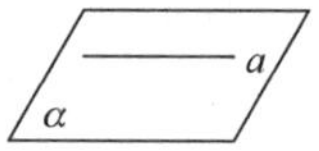
直线与平面相交	有且只有一个	$a\cap\alpha=A$	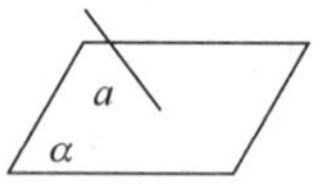
直线与平面平行	无交点	$a//\alpha$	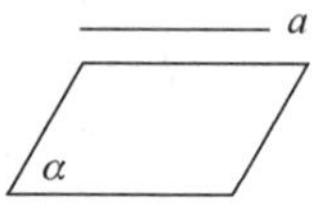

注：直线与平面相交和直线与平面平行统称为直线在平面外，符号记作 $a\not\subset\alpha$.

二、空间直线与平面平行

		内　容	图形表示	符号表示
直线与平面平行	定义	若一条直线无公共点，则称该直线与平面平行	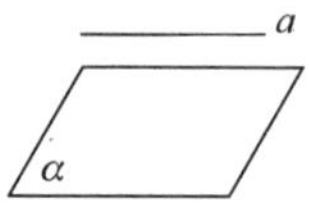	$a//\alpha$
	判定定理	若平面外一条直线与平面内一条直线平行，则该直线与平面平行	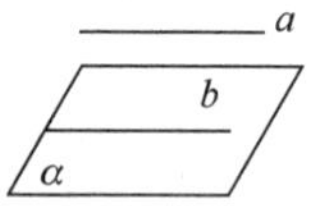	$\left.\begin{array}{r} a//b \\ a\not\subset\alpha \\ b\subset\beta \end{array}\right\}\Rightarrow a//\alpha$
	性质定理	若一条直线与一个平面平行，经过这条直线的平面与这个平面相交，则这条直线与两平面的交线平行	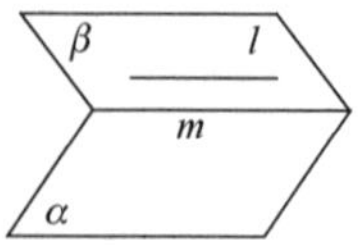	$\left.\begin{array}{r} l//\alpha \\ l\subset\beta \\ \alpha\cap\beta=m \end{array}\right\}\Rightarrow l//m$

例 1. 如下图所示，P 是平行四边形 $ABCD$ 所在平面外一点，Q 为 PA 的中点.
求证：$PC//$平面 BDQ.

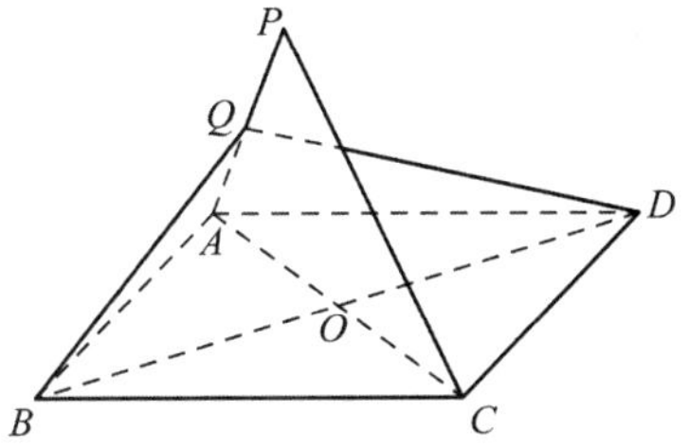

解析：据直线与平面平行的判定定理可知，只需在该平面内找一条直线与已知直线平行即可. 关键在于充分发掘题干中的已有条件，在平面内寻找一条合适的直线与已知直线平行.

解：连接 QO,

∵ Q 是 AP 的中点，O 是 AC 的中点，

∴ $PC//QO$,

∵ QO 在平面 BDQ 内，PC 不在平面 BDQ 内

∴ $PC//$ 平面 BDQ

三、空间直线与平面垂直

		具体内容	图形表示	符号表示
直线与平面垂直	定义	若一条直线与一个平面内的任意一条直线都垂直，则此直线与该平面垂直	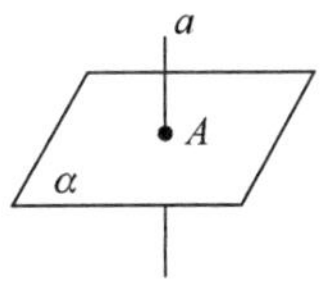	$a\perp\alpha$，垂足为 A
	判定定理	若一条直线与一个平面内两条相交直线垂直，则此直线垂直于该平面	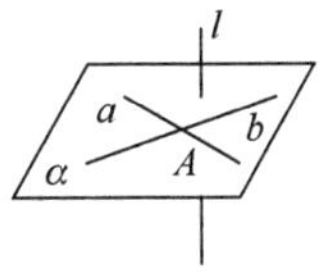	$\left.\begin{matrix} l\perp a \\ l\perp b \\ a\cap b=A \\ a\subset\alpha \\ b\subset\alpha \end{matrix}\right\}\Rightarrow l\perp\alpha$
	推论	若两条平行直线中的一条直线垂直于一个平面，则另一条直线也垂直于该平面	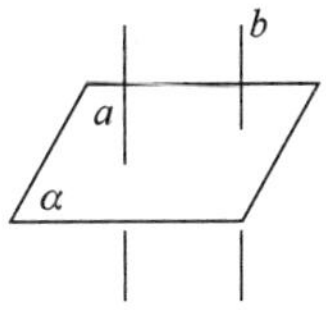	$\left.\begin{matrix} a//b \\ a\perp\alpha \end{matrix}\right\}\Rightarrow b\perp\alpha$
	性质定理	若两条直线均垂直于同一个平面，则这两条直线平行	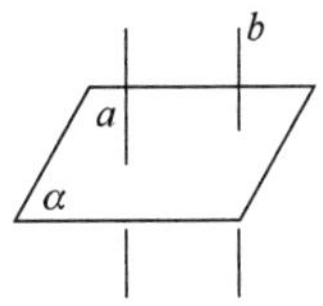	$\left.\begin{matrix} a\perp\alpha \\ b\perp\alpha \end{matrix}\right\}\Rightarrow a//b$

续表

		具体内容	图形表示	符号表示
	点到平面的距离	从平面外一点作一条与该平面垂直的直线，则这点与垂足之间的线段长度即为这点到平面的距离	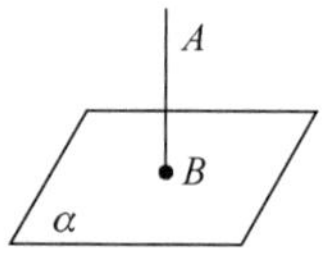	
	直线到平面的距离	若一条直线与一个平面平行，则这条直线上任意一点到这个平面的距离都相等，即为直线到平面的距离	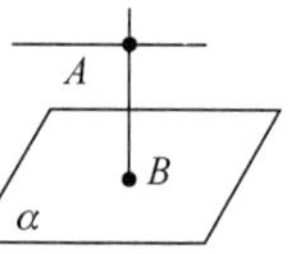	
平面的斜线		若直线与平面相交但不垂直，则这条直线即为该平面的一条斜线	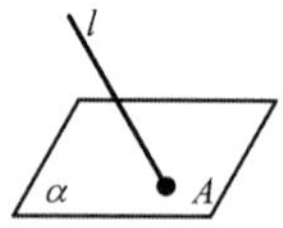	
直线与平面所成的角		平面的一条斜线与它在这个平面上的射影所成的锐角称为这条直线与平面所成的角；若直线与平面垂直，则所成的角为直角；若直线与平面平行或直线在平面内，则所成的角为0°	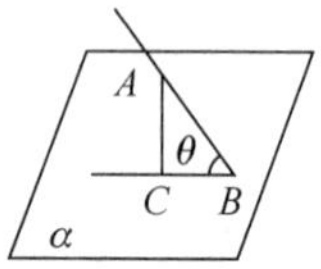	

例 2. 一线段 AB 长为 10，它在平面α内的射影长为 $5\sqrt{2}$，则该线段与平面α 所成的角为______________.

解析：该题考查直线与平面所成的角，关键在于正确理解该角的作图．答案：$\frac{\pi}{4}$．

题型归纳

一、直线与平面位置关系（平行、垂直）的判定

1．下列命题中，正确命题的序号为（　　）．

① 过平面外一点可以作无数条直线与已知平面平行；

② 一条直线与已知平面平行，则此直线平行于该平面内无数条直线；

③ 一条直线与已知平面内的无数条直线不相交，则此直线与该平面平行；

④ 一条直线与已知平面内的任意直线不相交，则此直线与该平面平行；

⑤ 两条直线与同一平面所成的角相等，则该两条直线平行．

A．①②　　　B．①②③　　　C．②③④　　　D．①②④

2．下列命题中，正确命题的序号为（　　）．

① 平行于同一平面的两条直线平行；

② 一条直线垂直于一个平面内的无数条直线，则此直线垂直于该平面；

③ 垂直于同一平面的两条直线平行；

④ 一个平面经过两条平行直线中的一条，则另一条直线与该平面平行；

⑤ 若平面外有两点到已知平面的距离相等，则过此两点的直线与该平面平行；

⑥ 两条平行直线与同一平面所成的角相等.

A. ①②③④　　B. ②③⑥　　C. ③④⑥　　D. ④⑤⑥

解析：该题考查直线与平面平行、垂直的判定定理及性质推论，关键在于正确运用定理成立的条件. 答案分别为 D、C.

二、直线与平面所成的角（角的余弦值）

3. 若斜线段 AB 是它在平面 α 内射影长的 2 倍，则 AB 与平面 α 所成的角为（　　）.

A. 30°　　B. 60°　　C. 30° 或 150°　　D. 60° 或 120°

解析：该题考查直线与平面所成的角，关键在于正确作图. 答案为 B.

4. 如下图所示，在正三棱柱 $ABC\text{-}A_1B_1C_1$ 中，已知 $AB=1$，D 是 BB_1 上的点，且 $BD=1$，求直线 AD 与平面 BB_1C_1C 所成的角的余弦值.

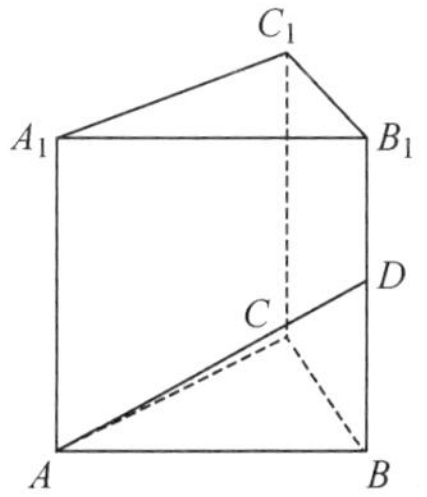

解析：要求余弦值，关键是正确作出直线与平面所成的角，然后在三角形中运用余弦定理即可. 步骤可为先取 BC 的中点 O，连接 DO，证明 $AO\perp$平面 BB_1C_1C，然后解 Rt△AOD，得 $\cos\angle ADO=\dfrac{\sqrt{10}}{4}$.

三、证明线面平行、线面垂直、线线垂直

5. 如下图所示，在正方体 $ABCD\text{-}A_1B_1C_1D_1$ 中，E，F 为棱 AD，AB 的中点.

（1）求证：$EF//$平面 CB_1D_1；

（2）求证：$EF\perp$平面 ACC_1A_1.

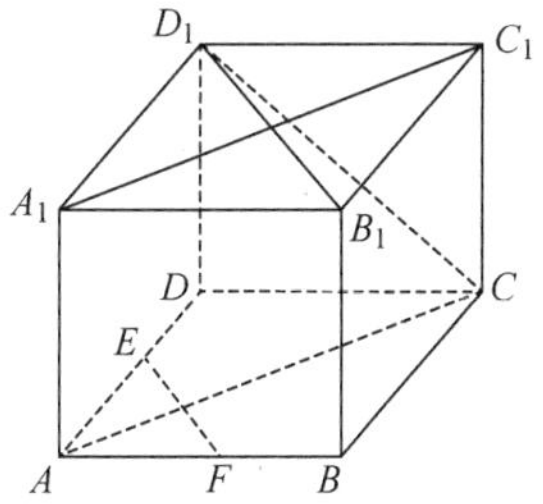

解析：要证明线面平行或线面垂直，关键在于紧扣判定定理，然后翻译好已知条件即可.

6. 如下图所示，已知 $PA\perp\odot O$ 所在的平面，AB 是 $\odot O$ 的直径，C 是 $\odot O$ 上任意一点，过点 A 作 $AE\perp PC$.

求证：$AE\perp PB$.

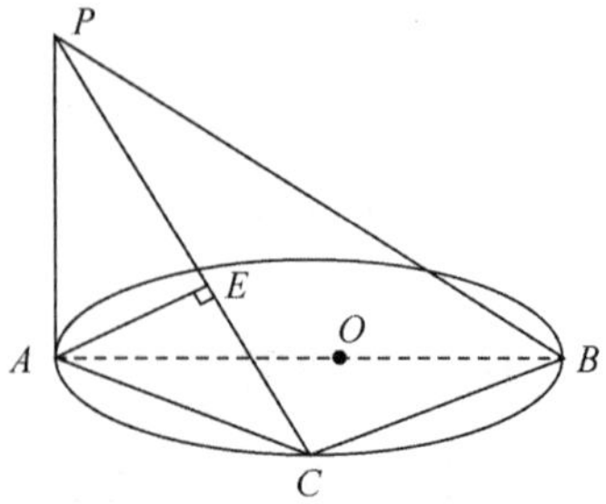

解析：在我们所学的立体几何证明题中，若要证明线线垂直，一般思路为先证明其中一条直线垂直于另一条直线所在的平面，然后得出线线垂直. 也就是要求我们首先选定谁是线，谁是面（线所在的平面），具体选定过程可依据已知条件的多少作出合理的决策.

基础训练

1．直线 a∥平面α，直线 b∥平面α，则 a 与 b 的位置关系为（　　）.

A．平行　　B．相交　　C．异面　　D．三种情况都有可能

2．一条直线和平面所成的角为α，则α的取值范围是（　　）.

A．$(0, 90°)$　　B．$[0, 90°]$　　C．$[0, 180°]$　　D．$[0, 180°)$

3．直线与平面平行的充要条件是这条直线与平面内的（　　）.

A．一条直线不相交　　B．两条直线不相交

C．任意一条直线都不相交　　D．无数条直线不相交

4．AB 是⊙O 的直径，点 C 是异于 A、B 的圆周上的任意一点，$PA\perp$平面 ABC，则△PAC，△PAB，△ABC，△PCB 中直角三角形的个数为（　　）.

A．1 个　　B．2 个　　C．3 个　　D．4 个

5．P 是△ABC 所在平面α 外一点，且在α 内的射影为 O，若点 P 到△ABC 的三边距离相等，则点 O 为△ABC 的（　　）.

A．外心　　B．内心　　C．垂心　　D．重心

6．若直线 a，b 是异面直线，过空间任意一点作与 a，b 都平行的平面，则此平面（　　）.

A．不存在　　B．只能作一个

C．能作无数个　　D．不存在或只能作一个

7．如右图所示，$OA\perp$菱形 $ABCD$ 所在的平面，P，Q 分别是 AB，OC 的中点，求证：PQ∥平面 OAD.

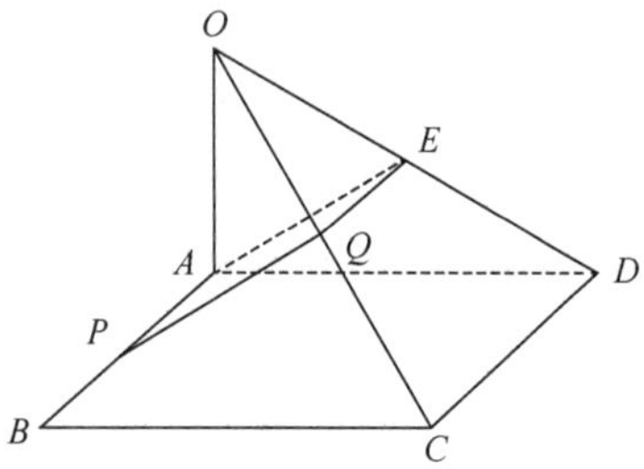

8．如右图所示，已知正方体 $ABCD\text{-}A_1B_1C_1D_1$ 中，E，F，G 分别是棱 AB，BC，BB_1 的中点．

求证：$BD_1\perp$ 平面 EFG．

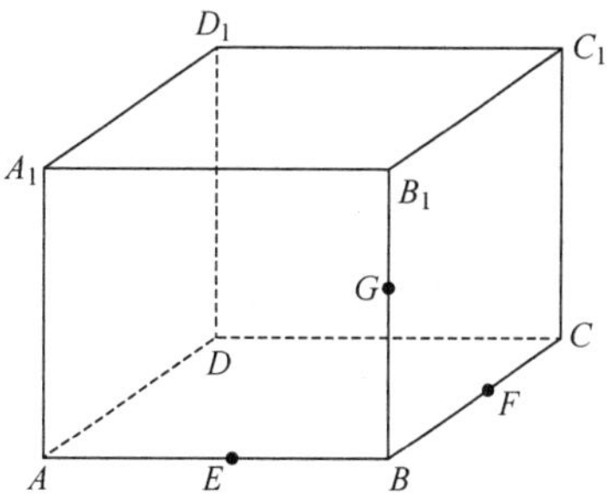

9．如右图所示，点 P 是直角梯形 $ABCD$ 所在平面外一点，$PA\perp$ 平面 $ABCD$，$\angle BAD=90°$，$AD//BC$，$AB=BC=a$，$AD=2a$，PD 与底面夹角为 $30°$ 角，$BE\perp PD$ 于点 E，求直线 BE 与平面 PAD 所成的角．

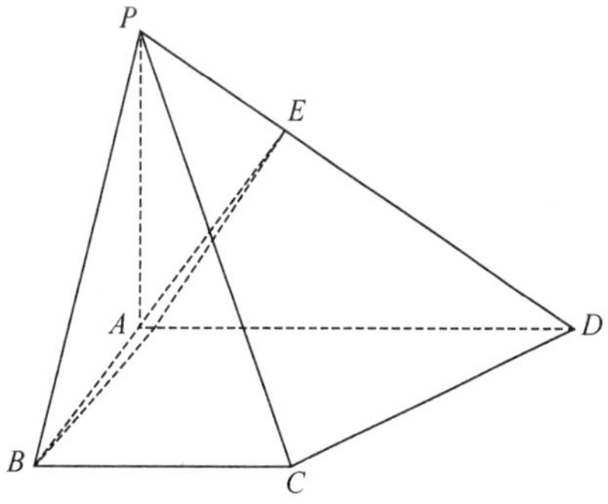

10．如右图所示，已知三棱锥 $D-ABC$，$AB=AC=1$，$AD=2$，$\angle BAD=\angle CAD=\angle BAC=90°$，点 E，F 分别是 BC，DE 的中点．

（1）求证：$AF\perp BC$；

（2）求线段 AF 的长．

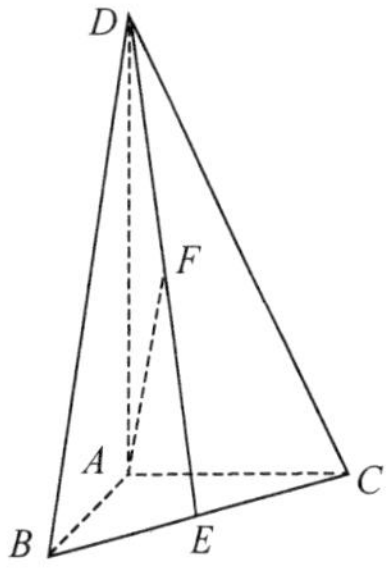

提升训练

1．下列命题中，是假命题的是（　　）．

A．若平面外一条直线和平面内一条直线平行，则这条直线与这个平面平行

B．若一个平面内的任意一条直线与另一个平面平行，则这两个平面互相平行

C. 若平面内的一条直线和平面的斜线垂直，则这条直线也和斜线的射影垂直

D. 若两个平面互相垂直，则分别在两个平面内的两条直线也互相垂直

2. 若 a，b，c 为直线，α，β为平面，有以下命题：

① 若 $c\perp\alpha$，$c\perp\beta$，则$\alpha/\!/\beta$;

② 若 $a\perp\beta$，$b\perp\beta$，则 $a/\!/b$;

③ 若 $c\perp\alpha$，$b\perp c$，则 $a/\!/b$;

④ 若$\alpha\perp\beta$，$a\perp\beta$，则 $a/\!/\alpha$.

其中，正确的个数为（　　）.

A. 1　　B. 2　　C. 3　　D. 4

3. P 是$\triangle ABC$ 所在平面α 外一点，且在α 内的射影为 O，若 $PA=PB=PC$，则点 O 为$\triangle ABC$ 的（　　）.

A. 外心　　B. 内心　　C. 垂心　　D. 重心

4. 下列四个命题：

① 过平面外一点，有且只有一条直线与已知平面平行；

② 过平面外一点，有且只有一条直线与已知平面垂直；

③ 平行于同一个平面的两个平面平行；

④ 垂直于同一个平面的两个平面平行.

其中真命题的个数是（　　）.

A. 1　　B. 2　　C. 3　　D. 4

5. 若直线 $a/\!/$平面 β，则下列说法正确的是（　　）.

A. β 内不存在与 a 垂直的直线

B. β 内有且只有一条与 a 垂直的直线

C. β 内有且只有一条与 a 平行的直线

D. β 内有无数条直线与 a 不平行

6. 已知正方体 $ABCD\text{-}A_1B_1C_1D_1$，则下列命题中错误的是（　　）.

A. $AD/\!/$平面 D_1BC

B. D_1C 与平面 $ABCD$ 所成的角为 45°

C. A_1C_1 与 BD 所成的角为 45°

D. AC 与 BC_1 所成的角为 60°

7. 若正四棱锥底面边长为 1，侧棱长为 2，则侧棱与底面所成角的正切值是__________.

8. 在正三棱柱 $ABC-A_1B_1C_1$ 中，已知 $AB=1$，D 是 BB_1 上的点，且 $BD=1$，求直线 AD 与平面 BB_1C_1C 夹角的余弦值为_______________.

9. 如右图所示，Rt$\triangle ABC$ 的斜边 AB 在平面 α 内，AC 及 BC 与平面 α 所成的角分别是 30°和 45°，CD 是斜边 AB 上的高.

求：(1) CD 与平面 α 所成的角；

(2) 点 C 到平面的距离为 4，求$\triangle ABC$ 在平面 α 内正射影的面积.

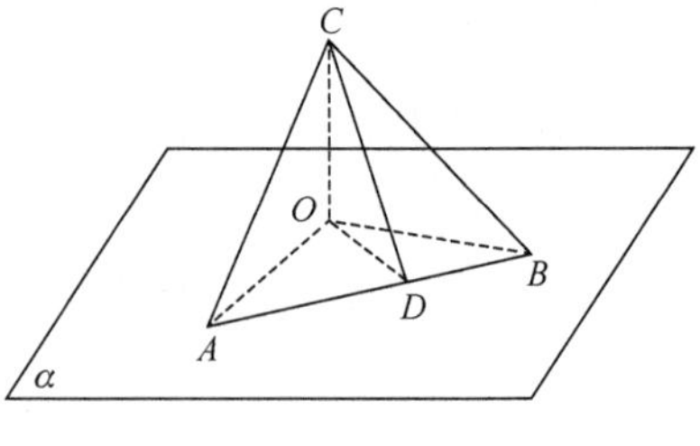

10．如右图所示，四棱锥 $P\text{-}ABCD$ 中，$PA\perp$ 平面 $ABCD$，$PA=AD$，E 为 PD 中点，$AB/\!/CD$ 且 $AB=\dfrac{1}{2}CD$，$AB\perp AD$．

求证：（1）$AE\perp$ 平面 PCD；

（2）$AE/\!/$ 平面 PBC．

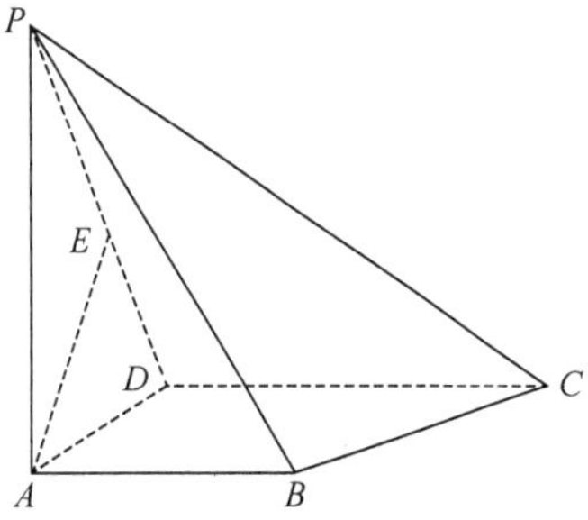

§9.6　平面与平面的位置关系

知识梳理

1．平面与平面的位置关系

两个不重合的平面的位置关系分类有两种．

（1）两个平面平行：无公共点．

（2）两个平面相交：有一条公共直线．

2．平面与平面平行

		内　容	图形表示	符号表示
平面与平面平行	定义	若两个平面无公共点，则称这两个平面平行	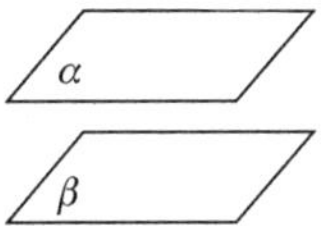	$\alpha/\!/\beta$
	判定定理	若一个平面内有两条相交直线都平行于另一个平面，则这两个平面平行	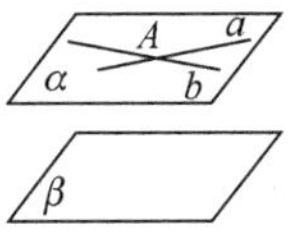	$\left.\begin{array}{r} a\subset\alpha \\ b\subset\alpha \\ a\cap b=A \\ a/\!/\beta \\ b/\!/\beta \end{array}\right\}\Rightarrow\alpha/\!/\beta$
	推论	若一个平面内的两条相交直线分别平行于另一个平面内的两条直线，则这两个平面平行	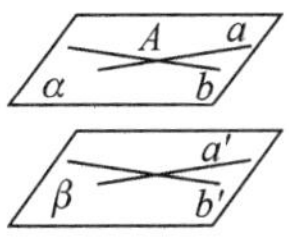	$\left.\begin{array}{r} a\subset\alpha \\ b\subset\alpha \\ a\cap b=A \\ a/\!/a' \\ b/\!/b' \\ a'\subset\beta \\ b'\subset\beta \end{array}\right\}\Rightarrow\alpha/\!/\beta$

续表

		内 容	图形表示	符号表示
	性质定理	若两个平行平面同时与第三个平面相交，则它们的交线互相平行	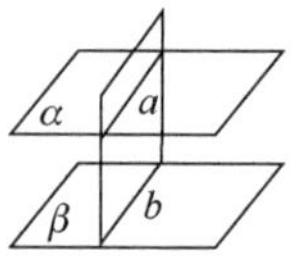	$\left.\begin{array}{l}\alpha /\!/ \beta\\ \alpha\cap\gamma=a\\ \beta\cap\gamma=b\end{array}\right\}\Rightarrow a /\!/ b$
两个平行平面的公垂线		与两个平行平面都垂直的直线称为这两个平行平面的公垂线	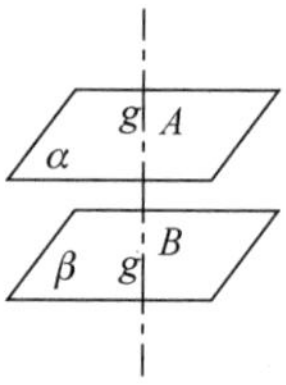	
两个平行平面间的距离		夹在两个平行平面间的公垂线段（图中的线段 AB）的长度称为两个平行平面间的距离		

例 1．“一个平面内的两条直线都平行于另一个平面”是“这两个平面平行”的（　　）.

A．充分条件　　B．必要条件

C．充要条件　　D．既不充分也不必要条件

解析：该题考查面面平行的判定定理，关键在于准确记忆定理内容中的“相交”二字．答案：B.

例 2．下列命题中，

① 两个平行平面中的一个平面内的直线必平行于另一个平面；

② 分别在两个平行平面内的两条直线平行；

③ 一条直线与两个平行平面中的一个平面相交，则这条直线必与另一个平面相交；

④ 若两个平行平面同时与第三个平面相交，则它们的交线平行；

⑤ 夹在两平行平面间的平行线段长度相等.

正确命题的序号是________________.

解析：该题考查面面平行的推论及性质．答案：①③④⑤.

3．二面角

	内 容	图形表示	符号表示
二面角	从一条直线出发的两个半平面所组成的图形称为二面角	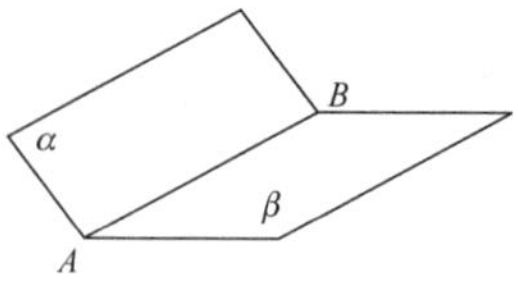	二面角 $\alpha\text{-}AB\text{-}\beta$
二面角的平面角的定义	在二面角的棱上任取一点，在二面角的两个半平面内分别作垂直于棱的射线，则两条射线所组成的角称为二面角的平面角	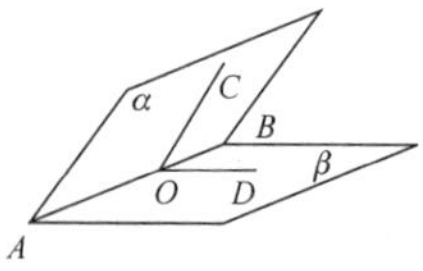	
直二面角	平面角是直角的二面角称为直二面角	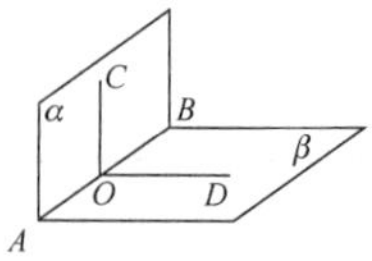	

例 3．已知二面角α–AB–β 的平面角是锐角θ，α 内一点 C 到β 的距离 CE=3，点 C 到二面角α–AB–β的棱 AB 的距离 CD=5，则 $\tan\theta$=__________．

解析：该题考查二面角的概念，关键是明确二面角的平面角的形成机理．答案：$\dfrac{3}{4}$．

例 4．已知点 P 为二面角α–l–β 棱上一点，$PQ\subset\alpha$，PQ 与 l 所成的角为 45°，与β所成的角为 30°，且此二面角的平面角为锐角，则二面角α–l–β 为（　　）．

A．30°　　　　B．75°　　　　C．60°　　　　D．45°

解析：该题考查二面角的具体作图，关键在于正确依据题意绘出所求的二面角．答案：D.

4．平面与平面的垂直

	内　　容	图 形 表 示	符 号 表 示
定义	两个平面相交，若所成的二面角是直二面角，则称这两个平面互相垂直	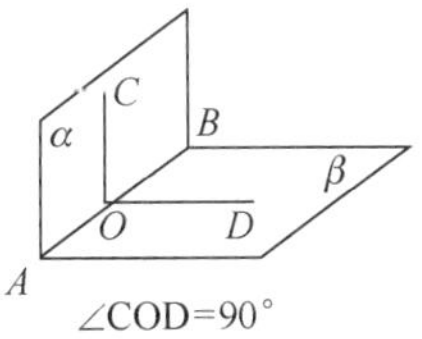 ∠COD=90°	$\alpha\perp\beta$
判定定理	若一个平面经过另一个平面的垂线，则这两个平面互相垂直	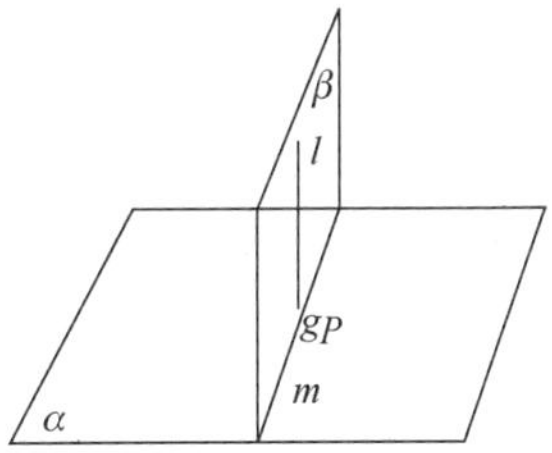	$\left.\begin{array}{l} l\subset\beta \\ l\perp\alpha \end{array}\right\}\Rightarrow\alpha\perp\beta$
性质定理	若两个平面垂直，则在一个平面内垂直于它们交线的直线垂直于另一个平面		$\left.\begin{array}{l} \alpha\perp\beta \\ \alpha\cap\beta=m \\ l\subset\beta \\ l\perp m \end{array}\right\}\Rightarrow l\perp\alpha$

例 5．下列命题正确的是（　　）．

A．平面α 内的一条直线垂直于平面β 内的无数条直线，则平面$\alpha\perp$平面β

B．过平面α 外一点 P 有且只有一个平面β 与平面α 垂直

C．直线 l// 平面α，$l\perp$平面β，则平面$\alpha\perp$平面β

D．垂直于同一个平面的两个平面平行

解析：该题考查面面垂直的判定定理及性质定理，关键是定理内涵．答案：C.

题型归纳

一、两平面位置关系的判定

1．下列命题中，

① 过平面外一点，有且只有一个平面与这个平面平行；

② 过平面外的一条直线，有且只有一个平面与这个平面平行；

③ 过平面外一点，有且只有一个平面与这个平面垂直；

④ 过平面外一条直线，有且只有一个平面与这个平面垂直．

正确命题的个数为（　　）.

A．0　　B．1　　C．2　　D．3

解析：该题考查面面平行、面面垂直的判定，要求学生具有良好的空间想象能力．④中所述平面外一条直线包含直线与平面相交（垂直）的情况，故不正确，所以正确的命题为①②．答案：C.

2．已知α，β，γ 三个平面，若$\alpha\perp\beta$，$\beta\perp\gamma$，则α与γ 的位置关系为（　　）.

A．平行　　B．垂直　　C．相交　　D．平行或相交

解析：该题考查面面垂直，关键是有较强的空间想象能力．答案：D.

二、求二面角（角的大小、三角函数值）

3．如右图所示，P 是边长为 a 的正$\triangle ABC$ 外一点，$PC\perp$平面 ABC，$PC=\frac{1}{2}a$，则二面角 $P-AB-C$ 为（　　）.

A．30°

B．45°

C．60°

D．90°

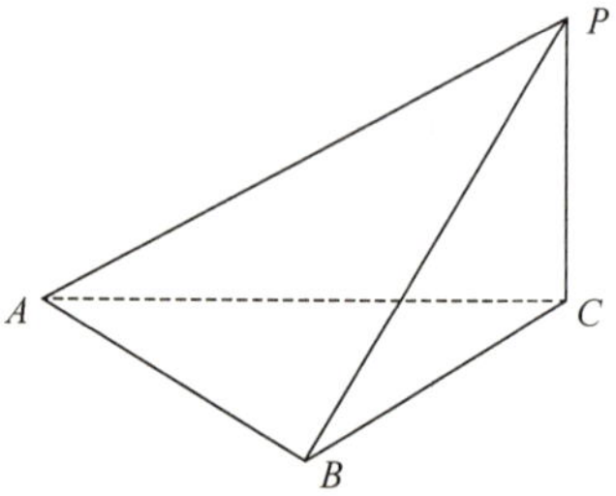

解析：该题考查二面角，关键在于理解二面角要用二面角的平面角来度量，以及二面角平面角的作法．答案：A.

4．若四面体 $ABCD$ 的各棱长均相等，则二面角 $A-BC-D$ 的平面角的余弦值为（　　）.

A．$\frac{\sqrt{3}}{3}$　　B．$\frac{1}{2}$　　C．$\frac{1}{3}$　　D．$\frac{\sqrt{3}}{2}$

解析：该题考查二面角，关键在于作出此二面角的平面角．答案：C.

三、证明面面平行、面面垂直

5．如右图所示，四面体 $O-ABC$ 中，E，F，G 分别是 OA，OB，OC 的中点.

求证：平面 EFG∥平面 ABC.

解析：该题考查面面平行，关键在于利用好三角形的中位线.

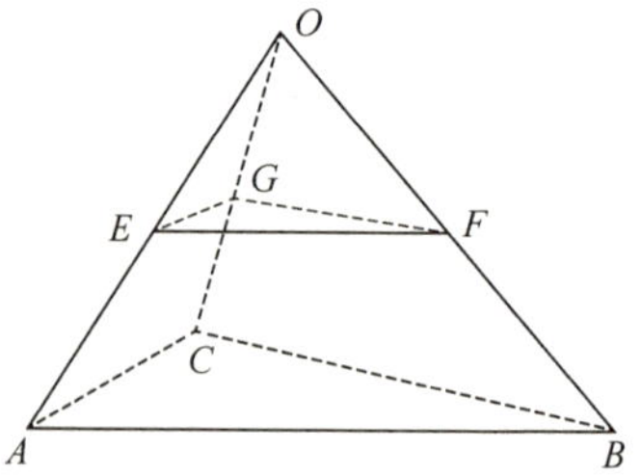

6．如下图所示，已知菱形 $ABCD$，P 为平面 $ABCD$ 外一点，且 $PA\perp$平面 $ABCD$.

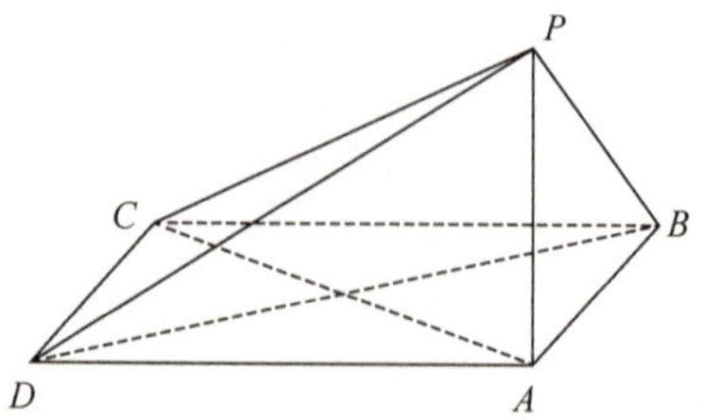

求证：（1）平面 $PAC \perp$ 平面 PBD；

（2）若 $AB=4$，$\angle DAB=120°$，$PA=3$，

求二面角 $P-BD-A$ 的正弦值.

解析：该题考查面面垂直，关键在于利用好菱形对角线互相垂直且平分的重要性质，从而得出面面垂直的条件和二面角的平面角.

基础训练

1．在下列命题中，是假命题的是（　　）.

A．若平面外一条直线和平面内的一条直线平行，则这条直线和这个平面平行

B．若一个平面内的任意一条直线和另一个平面平行，则这两个平面互相平行

C．若平面内的一条直线和平面的斜线垂直，则这条直线也和斜线的射影垂直

D．若两个平面互相垂直，则分别在两个平面内的两条直线也互相垂直

2．下列四个命题，

① 过平面外一点，有且只有一条直线与已知平面平行；

② 过平面外一点，有且只有一条直线与已知平面垂直；

③ 平行于同一个平面的两个平面平行；

④ 垂直于同一个平面的两个平面平行.

其中真命题的个数是（　　）.

A．1　　B．2　　C．3　　D．4

3．若 a，b，c 为直线，α，β 为平面，以下命题

① 若 $c\perp\alpha$，$c\perp\beta$，则 $\alpha /\!/ \beta$；　② 若 $a\perp\beta$，$b\perp\beta$，则 $a /\!/ b$；

③ 若 $a\perp c$，$b\perp c$，则 $a /\!/ b$；　④ 若 $\alpha\perp\beta$，$a\perp\beta$，则 $a /\!/ \alpha$；

其中，正确的个数为（　　）.

A．1　　B．2　　C．3　　D．4

4．不能肯定两个平面一定垂直的情况是（　　）.

A．两个平面相交，所成二面角是直二面角

B．一个平面经过另一个平面的一条垂线

C．一个平面垂直于另一个平面内的一条直线

D．平面 α 内的直线 a 与平面 β 内的直线 b 是垂直的

5．如右图所示，已知直二面角 $\alpha-m-\beta$，在 α 内的直线 $PA\perp m$，在 β 内的直线 PB 与 m 不垂直，则 $\angle APB$ 是（　　）.

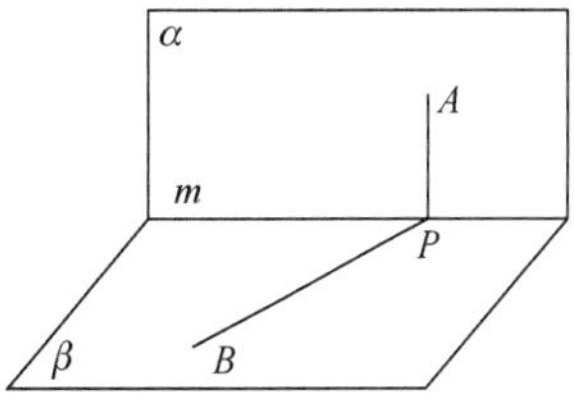

A．锐角

B．钝角

C．锐角或钝角

D．直角

6．在 $60°$ 的二面角 $\alpha-m-\beta$ 中，若平面 α 内的一点 A 到平面 β 的距离为 $\sqrt{3}$，则 A 在平面

β 内的射影 A_1 到平面 α 的距离为（　　）.

A. $\dfrac{\sqrt{3}}{2}$　　B. 1　　C. $\sqrt{3}$　　D. $\sqrt{2}$

7．如右图所示，已知直三棱柱 $ABC\text{-}A_1B_1C_1$ 中，M，N 分别是 A_1B_1 和 AB 的中点．求证：平面 MAC_1 // 平面 B_1NC

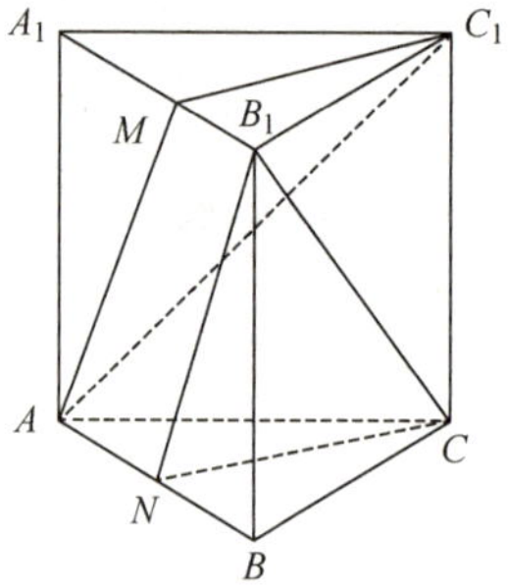

8．如右图所示，正方体 $ABCD\text{-}A_1B_1C_1D_1$ 的棱长为 1．

（1）证明：平面 A_1BD // 平面 B_1CD_1；

（2）求点 B_1 到面 A_1BD 的距离．

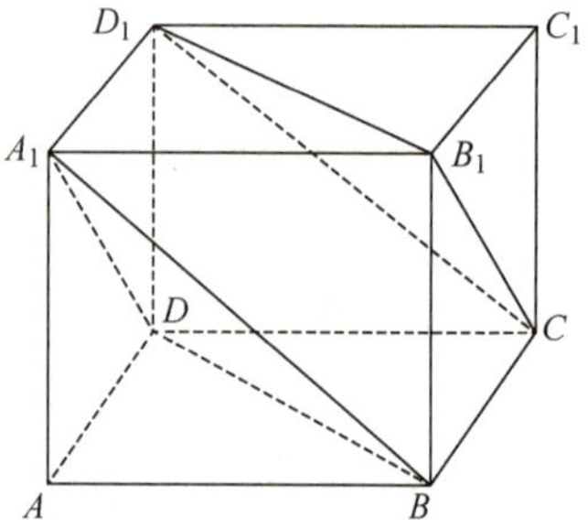

9．如右图所示，已知四棱锥 $P\text{-}ABCD$ 的底面为直角梯形，AB // CD，$\angle DAB=90°$，$PA\perp$ 底面 $ABCD$，且 $PA=AD=DC=\dfrac{1}{2}$，$AB=1$．

（1）求 DC 与 PB 所成角的余弦值；

（2）证明：平面 $PAD\perp$ 平面 PCD．

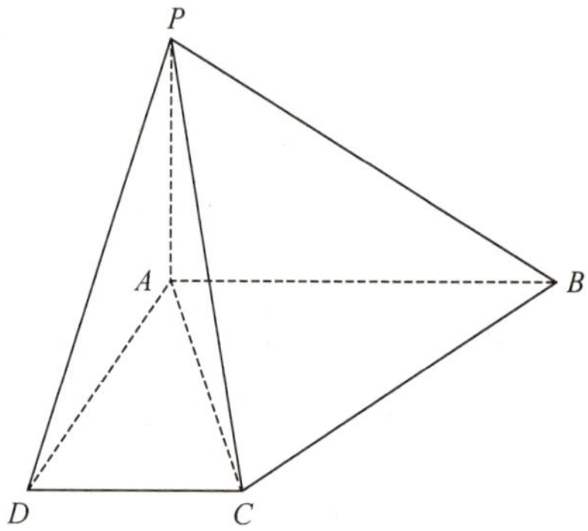

提升训练

1．下列命题，

① 若两个平面都垂直于同一个平面，则这两个平面互相平行；

② 两条平行直线与同一平面所成的角相等；

③ 若一个平面内不共线的三点到另一个平面的距离相等，则这两个平面互相平行；

④ 若一条直线和一个平面相交，并且和这个平面内的无数条直线垂直，则这条直线和这个平面垂直．

其中正确命题的个数是（　　）．

A．1　　B．2　　C．3　　D．4

2．下列四个命题，

① 平行于同一条直线的两平面平行；　② 平行于同一平面的两平面平行；

③ 垂直于同一条直线的两平面平行；　④ 与同一直线成等角的两平面平行；

其中正确的命题是（　　）．

A．①②　　B．②③　　C．③④　　D．②③④

3．若α，β 表示平面，m，n 表示直线，P 表示点，则下列命题错误的是（　　）．

A．$\alpha\cap\beta=n$，$m\subset\beta$，$m/\!/\alpha\Rightarrow m/\!/n$

B．$m\subset\beta$，$n\subset\beta$，$m\cap n=P$，$m/\!/\alpha$，$n/\!/\alpha\Rightarrow\alpha/\!/\beta$

C．$m\perp\alpha$，$m\subset\beta\Rightarrow\alpha\perp\beta$

D．$m\perp\alpha$，$m\perp n\Rightarrow n/\!/\alpha$

4．已知直线 a，b，平面 α，β，γ，则下列条件可推出 $\alpha/\!/\beta$ 的是（　　）．

A．$a/\!/\alpha$，$b/\!/\beta$，$a/\!/b$　　B．$a\perp\gamma$，$b\perp\gamma$，$a\subset\alpha$，$b\subset\beta$

C．$a\perp\alpha$，$b\perp\beta$，$a/\!/b$　　D．$a\subset\alpha$，$b\subset\beta$，$a/\!/\beta$，$b/\!/\alpha$

5．在长方体 $ABCD\text{-}A_1B_1C_1D_1$ 中，$AB=4$，$AD=3$，$AA_1=\sqrt{3}$，则 AC_1 与 BD 夹角的余弦值为（　　）．

A．$\dfrac{\sqrt{7}}{10}$　　B．$\dfrac{5\sqrt{7}}{10}$　　C．$\sqrt{7}$　　D．$2\sqrt{7}$

6．如右图所示，已知正三棱柱 $ABC\text{-}A_1B_1C_1$ 的底面边长和侧棱长都是 1．

（1）求 C_1 到直线 AB 的距离；

（2）求二面角 $C_1\text{-}AB\text{-}C$ 的正切值．

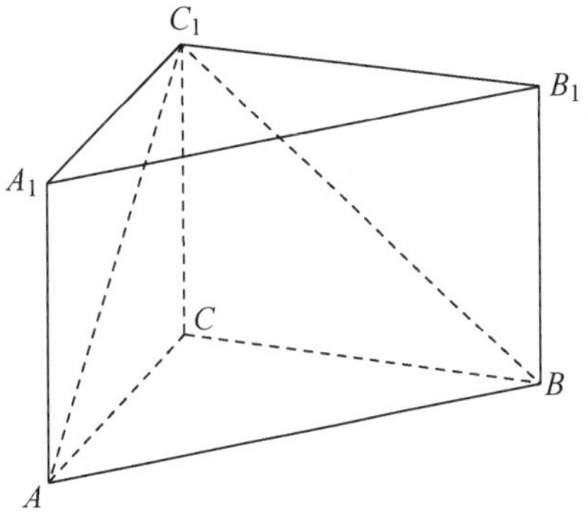

7．如右图所示，在正方体 $ABCD\text{-}A_1B_1C_1D_1$ 中，M 为 AA_1 的中点，N 为 A_1B_1 上的点，且 $A_1N=\frac{1}{3}NB_1$．

（1）证明：$MN\perp MC$；

（2）求直线 MC 与直线 B_1C_1 所成角的余弦值．

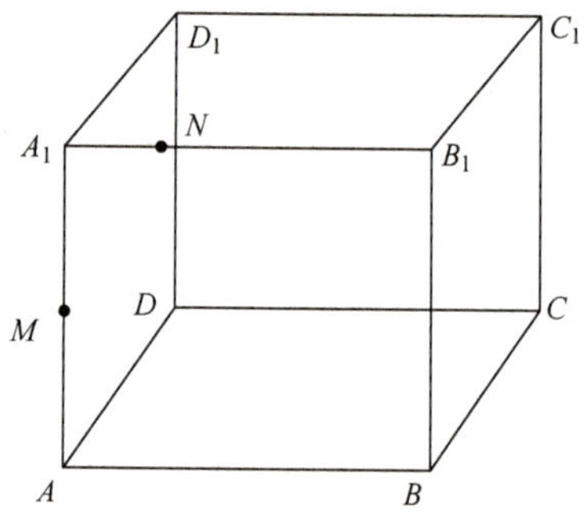

§9.7　典型立体几何题目研究

一、判断命题真假

1．设 a，b 是两条不同的直线，α，β 是两个不同的平面，则下列四个命题，

① 若 $a\perp b$，$a\perp\alpha$，$b\not\subset\alpha$，则 $b\,//\,\alpha$；

② 若 $a//\alpha$，$\alpha\perp\beta$，则 $a\perp\beta$；

③ 若 $a\perp\beta$，$\alpha\perp\beta$，则 $a//\alpha$或 $a\subset\alpha$；

④ 若 $a\perp b$，$a\perp\alpha$，$b\perp\beta$，则$\alpha\perp\beta$．

其中正确命题的个数为（　　）．

A．1　　B．2　　C．3　　D．4

2．已知下列四个命题，

① 若直线 $a\,//\,b$，$b\,//\,c$，则 $a\,//\,c$；

② 过已知平面的斜线的平面，一定不会与已知平面垂直；

③ 若直线 $a\perp$平面α，直线 $b\perp$平面β，则 a 与 b 必共面；

④ 若直线 $a\,//\,b$，则直线 a 平行于经过直线 b 的任何平面．

其中正确命题的个数为（　　）．

A．1　　B．2　　C．3　　D．4

3．如下几个命题，

① 平面α与平面β垂直的充要条件为平面α内有一条直线与平面β垂直；

② 平面α与平面β垂直的必要不充分条件为平面α内有无数条直线与平面β垂直；

③ 直线 a 与平面α平行的充分不必要条件为平面α内有一条直线与直线 a 平行．

其中正确命题的个数为（　　）．

A．1　　B．2　　C．3　　D．0

4．下列四个命题，a，b 表示两不同的直线，α，β 表示两不同的平面，下列命题

① $\alpha // \beta$，$a // \alpha \Rightarrow a // \beta$；　　② $\alpha // \beta$，$a \perp \alpha \Rightarrow a // \beta$；

③ $a \perp \alpha$，$a \perp b \Rightarrow b // \alpha$；　　④ $a \perp \alpha$，$a \perp \beta \Rightarrow \alpha // \beta$.

其中正确命题的个数为（　　）.

A．1　　B．2　　C．3　　D．4

5．已知直线 m，n，l，平面α，β，给出下列六个命题

① 若 $m // \alpha$，$n \perp \alpha$，则 $m \perp n$；

② 若 $m \perp \alpha$，$m // \beta$，则$\alpha \perp \beta$；

③ 若 $l // \alpha$，$m // \beta$，$\alpha // \beta$，则 $l // m$；

④ 若 $m \subset \alpha$，$l \cap \alpha = A$，$A \notin m$，则 l 与 m 不共面；

⑤ 若 m，l 是异面直线，$l // \alpha$，$m // \alpha$，且 $n \perp l$，$n \perp m$，则 $n \perp \alpha$；

⑥ 若 $l \subset \alpha$，$m \subset \alpha$，$l \cap m = A$，$l // \beta$，$m // \beta$，则$\alpha // \beta$.

其中假命题的个数为（　　）.

A．0　　B．1　　C．2　　D．3

二、夹角问题

6．已知二面角$\alpha-l-\beta$ 内一点 P 到二面角的两个面α，β的距离分别为 PA，PB，且 $PA=PB=AB=2$，则二面角的度数为（　　）.

A．60°　　B．120°　　C．60°或 120°　　D．150°

7．在正方体 $ABCD\text{-}A_1B_1C_1D_1$ 中，E，F 分别是 BB_1，DC 的中点，则直线 FD 与平面 ADE 所成的角的正切值为（　　）.

A．$\frac{1}{2}$　　B．2　　C．$\frac{\sqrt{2}}{2}$　　D．$\sqrt{2}$

8．已知两个平面互相垂直，一条直线与两个平面相交，则该直线与两个平面所成角的和（　　）.

A．小于 90°　　B．等于 90°　　C．大于 90°　　D．不大于 90°

三、几何体的表面积与体积问题

9．正方体的外接球的体积为 $\frac{32\pi}{3}$，则正方体的棱长为__________.

10．若球的体积为 $4\sqrt{3}\pi$，则该球的内接正方体的体积为__________.

11．若一个圆锥的轴截面为等边三角形，其面积为 $\sqrt{3}$，则这个圆锥的全面积为__________.

12．已知圆柱的底面半径为 3，轴截面的面积为 24，则圆柱的体积为__________.

13．侧棱长为 2 的正三棱锥，若其底面周长为 9，则该正三棱锥的体积为__________.

四、距离或棱长问题

14．棱长为 a 的正方体 $ABCD\text{-}A_1B_1C_1D_1$ 中，异面直线 AA_1 与 BD 间的距离为__________.

15．半径为 1 的圆 $O \subset$ 平面α，$PO \perp$ 平面α，直线 $l \subset$ 平面α，且 l 与圆 O 相切，若 $PO=2\sqrt{2}$，则点 P 到直线 l 的距离为__________.

16．线段 AB 所在的直线与平面 α 的夹角为 60°，A，B 与平面 α 的距离分别为 9 和 6，则线段 AB 的长为__________.

五、折图问题

17．把正方形 $ABCD$ 沿对角线 BD 折成直二面角，对于下列结论：

① $AC\perp BD$；

② $\triangle ABC$ 为正三角形；

③ AB 与 CD 的夹角为 60°；

④ AB 与平面 BCD 的夹角为 60°；

其中正确结论的个数为（　　）.

A．1　　B．2　　C．3　　D．4

18．把边长为 1 的正方形 $ABCD$ 沿对角线 AC 折成直二面角，则顶点 B，D 的距离为（　　）.

A．1　　B．$\frac{1}{2}$　　C．$\frac{\sqrt{2}}{2}$　　D．$\frac{\sqrt{3}}{3}$

19．将 $\angle A=60°$，边长为 a 的菱形 $ABCD$ 沿对角线 BD 折成 60° 的二面角，则 AC 与 BD 的距离为（　　）.

A．$\frac{3}{4}a$　　B．$\frac{\sqrt{3}}{4}a$　　C．$\frac{\sqrt{3}}{2}a$　　D．$\frac{\sqrt{6}}{4}a$

六、综合性问题

20．如下图所示，斜边为 AB 的 $R_t\triangle ABC$，$PA\perp$ 平面 ABC，$AM\perp PB$ 于点 M，$AN\perp PC$ 于点 N.

求证：（1）平面 $PBC\perp$ 平面 PAC；

（2）平面 $PBC\perp$ 平面 AMN.

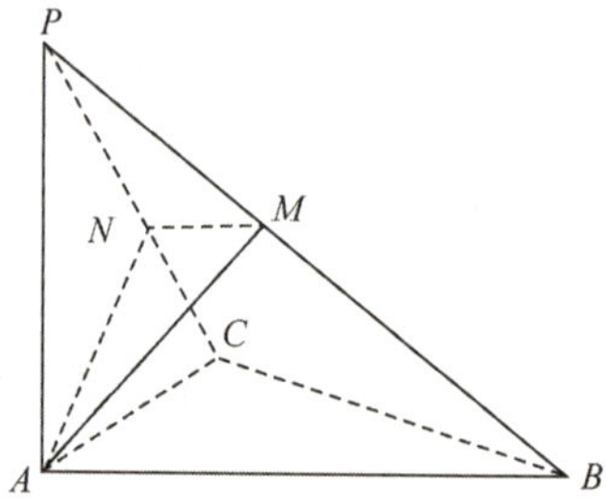

21．如右图所示，在四棱锥 $P-ABCD$ 中，$ABCD$ 为正方形，$PA\perp AD$，E，F，G 分别是 PA，PD，CD 的中点，

求证：（1）$BC\parallel$ 平面 EFG；

（2）平面 $EFG\perp$ 平面 PAB.

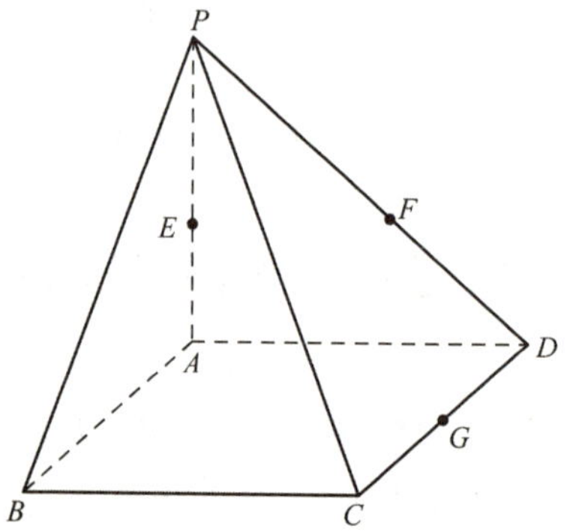

22．如右图所示，已知棱长为 1 的正方体 $ABCD\text{-}A_1B_1C_1D_1$．

（1）求三棱锥 $C_1\text{-}BCD$ 的体积；

（2）求证：平面 $C_1BD\perp$ 平面 A_1B_1CD．

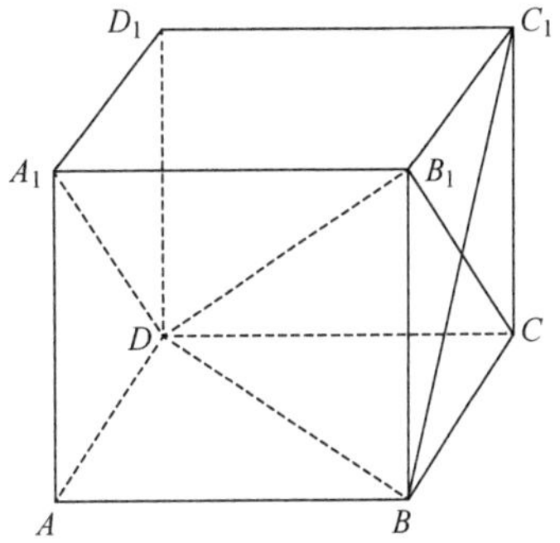

§9.8　高 考 链 接

一、选择题

1．（2010 年）下图中，点 P，Q，M，N 分别在正方体的四条棱上，并且是所在棱的中点，则直线 PQ 与 MN 成异面直线的一个图是（　　）．

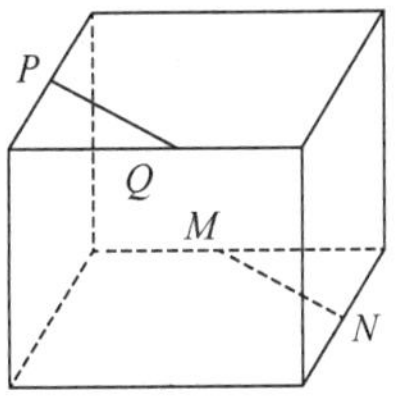

A．

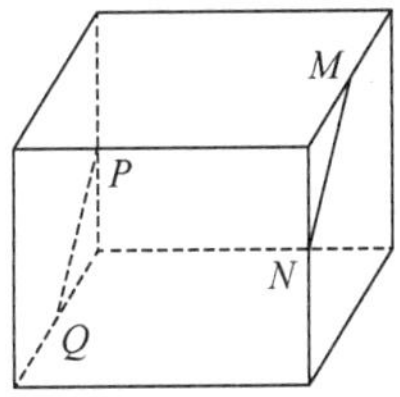

B．

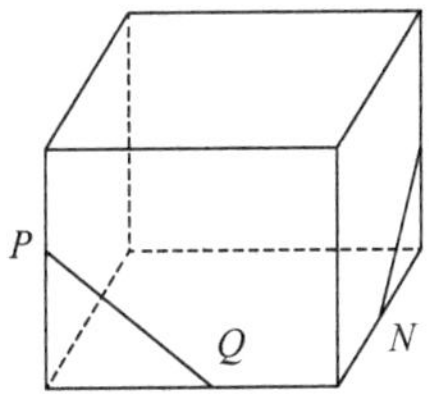

C．

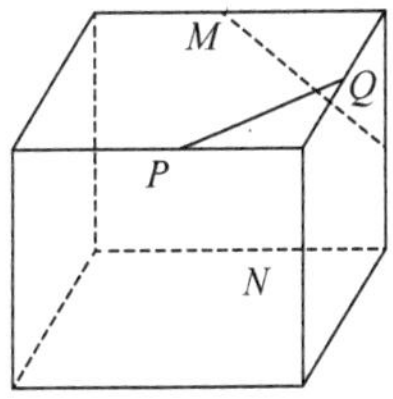

D．

2．（2011 年）如下图所示，已知正方体 $ABCD\text{-}A_1B_1C_1D_1$，则下列命题中错误的是（　　）．

A．AD // 平面 D_1BC

B．D_1C 与平面 $ABCD$ 所成的角是 45°

C．A_1C_1 与 BD 所成的角为 45°

D．AC 与 BC_1 所成的角是 60°

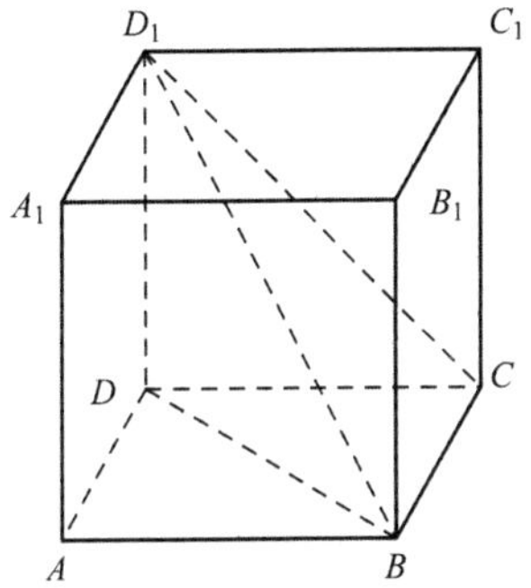

3．（2012 年）已知空间四边形 $ABCD$ 中，E，F，G，H 分别是 AB，BC，CD，DA 的中点．给出下列四个命题：

① AC 与 BD 是相交直线；

② AB // DC；

③ 四边形 $EFGH$ 是平行四边形；

④ EH // 平面 BCD．

其中真命题的个数是（　　）．

A．4　　B．3　　C．2　　D．1

4.（2014 年）如下图所示，正方体 $ABCD\text{-}A_1B_1C_1D_1$ 的棱长为 2，则下列结论正确的是（　　）.

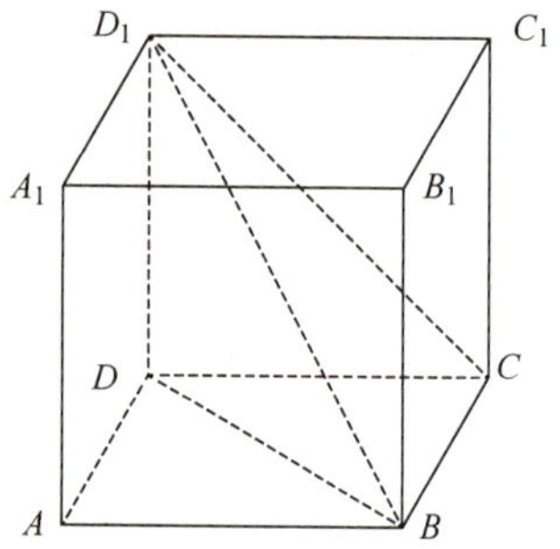

A．异面直线 AD_1 与 CD 所成的角为 45°

B．直线 AD_1 与平面 $ABCD$ 所成的角为 60°

C．直线 AD_1 与 CD_1 的夹角为 90°

D．$V_{D_1-ACD}=\frac{4}{3}$

5.（2015 年）已知α，β表示平面，m，n 表示直线，则下列命题中正确的是（　　）.

A．若 $m\perp\alpha$，$m\perp n$，则 $n//\alpha$

B．若 $m\subset\alpha$，$n\subset\beta$，$\alpha//\beta$，则 $m//n$

C．若$\alpha//\beta$，$m\subset\alpha$，则 $m//\beta$

D．若 $m\subset\alpha$，$n\subset\alpha$，$m//\beta$，$n//\beta$，则$\alpha//\beta$

6.（2016 年）已知α 表示平面，l, m，n 表示直线，下列结论正确的是（　　）.

A．若 $l\perp n$，$m\perp n$，则 $l//m$

B．若 $l\perp n$，$m\perp n$，则 $l\perp m$

C．若 $l//\alpha$，$m//\alpha$，则 $l//m$

D．若 $l\perp\alpha$，$m//\alpha$，则 $l\perp m$

7.（2017 年）下列说法正确的是（　　）.

A．经过三点有且只有一个平面

B．经过两条直线有且只有一个平面

C．经过平面外一点有且只有一个平面与已知平面垂直

D．经过平面外一点有且只有一条直线与已知平面垂直

8.（2018 年）已知矩形 $ABCD$，$AB=2BC$,把这个矩形分别以 AB、BC 所在直线为轴，旋转一周所围成几何体的侧面积记为 S_1、S_2，则 S_1 与 S_2 的比值等于（　　）.

A．$\frac{1}{2}$　　B．1　　C．2　　D．4

9.（2010 年）已知底面半径为 1 的圆柱，其侧面展开图是正方形，则此圆柱的侧面积是__________.

10.（2011 年）若球的体积为 $4\sqrt{3}\pi$，则该球的内接正方体的体积为______.

11.（2012 年）已知圆锥的底面半径为 1，高为 3，则该圆锥的体积为______.

12.（2013 年）一个球的体积与其表面积的数值恰好相等，则该球的直径是__________.

13.（2014 年）若一个圆锥的侧面展开图是面积为 8π 的半圆面，则该圆锥的体积为____.

14.（2015 年）直棱柱的底面是边长为 2 的菱形，侧棱长为 h，则直棱柱的侧面积为__________.

15.（2016 年）若表面积为 6 的正方体内接于球，则该球的表面积等于________.

16.（2017 年）若圆锥的底面半径为 1，母线长为 3，则该圆锥的侧面积等于_____.

17.（2018 年）如下图所示，已知正方体 $ABCD-A_1B_1C_1D_1$，E、F 分别是 D_1B，A_1C 上不重合的两个动点，给出下列四个结论：

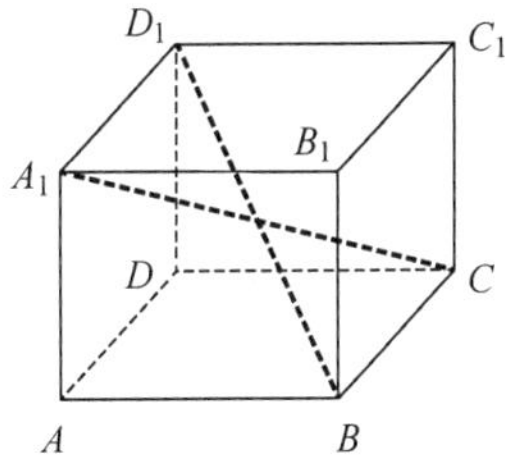

① $CE // D_1F$

② 平面 AFD // 平面 B_1EC_1

③ $AB_1 \perp EF$

④ 平面 $AED \perp$ 平面 ABB_1A_1

其中，正确结论的序号是________ .

18.（2010 年）如下图所示，已知三棱锥 $D\text{-}ABC$，$AB=AC=1$，$AD=2$，$\angle BAD=\angle CAD=\angle BAC=90^\circ$，点 E，F 分别是 BC，DE 的中点.

（1）求证：$AF \perp BC$；

（2）求线段 AF 的长.

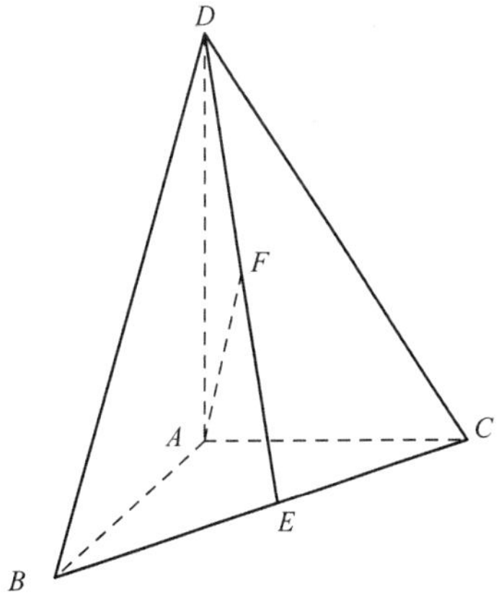

19.（2011 年）如下图所示，$\triangle ABC$ 是边长为 2 的等边三角形，$PA \perp$ 平面 ABC，$PA=3$，D 是 BC 的中点.

（1）求证：$BC \perp$ 平面 PDA；

（2）求二面角 $P\text{-}BC\text{-}A$ 的大小.

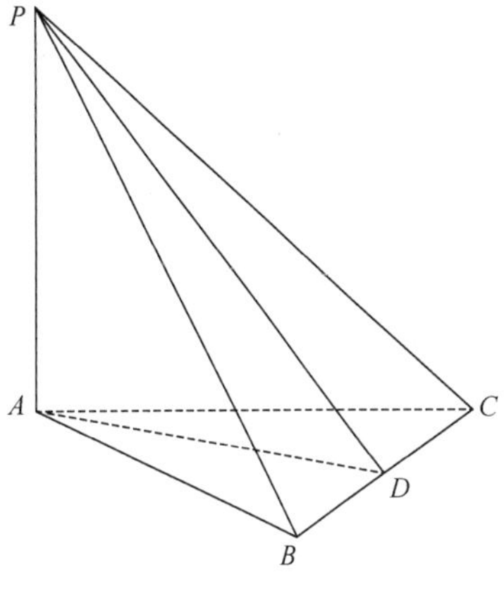

20．（2012 年）如下图所示，已知正四棱锥 $S\text{-}ABCD$，E，F 分别是侧棱 SA，SC 的中点．
求证：（1）EF∥平面 $ABCD$；
（2）$EF\perp$平面 SBD.

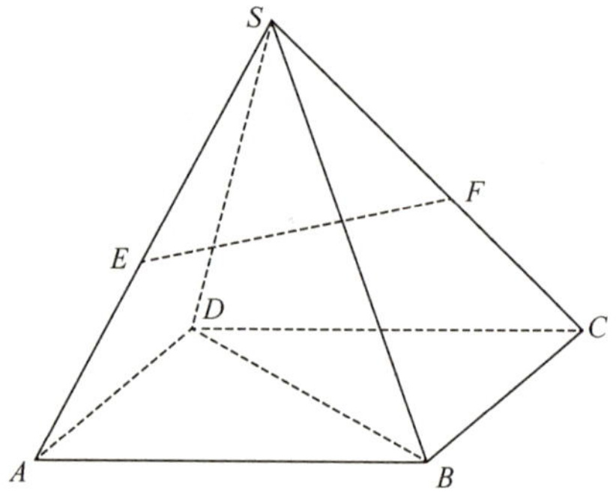

21．（2013 年）如下图所示，已知棱长为 1 的正方体 $ABCD\text{-}A_1B_1C_1D_1$．
（1）求三棱锥 $C_1\text{-}BCD$ 的体积；
（2）求证：平面 $C_1BD\perp$平面 A_1B_1CD.

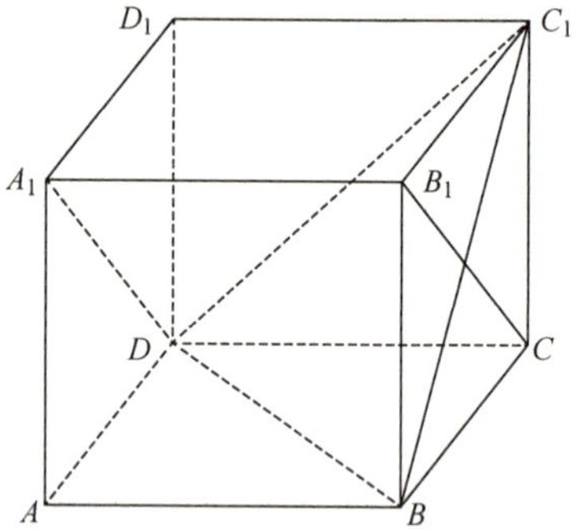

22．（2014 年）如下图所示，已知四棱锥 $P\text{-}ABCD$，$PA\perp$平面 $ABCD$，$PA=AD$，E 为 PD 的中点，AB∥CD 且 $AB=\dfrac{1}{2}CD$，$AB\perp AD$.

求证：（1）$AE\perp$平面 PCD；
（2）AE∥平面 PBC.

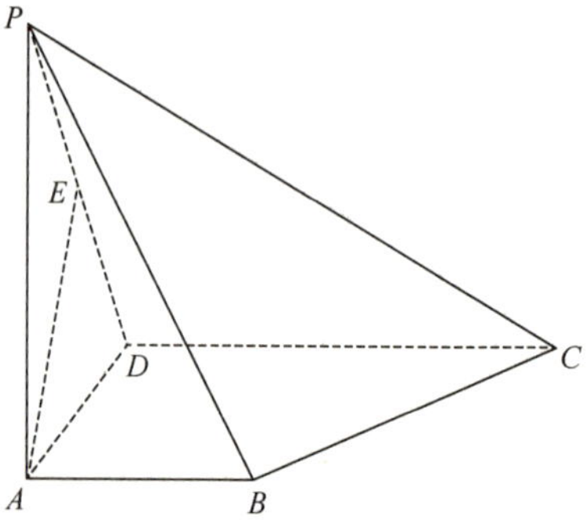

23.（2015 年）如下图所示，在四棱锥 $S\text{-}ABCD$ 中，底面 $ABCD$ 是正方形，平面 $SAD\perp$ 平面 $ABCD$，$SA=SD=2$，$AB=3$.

（1）求 SA 与 BC 所成角的余弦值；

（2）求证：$AB\perp SD$.

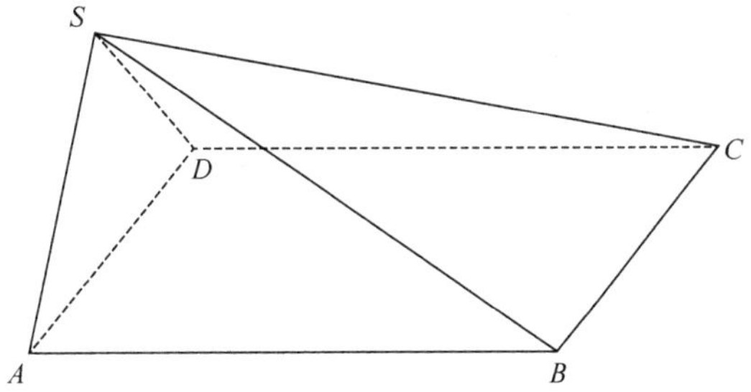

24.（2016 年）如下图所示，已知四边形 $ABCD$ 是圆柱的轴截面，M 是下底面圆周上不与点 A，B 重合的点.

（1）求证：平面 $DMB\perp$ 平面 DAM；

（2）若$\triangle AMB$ 是等腰三角形，求该圆柱与三棱锥 $D\text{-}AMB$ 体积的比值.

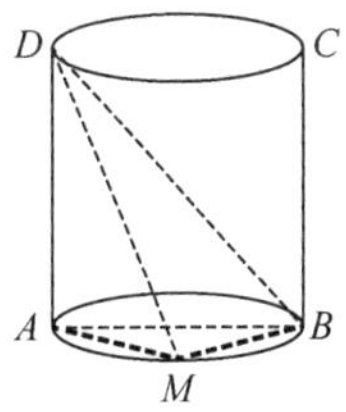

25.（2017 年）已知直三棱柱 $ABC\text{-}A_1B_1C_1$ 的所有棱长都相等，D、E 分别是棱 AB、A_1C_1 的中点.

（1）求证：$DE\,/\!/$ 平面 $BC\,C_1B_1$；

（2）求 DE 与平面 ABC 所成角的正切值.

26.（2018 年）如下图所示的几何体中，四边形 $ABCD$ 是矩形，$MA\perp$ 平面 $ABCD$，$NB\perp$ 平面 $ABCD$，且 $AB=NB=1$，$AD=MA=2$.

（1）求证：$NC\parallel$ 平面 MAD;

（2）求棱锥 $M-NAD$ 的体积.

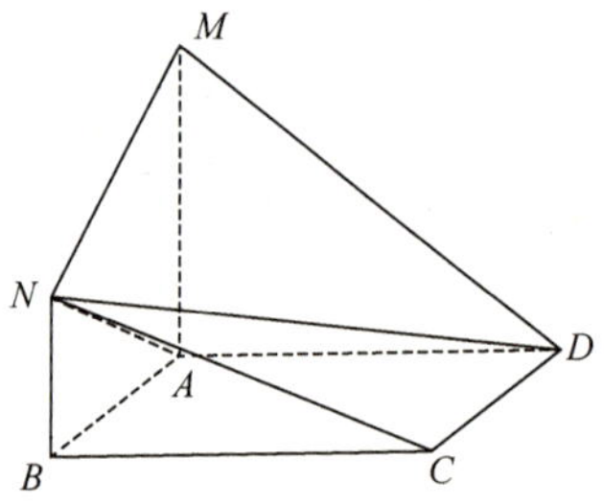

第十章

排列、组合、二项式定理、概率与统计初步

考纲要求

1. 掌握分类计数原理及分步计数原理，会用这两个原理解决一些较简单的问题.

2. 理解排列和排列数的意义，会用排列数公式计算简单的排列问题.

3. 理解组合和组合数的意义及组合数的性质，会用组合数公式计算简单的组合问题.

4. 理解二项式定理，理解二项式系数的性质.

5. 了解样本空间、随机事件、基本事件、古典概型、古典概率的概念及概率的简单性质，会应用古典概率解决一些简单的实际问题.

6. 了解直方图与频率分布，理解总体与样本，了解抽样方法.

7. 理解总体均值、标准差，会用样本均值、标准差估计总体均值、标准差.

8. 能运用概率、统计初步知识解决简单的实际问题.

考点分析

本章由四个模块组成：排列组合、二项式定理、古典概率、统计初步. 在我省的春季高考中每个模块必考一题，一般是选择题或填空题，分值均为 12 分. 排列组合：一般考查用排列组合数公式计算简单的问题，有时还和概率问题结合在一起；二项式定理：它有两个命题方向，一是求二项式展开式的指定项，二是考二项式展开式的系数问题；古典概率：主要考利用古典概率模型，结合排列组合求概率；初步统计：它有两个考点，一是抽样方法，二是用样本估计总体，其中重点是频率分布直方图和方差的计算.

§10.1 计数的基本原理

知识梳理

1. 分类计数原理

如果完成一件事，有 n 类办法，在第 1 类办法中有 m_1 种不同的方法，在第 2 类办法中有 m_2 种不同的方法，……，在第 n 类办法中有 m_n 种不同的方法，那么完成这件事共有 $N=m_1+m_2+\cdots+m_n$ 种不同的方法.

分类计数原理也称加法原理.

2．分步计数原理

如果完成一件事，需要分 n 个步骤，做第 1 步有 m_1 种不同的方法，做第 2 步有 m_2 种不同的方法，……，做第 n 步有 m_n 种不同的方法，那么完成这件事共有 $N=m_1\times m_2\times\cdots\cdots\times m_n$ 种不同的方法.

分步计数原理也称乘法原理.

题型归纳

1．某职业中专三年级，甲班有共青团员 25 人，乙班有共青团员 20 人，

（1）如果从两个班中任选 1 名团员参加团代会，有多少种不同的选法？

（2）如果从两个班中各选 1 名团员参加团代会，有多少种不同的选法？

解析：（1）用分类计数原理有 25+20=45 种选法；（2）用分步计数原理有 25×20=500 种选法.

2．甲组有 6 人，乙组有 7 人，现从两组中任选 1 人外出学习数学，同时再从两组中各选 1 人外出学习语文，不同的选派方法有________种.

解析：此题是两个计数原理的综合运用，应先分类再分步. 首先分为两类：① 学习数学的从甲组选，再从每组各选 1 人去学习语文；② 学习数学的从乙组选，再从每组各选 1 人去学习语文，每一类中又分三步进行. 共有 6×5×7＋7×6×6=462 种选派方法.

3．（1）用 0 到 9 这 10 个数共能组成________ 个 8 位的电话号码.

（2）用 0，1，2，3，4，5 这六个数能组成_________个三位数（数字可重复）.

（3）把 4 位同学随便分到 5 个班中，有________种不同的分法.

解析：（1）每个数位都有 10 种情况，共 10^8 种.

（2）用分步计数原理，首位不能为 0，共 5×6×6=180 种.

（3）每个同学都有 5 种分法，共 5^4=625 种.

基础训练

1．书架上有 4 本不同的语文书，5 本不同的数学书和 6 本不同的物理书，小华从书架上任选 1 本，则他不同的选法种数为（　　）.

A．15　　B．18　　C．30　　D．36

2．某商店南面有 3 个通道，北面有 2 个通道，某人从一个通道进，从一个通道出，共有走法（　　）.

A．15 种　　B．20 种　　C．5 种　　D．25 种

3．从 1，2，3，4 四个数字中选 3 个组成无重复数字的三位数，共有（　　）个不同的三位数.

A．24　　B．12　　C．8　　D．81

4．3 个女生和 2 个男生排成一排照相，共有不同的排法（　　）.

A．360 种　　B．80 种　　C．120 种　　D．360 种

5．某商场有 4 个大门，若从一个大门进去，购买商品后再从另一个门出来，不同的走法共有（　　）

A．3 种　　B．7 种　　C．12 种　　D．16 种

6．书架上有 6 本不同的中文书，3 本不同的英文书，2 本不同的日文书，从中任选一本，不同选法种数（　　）．

A．11 种　　B．18 种　　C．30 种　　D．36 种

7．现有 10 瓶不同的矿泉水，其中有 3 瓶已经过期变质．

（1）从中任意取 1 瓶，共有多少种取法？

（2）从中任意取 2 瓶，其中恰有一瓶过期，共有多少种取法？

8．小明准备举行一个生日聚会，他要邀请 8 个人中的 6 个人参加，但是其中有两个人要么都邀请，要么都不邀请，那么小明共有多少种邀请方法？

9．从甲地到乙地有 2 条陆路可走，从乙地到丙地有 3 条陆路可走，又从甲地不经过乙地到丙地有 2 条水路可走．

（1）从甲地经乙地到丙地有多少种不同的走法？

（2）从甲地到丙地共有多少种不同的走法？

10．一名儿童做加法游戏．在一个红口袋中装着 20 张分别标有数字 1，2，…，19，20 的红卡片，从中任抽一张，把上面的数作为被加数；在另一个黄口袋中装着 10 张分别标有数 1，2，…，9，10 的黄卡片，从中任抽一张，把上面的数作为加数．这名儿童一共可以列出多少个加法式子？

提升训练

1．一项工作分 3 道工序完成，有 5 人会第 1 道工序，有 4 人会第 2 道工序，有 2 人会第 3 道工序，若从每道工序中各选一人来完成这项工作，共有（　　）选法．

A．3　　B．5　　C．11　　D．40

2．从 3，5，7，9 这 4 个数中，任取 2 个不同的数组成分数，这样的分数共（　　）．

A．6 个　　B．7 个　　C．10 个　　D．12 个

3．由数字 0，2，4，5 组成无重复数字的不同的三位数的个数是（　　）．

A．12　　B．18　　C．24　　D．48

4．已知二次函数 $y=ax^2+bx+c$，其中 a，b，$c\in\{0, 1, 2, 3, 4\}$，由此可得到不同的二次函数的个数为（　　）．

A．100　　B．125　　C．48　　D．80

5．某班排练了 5 个小品，2 个舞蹈节目，3 个歌曲，从中任选两个不同类型的节目参加学校文艺汇演，有（　　）种不同的选法．

A．31　　B．37　　C．30　　D．10

6．5 名同学参加数学、语文竞赛，各科第一名有（　　）种不同的结果．

A．5^2　　B．2^5　　C．20　　D．10

7．5 名游客到 2 个不同的景点参观，有（　　）种不同的参观顺序．

A．5^2　　B．2^5　　C．20　　D．10

8．某商场有 4 个门，一人从一门进，另一门出，则不同的进出方法有（　　）种．

A．4　　B．8　　C．12　　D．16

9．一座山的南坡有 4 条路，北坡有 3 条路，如果上山和下山走不同的路，共有（　　）种不同的走法．

A．7　　B．12　　C．42　　D．24

10．5 人参加 4 项比赛，每人限报一项，报名方法有（　　）种．

A．4^5　　B．5^4　　C．20　　D．25

§10.2　排列与排列数公式

知识梳理

1．排列

一般地，从 n 个不同的元素中，任取 m 个元素，按照一定的顺序排成一列，称为从 n 个不同元素中取出 m 个元素的一个排列．如果 $m<n$，这样的排列称为选排列．如果 $m=n$，这样的排列称为全排列．

2．排列数公式

（1）$A_n^m=n\cdot(n-1)\cdot(n-2)\cdot\cdots\cdot(n-m+1)$．

规律：从下标 n 开始依次-1，共 m 个数相乘.

（2）$A_n^m=\frac{n!}{(n-m)!}$. 规律：上面是 n 的阶乘，下面是 $n-m$ 的阶乘.

题型归纳

1.（1）7 位同学站成一排，共有多少种不同的排法？

（2）7 位同学站成两排（前 3 后 4），共有多少种不同的排法？

（3）7 位同学站成一排，其中甲站在中间的位置，共有多少种不同的排法？

（4）7 位同学站成一排，甲、乙只能站在两端的排法共有多少种？

（5）7 位同学站成一排，甲、乙不能站在排头和排尾的排法共有多少种？

解析：（1）问题可以看作 7 个元素的全排列 A_7^7=5040 种.

（2）根据分步计数原理 $7×6×5×4×3×2×1=7!$ =5040 种.

（3）问题可以看作余下的 6 个元素的全排列，A_6^6=720 种.

（4）根据分步计数原理：第一步为甲、乙站在两端，有 A_2^2 种方法；第二步为余下的 5 名同学进行全排列，有 A_5^5 种方法，则共有 $A_2^2\ A_5^5=240$ 种排列方法.

（5）解法一（直接法）：第一步，从（除去甲、乙）其余的 5 位同学中选 2 位同学站在排头和排尾，有 A_5^2 种方法；第二步，从余下的 5 位同学中选 5 位进行排列（全排列）有 A_5^5 种方法，所以一共有 $A_5^2\ A_5^5$=2400 种排列方法.

解法二：（排除法）若甲站在排头有 A_6^6 种方法；若乙站在排尾有 A_6^6 种方法；若甲站在排头且乙站在排尾则有 A_5^5 种方法. 所以甲不能站在排头，乙不能排在排尾的排法共有 $A_7^7-2A_6^6+A_5^5$=2400 种.

2. 7 位同学站成一排.

（1）甲、乙两同学必须相邻的排法共有多少种？

（2）甲、乙和丙三个同学都相邻的排法共有多少种？

（3）甲、乙两同学必须相邻，而且丙不能站在排头和排尾的排法有多少种？

解析：（1）先将甲、乙两位同学“捆绑”在一起，看成一个元素与其余的 5 个元素（同学）一起进行全排列，有 A_6^6 种方法；再将甲、乙两位同学“松绑”进行排列，有 A_2^2 种方法. 所以这样的排法一共有 $A_6^6\ A_2^2$=1440 种.

（2）**解**：方法同上，一共有 $A_5^5\ A_3^3$=720 种.

（3）将甲、乙两同学“捆绑”在一起看成一个元素，此时一共有 6 个元素，因为丙不能站在排头和排尾，所以可以从其余的 5 个元素中选取 2 个元素放在排头和排尾，有 A_5^2 种方法；将剩下的 4 个元素进行全排列，有 A_4^4 种方法；最后将甲、乙两个同学“松绑”进行排列，有 A_2^2 种方法. 所以这样的排法一共有 $A_5^2\ A_4^4\ A_2^2$=960 种方法.

注：对于相邻问题，常用“捆绑法”（先捆后松）.

3．7 位同学站成一排．

（1）甲、乙两同学不能相邻的排法共有多少种？

（2）甲、乙和丙三个同学都不能相邻的排法共有多少种？

解析：（1）解法一：（排除法）$A_7^7-A_6^6\cdot A_2^2=3600$ 种．

解法二：（插空法）先将其余五位同学排好，有 A_5^5 种方法，此时他们留下六个位置（就称为“空”吧），再将甲、乙同学分别插入这六个位置（空），有 A_6^2 种方法，所以一共有 $A_5^5A_6^2=3600$ 种方法．

（2）先将其余四位同学排好，有 A_4^4 种方法，此时他们留下五个“空”，再将甲、乙和丙三位同学分别插入这五个“空”，有 A_5^3 种方法，所以一共有 $A_4^4\ A_5^3$=1440 种排法．

注：（1）有特殊元素或特殊位置的排列问题，通常是先排特殊元素或特殊位置，称为优先处理特殊元素（位置）法（优限法）；

（2）某些元素要求必须相邻时，可以先将这些元素看作一个元素，与其他元素排列后，再考虑相邻元素的内部排列，这种方法称为“捆绑法”；

（3）某些元素不相邻排列时，可以先排其他元素，再将这些不相邻元素插入空挡，这种方法称为“插空法”．

基础训练

1．书架上有 6 本不同的杂志，现有 4 名同学，若每人从书架上任取一本，则不同的取法有（　　）．

A．125 种　　B．10 种　　C．360 种　　D．120 种

2．用 1，2，3，4，5 可组成没有重复数字的三位数的个数是（　　）．

A．30　　B．120　　C．60　　D．15

3．现有 4 种不同的种子，选出 3 种分别在 3 块不同的土地上试种，则不同的试种方法有（　　）．

A．24 种　　B．18 种　　C．12 种　　D．96 种

4．用数字 1，2，3，4，5 可以组成无重复数字的三位偶数的个数有（　　）．

A．60　　B．36　　C．24　　D．12

5．对 6 个不同元素进行全排列，若其中 A、B 两个元素必须排两端，且 C、D 两元素必须相邻的排法种数是（　　）．

A．12　　B．24　　C．360　　D．720

6．五位同学站成一列，同学 A 必须站在同学 B 的前面的站法有（　　）．

A．$\frac{1}{2}A_5^5$　　B．A_5^5　　C．$\frac{1}{2}A_4^4$　　D．A_4^4

7．5 人排成一行，甲、乙不相邻的排法有（　　）．

A．12 种　　B．72 种　　C．96 种　　D．144 种

8．有 5 人站队，其中甲、乙必须相邻的排法有（　　）种．

A. A_5^5　　B. A_4^4　　C. $2A_4^4$　　D. $A_3^3A_2^2$

9. 代数式$(a_1+a_2)(b_1+b_2+b_3)(c_1+c_2+c_3+c_4)$展开后的项数是__________.

提升训练

1. 用 0，1，2，3 可以组成无重复数字的四位数有（　　）个.

A. 18　　B. 24　　C. 48　　D. 12

2. 5 名男生和 3 名女生站成一排，女生不相邻且不站在排头的站法有（　　）种.

A. 40320　　B. 720　　C. 7200　　D. 14400

3. 某校数学兴趣小组共有 10 名同学，其中 3 名女生，现从中选两名同学去参加奥数比赛，至少有一名女生参加的选举方法有（　　）种.

A. 27　　B. 48　　C. 24　　D. 18

4. 某班有 32 人，

（1）从班里选出 2 个人去参加植树劳动，则共有不同的选法种数为__________；

（2）从班里选出 2 人分别担任班长和副班长，则不同的分配方案种数为__________.

5. 用 1，2，3，4，5 五个数字，

（1）共组成无重复数字的五位数有多少个？

（2）共组成五位奇数有多少个？

（3）共组成比 30000 大的数有多少个？

§10.3　组合与组合数公式

知识梳理

1. 组合的概念

一般地，从 n 个不同元素中取出 m（$m\leqslant n$）个元素并成一组，称为从 n 个不同元素中取出 m 个元素的一个组合.

2. 组合数的概念

从 n 个不同元素中取出 m（$m\leqslant n$）个元素的所有组合的个数，称为从 n 个不同元素中取出 m 个元素的组合数，用符号 C_n^m 表示.

注：要解决的问题是排列问题还是组合问题，关键是看是否与顺序有关.

3．组合数的公式

$$C_n^m=\frac{A_n^m}{A_m^m}=\frac{n(n-1)(n-2)\cdots(n-m+1)}{m!}\text{ 或 }C_n^m=\frac{n!}{m!(n-m)!}\quad (n,\ m\in \mathbf{N}^*,\text{ 且 }m\leqslant n)$$

4．组合数性质

（1）$C_n^m=C_n^{n-m}$；

（2）$C_n^m+C_n^{m+1}=C_{n+1}^{m+1}$．

5．排列组合混合题的解题原则

先选后排，先分再排．

6．排列组合题的主要解题方法

优先法：以元素为主，应先满足特殊元素的要求，再考虑其他元素．以位置为主考虑，即先满足特殊位置的要求，再考虑其他位置．

题型归纳

1．6 本不同的书分给甲、乙、丙 3 位同学，每人各得 2 本，有多少种不同的分法？

解：$C_6^2\cdot C_4^2\cdot C_2^2=90$.

2．4 名男生和 6 名女生组成至少有 1 个男生参加的三人实践活动小组，问组成方法共有多少种？

解法一：（直接法）小组构成有三种情形：3 男、2 男 1 女、1 男 2 女、分别有 C_4^3，$C_4^2\cdot C_6^1$，$C_4^1\cdot C_6^2$ 种方法，所以共有 $C_4^3+C_4^2\cdot C_6^1+C_4^1\cdot C_6^2=100$ 种方法.

解法二：（间接法）$C_{10}^3-C_6^3=100$.

3．100 件产品中有合格品 90 件，次品 10 件，现从中抽取 4 件检查.

（1）都不是次品的取法有多少种？

（2）至少有 1 件次品的取法有多少种？

（3）不都是次品的取法有多少种？

解：（1）$C_{90}^4=2555190$;

（2）$C_{100}^4-C_{90}^4=C_{10}^1C_{90}^3+C_{10}^2C_{90}^2+C_{10}^3C_{90}^1+C_{10}^4=1366035$;

（3）$C_{100}^4-C_{10}^4=C_{90}^1C_{10}^3+C_{90}^2C_{10}^2+C_{90}^3C_{10}^1+C_{90}^4=3921015$.

基础训练

1．平面内有 12 个点，其中任意 3 点都不在同一条直线上，以任意 3 点为顶点画三角形，则可画三角形的个数是（　　）.

A．220　　B．1320　　C．36　　D．219

2．有不同的红球 8 个，不同的白球 7 个，不同的黄球 6 个，现从中任取不同颜色的球 2 个，不同取法有（　　）个.

A．42　　B．21　　C．146　　D．336

3．从1，2，3，4，5，6，7个数中取2个数，两个数的积为偶数的个数为（　　）．

A．7　　B．9　　C．12　　D．15

4．若平面上有七个点，除三点在一条直线上外，再无其他三个点共线，若过其中每两点作一条直线，则可以作成不同直线的条数为（　　）．

A．18　　B．19　　C．20　　D．21

5．在10件产品中有2件次品，从这10件产品中任意抽取3件，其中恰有1件次品的抽法种数是（　　）．

A．15　　B．56　　C．2　　D．28

6．一个集合由7个不同元素组成，这个集合包含4个元素的子集个数为（　　）．

A．35　　B．70　　C．840　　D．480

7．平面内4个点中，任意3点不共线，那么它们可连成__________条线段？

8．一条铁路，沿线共有20个车站，若印制车票，共有__________种不同的票价？

9．10名同学春节时约定每两人要会面一次，共有__________种不同的约会？

10．某班有40名同学，派5人参加义务劳动，共有__________种不同的派法？

提升训练

1．$4\times5\times6\times\cdots\times(n-1)\times n=$（　　）．

A．C_n^4　　B．A_n^4　　C．C_n^{n-3}　　D．A_n^{n-3}

2．已知$C_{20}^{2x-7}=C_{19}^{x}+C_{19}^{x-1}$，则$x$等于（　　）．

A．7　　B．9　　C．7或9　　D．7或21

3．空间有10个点，可以确定的平面最多有（　　）个．

A．3^{10}　　B．1000　　C．720　　D．120

4．从6名男生和5名女生中，选3男2女参加义工协会，不同的选法有（　　）种．

A．$C_6^3C_5^2A_5^5$　　B．$C_6^3C_5^2$　　C．$A_6^3A_5^2$　　D．A_{11}^5

5．3名同学被安排到5个单位实习，则不同的安排方法有（　　）种．

A．4　　B．15　　C．3^5　　D．5^3

6．某单位要邀请10位专家中的6位来参加一项活动，其中有两位专家要么都请，要么都不请，则邀请方法的种数共有（　　）种．

A．120　　B．60　　C．80　　D．98

7．a，$b\in\{1, 2, 3, 5\}$，则方程$y=\dfrac{a}{b}x$表示不同直线的条数为（　　）．

A．12　　B．13　　C．14　　D．16

8．圆上有10个点，过每2点画一条弦，一共可以画__________条弦？每过3点画一个内接三角形，一共可画__________个圆内接三角形？

9．求满足 $C_{12}^{9}\,C = C_{12}^{x-6}$ 的 x 的值．

10．某班组织一项调查活动，要从 5 名男生，3 名女生中选 4 名学生做代表．

（1）班长必须参加，有多少种选法？

（2）女生必须都参加，有多少种选法？

§10.4　二项式定理

知识梳理

1．二项式定理

$$(a+b)^n = C_n^0 a^n b^0 + C_n^1 a^{n-1} b^1 + \cdots + C_n^m a^{n-m} b^m + \cdots + C_n^n a^0 b^n \ (n \in \mathbf{N}_+)$$

这个公式所表示的定理称为二项式定理，C_n^m (m=0, 1, 2,□，n)称为二项式系数．

2．二项式定理展开式通项公式

$$T_{m+1} = C_n^m a^{n-m} b^m \quad \text{（此项为展开式的第 } m+1 \text{ 项）}$$

3．二项式系数的性质

（1） 杨辉三角系数计算公式 $C_{n+1}^m = C_n^{m-1} + C_n^m$．

（2）首末两端“等距离”的两项的二项式系数相等即 $C_n^m = C_n^{n-m}$．

（3）如果二项式$(a+b)^n$ 的幂指数 n 是偶数，则它的展开式中，中间一项的二项式的系数最大；当 $n=2m$ 时，中间一项 T_{m+1} 的二项式系数 C_n^m 最大．

如果 n 是奇数，则中间两项的二项式系数相等且最大．当 $n=2m+1$ 时，中间两项 T_{m+1}，T_{m+2} 的二项式系数 $C_n^m = C_n^{m+1}$ 最大．

（4）二项式系数和为 2^n，即：$C_n^0 + C_n^1 + C_n^2 + \cdots + C_n^n = 2^n$．

（5）奇数项的二项式系数和等于偶数项的二项式系数和，即

$C_n^0 + C_n^2 + C_n^4 + \cdots + C_n^n = C_n^1 + C_n^3 + C_n^5 + \cdots + C_n^{n-1} = 2^{n-1}$．

（6）$(a+2b)^n$ 中所有项的系数是令 $a=1$，$b=1$ 时，$(1+2)^n=3^n$．

注：二项式系数和项的系数是两个不同的概念，一定要区分好．

题型归纳

1．求二项式$(\sqrt{x}+\frac{1}{x})^8$展开式的中间项．

解：由已知条件知展开式有 9 项，中间项为第 5 项，

所以 $T_{4+1}=C_8^4(\sqrt{x})^4(\frac{1}{x})^4=C_8^4x^{-2}=70x^{-2}$

2．若$(a+b)^n$展开式的第 4 项与第 7 项的二项式系数相等，则此展开式共有________项．

解：由题意可知 $C_n^3=C_n^6$

由组合数性质得 $n=3+6=9$，故展开式共有 10 项．

3．已知$(\sqrt{x}+x)^n$的展开式中各项系数和为 32，求展开式中二项式系数最大的项．

解：由二项式系数的性质有 $2^n=32$．

$\therefore n=5$，系数最大项为第 3 项和第 4 项，

$\therefore T_3=C_5^2(\sqrt{x})^3x^2=10x^{\frac{7}{2}}$，$T_4=C_5^3(\sqrt{x})^2x^3=10x^4$

基础训练

1．$(x-1)^{10}$的展开式的第六项的系数是（　　）．

A．C_{10}^6　　B．$-C_{10}^6$　　C．C_{10}^5　　D．$-C_{10}^5$

2．在$(x-\sqrt{3})^{10}$的展开式中，x^6的系数是（　　）．

A．$-27C_{10}^6$　　B．$27C_{10}^4$　　C．$-9C_{10}^6$　　D．$9C_{10}^4$

3．二项式$(x-2y)^n$展开式各项的二项式系数的和为（　　）．

A．2^n　　B．$(-2)^n$　　C．$(-1)^n$　　D．1

4．在$(a+b)^5$的展开式中，所有奇数项的二项式系数之和等于（　　）．

A．64　　B．32　　C．16　　D．10

5．已知二项式$(\sqrt{x}+\frac{1}{x})^n$的展开式的第 6 项是常数项，则 n 的值是（　　）．

A．5　　B．8　　C．10　　D．15

6．$(a^2+b^2)^{2n}$的展开式共有（　　）项．

A．$2n$　　B．$2n+1$　　C．$2(n+1)$　　D．$2\cdot 2n$

7．$(x-1)^9$的展开式中二项式系数最大的项为（　　）．

A．第 5 项　　B．第 6 项

C．第 5 项和第 6 项　　D．无法确定

8．已知$(1-2x)^7=a_0+a_1x+a_2x^2+\cdots+a_7x^7$，则$a_0+a_1+a_2+\cdots+a_7$的值为（　　）．

A．1　　B．-2　　C．-1　　D．2

9．$C_{2n}^2+C_{2n}^4+\cdots+C_{2n}^{2k}+\cdots+C_{2n}^{2n}$的值是（　　）．

A．2^n　　B．2^{n-1}

C．2^{2n-1}　　D．$2^{2n-1}-1$

10．若$C_{18}^{x}=C_{18}^{x+6}$，则x的值为（ ）．

A．6 B．4 C．3 D．无解

提升训练

1．若$(a+b)^n$展开式的第四项与第七项的二项式系数相等，则此展开式共有（ ）项．

A．8 B．9 C．10 D．11

2．二项式$(x+\frac{2}{x})^{16}$的展开式中，常数项是第（ ）项．

A．10 B．9 C．8 D．7

3．二项式$(x-3y)^{10}$的展开式中，第4项的二项式系数为（ ）．

A．120 B．−120 C．3240 D．−3240

4．二项式$(1-x)^{15}$的展开式中，二项式系数最大的项是（ ）．

A．第8项 B．第9项

C．第7项和第8项 D．第8项和第9项

5．二项式$(x-\frac{1}{x})^8$展开式的中间项是（ ）．

A．70 B．−70 C．$-56x^2$ D．$-56\frac{1}{x^2}$

6．二项式$(x-\frac{2}{x})^5$的展开式中第5项的系数为（ ）．

A．6 B．80 C．−240 D．15

7．二项式$(x-2y)^6$的展开式中，二项式系数之和为（ ）．

A．64 B．−64 C．1 D．−1

8．二项式$(3x-2y)^6$的展开式中，各项的系数之和为（ ）．

A．64 B．−64 C．1 D．−1

9．二项式$(1-x)^{11}$的展开式中，偶数项的二项式系数之和为（ ）．

A．−2084 B．1023 C．1024 D．−1024

10．二项式$(1-2x)^5$的展开式中x^3的系数是（ ）．

A．80 B．−80 C．−10 D．10

11．二项式$(1-x^3)^5$的展开式中含x^9项的系数是（ ）．

A．−5 B．10 C．−10 D．5

12．一个集合由10个元素组成，这个集合的真子集的个数有________个．

13．二项式$(x-1)^7$的展开式中含x^4项的系数是________．

14．二项式$(x+\frac{1}{x})^6$的展开式中常数项的值为________．

15．在$(1-2x)^9$的展开式中第六项的二项式系数是________．

§10.5　概率初步

知识梳理

1．随机现象

在一定条件下，具有多种可能的发生结果，但事先不能确定哪一种结果将会发生的现象，称为随机现象．

2．随机试验

对随机现象的观察或试验称为随机试验，简称试验．

3．随机事件

随机试验中每种可能的结果称为随机事件，简称事件．

4．基本事件

不能再分的最简单的随机事件称为基本事件．

5．样本空间

全体基本事件构成的集合称为随机试验的样本空间．

6．古典概型

某类随机试验具有下述两个特点，

① 有限性：只有有限个不同的基本事件；

② 等可能性：每个基本事件出现的机会是相等的．

我们把具有这两个特点的随机试验模型称为古典概型．

7．古典概率

对于古典概型，如果试验的基本事件总数为 n，随机事件 A 所包含的基本事件数为 m，我们就用 $\frac{m}{n}$ 来描述事件 A 出现的可能性大小，并称 $\frac{m}{n}$ 为事件 A 发生的概率，记作 $P(A)=\frac{m}{n}$ $(m\leqslant n)$，且满足 $0\leqslant P(A)\leqslant 1$．

题型归纳

1．判断下列现象是随机现象还是必然现象．

（1）早晨，太阳从东方升起；

（2）某电话交换台在单位时间内收到用户呼唤的次数；

（3）检查流水线上一件产品是合格品还是不合格品；

（4）一个盒子中有 10 个完全相同的白球，搅匀后从中任意摸取的一球的颜色．

解析：（1）必然现象；（2）随机现象；（3）随机现象；（4）必然现象．

2．试判断下列事件是随机事件、必然事件，还是不可能事件．

（1）我国南方某地明年将 3 次受到暴雨的侵袭；

（2）若 x 为实数，则 $x^2\geqslant 0$；

（3）某出租车司机驾车通过 10 个交通路口都将遇到红灯；

（4）一个电影院某天的上座率超过 50%；

（5）一般情况下，抛一石块，石块下落；

（6）一个正六面体的六个面上分别写着数字 1，2，3，4，5，6，将此正六面体抛掷两次，朝上面的数字之和大于 12.

解析：（2）（5）是必然事件；

（6）是不可能事件；

（1）（3）（4）是随机事件.

3．依次抛掷三枚质地均匀的硬币，用(x,y,z)表示这个随机试验的结果，其中 x，y，z 分别表示第 1，2，3 枚硬币朝上一面是正面或反面的情况，那么这个随机试验的样本空间中的基本事件的个数是（　　）.

A．6　　　B．8　　　C．9　　　D．27

解析：每个硬币都有正面或反面两种情况，所以基本事件共 $2^3=8$ 个，答案：B.

4．某班有男生 32 人，女生 20 人，现从中随机选取 33 人参加数学课外兴趣小组，判断其结果是否是随机现象，并据此列出一些不可能事件、必然事件和随机事件.

解析：是随机现象. 其中，“选取的全是女生”是不可能事件，“至少有 13 个男生”是必然事件，“30 个男生，3 个女生”或“29 个男生，4 个女生”等是随机事件.

5．一只口袋内装有大小相同的 5 只球，其中 3 只白球，2 只黑球，从中一次摸出两只球. 问：（1）共有多少个基本事件？（2）摸出两个球都是白球的概率是多少？

解析：（1）记白球为 1，2，3 号，黑球为 4，5 号，则基本事件可如下表示：(1, 2)(1, 3)(1, 4)(1, 5)(2, 3)(2, 4)(2, 5)(3, 4)(3, 5)(4, 5)，共有 10 个基本事件.

（2）两个都是白球的基本事件有 3 个，所以 $P(A)=\frac{3}{10}$.

6．将一枚骰子先后抛掷 2 次，计算：

（1）共有多少种不同的结果？

（2）向上的点数之和是 5 的结果有多少种？

（3）向上的点数之和是 5 的概率是多少？

解析：（1）不同结果有 $6\times6=36$ 个；

（2）向上的点数之和是 5 的结果有(1, 4)(2, 3) (3, 2) (4, 1)，共 4 种；

（3）$P(A)=\frac{4}{36}=\frac{1}{9}$.

基础训练

1．掷两颗骰子，设随机事件 A 为“点数之和恰好为 6”，则 A 所包含的基本事件的个数是（　　）.

A．2　　　B．3　　　C．4　　　D．5

2．10 人站成一排照相，甲、乙、丙三人恰好站在一起的概率为（　　）.

A. $\frac{1}{15}$　　B.　　C. $\frac{7}{120}$　　D. $\frac{7}{720}$

3．由 0，1，2，3 四个数字组成无重复数字的三位数中，是 5 的倍数的概率为（　　）．

A. $\frac{1}{4}$　　B. $\frac{1}{3}$　　C. $\frac{3}{4}$　　D. $\frac{7}{20}$

4．从 1，2，3，4，5 这五个数中任取两个数，和为偶数的概率为（　　）．

A. $\frac{1}{5}$　　B. $\frac{2}{5}$　　C. $\frac{3}{5}$　　D. $\frac{4}{5}$

5．将带有标号 1，2，3，4 的四本书放在书架上，则自左向右的顺序恰为 1，2，3，4 的概率为（　　）．

A. $\frac{1}{8}$　　B. $\frac{1}{12}$　　C. $\frac{1}{16}$　　D. $\frac{1}{24}$

6．某学校有学生会干部一年级 11 人，二年级 5 人、三年级 4 人，现从中选两名去参加义务劳动，两人不属于同一年级的概率为（　　）．

A. $\frac{71}{190}$　　B. $\frac{119}{190}$　　C. $\frac{22}{95}$　　D. $\frac{73}{95}$

7．若 10 件产品中有 7 件合格品，3 件次品，从中任取 2 件，其中都是合格品的概率为（　　）．

A. $\frac{8}{15}$　　B. $\frac{7}{15}$　　C. $\frac{2}{7}$　　D. $\frac{1}{7}$

8．随意安排甲、乙、丙三人在三天值班，甲排在第一天的概率为（　　）．

A. $\frac{1}{3}$　　B. $\frac{1}{6}$　　C. $\frac{1}{2}$　　D. $\frac{1}{4}$

9．从装有 4 个红球和 3 个白球的盒子内任取两个球，则取出的两球颜色不同的概率为（　　）．

A. $\frac{3}{10}$　　B. $\frac{3}{7}$　　C. $\frac{4}{7}$　　D. $\frac{2}{5}$

10．将 3 个不同的小球随意放入 4 个不同的盒子内，则三个小球恰在 3 个不同盒子内的概率为（　　）．

A. $\frac{3}{4}$　　B. $\frac{3}{8}$　　C. $\frac{7}{10}$　　D. $\frac{3}{5}$

提升训练

1．从 12 件产品（其中 10 件正品，2 件次品）中任意抽取 3 件产品，则下列事件中是必然事件的是（　　）．

A．3 件产品都是正品　　B．3 件产品中至少有 1 件是次品

C．3 件产品都是次品　　D．3 件产品中至少有 1 件是正品

2．下列事件是不可能事件的是（　　）．

A．导体通电时，发热

B．某人射击一次，中靶

C．在标准大气压下且温度低于 0℃时，冰融化

D．某地 10 月 1 日下雨

3．下列事件中是随机事件的是（　　）.

A．如果 a，b 都是实数，那么 $a+b=b+a$

B．某人射击两次，恰有一次中靶

C．没有水分，种子发芽

D．同性电荷，相互排斥

4．抛掷一颗骰子，观察骰子出现的点数，若"出现 2 点"这个事件发生，则下列事件发生的是（　　）.

A．"出现奇数点"　　B．"出现偶数点"

C．"数点大于 3"　　D．"数点是 3 的倍数"

5．同时抛掷两枚大小相同的骰子，用(x, y)表示结果，记 A 为"所得点数之和小于 5"，则事件 A 包含的基本事件总数是（　　）.

A．3　　B．4　　C．5　　D．6

6．一对夫妇前三胎生的都是女孩，则第四胎生男孩的概率为（　　）.

A．0　　B．$\frac{1}{4}$　　C．$\frac{1}{2}$　　D．1

7．先后抛掷两枚质地均匀的硬币，出现"一枚正面，一枚反面"的概率为（　　）.

A．$\frac{1}{3}$　　B．$\frac{1}{4}$　　C．$\frac{1}{2}$　　D．1

8．在一次问题抢答的游戏中，要求找出每个问题所列出的 4 个答案中唯一正确的答案．某抢答者随意说出了其中一个问题的答案，则这个答案恰好正确的概率为（　　）.

A．$\frac{1}{2}$　　B．$\frac{1}{4}$　　C．$\frac{1}{8}$　　D．$\frac{1}{16}$

9．从 100 张卡片（从 1 号到 100 号）中任选一张，则取得的卡片号是 7 的倍数的概率是（　　）.

A．$\frac{3}{20}$　　B．$\frac{7}{50}$　　C．$\frac{13}{100}$　　D．$\frac{3}{25}$

10．有红心 1，2，3 和黑桃 4，5 这五张扑克牌，将牌点向下置于桌上，现从中任意抽取一张，那么抽到的牌为红心 2 的概率为（　　）.

A．$\frac{1}{5}$　　B．$\frac{2}{5}$　　C．$\frac{3}{5}$　　D．$\frac{4}{5}$

11．随意安排甲、乙、丙 3 人在 3 天节假日中值班，每人值班 1 天，则值班顺序恰好是甲乙丙的概率为（　　）.

A．$\frac{1}{6}$　　B．$\frac{1}{3}$　　C．$\frac{1}{2}$　　D．$\frac{1}{9}$

12．在 6 瓶饮料中，有 2 瓶已过了保质期，从中任取两瓶，取到的全是已过保质期的饮料的概率为（　　）.

A. $\frac{1}{3}$　　B. $\frac{1}{6}$　　C. $\frac{1}{15}$　　D. $\frac{1}{30}$

13．从装有 2 个白球和 1 个红球的袋中每次摸出 1 个球，每次摸出后不再放回，连续摸 2 次，则摸出的 2 个小球中恰有 1 个红球的概率为（　　）.

A. $\frac{1}{3}$　　B. $\frac{1}{6}$　　C. $\frac{1}{2}$　　D. $\frac{2}{3}$

14．有 5 条线段，长度分别为 1，3，5，7，9，从这 5 条线段中任取 3 条，则所取 3 条线段能构成一个三角形的概率为____________________.

15．若 10 把钥匙中只有 2 把能打开某锁，则从中任取 2 把，其中有一把能将该锁打开的概率是____________________.

§10.6　随 机 抽 样

知识梳理

1．简单随机抽样的定义

简单随机抽样是一种最简单、最基本的抽样方法．抽样中选取个体的方法有两种：放回和不放回．

我们在抽样调查中用的是不放回抽取．简单随机抽样的概念既是重点，也是难点．要注意对“每一次抽取时总体中的各个个体有相同的可能性被抽到”的正确理解，如总体个数为 N 时，第一次抽取（不放回）时，每个个体被抽到的可能性为 $\frac{1}{N}$；第二次抽取时，余下的 $N-1$ 个个体中每个都有 $\frac{1}{N-1}$ 的可能性被抽到；第三次抽取时，……

2．简单随机抽样的特点

（1）被抽取样本的总体的个数有限．

（2）从总体中逐个地进行抽取，使抽样便于在实践中操作．

（3）它是不放回抽样，这使其具有广泛的应用性．

（4）每一次抽样时，每个个体等可能地被抽到，保证了抽样方法的公平性．

3．简单随机抽样的方法

（1）抽签法．方法简单，易于理解．

（2）随机数表法．随机数表，即表中每个位置上等可能地出现 0，1，2，3，…，9 这 10 个数字的数表．随机数表不唯一，只要符合各个位置上等可能地出现各个数字的要求即可．随机数表中各个位置上出现各个数字的等可能性，决定了利用随机数表进行抽样时抽取到总体中各个个体序号的等可能性．

利用随机数表抽样时应注意：

① 首先将总体中各个个体编号，因此总体中的个体数不宜太大；

② 再选定开始数字，要保证所选数字的随机性；

③ 最后确定读数方向获取样本号码，读数方向可向左、向右、向上、向下，样本号码不

重复，否则舍去.

4．系统抽样的特点

（1）系统抽样适用于总体中的个体数目较多的情况，因为这时采用简单随机抽样不方便.

（2）系统抽样与简单随机抽样之间存在着密切联系，即在总体均分后的每一段中进行抽样时，采用的是简单随机抽样.

5．系统抽样的操作步骤

① 利用随机的方式将总体中的个体编号.

② 先将总体的编号分段，确定分段间隔 k. 当 $\frac{N}{n}$（N 为总体中的个体数时，n 为样本容量）是整数时，$k=\frac{N}{n}$；当 $\frac{N}{n}$ 不是整数时，通过从总体中剔除一些个体使剩下的个体数 N'能被 n 整除，这时 $k=\frac{N'}{n}$.

③ 在第 1 段中，用简单随机抽样确定起始个体编号 l.

④ 按照事先确定的规则抽取样本.通常是将 l 加上间隔 k 得到第 2 个编号$(l+k)$，将$(l+k)$加上 k 得到第 3 个编号$(l+2k)$，这样继续下去，直到获取整个样本.

6．分层抽样的定义

当总体由有明显差别的几部分组成时，为了使样本更好地反映总体情况，可将总体中各个个体按某种特征分成若干个互不重叠的部分，每一部分称为一层；且在各层中按层在总体中所占比例进行简单随机抽样，这种抽样方法称为分层抽样．分层抽样在内容上与系统抽样平行.

7．分层抽样的过程

① 确定样本容量与总体个数的比.

② 计算出各层需抽取的个体数.

③ 采用简单随机抽样或系统抽样在各层中抽取个体.

④ 将各层中抽取的个体合在一起，就是所要抽取的样本.

8．三种抽样方法综合比较

类　别	共 同 点	各 自 特 点	相 互 联 系	适 用 范 围
简单随机抽样	抽样过程中每个个体被抽到的可能性相同	从总体中逐个抽取		总体中的个体数较少
系统抽样		将总体均分成几部分，按事先确定的规则在各部分中抽取	在起始部分抽样时采用简单随机抽样	总体中的个体数较多
分层抽样		将总体分成几层，分层进行抽取	各层抽样时采用简单随机抽样或系统抽样	总体由差异明显的几部分组成

题型归纳

1．现要从 20 名学生中抽取 5 名进行问卷调查，写出抽取样本的过程.

解析：① 先将 20 名学生进行编号，从 1 号编到 20 号；

② 把号码写在形状、大小均相同的号签上；

③ 将号签放在某个箱子中进行充分搅拌，力求均匀，然后依次从箱子中抽取 5 个号签，按这 5 个号签上的号码取出对应样品，即得样本.

2．某职业中专从全校 20 个班中任取一个班，再从该班中任意抽取 20 人，考查他们的学习成绩．在这次抽样中，样本为__________，样本容量为_________.

解析：样本为 20 名学生的学习成绩，样本容量为 20.

3．常用的简单随机抽样办法有________ 和_______．无论采取哪种办法，在每一次抽取时每个个体有_______被抽到.

解析：抽签法，随机数表法，相等可能

4．某家政公司有 103 名保姆，现要从中抽取 10 人参加体检，请用系统抽样的方法抽取，并写出抽取过程.

解析：① 将 103 名保姆进行编号，从 001 至 103；

② 先用简单随机抽样从总体中剔除 3 人，将剩下的 100 人重新编号：001，002，003，004，…，100；

③ 将编号分成 10 段，每段 10 人；

④ 在第 1 段中，用简单随机抽样法抽出一个起始号码 S；

⑤ 将编号为 S，$10+S$，$20+S$，…，$90+S$ 的个体选出，这 10 个号码所对应的人组成一个样本.

5．要从已编号为 1～50 的 50 枚最新研制的某型号导弹中随机抽取 5 枚来进行发射试验，用部分选取的号码间隔一样的系统抽样方法确定所选取的 5 枚导弹的编号可能是（　　）.

A．5，10，15，20，25　　B．3，13，23，33，43

C．1，2，3，4，5　　D．6，15，27，34，48

解析：由系统抽样的方法得 5 枚导弹的编号可能是 3，13，23，33，43，答案：B.

6．为了解参加一次知识竞赛的 1252 名学生的成绩，决定采取系统抽样的方法抽取一个容量为 50 的样本，那么应从总体中随机剔除的个体的数目是（　　）.

A．2　　B．3

C．4　　D．5

解析：$1252 \div 50 = 25 \cdots 2$，所以随机剔除 2 个，答案：A.

7．为考查某乡镇（共 12 个村）人口中癌症的发病率，决定对其进行样本分析，要从 3000 人中抽取 300 人，应采用的抽样方法是（　　）.

A．简单随机抽样　　B．系统抽样

C．分层抽样　　D．有放回抽样

解析：由题意采用分层抽样，答案：C.

8．一所职业学校共有学生 900 人，其中一年级 300 人，二年级 400 人，三年级 200 人，现用分层抽样方法抽取容量为 45 的样本，那么在一年级、二年级、三年级中各抽取的人数分别是（　　）.

A．15，5，25　　B．15，15，15

C．10，5，30　　D．15，20，10

解析：由分层抽样的方法可知抽取的人数分别是 15，20，10，答案：D.

基础训练

1．为了了解某市高三毕业生升学考试中数学成绩的情况，从参加考试的学生中随机抽查了 1000 名学生的数学成绩进行统计分析，在这个问题中，下列说法正确的是（　　）.

A．总体指的是该市参加升学考试的全体学生

B．个体指的是 1000 名学生中的每一名学生

C．样本容量指的是 1000 名学生

D．样本是指 1000 名学生的数学升学考试成绩

2．为了调查某产品的销售情况，销售部门从下属的 92 家销售连锁店中抽取 30 家了解情况．若用系统抽样法，则抽样间隔和随机剔除的个体数分别为（　　）.

A．2，3　　B．3，2

C．2，30　　D．30，2

3．某工厂生产 A、B、C 三种型号的产品，产品数量之比为 2∶3∶5，现用分层抽样的方法抽出一个容量为 n 的样本，样本中 A 种型号的产品有 16 件，那么此样本的容量 n 为（　　）.

A．60　　B．70

C．80　　D．90

4．为抽查汽车排放尾气的合格率，某环保局在一路口随机抽查，这种抽查是（　　）.

A．简单随机抽样　　B．抽签法抽样

C．随机数表法抽样　　D．有放回抽样

5．在分层抽样、系统抽样、简单随机抽样中，属于不放回抽样的有（　　）.

A．0 个　　B．1 个　　C．2 个　　D．3 个

6．从 10 个篮球中任取一个检验其质量，则该抽样为（　　）.

A．简单随机抽样　　B．系统抽样

C．分层抽样　　D．有放回抽样

7．某商场想通过检查发票及销售记录的 2%来快速估计每月的销售总额，采取的方法如下：从每本 50 张的发票存根中随机抽一张，如 15 号，然后按序往后抽取 65 号，115 号，165 号，……，发票上的销售额组成一个调查样本，这种抽取样本的方法是（　　）.

A．简单随机抽样　　B．系统抽样

C．分层抽样　　D．其他方式的抽样

8．下列抽样中，不是系统抽样的是（　　）.

A．从号码为 1～15 的 15 个球中任选 3 个作为样本时，先在 1～5 号球中用抽签法抽出 i_0 号，再将号码为 i_0+5，i_0+10 的球也抽出

B．搞某市场调查，规定在商店门口随机地抽一个人进行询问，直到调查到事先规定的调查人数为止

C．在工厂里，用传送带将产品送入包装车间的过程中，检查人员每 5 分钟从传送带上抽取一件产品进行检验

D．某电影院调查观众的某一指标，通知每排（每排人数相等）座号为 14 的观众留下来座谈

9．某社区有 600 户居民，其中高收入家庭 120 户，中等收入家庭 420 户，低收入家庭 60 户．为调查社会购买力的某项指标，要从中抽取一个容量为 100 的样本，应采用的抽样方法是（　　）.

A．简单随机抽样　　B．系统抽样

C．分层抽样　　D．有放回抽样

10．某学校一年级有 30 名足球运动员，要从中选出 10 人调查训练情况，应采取的抽样方法是（　　）.

A．简单随机抽样　　B．系统抽样

C．分层抽样　　D．有放回抽样

提升训练

1．完成下列两项调查应采用的抽样方法分别是（　　）.

① 某社区有 600 户家庭，其中高收入家庭 120 户，中等收入家庭 420 户，低收入家庭 60 户．为调查社会购买力的某项指标，要从中抽取一个容量为 100 的样本；

② 某中职学校二年级有 20 名篮球运动员，要从中选出 5 人调查锻炼情况．

A．①简单随机抽样，②系统抽样

B．①分层抽样，②简单随机抽样

C．①系统抽样，②分层抽样

D．①分层抽样，②系统抽样

2．分层抽样又称为类型抽样，即将相似的个体归入一类（一层），然后每层抽若干个构成样本，所以分层抽样为保证每个个体等可能入样，必须进行（　　）.

A．每层等可能抽样

B．每层不等可能抽样

C．所有层用同一抽样比，每层等可能抽样

D．所有层抽同样多样本容量，等可能抽样

3．某企业共有职工 150 人，其中高级职称 15 人，中级职称 45 人，一般职员 90 人．现在用分层抽样法抽取 30 人，则样本中各职称人数分别为（　　）.

A．5，10，15　　B．3，9，18

C．3，10，17　　D．5，9，16

4．要从 5003 个总体中抽取一个容量为 50 的样本，按系统抽样法，应将总体分成______个部分，每部分都有_______ 个个体．

5．为了解 1200 名学生对学校某项教改实验的意见，打算从中抽取一个容量为 30 的样本．现采用选取的号码间隔一样的系统抽样方法来确定所选取样本，则抽样间隔 $k=$______．

6．已知某乡农田有山地 8000 亩，丘陵 12000 亩，平地 24000 亩，洼地 4000 亩．现抽取农田 480 亩估计全乡农田粮食平均亩产量，则采用_________方法抽样比较合理，其中山地应

抽________亩.

7．为了解某地区癌症的发病情况，从该地区的 5000 人中抽取 200 人进行统计分析．在这个问题中，“5000 个人”是____________，“200 个人”是____________.

8．某机关中，老、中、青人数分别为 18，12，6．现从中抽取一个容量为 n 的样本，如果采用系统抽样和分层抽样，则不剔除个体；如果容量增加 1，需在总体中剔除 1 个个体，则样本容量 n=__________.

9．某单位有老年人 28 人，中年人 54 人，青年人 81 人，为调查他们的身体状况的某项指标，需从他们中抽取一个容量为 36 的样本，则可在老年人中剔除__________人，然后进行__________抽样.

10．某学校共有教师 490 人，其中不到 40 岁的有 350 人，40 及以上的有 140 人．为了解普通话在该校教师中的推广普及情况，现用分层抽样的方法，从全体教师中抽取一个容量为 70 的样本进行普通话测试，其中在不到 40 岁的教师中应抽取的人数是__________.

§10.7　用样本估计总体

知识梳理

1．频率分布表、频率分布直方图

当总体中个体取值较多，甚至无限时，应用频率分布估计总体分布．我们在初中已经学过把样本数据表示成频率分布表和频率分布直方图等形式，主要步骤如下：①计算极差；②决定组距与组数；③决定分点；④列频率分布表；⑤绘制频率分布直方图.

2．茎叶图

茎叶图只便于表示两位有效数字的数据，它有以下两个突出优点：①统计图上没有原始数据的丢失；②可随时记录，方便记录与表示.

3．总体密度曲线

总体密度曲线反映了总体分布，即反映了总体在各个范围内取值的概率．根据这条曲线，总体在(a, b)内取值的百分率就是总体密度曲线与直线 $x=a$，$x=b$ 及 x 轴所围成图形的面积.

4．用样本平均数估计总体平均数

（1）平均数描述数据平均水平，定量地反映了数据集中趋势所处的水平.

（2）用样本平均数估计总体平均数时样本平均数只是总体平均数的近似.

5．用样本标准差估计总体标准差

（1）样本方差描述了一组数据围绕平均数的波动程度.

（2）为了得到以样本数据的单位表示的波动幅度，需求出样本方差的算术平方根，即样本标准差.

6．样本数据 x_1，x_2，…，x_n 的标准差的算法

① 算出样本数据的平均数 $\overline{x}$；

② 算出每个样本数据与样本平均数的差 $x_i-\overline{x}$ $(i=1, 2, \cdots, n)$；

③ 算出②中 $x_i-\overline{x}\,(i=1, 2, \cdots, n)$ 的平方；
④ 算出③中 n 个平方数的平均数，即为样本方差；
⑤ 算出④中平均数的算术平方根，即为样本标准差.

题型归纳

1．下列关于频率分布直方图的说法，正确的是（　　）.

A．直方图的高表示某数的频率

B．直方图的高表示该组上的个体在样本中出现的频数与组距的比值

C．直方图的高表示该组上的个体在样本中出现的频率

D．直方图的高表示该组上的个体在样本中出现的频率与组距的比值

解析：频率分布直方图的纵轴是$\frac{频率}{组距}$，答案：D.

2．将容量为 100 的样本数据按从小到大的顺序分为 8 组，如下表：

编　号	1	2	3	4	5	6	7	8
频　数	10	13	14	14	15	13	12	9

第三组的频率为（　　）.

A．0.14　　B．0.03　　C．0.37　　D．0.06

解析：频率的计算方法是频数 ÷ 样本容量，答案：A.

3．甲、乙两种冬小麦试验品连续 5 年的平均单位面积产量见下表：

品　种	第 1 年	第 2 年	第 3 年	第 4 年	第 5 年
甲	9.8	9.9	10.1	10	10.2
乙	9.4	10.3	10.8	9.7	9.8

试根据这组数据估计哪一个品种的小麦产量较稳定.

解析：甲品种的样本平均数为 10，样本方差为：

$[(9.8-10)^2+(9.9-10)^2+(10.1-10)^2+(10-10)^2+(10.2-10)^2]\div 5=0.02.$

乙品种的样本平均数为 10，样本方差为：

$[(9.4-10)^2+(10.3-10)^2+(10.8-10)^2+(9.7-10)^2+(9.8-10)^2]\div 5=0.24>0.02.$

所以，由这组数据可以认为甲种小麦的产量比较稳定.

4．某教师出了一份共三道题的测试卷，每道题 1 分，全班得 3 分、2 分、1 分和 0 分的学生所占比例分别为 30%，50%，10%，和 10%.

（1）若全班共 10 人，则平均分是多少？

（2）若全班共 20 人，则平均分是多少？

（3）若该班人数未知，还能求出该班的平均数吗？

解析：（1）总分=$10\times30\%\times3+10\times50\%\times2+10\times10\%\times1+10\times10\%\times0=9+10+1=20$，

平均数=$20\div10=2$.

（2）总分=$20\times30\%\times3+20\times50\%\times2+20\times10\%\times1+20\times10\%\times0=18+20+2=40$，

平均数=40 ÷ 20=2.

（3）能. 平均数=3×30% + 2×50%+1×10%+0×130%=2.

基础训练

1．在频率分布直方图中，小长方形的面积是（　　）.

A．$\dfrac{频率}{样本容量}$　　B．组距×频率

C．频率　　D．样本数据

2．一盒内有 10 个小球，其中红球 4 个，白球 2 个，黄球 3 个，绿球 1 个，则 0.4 是指红球占总体的（　　）.

A．频数　　B．频率　　C．概率　　D．累积频率

3．数据 5，7，7，8，10，11 的方差为（　　）.

A．8　　B．2　　C．4　　D．1

4．某同学参加跳远比赛前，教练要对他 10 次的训练成绩进行分析，以判断他的成绩是否稳定，那么教练需要知道该同学这 10 次成绩的（　　）.

A．平均数　　B．方差　　C．频数　　D．频率

5．某学校有教职工 150 人，其中高级职称有 15 人，中级职称有 45 人，初级职称有 90 人，现用分层抽样方法抽取 30 人，则样本中各职称人数分别为（　　）.

A．5，10，15　　B．3，9，18

C．3，10，17　　D．5，9，16

6．准备用系统抽样法（按等距离的规则）从 160 名学生中抽取容量为 20 的样本，将 160 名学生从 1～160 编号，按编号顺序平均分成 20 组(1～8 号，9～16 号，……，153～160 号)，若第 16 组应抽出的号码为 125，则第一组中按此抽签方法确定的号码是（　　）.

A．7　　B．5　　C．4　　D．3

7．一个容量为 20 的样本数据，分组后组距与频数如下：(10, 20]，2；(20, 30]，3；(30, 40]，4；(40, 50]，5；(50, 60]，4；(60, 70]，2，那么，样本在区间(40, 50]上的频率为（　　）.

A．5%　　B．25%　　C．50%　　D．70%

8．下列关于用样本频率估计总体分布的说法，正确的是（　　）.

A．总体容量越大，估计越精确　　B．总体容量越小，估计越精确

C．样本容量越大，估计越精确　　D．样本容量越小，估计越精确

9．已知样本：10，8，6，10，13，8，10，12，11，7，8，9，11，9，12，9，10，11，12，9．那么下列范围中，频率为 0.2 的是（　　）.

A．5.5～7.5　　B．7.5～9.5　　C．9.5～11.5　　D．11.5～13.5

10．将一个容量为 n 的样本分成若干组，已知某组的频数和频率分别为 40，0.125，则 n 的值为（　　）.

A．640　　B．320　　C．240　　D．160

提升训练

1．关于样本频率分布直方图与总体密度曲线的关系，下列说法正确的是（　　）．

A．频率分布直方图与总体密度曲线无关

B．样本容量很大时，频率分布直方图就是总体密度曲线

C．频率分布直方图就是总体密度曲线

D．如果样本容量无限增大，分组的组距无限减小，那么频率分布直方图就会无限接近总体密度曲线

2．在 10 人中，有 4 名学生，2 名学校行政干部，3 名专业教师，1 名工人，则数 0.3 是专业教师在总体中的（　　）．

A．频数　　B．频率　　C．累计频率　　D．概率

3．有 200 辆汽车经过某地一段公路时速的频率分布直方图如下图所示．则速度在[50, 60) km/h 的汽车大约有（　　）．

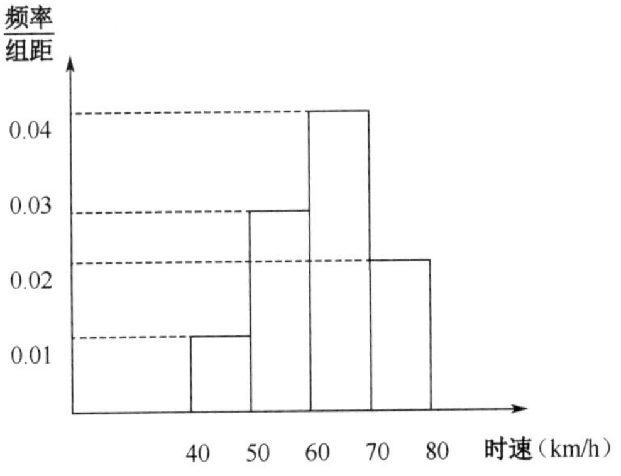

A．6 辆　　B．50 辆　　C．60 辆　　D．18 辆

4．数据 5，7，7，8，10，11 的标准差是（　　）．

A．8　　B．4　　C．2　　D．1

5．在一次青年歌手大奖赛上，七位评委为某歌手打出的分数如下：9.4，8.4，9.4，9.9，9.6，9.4，9.7．去掉一个最高分和一个最低分后，所剩数据的平均值和方差分别为（　　）．

A．9.4，0.484　　B．9.4，0.016

C．9.5，0.04　　D．9.5，0.016

6．甲、乙、丙、丁四人参加奥运会射击项目选拔赛，四人的平均成绩和方差见下表：

	甲	乙	丙	丁
平均数$\overline{x}$	8.5	8.8	8.8	8
方差s^2	3.5	3.5	2.1	8.7

则参加奥运会的最佳人选应为（　　）．

A．甲　　B．乙　　C．丙　　D．丁

7．以下统计量可以描述总体稳定性的是（　　）．

A．样本平均值　　B．样本方差
C．样本最大值　　D．样本最小值

8．若样本 x_1，x_2，x_3，…，x_n 的平均数为 10，方差为 2，则对于样本 x_1+2，x_2+2，x_3+2，…，x_n+2，下列结论正确的是（　　）．

A．平均数为 10，方差为 2　　B．平均数为 11，方差为 3
C．平均数为 12，方差为 2　　D．平均数为 12，方差为 3

9．甲、乙两人在同样条件下练习射击，每人打 5 发子弹，命中环数如下：

甲：8，8，9，9，8　　乙：10，7，7，7，9

则两人射击成绩的稳定程度是（　　）．

A．甲比乙稳定　　B．乙比甲稳定
C．甲、乙稳定程度相同　　D．无法进行比较

10．已知一组数据的方差为 a，如果将这组数据中的每个数都乘以 2，则所得到的一组新数据的方差为（　　）．

A．$\frac{a}{2}$　　B．a　　C．$2a$　　D．$4a$

§10.8 高考链接

1．（2010 年）书架上有 5 本不同的课外书，有 3 位同学每人从书架上各取一本，不同取法的种数是（　　）．

A．10　　B．60　　C．125　　D．243

2．（2010 年）依次抛掷三枚质地均匀的硬币，用(x, y, z)表示这个随机试验的结果，其中 x，y，z 分别表示第 1，2，3 枚硬币朝上一面是正面或反面的情况，那么这个随机试验的样本空间中的基本事件的个数是（　　）．

A．6　　B．8　　C．9　　D．27

3．（2010 年）8 名同学聚会，每两人握手一次，则握手的总次数为（　　）．

A．12　　B．18　　C．28　　D．56

4．（2010 年）从 3 名男生和 4 名女生中，任选 2 人参观世博会，恰好选到 1 名男生和 1 名女生的概率是（　　）．

A．$\frac{4}{7}$　　B．$\frac{3}{7}$　　C．$\frac{2}{7}$　　D．$\frac{1}{7}$

5．（2011 年）袋内有 10 个球，其中 4 个红球，3 个黄球，3 个篮球，从中任取 2 个球，则恰好有一个红球的概率为（　　）．

A．$\frac{1}{3}$　　B．$\frac{2}{5}$　　C．$\frac{7}{15}$　　D．$\frac{8}{15}$

6．（2011 年）某职业学校有学生 3000 名，其中男生 1450 名，女生 1550 名．有关部门为了调查学生身体素质情况，拟采用分层抽样的方法从该校抽取 300 名学生进行样本调查，则在该校抽取的男、女生人数分别为（　　）．

A．140 名，160 名　　B．145 名，155 名

C．150 名，150 名　　D．155 名，145 名

7．（2011 年）某小组有 6 名同学，他们计划利用今年端午节的三天假期去敬老院服务，每天安排 2 人，每人只去一天，则不同的安排方法共有（　　）．

A．90 种　　B．270 种　　C．540 种　　D．720 种

8．（2011 年）某射击手在相同条件下射击 5 次，命中环数分别为：7，9，9，8，7，则该样本的标准差为（　　）．

A．0.64　　B．0.80　　C．0.89　　D．1

9．（2012 年）编排一张由 4 个语言类节目和 2 个舞蹈类节目组成的演出节目单，若要使 2 个舞蹈类节目不相邻，则不同的排法的种数是（　　）．

A．120　　B．240　　C．360　　D．480

10．（2012 年）从 5 名男生和 2 名女生中任选 3 人参加某项公益活动，其中至少有 1 名女生的概率是（　　）．

A．$\frac{3}{5}$　　B．$\frac{5}{7}$　　C．$\frac{10}{21}$　　D．$\frac{17}{42}$

11．（2012 年）若$(a+b)^n$展开式的第 4 项与第 7 项的系数相等，则此展开式共有（　　）．

A．8 项　　B．9 项　　C．10 项　　D．11 项

12．（2013 年）五边形 $ABCDE$ 为正五边形，以 A、B、C、D、E 为顶点的三角形的个数是（　　）．

A．5　　B．10　　C．15　　D．20

13．（2013 年）将卷号为 1～4 的四卷文集，按任意顺序排列放在书架的同一层上，则自左到右卷号顺序恰为 1，2，3，4 的概率等于（　　）．

A．$\frac{1}{8}$　　B．$\frac{1}{12}$　　C．$\frac{1}{16}$　　D．$\frac{1}{24}$

14．（2013 年）$(2x-1)^5$的二项展开式中 x^3 的系数是（　　）．

A．−80　　B．80　　C．−10　　D．10

15．（2013 年）某射击运动员射击 5 次，命中的环数分别为 9，8，6，8，9．这 5 个数据的方差为________．

16．（2014 年）从 5 张不同的扑克牌中，每次任取一张，有放回地取两次，则两次取得同一张牌的概率是（　　）．

A．$\frac{1}{5}$　　B．$\frac{2}{5}$　　C．$\frac{1}{25}$　　D．$\frac{2}{25}$

17．（2014 年）一组数据 5，7，7，a，10，11，它们的平均值是 8，则标准差是（　　）．

A．8　　B．4　　C．2　　D．1

18．（2014 年）$(x+\frac{1}{x})^n$的二项展开式中第三项是 $10x$，则 $n=$________．

19．（2015 年）某值日小组共 5 名同学，若任意安排 3 名同学负责教室内的地面卫生，其余 2 名同学负责教室外的走廊卫生，则不同的安排方法种数是（　　）．

A．10　　B．20　　C．60　　D．100

20．（2015 年）$(1-x)^5$的二项展开式中，所有项的二项式系数之和是（　　）．

A．0　　B．−1　　C．−32　　D．32

21．（2015 年）甲、乙、丙三位同学计划利用假期外出游览，约定每人从泰山、孔府这两处景点中任选一处，则甲、乙两位同学恰好选取同一处景点的概率是（　　）．

A．$\frac{2}{9}$　　B．$\frac{2}{3}$　　C．$\frac{1}{4}$　　D．$\frac{1}{2}$

22．（2015 年）计划从 500 名学生中抽取 50 名进行问卷调查，拟采用系统抽样方法，为此将他们逐一编号为 1～500，并对编号进行分段，若从第一个号码段中随机抽出的号码是 2，则从第五个号码段中抽出的号码应是_________．

23．（2016 年）某职业学校的一个数学兴趣小组有 4 名男生和 3 名女生，若从这 7 名学生中任选 3 名参加数学竞赛，要求既有男生又有女生，则不同选法的种数是（　　）．

A．60　　B．31　　C．30　　D．10

24．（2016 年）若有 7 名同学排成一排照相，恰好甲、乙两名同学相邻，并且丙、丁两名同学不相邻的概率是（　　）．

A．$\frac{4}{21}$　　B．$\frac{1}{21}$　　C．$\frac{1}{14}$　　D．$\frac{2}{7}$

25．（2016 年）已知$(x-2)^n$的二项展开式有 7 项，则展开式中二项式系数最大的项的系数是（　　）．

A．−280　　B．−160　　C．160　　D．560

26．（2016 年）某职业学校有三个年级，共有 1000 名学生，其中一年级有 350 名，若从全校学生中任意选出一名学生，则恰好选到二年级学生的概率是 0.32.现计划利用分层抽样的方法，从全体学生中选出 100 名参加座谈会，那么需要从三年级学生中选出______ 名．

27．（2017 年）文艺演出中要求语言类节目不能相邻，现有 4 个歌舞类节目和 2 个语言类节目，若从中任意选出 4 个排成节目单，则能排出不同节目单的数量最多是（　　）．

A．72　　B．120　　C．144　　D．288

28．（2017 年）若二项式$\left(\sqrt{x}-\frac{1}{x}\right)^n$的展开式中，只有第 4 项的二项式系数最大，则展开式中的常数项是（　　）．

A．20　　B．−20　　C．15　　D．−15

29．（2017 年）从甲、乙、丙、丁四位同学中选拔一位成绩较稳定的优秀选手，参加山东省职业院校技能大赛，在同样情况下经过多轮测试，成绩分析如下表所示：依据表中数据判断，最佳人选为（　　）．

A．甲　　B．乙　　C．丙　　D．丁

	甲	乙	丙	丁
平均成绩 $\overline{x}$	96	96	85	85
标准差 s	4	2	4	2

30．（2017 年）某博物馆需要志愿者协助工作，若从 6 名志愿者中任意选出 3 名，则其中甲、乙两名志愿者恰好同时被选中的概率是________．

31．（2018 年）景区中有一座山，山的南面有 2 条路，山的北面有 3 条路，均可用于游客上山或下山，假设没有其他道路. 某游客计划从山的一面走到山顶后，接着从另一面下山，则不同走法的种数是（　　）.

A. 6　　B. 10　　C. 12　　D. 20

32.（2018 年）在$(x-2y)^5$的展开式中，所有项的系数之和等于（　　）.

A. 32　　B. −32　　C. 1　　D. −1

33.（2018 年）某停车场只有并排的 8 个停车位$\frac{9}{14}$，恰好全部空闲，现有 3 辆汽车依次驶入，并且随机停放在不同车位，则至少有 2 辆汽车停放在相邻车位的概率是（　　）.

A. $\frac{5}{14}$　　B. $\frac{15}{28}$　　C. $\frac{9}{14}$　　D. $\frac{6}{7}$

34.（2018 年）在一批棉花中随机抽测了 500 根棉花纤维的长度（精确到 1mm）做样本，并绘制了如下图所示的频率分布直方图，由图可知，样本中棉花纤维的长度大于 225mm 的频数是________.

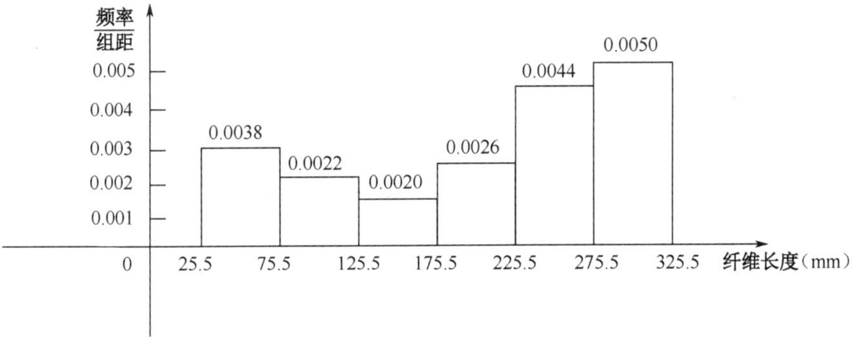

反侵权盗版声明

参考答案

第一章　集合与常用逻辑用语

§1.1　集合及其表示方法

基础训练

1．C　2．C　3．C　4．B　5．B

提升训练

1．C　2．D　3．B　4．B　5．B

§1.2　集合之间的关系及运算

基础训练

1．B　2．B　3．C　4．D　5．D
6．D　7．B　8．B　9．D　10．C

提升训练

1．A　2．C　3．C　4．B　5．D
6．C　7．B　8．C　9．B　10．B

§1.3　充分必要条件的判断

基础训练

1．B　2．C　3．B　4．D　5．D
6．A　7．C　8．D　9．C　10．B

提升训练

1．A　2．D　3．C　4．B　5．B
6．B　7．B　8．C　9．B　10．C

§1.4　常用逻辑用语

基础训练

1．C　2．D　3．B　4．C　5．D　6．C　7．A　8．D　9．B　10．D

提升训练

1．A　2．A　3．B　4．C　5．A　6．A　7．A　8．C　9．C　10．D

§1.5　高考链接

1. B　2. C　3. A　4. C　5. C　6. B　7. B　8. D　9. C　10. C
11. B　12. C　13. C　14. B　15. A　16. B　17. C　18. C　19. B　20. B
21. $-2<a\leqslant -1$ 或 $a>2$　22. C　23. B　24. B　25. C　26. A

第二章　方程与不等式

§2.1　配方法与一元二次方程

基础训练

1. B　2. A　3. A　4. D　5. A　6. B

提升训练

1. C　2. C　3. A　4. A　5. B　6. C

§2.2　不等式的性质、解集与区间

基础训练

1. B　2. D　3. A　4. C　5. B
6. D　7. A　8. C　9. A　10. D

提升训练

1. C　2. C　3. D　4. D　5. A
6. C　7. D　8. C　9. C　10. C

§2.3　一元一次不等式和绝对值不等式

基础训练

1. A　2. B　3. A　4. D　5. C
6. C　7. B　8. B　9. A　10. A

提升训练

1. C　2. C　3. A　4. D　5. B
6. B　7. D　8. A　9. C　10. B

§2.4　一元二次不等式

基础训练

1. D　2. D　3. B　4. B　5. C
6. A　7. C　8. C　9. D　10. D

提升训练

1. B　2. D　3. A　4. B　5. C

6. B　7. B　8. D　9. B　10. B

§2.5 高考链接

1. C　2. A　3. C　4. D　5. A　6. B　7. D　8. D　9. A　10. D　11. B　12. B 13. A　14. A　15. A

第三章　函　　数

§3.1 函数的概念及其表示方法

基础训练

1. B　2. D　3. A　4. C　5. B　6. C　7. C　8. B　9. D　10. A

提升训练

1. D　2. D　3. B　4. B　5. D　6. B　7. B　8. A　9. C　10. C

§3.2 函数的定义域

基础训练

1. A　2. C　3. D　4. C　5. B　6. A　7. D　8. C　9. D　10. B

提升训练

1. D　2. C　3. D　4. C　5. D　6. C　7. A　8. C　9. B　10. B

§3.3 函数的性质

基础训练

1. A　2. D　3. C　4. A　5. A　6. B　7. A　8. A

9. B　10. C　11. D　12. B　13. D　14. D　15. A

提升训练

1. A　2. D　3. C　4. D　5. C　6. D　7. C　8. D

9. D　10. A　11. B　12. D　13. A　14. D　15. A

§3.4 一元二次函数的图象与性质

基础训练

1. C　2. C　3. D　4. D　5. B　6. A　7. C　8. C　9. B　10. D

提升训练

1. C　2. D　3. B　4. D　5. A　6. A　7. B　8. C　9. C　10. D

§3.5　一元二次函数解答题研究

题型归纳及训练

一、一元二次函数一般式 $y=ax^2+bx+c$（$a\neq0$）.

1. $y=-2x^2+x+5$

2. $y=-x^2-2x-5$

3. $y=x^2+4x-8$ 或 $y=x^2-8x+16$

4. $y=-x^2+2x+1$

5. （1）$-\sqrt{3}<a<\sqrt{3}$　（2）$a=2$

6. （1）$f(x)=x^2-2x+5$　（2）$-2\leqslant x\leqslant4$

7. $f(x)=\frac{1}{2}x^2+\frac{1}{2}x$

二、一元二次函数顶点式 $y=a(x-h)^2+k$（$a\neq0$）其中抛物线的顶点为(h, k).

1. $y=x^2+2x+4$

2. $y=-\frac{1}{6}x^2-\frac{2}{3}x+\frac{5}{6}$

3. $y=-4x^2+4x+24$

4. $f(x)=-2x^2+4x+3$

三、一元二次函数交点式：$y=a(x-x_1)(x-x_2)$（$a\neq0$）其中抛物线与 x 轴的交点为$(x_1, 0)$，$(x_2, 0)$

1. $y=x^2-2x-8$

2. $y=8x^2-8x-6$

四、一元二次函数应用题

1. 解：由题意可得：利润 $y=x(4000-x)-1000x-1800x=-x^2+1200x$　（$0<x<4000$）

当 $x=600$ 时，y 的最大值是 360000.

答：企业用工 600 人时，可获得最大利润，最的利润是 360000 元。

2. 分析：（1）通过对销价和销量的关系描点作图，观察表中各点分布在一条直线上，所以 x 与 y 是一个一次函数；（2）销售利润指“除掉成本，纯赚部分”，即有：销售利润=(销售单价−成本)×销售量.

解：（1）作图发现，表中各点分布在一条直线上，故 $f(x)$为一次函数，设 $y=ax+b$，解方程组 $\begin{cases}45a+b=27\\50a+b=12\end{cases}$，得：$a=-3$，$b=162$，故 $y=162-3x$ 为所求的函数关系式，又因 $y\geqslant0$，

$\therefore 0\leqslant x\leqslant54$.

$\therefore x$ 与 y 的一个函数关系式是 $y=162-3x$　（$0\leqslant x\leqslant54$）

（2）依题意得：$P=(x-30)\cdot y=(x-30)\cdot(162-3x)=-3(x-42)^2+432$.

$\therefore$ 当 $x=42$ 时，$y_{max}=432$，即销售单价为 42 元 / 件时，获最大日销售利润 432 元.

答：（1）x 与 y 的一个函数关系式是 $y=162-3x(0\leqslant x\leqslant 54)$；（2）当销售单价为 42 元时，利润最大为 432。

3．解：设提高 x 个 2 元，则销售收入

$y=(20+2x)(300-10x)=-20x^2+400x+6000$

当 $x=10$ 时，销售收入最大 8000 元，20+20=40，

答：销售单价为 40 元时，销售收入最大 8000 元.

4．解：（1）3600−3000=600　600÷50=12　100−12=88，

所以每辆车的月租金定为 3600 元时，能租出 88 辆车；

（2）设每辆车的月租金增加 x 个 50 元时，租赁公司的月收益最大.

$y=(3000+50x)(100-x)-150(100-x)-50x$

$=-50x^2+2100x+285000$

当 $x=21$ 时，y 取最大值 307050．3000+21×50=4050（元）

答：当每辆车的月租金定为 4050 元时，租赁公司的月收益最大，最大月收益是 307050 元.

5．解：设 A 地到 B 地 x 公里，

当 $x\leqslant 3$ 时，第二种方案省钱；

当 $x>3$ 时，第一种方案车费：$10+1.2(x-3)$　第二种方案车费：$8+1.4(x-3)$

令 $10+1.2(x-3)=8+1.4(x-3)$ 解得 $x=13$(公里)

答：当 $x=13$ 时，两种方案花费一样；$x<13$ 第二种方案省钱；$x>13$ 时，第一种方案省钱.

§3.6　高考链接

1．C　2．B　3．D　4．D　5．D　6．A　7．D　8．D　9．B　10．C　11．B 12．A　13．D　14．D　15．D　16．A　17．C　18．B　19．D　20．A　21．A　22．C 23．C　24．D　25．D　26．A　27．D　28．D　29．A　30．−5　31．26

32．（1）$p=-x+160(60\leqslant x\leqslant 160)$；（2）当 $x=110$ 时，$y_{max}=2500$

33．（1）证明：函数定义域为 R，$f(-x)=\dfrac{-x}{(-x)^2+1}=-\dfrac{x}{x^2+1}=-f(x)$，

所以函数是奇函数；

（2）$f(a)<f(b)$.

34．（1）该市居民用电量的基础电价是 0.5 元/度.

（2）该居民 8 月份应付电费 162 元

（3）所求函数解析式为：$y=0.8x-30$，$x\in(100, 150]$

35．所截得的矩形的最大面积是 $\dfrac{9\sqrt{3}}{2}$ m^2.

36．（1）y 关于 x 的函数关系式是：$y=200(1+1\%)^x=200\times 1.01^x$ $(x>0)$

（2）$200\times 1.01^x=210$　$x\approx 5$　答：至少需要经过 5 年.

37．（1）实数 m 的取值范围是$(-\infty,1]$；

（2）实数 m 的取值范围是$(-3, 5)$.

第四章　指数函数与对数函数

§4.1　实数指数及其运算

基础训练

1. C　2. D　3. A　4. B　5. C

提升训练

1. B　2. B　3. C　4. C　5. B

§4.2　指数函数

基础训练

1. D　2. B　3. D　4. B　5. C　6. D　7. D　8. B　9. B　10. A

提升训练

1. D　2. D　3. C　4. A　5. A　6. B　7. A　8. A　9. C　10. A

§4.3　对数及其运算

基础训练

1. D　2. A　3. B　4. A　5. A　6. D

提升训练

1. B　2. B　3. B　4. D　5. C　6. B

§4.4　对数函数

基础训练

1. D　2. D　3. C　4. C　5. B　6. A　7. C　8. B　9. D　10. A　11. C　12. A　13. C 14. B　15. D

提升训练

1. C　2. C　3. A　4. A　5. A　6. C　7. C　8. A　9. D　10. A　11. D　12. D　13. C　14. B　15. C

§4.5　高考链接

1. C　2. D　3. C　4. D　5. D　6. C　7. C　8. C　9. A　10. B　11. D　12. 5.96%　13. D　14. D　15. C　16.（1）$a=\frac{1}{4}$ 或 2　（2）实数 t 的取值范围$[-\frac{1}{2},\frac{1}{2})$

17.(1)函数的定义域为（–3,3），函数为奇函数，$a=\frac{\pi}{2}+2k\pi$，（$k\in Z$）

第五章 数　　列

§5.1 数列的概念

基础训练

1. B 2. D 3. C 4. D 5. D 6. B 7. D 8. A

提升训练

1. C 2. C 3. D 4. A 5. C 6. C 7. C 8. B

§5.2 等差数列

基础训练

1. B 2. B 3. A 4. C 5. B 6. A 7. C 8. D 9. A 10. D 11. $a_1=-38$，$S_{15}=-360$ 12. 最大值为 $S_8=64$ 13.（1）$a_n=4n-15$，$n\in N^*$；（2）$n=20$

提升训练

1. B 2. D 3. C 4. B 5. C 6. B 7. B 8. D 9. C 10. C 11. $a_n=2n$，$n\in N^*$ 12. 15 13. 10 或–2 14. 31 15. 145 16. 最大值为 $S_{13}=169$ 17.（1）$a_n=4n-5$，$n\in N^*$；（2）由通项公式便知

§5.3 等比数列

基础训练

1. C 2. A 3. B 4. B 5. C 6. C 7. A 8. D 9. C 10. 这三个数为 3，5，7 11. 这三个数为 2，6，18 或 18，6，2 12. $\frac{1023}{2}$

提升训练

1. C 2. C 3. C 4. B 5. D 6. B 7. B 8. A 9. D 10. $-\frac{27}{2}$ 11. $\frac{\sqrt{5}-1}{2}$ 12. 32 13. $a_n=2^{n+1}$ 14. 90 15. 这四个数为 0，4，8，16 或 15，9，3，1 16. $\frac{5^{10}-1}{100}$ 17.（1）略；（2）$b=1$ 18.（1）$a_n=2^n$，$n\in N^*$；（2）$S_{2010}=1005\times2011$

§5.4 数列的应用

基础训练

1. B 2. B 3. B 4. C 5. A 6. B 7. A 8. D 9. C

10．解：第一种方案：十年后付款的本息和为

$28.5\times(1+0.03)^{10}\approx 38.30$(万元)

第二种方案：还款结束时实际付款的本息和为

$10\times(1+0.030)^{10}+2.25\times(1+0.03)^{9}+2.25\times(1+0.03)^{8}+\cdots+2.25$

$=10\times 1.03^{10}+\dfrac{2.25\times(1.03^{10}-1)}{1.03-1}$

$=39.23$（万元）

因此对于购房者来说，采用第一种方案省钱。

提升训练

1．B　2．A　3．B　4．D　5．D　6．D

7．解：设她每月应付款 x 元，

由题意得　$x(1+0.4\%)^{23}+x(1+0.4\%)^{22}+x(1+0.4\%)^{21}+\cdots+x(1+0.4\%)+x$

$=80000(1+0.4\%)^{24}$

即 $x(1.004^{23}+1.004^{22}+1.004^{21}+\cdots+1)=80000\times 1.004^{24}$

解得 $x=3505$.

所以，他每月应付款 3503 元。

§5.5　数列解答题研究

题型一 数列的通项公式和前 n 项和公式的应用

1．解：$x(x-2)=0$，得 $x=0$,(舍去）或 $x=2$，故 $d=2$,

又 $6a_1+\dfrac{6\times 5}{2}d=a_1+5d+10$,代入 $d=2$,得 $a_1=-2$,$a_n=2n-4$

2. 解：$a_1+2d=2$，$a_1+3d+a_1+5d=20$，

二者联立得 $a_1=-6$，$d=4$，

$S_{10}=10a_1+\dfrac{10\times 9}{2}d=120$。

题型二 等差中项与等比中项的应用

1. 解：设插入的两个数为 x，y 则四个数为-2，x，y，16 据题意得

$2x=-2+y$

$y^2=16x$

解这个方程组得 $x=-1$，$y=4$，所以插入的两个数为-1，4.

2．解：由已知得 $2S_2=S_1+S_4$

所以 $2(2a_1+d)=a_1+4a_1+\dfrac{4\times 3}{2}d$，代入 $d=2$，

解得 $a_1=-8$，所以 $a_n=-8+2(n-1)=2n-10$.

题型三 利用 a_n 与 S_n 的关系解决相关问题

1.解：$a_1=S_1=11$，

当 $n>1$ 时，$a_n=S_n-S_{n-1}=3n^2+8n-3(n-1)^2-8(n-1)=6n+5$，

$n=1$ 时 $a_1=6+5=11$ 满足，

所以 $a_n=6n+5$，

由已知得 $b_1+b_2=b_1+b_1+d=11$，$b_2+b_3=b_1+d+b_1+2d=17$

联立解得 $b_1=4$，$d=3$，$b_n=3n+1$。

题型四　涉及数列前 n 项和公式的最值问题

1．解：$2a_1+d=20$，

$4a_1+6d=32$

联立得 $a_1=11$，$d=-2$，$a_n=13-2n$。

（2）$a_n\geqslant 0, a_{n+1}\leqslant 0$ 得 $13-2n\geqslant 0$

$13-2(n+1)\leqslant 0$

解得 $\frac{11}{2}\leqslant n\leqslant\frac{13}{2}$，$n$ 为正整数，$n=6$。

当 $n=6$ 时，$S_6=36$.

题型五　数列的简单应用题

1. 解：由题意，每一排的座位数成等差$\{a_n\}$，$a_{10}=25$，$d=-2$，$n=20$,

$a_1=a_{10}-9d=43$，$S_n=20\times 43+\frac{20\times 19}{2}\times(-2)=480$，

所以电影院的座位数为 480 个。

2. 解：每个月的用电量成等比$\{a_n\}$，$a_1=1$，$q=1-5\%=0.95$

$$S_6=\frac{1\times\left(1-0.95^6\right)}{1-0.95}=5.30。$$

题型六　关于零存整取和分期付款问题

1. 解：设每年需存入 x 万元，则 10 年后的本息和依次为 $x(1+3\%)10$，$x(1+3\%)^9$，…$x(1+3\%)$。所以 $x(1+3\%)+x(1+3\%)^2+\ldots+x(1+3\%)^{10}=20$。即

$$x\frac{1.03-1.03^{10}}{1-1.03}=20$$

解得 $x=1.91$ 万元。

2. 解：设一年后即 2011 年的林场数为 a_1，10 年后林场数为 a_{10}，则

$a_1=1000(1+25\%)-x$,

$a_2=a_1(1+25\%)-x=1000(1+25\%)^2-x(1+25\%)-x$

$a_3=a_2(1+25\%)-x=1000(1+25\%)^3-x(1+25\%)^2-x(1+25\%)-x$

$a_{10}=1000(1+25\%)^{10}-x(1+25\%)^9-x(1+25\%)^8-\ldots-x=2000$

$$x\times\frac{1-1.25^{10}}{1-1.25}=1000(1+25\%)^{10}-2000$$

解得 $x=220$。

所以每年砍掉 220 亩林场。

§5.6　高考链接

1. B　2. A　3. B　4. C　5. C　6. C　7. D　8. B　9. B　10. C　11. 5.96%　12. 第一种方案更省钱　13.（1）3700 棵；（2）176500 棵　14.（1）$a_n=2^n$；（2）$S_{10}=2046$　15. $S_{10}=-55$

16. 18 名.　　17. $a_2=6$, $a_n=\begin{cases}-1 & (n=1)\\ 4n-2 & (n\geqslant 2)\end{cases}$

18. 第一种方案交 45 万，第二种方案交 52.43 万，第一种方案保费较低。

19.（1）$a_n=(\frac{1}{2})^n$，$S_n=\frac{1}{2}n^2+\frac{1}{2}n+1-(\frac{1}{2})^n$

第6章　三　　角

§6.1　任意角的概念与弧度制

基础训练

1. B　2. D　3. A　4. D　5. A　6. 四

提升训练

1. B　2. A　3. D　4. B　5. B　6. B　7. C　8. A　9. B

§6.2　任意角的三角函数

基础训练

1.

α	0	$\frac{\pi}{6}$	$\frac{\pi}{4}$	$\frac{\pi}{3}$	$\frac{\pi}{2}$	$\frac{2\pi}{3}$	$\frac{3\pi}{4}$	$\frac{5\pi}{6}$	π
sinα	0	$\frac{1}{2}$	$\frac{\sqrt{2}}{2}$	$\frac{\sqrt{3}}{2}$	1	$\frac{\sqrt{3}}{2}$	$\frac{\sqrt{2}}{2}$	$\frac{1}{2}$	0
cosα	1	$\frac{\sqrt{3}}{2}$	$\frac{\sqrt{2}}{2}$	$\frac{1}{2}$	0	$-\frac{1}{2}$	$-\frac{\sqrt{2}}{2}$	$-\frac{\sqrt{3}}{2}$	−1
tanα	0	$\frac{\sqrt{3}}{3}$	1	$\sqrt{3}$	不存在	$-\sqrt{3}$	−1	$-\frac{\sqrt{3}}{3}$	0

2. D　3. C　4. C　5. B　6. B　7. D　8. D　9. $-\frac{3\sqrt{10}}{10}$　$-\frac{\sqrt{10}}{10}$

提升训练

1. C　2. A　3. D　4. A　5. B　6. C　7. B

§6.3　同角三角函数的基本关系式

基础训练

1. B　2. C　3. C　4. B　5. C　6. B　7. $\frac{3}{5}$　$\frac{41}{10}$

提升训练

1. C　2. B　3. B　4. $\frac{3\sqrt{10}}{10}$

§6.4　三角函数的诱导公式

基础训练

1.（1）$-\frac{\sqrt{3}}{2}$；（2）$\frac{\sqrt{2}}{2}$；（3）−1；（4）$\frac{\sqrt{3}}{2}$；（5）$-\frac{\sqrt{2}}{2}$；（6）$\sqrt{3}$

2. B　3. A　4. D　5. A　6. A　7. A

提升训练

1. D　2. B　3. C　4. D　5. $\frac{3}{4}$　6. $-\tan^2\alpha$

§6.5　三角函数的图像与性质

基础训练

1. A　2. A　3. D　4. D　5. B　6. D　7. A　8. A　9. A

提升训练

1. B　2. A　3. B　4. B　5. $\{x|x\neq\pi+2k\pi, k\in Z\}$　6. $(-\frac{\pi}{6}+2k\pi, \frac{5\pi}{6}+2k\pi)$（$k\in Z$）

7. 图象略　$y_{max}=2$　$y_{min}=0$

8. 解：$y=2\cos^2x+2\sqrt{3}\sin x-2=2(1-\sin^2x)+2\sqrt{3}\sin x-2=-2\sin^2x+2\sqrt{3}\sin x$

$$=-2(\sin^2x-\sqrt{3}\sin x+\frac{3}{4})+\frac{3}{2}=-2(\sin x-\frac{\sqrt{3}}{2})^2+\frac{3}{2}$$

所以当 $\sin x=\frac{\sqrt{3}}{2}$ 时，$y_{max}=\frac{3}{2}$，此时 x 的取值集合为 $\{x|x=\frac{\pi}{3}+2k\pi$ 或 $x=\frac{2\pi}{3}+2k\pi, k\in Z\}$；

当 $\sin x=-1$ 时，$y_{min}=--2-2\sqrt{3}$，此时 x 的取值集合为 $\{x|x=-\frac{\pi}{2}+2k\pi, k\in Z\}$。

§6.6 正弦型函数

基础训练

1. B 2. B 3. C 4. B 5. D 6. C 7. D

8. 解：$y_{max}=5-3\times(-1)=8$，此时 $2x-\frac{\pi}{4}=-\frac{\pi}{2}+2k\pi$，$k\in Z$；$2x=-\frac{\pi}{4}+2k\pi$，$k\in Z$；

$x=-\frac{\pi}{8}+k\pi$，$k\in Z$；所以函数取最大值时 x 的集合为 $\{x|x=-\frac{\pi}{8}+k\pi, k\in Z\}$。

$y_{min}=5-3\times1=2$，此时 $2x-\frac{\pi}{4}=\frac{\pi}{2}+2k\pi$，$k\in Z$；$2x=\frac{3\pi}{4}+2k\pi$，$k\in Z$；

$x=\frac{3\pi}{8}+k\pi$，$k\in Z$；所以函数取最小值时 x 的集合为 $\{x|x=\frac{3\pi}{8}+k\pi, k\in Z\}$。

提升训练

1. C 2. B 3. D 4. C 5. $[\frac{5\pi}{12}+k\pi, \frac{11\pi}{12}+k\pi]$（$k\in Z$）

6. 解：由 $-\frac{\pi}{2}+2k\pi\leqslant 2x+\frac{\pi}{4}\leqslant\frac{\pi}{2}+2k\pi$，$k\in Z$

得 $-\frac{3\pi}{4}+2k\pi\leqslant 2x\leqslant\frac{\pi}{4}+2k\pi$，$k\in Z$

$\therefore -\frac{3\pi}{8}+k\pi\leqslant x\leqslant\frac{\pi}{8}+k\pi$，$k\in Z$

$\therefore$ 函数 $y=2\sin(2x+\frac{\pi}{4})$ 的单调递增区间为 $[-\frac{3\pi}{8}+k\pi, \frac{\pi}{8}+k\pi]$（$k\in Z$）

由 $\frac{\pi}{2}+2k\pi\leqslant 2x+\frac{\pi}{4}\leqslant\frac{3\pi}{2}+2k\pi$，$k\in Z$

得 $\frac{\pi}{4}+2k\pi\leqslant 2x\leqslant\frac{5\pi}{4}+2k\pi$，$k\in Z$

$\therefore \frac{\pi}{8}+k\pi\leqslant x\leqslant\frac{5\pi}{8}+k\pi$，$k\in Z$

$\therefore$ 函数 $y=2\sin(2x+\frac{\pi}{4})$ 的单调递减区间为 $[\frac{\pi}{8}+k\pi, \frac{5\pi}{8}+k\pi]$（$k\in Z$）

图象略。

§6.7 已知三角函数值求角

基础训练

1. $-\frac{\pi}{4}$ 2. 30° 3. π 4. 135° 5. $-\frac{\pi}{6}$ 6. 45°

提升训练

1. C 2. A 3. B 4. $\frac{\pi}{4}$ 或 $\frac{3\pi}{4}$ 5. π 6. $\frac{5\pi}{6}$ 或 $\frac{11\pi}{6}$

§6.8 和角公式与倍角公式

基础训练

1．B 2．C 3．B 4．D 5．B 6．C 7．B 8．D

9．解：（1）$f(x)=\vec{a}\cdot\vec{b}=(m,\ \cos2x)\cdot(1+\sin2x,\ 1)=m(1+\sin2x)+\cos2x$

$=m+m\sin2x+\cos2x$。

因为函数 $y=f(x)$ 的图象经过点 $(\frac{\pi}{4},\ 2)$，即 $f(\frac{\pi}{4})=2$，

所以 $m+m\sin\frac{\pi}{2}+\cos\frac{\pi}{2}=2$，解得 $m=1$.

（2）因为 $f(x)=1+\sin2x+\cos2x=1+\sqrt{2}\sin(2x+\frac{\pi}{4})$，因此，函数 $f(x)$ 的最小值为 $1-\sqrt{2}$。

当函数 $f(x)$ 取最小值时，$2x+\frac{\pi}{4}=-\frac{\pi}{2}+2k\pi$，$k\in Z$。

解得 $x=-\frac{3\pi}{8}+k\pi$，$k\in Z$。因此，使函数 $f(x)$ 取最小值时 x 的取值集合是 $\{x|x=-\frac{3\pi}{8}+k\pi,\ k\in Z\}$。

提升训练

1．C 2．B 3．A 4．C 5．A 6．C 7．B 8．A 9．5 10．$f(x_1)>f(x_2)$

11．解：$\because\cos\alpha-\cos\beta=\frac{1}{2}$，$\therefore(\cos\alpha-\cos\beta)^2=\frac{1}{4}$

$\therefore\cos^2\alpha+\cos^2\beta-2\cos\alpha\cos\beta=\frac{1}{4}$ ①

$\because\sin\alpha-\sin\beta=\frac{1}{3}$，$\therefore(\sin\alpha-\sin\beta)^2=\frac{1}{9}$

$\therefore\sin^2\alpha+\sin^2\beta-2\sin\alpha\sin\beta=\frac{1}{9}$ ②

由①+②得 $2-2(\cos\alpha\cos\beta+\sin\alpha\sin\beta)=\frac{13}{36}$，

即 $2-2\cos(\alpha-\beta)=\frac{13}{36}$，

解得 $\cos(\alpha-\beta)=\frac{59}{72}$。

12．解：$\because y=1-2\sin^2x+2\sin x\cos x=\cos2x+\sin2x=\sqrt{2}\sin(2x+\frac{\pi}{4})$

$\therefore y_{max}=\sqrt{2}$，$y_{min}=-\sqrt{2}$，$T=\frac{2\pi}{2}=\pi$。

13．解：$\because y=\sin2x+\cos^2x+3\sin^2x=\sin2x+1+2\sin^2x-1+1$

$=\sin2x-\cos2x+2=\sqrt{2}\sin(2x-\frac{\pi}{4})+2$

$\therefore y_{max}=\sqrt{2}+2$，$y_{min}=2-\sqrt{2}$。

14．解：$\because y=\sqrt{3}\sin 2x+\cos 2x=2\left(\frac{\sqrt{3}}{2}\sin 2x+\frac{1}{2}\cos 2x\right)=2\sin\left(2x+\frac{\pi}{6}\right)$

$\therefore$①$T=\frac{2\pi}{2}=\pi$

②$y_{max}=2$，此时 $2x+\frac{\pi}{6}=\frac{\pi}{2}+2k\pi$，$k\in Z$，解得 $x=\frac{\pi}{6}+k\pi$，$k\in Z$

所以，使函数 $f(x)$取最大值时 x 的取值集合是$\{x|x=\frac{\pi}{6}+k\pi，k\in Z\}$。

$y_{min}=-2$，此时 $2x+\frac{\pi}{6}=-\frac{\pi}{2}+2k\pi$，$k\in Z$，解得 $x=-\frac{\pi}{3}+k\pi$，$k\in Z$

所以，使函数 $f(x)$ 取最小值时 x 的取值集合是$\{x|x=-\frac{\pi}{3}+k\pi，k\in Z\}$。

③由$-\frac{\pi}{2}+2k\pi\leqslant 2x+\frac{\pi}{6}\leqslant\frac{\pi}{2}+2k\pi$，$k\in Z$

得$-\frac{2\pi}{3}+2k\pi\leqslant 2x\leqslant\frac{\pi}{3}+2k\pi$，$k\in Z$

$\therefore -\frac{\pi}{3}+k\pi\leqslant x\leqslant\frac{\pi}{6}+k\pi$，$k\in Z$

所以函数的单调递增区间为$[-\frac{\pi}{3}+k\pi，\frac{\pi}{6}+k\pi]$（$k\in Z$）

由$\frac{\pi}{2}+2k\pi\leqslant 2x+\frac{\pi}{6}\leqslant\frac{3\pi}{2}+2k\pi$，$k\in Z$

得$\frac{\pi}{3}+2k\pi\leqslant 2x\leqslant\frac{4\pi}{3}+2k\pi$，$k\in Z$

$\therefore\frac{\pi}{6}+k\pi\leqslant x\leqslant\frac{2\pi}{3}+k\pi$，$k\in Z$

所以函数的单调递减区间为$[\frac{\pi}{6}+k\pi，\frac{2\pi}{3}+k\pi](k\in Z)$

15．解：（1）$f(x)=2\cos x\sin(x+\frac{\pi}{3})-\sqrt{3}\sin^2 x+\sin x\cos x$

$=2\cos x(\frac{1}{2}\sin x+\frac{\sqrt{3}}{2}\cos x)-\sqrt{3}\sin^2 x+\sin x\cos x$

$=2\sin x\cos x+\sqrt{3}(\cos^2 x-\sin^2 x)$

$=\sin 2x+\sqrt{3}\cos 2x=2(\frac{1}{2}\sin 2x+\frac{\sqrt{3}}{2}\cos 2x)$

$=2(\sin 2x\cos\frac{\pi}{3}+\cos 2x\sin\frac{\pi}{3})=2\sin(2x+\frac{\pi}{3})$

所以 $y_{max}=2$，$y_{min}=-2$，$T=\frac{2\pi}{2}=\pi$。

（2）令 $2x+\frac{\pi}{3}=\frac{\pi}{2}+2k\pi$（$k\in Z$），解得 $x=\frac{\pi}{12}+k\pi(k\in Z)$，因此使函数取得最大值的 x 的集合是$\{x|x=\frac{\pi}{12}+k\pi，k\in Z\}$。

令 $2x+\frac{\pi}{3}=-\frac{\pi}{2}+2k\pi$（$k\in Z$），解得 $x=-\frac{5\pi}{12}+k\pi$（$k\in Z$），因此使函数取得最小值的 x 的集

合是$\{x|x=-\frac{5\pi}{12}+k\pi，k\in Z\}$。

（3）列表如下：

x	$-\frac{\pi}{6}$	$\frac{\pi}{12}$	$\frac{\pi}{3}$	$\frac{7\pi}{12}$	$\frac{5\pi}{6}$
$2x+\frac{\pi}{3}$	0	$\frac{\pi}{2}$	π	$\frac{3\pi}{2}$	2π
$2\sin(2x+\frac{\pi}{3})$	0	2	0	−2	0

描点、作图

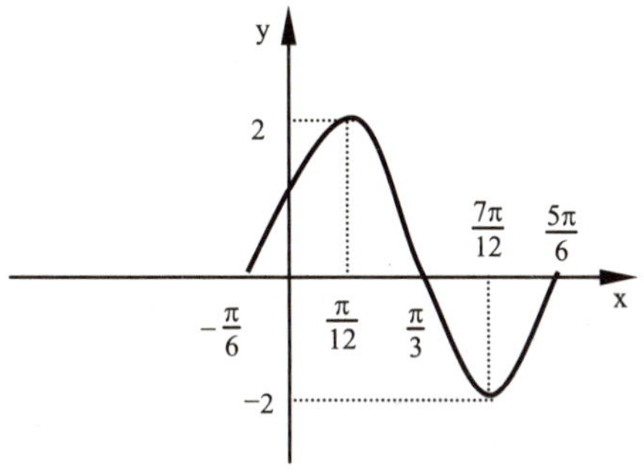

得到函数在$[-\frac{\pi}{6}，\frac{5\pi}{6}]$一个周期上的图象。

（4）函数的单调递增区间是$[-\frac{5\pi}{12}+k\pi，\frac{\pi}{12}+k\pi](k\in Z)$，

函数的单调递减区间是$[\frac{\pi}{12}+k\pi，\frac{7\pi}{12}+k\pi](k\in Z)$.

§6.9 解三角形

基础训练

1．A 2．C 3．D 4．A 5．120° 6．$\frac{\sqrt{11}}{2}$

提升训练

1．C 2．C 3．A 4．B 5．D 6．C 7．A 8．$\sqrt{3}$ 9．49

10．解：（1）由正弦定理$\frac{a}{\sin A}=\frac{b}{\sin B}$，得到$\frac{3}{\sin A}=\frac{2\sqrt{6}}{\sin 2A}$，

也就是$\frac{3}{\sin A}=\frac{2\sqrt{6}}{2\sin A\cos A}$，解得$\cos A=\frac{\sqrt{6}}{3}$，

所以$\cos B=\cos 2A=2\cos^2 A-1=2\times(\frac{\sqrt{6}}{3})^2-1=\frac{1}{3}$。

（2）因为$\cos A=\frac{\sqrt{6}}{3}$，$0<A<\pi$，

所以 $\sin A=\sqrt{1-\cos^2 A}=\sqrt{1-\left(\frac{\sqrt{6}}{3}\right)^2}=\frac{\sqrt{3}}{3}$，

因为 $\cos B=\frac{1}{3}$，$0<B<\pi$，

所以 $\sin B=\sqrt{1-\cos^2 B}=\sqrt{1-\left(\frac{1}{3}\right)^2}=\frac{2\sqrt{2}}{3}$．

$\sin C=\sin[\pi-(A+B)]=\sin(A+B)=\sin A\cos B+\cos A\sin B$

$=\frac{\sqrt{3}}{3}\times\frac{1}{3}+\frac{\sqrt{6}}{3}\times\frac{2\sqrt{2}}{3}=\frac{5\sqrt{3}}{9}$．

由正弦定理 $\frac{a}{\sin A}=\frac{c}{\sin C}$，

得到 $c=\frac{a\sin C}{\sin A}=\frac{3\times\frac{5\sqrt{3}}{9}}{\frac{\sqrt{3}}{3}}=5$.

11．解：（1）∵$2\sin(A+B)-\sqrt{3}=0$，∴$\sin(A+B)=\frac{\sqrt{3}}{2}$，

∴$\sin[\pi-(A+B)]=\frac{\sqrt{3}}{2}$，∴$\sin C=\frac{\sqrt{3}}{2}$，

又∵$\triangle ABC$ 是锐角三角形，

∴$\angle C=60°$。

（2）∵a，b 是方程 $x^2-2\sqrt{3}x+2=0$ 的两个根

∴$a+b=2\sqrt{3}$，$ab=2$

又∵$\cos C=\frac{1}{2}$

∴$c^2=a^2+b^2-2ab\cos C=a^2+b^2-ab=(a+b)^2-3ab=12-6=6$，

∴$c=\sqrt{6}$

（3）$S_{\triangle ABC}=\frac{1}{2}ab\sin C=\frac{1}{2}\times 2\times\frac{\sqrt{3}}{2}=\frac{\sqrt{3}}{2}$．

§6.10 三角解答题研究

题型一 同角三角函数关系式的应用

1 解：由已知得 $\tan\alpha=2$

（1）原式分子分母可以同除以 $\cos\alpha$ 得 $\frac{\tan\alpha+3}{\tan\alpha-1}=5$

（2）$\sin 2\alpha=2\sin\alpha\cos\alpha=\frac{2\sin\alpha\cos\alpha}{\sin^2\alpha+\cos^2\alpha}=\frac{2\tan\alpha}{\tan^2\alpha+1}=\frac{10}{11}$.

2 解：A 为三角形内角，$0<A<1800$，$\tan A=3>0$，

可得 $0<A<90°$，故有 $\sin A>0$，$\cos A>0$，则

$\dfrac{\sin A}{\cos A}=3$

$\sin^2 A+\cos^2 A=1$

解得 $\sin A=\dfrac{3\sqrt{10}}{10}$，$\cos A=\dfrac{\sqrt{10}}{10}$。

题型二　任意角三角函数定义的应用

1. 解：设 OP，OQ 与 OX 轴正半轴夹角分别为 α,β，则 $\angle POQ=\alpha-\beta$

$|OP|=\sqrt{5}$，$\sin\alpha=\dfrac{2\sqrt{5}}{5}$，$\cos\alpha=-\dfrac{\sqrt{5}}{5}$，同理 $\sin\beta=\dfrac{4}{5}$，$\cos\beta=\dfrac{3}{5}$。

$\cos\angle POQ=\cos(\alpha-\beta)=\cos\alpha\cos\beta+\sin\alpha\sin\beta=\dfrac{\sqrt{5}}{5}$。

题型三　和角公式、倍角公式以及化一公式的应用

1. 解：$f(x)=2\cos x(\dfrac{1}{2}\sin x-\dfrac{\sqrt{3}}{2}\cos x)+\sqrt{3}\sin^2 x+\sin x\cos x$

$=\sin x\cos x-\sqrt{3}\cos^2 x+\sqrt{3}\sin^2 x+\sin x\cos x$

$=-\sqrt{3}(\cos^2 x-\sin^2 x)$

$=-\sqrt{3}\cos 2x$

（1）$f(x)_{max}=\sqrt{3}$，$f(x)_{min}=-\sqrt{3}$，$T=\pi$

（2）即 $\cos 2x$ 的单调递增区间

$2k\pi-\pi\leqslant 2x\leqslant 2k\pi\quad k\in Z$。

$k\pi-\dfrac{\pi}{2}\leqslant x\leqslant k\pi$，

所以 $f(x)$ 的单调递减区间为 $[k\pi-\dfrac{\pi}{2}，k\pi]\ k\in Z$

题型四　三角计算与向量的结合

1. 解：$f(x)=\sin x(\sin x-\cos x)-\cos x(-3\cos x+\sin x)$

$=\sin^2 x-\sin x\cos x+3\cos^2 x-\sin x\cos x$

$=2\cos^2 x-2\sin x\cos x+1$

$=\cos 2x-\sin 2x+2$

$=\sqrt{2}\sin(2x-\dfrac{\pi}{4})+2$

$f(x)\max=2+\sqrt{2}$，$T=\pi$。

题型五　综合二次函数求最值问题

1. 解：$y=1-\cos^2x+\cos x-1=-\cos^2x+\cos x$，

设 $\cos x=t$，$-1\leqslant t\leqslant 1$，

$y=-t^2+t=-(t-\frac{1}{2})^2+\frac{1}{4}\quad -1\leqslant t\leqslant 1$

当 $t=\frac{1}{2}$ 时，y 有最大值 $\frac{1}{4}$，此时 $\sin x=\frac{1}{2}$，

$x\in\{x\mid x=2k\pi+\frac{\pi}{6}或x=2k\pi+\frac{5}{6}\pi,k\in Z\}$

题型六　有关正弦型函数图像的问题

1. 解：$y=\sin(2x+\frac{\pi}{3})$ 的图象向右平移 $\frac{\pi}{6}$ 个单位得 $y=\sin[2(x-\frac{\pi}{6})+\frac{\pi}{3}]=\sin 2x$，各点的横坐标伸长到原来的 2 倍得 $f(x)=\sin(\frac{1}{2}\times 2x)=\sin x$。

（2）单调递增区间为 $[2k\pi-\frac{\pi}{2}，2k\pi+\frac{\pi}{2}]k\in Z$

题型七　解三角形问题

1. 解：（1）$\sin(A+B)=\sin C=\frac{\sqrt{3}}{2}$，又 $\triangle ABC$ 是锐角三角形，$C=\frac{\pi}{3}$。

（2）a，b 是方程 $x^2-2\sqrt{3}x+2=0$ 的两个根，$a+b=2\sqrt{3}$，$ab=2$，

由余弦定理 $c^2=a^2+b^2-2ab\cos C$

$=(a+b)^2-2ab-2ab\cos C$

代入 $a+b=2\sqrt{3}$，$ab=2$，$C=\frac{\pi}{3}$，

得 $c^2=12-6=6$，$c=\sqrt{6}$。

2. 解：（1）$\cos C=\frac{a^2+b^2-c^2}{2ab}=\frac{c^2+ab-c^2}{2ab}=\frac{1}{2}$，解得 $C=\frac{\pi}{3}$

（2）$S_\Delta=\frac{1}{2}ab\sin C=\frac{1}{2}ab\sin\frac{\pi}{3}=\sqrt{3}$，得 $ab=4$，

$c^2=a^2+b^2-2ab\cos C=(a+b)^2-2ab-2ab\cos C$

$=(a+b)^2-3ab$

代入 $c=2$，$ab=4$，所以 $a+b=4$，周长为 $a+b+c=6$。

3. 解：由题意，$AB=20\sqrt{2}$，$AC=10$，$\angle BAC=45^0-\theta$，

已知得 $\cos\theta=\frac{4}{5}$，$\sin\theta=\frac{3}{5}$.

$\cos(45^0-\theta)=\cos45^0\cos\theta+\sin45^0\sin\theta$

$=\frac{7\sqrt{2}}{10}$

$BC^2=AB^2+AC^2-2AB AC\cos(45^0-\theta)=800+100-560=340$，

$BC=18.43$ 海里，所以船速为 $18.43\times2=36.86$ 海里 / 小时。

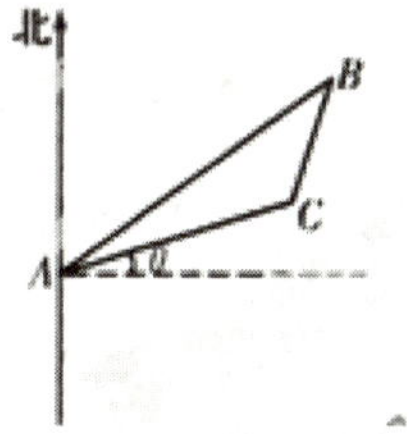

§6.11 高考链接

1. B 2. B 3. D 4. B 5. D 6. B 7. D 8. D 9. A 10. D

11. B 12. A 13. A 14. A 15. B 16. B 17. A 18. A

19. 7 20. $-\frac{3}{4}$ 21. (0，1) 22. $12\sqrt{3}$ 23. $\sqrt{2}+\sqrt{6}$ 24. 2 25. $\frac{3}{4}$ 26. $-\frac{1}{2}$

27. 解：(1) $\because f(x)=2\sin\frac{x}{2}(\sin\frac{x}{2}+\cos\frac{x}{2})-1$

$=2\sin^2\frac{x}{2}+2\sin\frac{x}{2}\cos\frac{x}{2}-1$

$=\sin x-\cos x$

$=\sqrt{2}\sin(x-\frac{\pi}{4})$

$\therefore$ 函数 $f(x)$ 的值域为 $[-\sqrt{2},\sqrt{2}]$。

(2) $\because f(\alpha+\frac{\pi}{4})=1$，

$\therefore\sqrt{2}\sin\alpha=1$，$\sin\alpha=\frac{\sqrt{2}}{2}$，

又 $\because\alpha$ 是三角形的一个内角，$\therefore\alpha=\frac{\pi}{4}$ 或 $\frac{3\pi}{4}$.

28. 解：(1) 由题意得

$OA=25\times2=50$（海里），$OB=15\times2=30$（海里），$\angle AOB=90°+30°=120°$.

由余弦定理得

$AB^2=OA^2+OB^2-2\cdot OA\cdot OB\cdot\cos120°=50^2+30^2-2\times50\times30\times\cos120°=4900$，

解得 $AB=70$（海里）。

即甲、乙两船间的距离 AB 是 70 海里.

（2）由正弦定理可知：$\frac{OB}{\sin\angle OAB}=\frac{AB}{\sin\angle AOB}$，

$$\sin\angle OAB=\frac{OB\sin\angle AOB}{AB}=\frac{30\sin120°}{70}=\frac{3\sqrt{3}}{14},$$

因为在△ABC 中，$\angle AOB=120°$，所以$\angle OAB$ 是锐角，所以$\angle OAB\approx21.79°$，$90°-21.79°=68.21°$．

即此时乙船位于甲船北偏西 68.21° 的方向上。

29．解：由 $P(4,3)$是角 α 终边上的一点，知 $x=4$，$y=3$

得 $r=|OP|=\sqrt{x^2+y^2}=\sqrt{4^2+3^2}=5$，

所以 $\sin\alpha=\frac{y}{r}=\frac{3}{5}$，$\cos\alpha=\frac{x}{r}=\frac{4}{5}$，

所以 $\cos2\alpha=\cos^2\alpha-\sin^2\alpha=(\frac{4}{5})^2-(\frac{3}{5})^2=\frac{7}{25}$,

$\sin2\alpha=2\sin\alpha\cos\alpha=2\times\frac{3}{5}\times\frac{4}{5}=\frac{24}{25}$,

所以 $\sin(\frac{\pi}{6}-2\alpha)=\sin\frac{\pi}{6}\cos2\alpha-\cos\frac{\pi}{6}\sin2\alpha$

$$=\frac{1}{2}\times\frac{7}{25}-\frac{\sqrt{3}}{2}\times\frac{24}{25}=\frac{7-24\sqrt{3}}{50}.$$

30．解：（1）$\vec{a}\cdot\vec{b}=2\sin x\cos x-2\sin^2x$

$$=\sin2x-2\sin^2x=\sin2x+\cos2x-1=\sqrt{2}\sin(2x+\frac{\pi}{4})-1$$

则 $f(x)=\sqrt{2}\sin(2x+\frac{\pi}{4})-1+m$，由 f（x 的最大值是$\sqrt{2}$，所以 $m=1$.

（2）$f(x)=\sqrt{2}\sin(2x+\frac{\pi}{4})$

由 $f(x)=1$，得 $\sin(2x+\frac{\pi}{4})=\frac{\sqrt{2}}{2}$

所以 $2x+\frac{\pi}{4}=\frac{\pi}{4}+2k\pi$或 $2x+\frac{\pi}{4}=\frac{3\pi}{4}+2k\pi$，（$k\in Z$）

又因为 $x\in(0,\frac{\pi}{2})$，解得，$x=\frac{\pi}{4}$。

31．解：（1）函数的最小正周期 $T=\frac{2\pi}{2}=\pi$，因为函数的图象过点（0，1）

所以 $2\sin\varphi=1$，即 $\sin\varphi=\frac{1}{2}$，又因为 $0<\varphi<\frac{\pi}{2}$，所以 $\varphi=\frac{\pi}{6}$.

（2）因为函数 $y=\sin x$ 的单调递增区间是 $[-\frac{\pi}{2}+2k\pi, \frac{\pi}{2}+2k\pi]$（$k\in Z$）

所以 $-\frac{\pi}{2}+2k\pi\leqslant 2x+\frac{\pi}{6}\leqslant\frac{\pi}{2}+2k\pi$，

解得 $-\frac{\pi}{3}+k\pi\leqslant x\leqslant\frac{\pi}{6}+k\pi$，

所以函数的单调递增区间是 $[-\frac{\pi}{3}+k\pi, \frac{\pi}{6}+k\pi]$（$k\in Z$）

32.解：P, Q 两点之间的距离是 27.32m

33.解：原函数式可化为 $y=3\sin(2x-\frac{\pi}{6})$

（1）函数的最小正周期是 π；

（2）函数的单调递减区间是：$[\frac{\pi}{3}+k\pi, \frac{5\pi}{6}+k\pi]$（$k\in Z$）

（3）作图略.

34 解：$\because BC=7, 2AB=3AC, \angle BAC=60°$

$\therefore$ 在 $\triangle ABC$ 中，$BC^2=AB^2+AC^2-2AB\cdot AC\cos\angle BAC$

$\therefore 7^2=\frac{9}{4}AC^2+AC^2-2\times\frac{3}{2}AC^2\times\frac{1}{2}$

$\therefore AC=2\sqrt{7}, AB=3\sqrt{7}$.

$\therefore \cos\angle C=\frac{AC^2+BC^2-AB^2}{2AC\cdot BC}=\frac{1}{2\sqrt{7}}$

由正弦定理 $\frac{AC}{\sin\angle APC}=\frac{PC}{\sin30°}$，$\frac{AB}{\sin\angle BPA}=\frac{BP}{\sin30°}$

又 $\because \sin\angle APC=\sin\angle APB \quad BP+PC=7$

$\therefore PC=\frac{14}{5}, BP=\frac{21}{5}$，

在 $\triangle APC$ 中，$AP^2=AC^2+PC^2-2AC\cdot PC\cos\angle C=\frac{756}{25}$

$\therefore AP=\frac{6\sqrt{21}}{5}$.

第七章　平面向量

§7.1　平面向量的概念与加减运算

基础训练

1. A　2. A　3. C　4. C　5. A　6. C　7. B　8. $\vec{0}$　9. 矩形　10. 作图略

提升训练

1. D　2. A　3. B　4. C　5. A　6. D　7. D　8. D　9. D　10. D

§7.2　数乘向量

基础训练

1. D　2. B　3. C　4. $5\vec{a}-2\vec{b}+\vec{c}$　5. 12，17　6. 2，$-\frac{5}{2}$　7. $\overrightarrow{OG}=\frac{1}{3}(\vec{a}+\vec{b}+\vec{c})$

提升训练

1. A　2. B　3. D　4. C　5. C　6. C　7. B　8. C　9. D

§7.3　平面向量的直角坐标及其运算

基础训练

1. A　2. B　3. C　4. B　5. C　6. D　7. B　8. B　9. D　10. 12,-4

提升训练

1. C　2. B　3. C　4. B　5. D　6. D　7. B　8. B　9. $(-2, \frac{11}{2})$　10. $(\frac{\sqrt{5}}{5}, -\frac{2\sqrt{5}}{5})$

11. −4　12. (3，−1)　13. $AD=\frac{\sqrt{2}}{2}$

§7.4　平面向量的内积

基础训练

1. D　2. B　3. B　4. A　5. B　6. C　7. B　8. C　9. B　10. D

11. 25　12. $\lambda>\frac{1}{2}$　13. 90°　14. (0，1)　15.（1）$\sqrt{5}$;（2）45°

提升训练

1. B　2. A　3. C　4. C　5. D　6. C　7. C　8. C　9. C　10. A

11. D　12. C　13. A　14. C　15. A　16. A　17. A　18. C　19. C　20. A

§7.5　高考链接

1. A　2. C　3. B　4. A　5. B　6. D　7. C　8. C　9. A　10. (0, 1)

11. B　12. D　13. A　14. B　15. A　16. C　17. C　18. A　19. D　20. A

第八章 解析几何

§8.1 直线方程——点向式和点法式

基础训练

1. A 2. A 3. B 4. D 5. C 6. A 7. A

提升训练

1. B 2. B 3. C 4. A 5. A 6. D 7. B

§8.2 直线方程——点斜式和一般式

基础训练

1. A 2. A 3. B 4. C 5. D 6. C

提升训练

1. A 2. B 3. A 4. B 5. B 6. D

§8.3 两条直线的位置关系

基础训练

1. C 2. D 3. A 4. D 5. C 6. B

提升训练

1. A 2. B 3. D 4. C 5. D 6. D

§8.4 点到直线的距离

基础训练

1. A 2. D 3. A 4. C 5. C

提升训练

1. B 2. D 3. C 4. D 5. C

§8.5 线性规划问题

基础训练

1. D 2. C 3. C 4. A

提升训练

1. B 2. C 3. A 4. C

§8.6　圆的方程

基础训练

1. B　2. C　3. B　4. C　5. A

提升训练

1. B　2. B　3. C　4. B　5. B

§8.7　直线与圆的位置关系

基础训练

1. C　2. B　3. D　4. D　5. B　6. B　7. A　8. D

提升训练

1. A　2. B　3. A　4. B　5. B　6. C　7. $5x-12y+26=0$ 或 $x=2$
8.（1）$2x+y=0$；　（2）最大弦长 $4\sqrt{2}$，最小弦长 $2\sqrt{3}$.

§8.8　椭圆

基础训练

1. A　2. B　3. C　4. C　5. C　6. C　7. D　8. C　9. A

提升训练

1. C　2. A　3. C　4. A　5. D　6. A　7. A

§8.9　双曲线

基础训练

1. D　2. D　3. B　4. C　5. B　6. A　7. C　8. B　9. A　10. D

提升训练

1. A　2. C　3. D　4. B　5. D　6. D　7. A　8. A　9. D　10. B

§8.10　抛物线

基础训练

1. D　2. C　3. C　4. A　5. B　6. A　7. C　8. B　9. C　10. D

提升训练

1. A　2. C　3. C　4. B　5. A　6. C　7. D　8. C　9. C　10. B

§8.11　二次曲线典型题目研究

一、有关直线与二次曲线相交，涉及弦长公式的题目

1. $m=\pm1$　2. $y^2=4x$　3. $|MN|=|y_1+y_2|+p=8$　4. $m=\frac{87}{3}$

二、在二次曲线中涉及中点的题目

1. $y=\frac{9}{8}x-\frac{5}{4}$　2.（1）$\frac{x^2}{25}+\frac{y^2}{16}=1$；（2）$(\frac{3}{2},-\frac{6}{5})$

三、在二次曲线中涉及垂直、内积的题目

1. $m=2\sqrt{2}$

2.（1）$\frac{x^2}{2}-\frac{y^2}{2}=1$；（2）$M(\sqrt{2},\sqrt{2})$；

3.（1）$y=-x+4$；（2）$y^2=4x$；

4. 利用向量内积等于零证明垂直

5. $\overrightarrow{OA}\cdot\overrightarrow{OB}=-1$

6. $\overrightarrow{PF_1}\cdot\overrightarrow{PF_2}=0$

四、在二次曲线中涉及到面积的题目

1. ΔF_1PF_2的面积是$9\sqrt{3}$

2. ΔF_1PF_2的面积是16

3. 利用弦长公式，求MN的长，弦MN的长是480；
求F_2到MN的距离是$7\sqrt{2}$，利用面积公式，求出$\triangle MNF_2$的面积为$1680\sqrt{2}$.

4. $y^2=2x$

五、在二次曲线中涉及到相切的题目

1. 最短距离为$\sqrt{2}$　2. $P(\frac{1}{2},\frac{1}{2})$

3.（1）$b=-1$；（2）$(x-2)^2+(y-1)^2=4$

六、在双曲线中涉及共渐近线的题目

1. $\frac{y^2}{27}-\frac{x^2}{12}=1$　2. $\frac{y^2}{25}-\frac{x^2}{16}=1$

七、两种二次曲线相结合的题目

1.（1）$x^2-\frac{y^2}{3}=1$；（2）$Q(8,-12)$　2. $e=\frac{1}{3}$　3. $\frac{x^2}{4}-\frac{y^2}{12}=1$

4.（1）$m=8$；（2）$P(\frac{3}{2},\sqrt{6})$　$Q(\frac{3}{2},-\sqrt{6})$

§8.12　高考链接

1. D　2. A　3. B　4. C　5. A　6. A　7. A　8. B　9. D　10. A
11. A　12. A　13. A　14. A　15. A　16. B　17. B　18. C　19. A　20. C
21. A　22. B　23. A　24. D　25. B　26. A　27. C　28. C　29. A　30. B
31. D　32. B　33. A　34. D　35. B　36. B　37. B　38. D　39. C　40. B
41. $x-2y+2=0$　42. $\frac{x^2}{12}-\frac{y^2}{4}=1$　43. 5　44. 8　45. $\frac{\sqrt{5}}{5}$
46. $2\sqrt{7}$　47. 5　48. 24　49. $\frac{3}{5}$
50.（1）$\frac{x^2}{100}+\frac{y^2}{64}=1$；（2）$\Delta PF_1F_2$的面积$\frac{64\sqrt{3}}{3}$

51.（1）$\frac{x^2}{16}+\frac{y^2}{4}=1$；（2）$n=\pm1$

52.（1）$x^2-\frac{y^2}{3}=1$；（2）$y=3x-\sqrt{7}-1$

53.（1）$\frac{x^2}{4}+y^2=1$；（2）利用向量内积等于零证明垂直。

54.（1）$e=\frac{\sqrt{2}}{2}$；（2）$\frac{x^2}{10}+\frac{y^2}{5}=1$

55.（1）$y^2=\frac{5}{2}x$；（2）$2x-y-5=0$

56. （1）双曲线的标准方程是 $x^2-\frac{y^2}{3}=1$

双曲线的离心率 $e=2$

双曲线的渐近线方程 $y=\pm\sqrt{3}\,x$

（2）$\triangle PMN$ 面积的最小值为 $15\sqrt{5}$.

57.（1）椭圆的标准方程是 $\frac{x^2}{4}+\frac{y^2}{3}=1$

（2）线段 AB 的长为 $\frac{30\sqrt{5}}{19}$.

58. 解:（1）把 M（2，$2\sqrt{6}$ ）代入 $y^2=2px$，得 $p=6$,

所以，抛物线的方程是 $y^2=12x$.

$F_2(3,0)$，M（2，$2\sqrt{6}$ ）在双曲线上，

$\frac{4}{a^2}-\frac{24}{b^2}=1$ ，$a^2+b^2=9$，　　　$a^2=1$，$b^2=8$，

所以，双曲线方程为：$x^2-\frac{y^2}{8}=1$.

（2）双曲线 $x^2-\frac{y^2}{8}=1$ 在一、三象限的渐近线为 $2\sqrt{2}\,x-y=0$，

设 l 的方程为 $2\sqrt{2}\,x-y+D=0$，

$A(x_1,\ y_1)$ 、$B(x_2,\ y_2)$ ，

则 $\begin{cases}2\sqrt{2}\,x-y+D=0\\ y^2=12x\end{cases}$

消去 y 得：$8x^2+(4\sqrt{2}\,D-12)x+D^2=0$

所以，$x_1+x_2=\frac{3-\sqrt{2}\,D}{2}$ ，$y_1+y_2=3\sqrt{2}$ ，

$\frac{x_1+x_2}{2}=\frac{3-\sqrt{2}\,D}{4}$，$\frac{y_1+y_2}{2}=\frac{3\sqrt{2}}{2}$

所以，$8\left(\frac{3-\sqrt{2}\,D}{4}\right)^2-\left(\frac{3\sqrt{2}}{2}\right)^2=8$ ，

解方程得: $D=4\sqrt{2}$ (舍去)或 $D=-\sqrt{2}$ ，

所求直线 l 的方程是 $2\sqrt{2}\,x-y-\sqrt{2}=0$.

第九章　立 体 几 何

§9.1　空间几何体

基础训练

1. B　2. C　3. C　4. 7　5. 6　6. $\sqrt{3}$

提升训练

1. B　2. D　3. 8，6，24　4. $1:\sqrt{3}$　5. $\sqrt{16\pi^2+9}$

§9.2　空间几何体的表面积与体积

基础训练

1. 100　2. $\frac{4\sqrt{3}}{3}$　3. $16\sqrt{5}$　4. 54π　5. $\frac{\sqrt{3}}{3}\pi$　6. 180°　7. 6π　8. 3

9. $S_{正}>S_{柱}>S_{球}$

提升训练

1. $\frac{20736\sqrt{14}}{49}$　2. $\sqrt{3}:1$　3. 16π　4. $3:4$　5. $2\pi+1:2\pi$　6. 4　7. 11π　8. 12π

9. 4倍，8倍

§9.3　平面的基本性质

基础训练

1. C　2. C　3. D　4. D　5. D　6. D　7. C　8. A　9. B　10. A

提升训练

1. D　2. C　3. D　4. C　5. C　6. C　7. C　8. C

§9.4　空间中两直线的位置关系

基础训练

1. D　2. D　3. B　4. C　5. C　6. C　7. D　8. D　9. D　10. C

11.（1）45°；（2）60°；（3）$\frac{\sqrt{10}}{5}$　12.（1）菱形；（2）$\frac{\sqrt{6}\,a^2}{2}$

提升训练

1. B　2. D　3. B　4. C　5. A　6. C　7. C　8. A　9. D

10.（1）90°；（2）45°；（3）60°

§9.5 直线与平面的位置关系

基础训练

1. D 2. B 3. C 4. D 5. B 6. B

7. 略 8. 略 9. 45° 10.（1）略；（2）$\frac{3\sqrt{2}}{4}$

提升训练

1. D 2. B 3. B 4. B 5. D 6. C

7. $\sqrt{7}$ 8. $\frac{\sqrt{10}}{4}$ 9.（1）60°；（2）$8\sqrt{2}$ 10. 略

§9.6 平面与平面的位置关系

基础训练

1. D 2. B 3. B 4. D 5. D 6. A 7. 略 8.（1）略；（2）$\frac{\sqrt{3}}{3}$ 9.（1）$\frac{2\sqrt{5}}{5}$；（2）略

提升训练

1. A 2. B 3. D 4. C 5. D 6.（1）$\frac{\sqrt{7}}{2}$；（2）$\frac{2\sqrt{3}}{3}$ 7.（1）略；（2）$\frac{2}{3}$

§9.7 典型立体几何题目研究

一、判断命题真假

1. C 2. A 3. A 4. A 5. B

二、夹角问题

6. B 7. A 8. D

三、几何体的表面积与体积问题

9. $\frac{4\sqrt{3}}{3}$ 10. 8 11. 3π 12. 36π 13. $\frac{3\sqrt{3}}{4}$

四、距离或棱长问题

14. $\frac{\sqrt{2}}{2}a$ 15. 3 16. $2\sqrt{3}$

五、折图问题

17. C 18. A 19. A

六、综合性问题

20. 略 21. 略 22.（1）$\frac{1}{6}$ （2）略

§9.8 高考链接

1. D 2. C 3. C 4. D 5. C 6. D 7. D 8. B 9. $4\pi^2$ 10. 8

11. π　12. 6　13. $\frac{8\sqrt{3}}{3}\pi$　14. $8h$　15. 3π　16. 3π　17.③④ 18.（1）略　（2）$\frac{3\sqrt{2}}{4}$

19.（1）略；（2）60°　20. 略　21.（1）$\frac{1}{6}$；（2）略　22. 略　23.（1）$\frac{3}{4}$　（2）略

24. （1）证明略，（2）圆柱与三棱锥 $D\text{-}AMB$ 体积的比值是 3π（写成 9.42 亦可）.

25.(1)证明略（2）DE 与平面 ABC 所成角的正切值是 2.

26. 解：（1）取 MA 的中点 E，连结 NE、DE，

则 $EA\parallel NB$, 且 $EA=NB=1$ ，

∴ 四边形 $ABNE$ 为平行四边形，

∴ $NE\parallel AB$，且 $NE=AB$，

∵ $CD\parallel AB$，且 $CD=AB$，

∴ $NE\parallel CD$，且 $NE=CD$，

∴ 四边形 $NCDE$ 是平行四边形.

∴ $NC\parallel ED$，

又∵ED 在平面 MAD 内.

∴$NC\parallel$平面 MAD

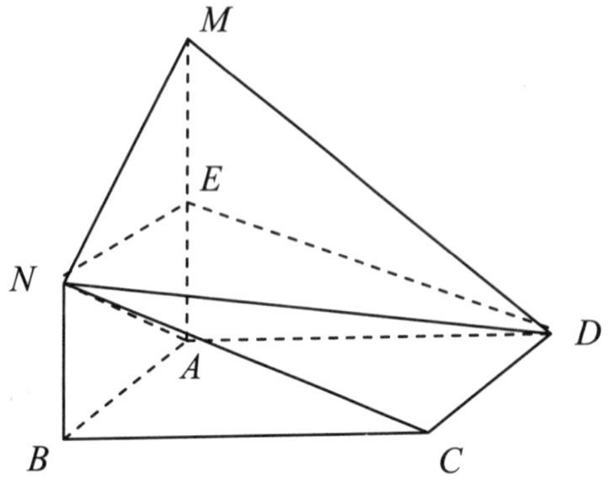

(2) 由（1）可知 $NE\perp MA$ 、$NE\perp AD$ ，

∴$NE\perp$平面 MAD

在棱锥 $M\text{-}NAD$ 中，ΔMAD 是底面，NE 是高.

$\therefore V_{M-NAD}=\frac{1}{3}S_{\Delta MAD}\cdot NE=\frac{1}{3}\times\frac{1}{2}\times2\times2\times1=\frac{2}{3}$.

第十章　排列、组合、二项式定理.概率与统计初步

§10.1　计数的基本原理

基础训练

1. A　2. D　3. A　4. C　5. C　6. A

7.（1）10；（2）21　8. 16　9.（1）6；（2）8　10. 200

提升训练

1. D　2. D　3. B　4. A　5. A　6. A　7. B　8. C　9. C　10. A

§10.2　排列与排列数公式

基础训练

1. C　2. C　3. A　4. C　5. B　6. A　7. B　8. C　9. 24

提升训练

1. A　2. C　3. C　4.（1）496；（2）992　5.（1）120；（2）72；（3）72

§10.3 组合与组合数公式

基础训练

1. A 2. C 3. D 4. B 5. B 6. A 7. 6 8. 190 9. 45 10. 658008

提升训练

1. D 2. C 3. D 4. B 5. D 6. D 7. B
8. 45，120 9. 9或15 10.（1）35；（2）5

§10.4 二项式定理

基础训练

1. D 2. D 3. A 4. C 5. D 6. B 7. C 8. C 9. D 10. A

提升训练

1. C 2. B 3. A 4. D 5. A 6. B 7. A 8. C 9. C 10. B
11. C 12. $2^{10}-1$ 13. −35 14. 20 15. 126

§10.5 概率初步

基础训练

1. D 2. A 3. B 4. B 5. D 6. B 7. B 8. A 9. C 10. B

提升训练

1. D 2. C 3. B 4. B 5. D 6. C 7. C 8. B 9. B 10. A
11. A 12. C 13. D 14. $\frac{3}{10}$ 15. $\frac{17}{45}$

§10.6 随机抽样

基础训练

1. D 2. B 3. C 4. D 5. D 6. A 7. B 8. B 9. C 10. A

提升训练

1. B 2. C 3. B 4. 50, 100 5. 40 6. 分层抽样，80 7. 总体，样本
8. 6 9. 1，分层 10. 50

§10.7 用样本估计总体

基础训练

1. C 2. B 3. C 4. B 5. B 6. B 7. B 8. C 9. D 10. B

提升训练

1. D 2. B 3. C 4. C 5. D 6. C 7. B 8. C 9. A 10. D

§10.8 高考链接

1．B　2．B　3．C　4．A　5．D　6．B　7．A　8．C　9．D　10．B

11．C　12．B　13．D　14．B　15．1.2　16．C　17．C　18．5　19．A　20．D

21．D　22．42　23．C　24．A　25.B　26．33　27．D　28．C　29．B　30．$\frac{1}{5}$

31．C　32．D　33．C　34．235